insel taschenbuch 1823
Jeremy Hayward
Die Erforschung der Innenwelt

Jeremy Hayward
Die Erforschung der Innenwelt

Neue Wege zum wissenschaftlichen Verständnis von Wahrnehmung, Erkennen und Bewußtsein

Aus dem Amerikanischen von Jochen Eggert

Insel Verlag

insel taschenbuch 1823
Erste Auflage 1996
Insel Verlag Frankfurt am Main und Leipzig
© der Originalausgabe 1987
by Shambhala Publications, Inc., Boston 1987
© 1987 by Jeremy Hayward
© der deutschsprachigen Ausgabe
Scherz Verlag, Bern – München – Wien 1990
Alle Rechte vorbehalten
Lizenzausgabe mit freundlicher Genehmigung
des Scherz Verlags
Hinweise zu dieser Ausgabe am Schluß des Bandes
Vertrieb durch den Suhrkamp Taschenbuch Verlag
Umschlag nach Entwürfen von Hermann Michels
Druck: Nomos Verlagsgesellschaft, Baden-Baden
Printed in Germany

1 2 3 4 5 6 – 01 00 99 98 97 96

Inhalt

Einführung 9

1. Welten im Wandel 15

Der Überzeugungskontext 18 · Die Grundüberzeugung: Was wirklich ist 26

2. Quantenfragen 30

Das Quantenparadox 30 · Niels Bohr und das Komplementaritätsprinzip 33 · Heisenberg: Tendenzen und Möglichkeiten 36 · Das Bewußtsein kommt ins Bild 36 · Mehrfachwelten 38 · Die implizite Ordnung 40 · Wirklich ist, was mitgeteilt wird 43

3. Die Masken des Universums 47

Das Versagen des logischen Empirismus 48 · Theorien bestimmen, was beobachtet wird 50 · Das UNIVERSUM und seine Masken 54 · Keine letzte Wirklichkeit 58

4. Der Buddhismus 61

Buddhismus und Wissenschaft 64 · Keine abstrakte Spekulation 66 · Die Vier Edlen Wahrheiten 68

5. Das Herstellen von Erfahrung 75

Die Dharmas 77 · Die fünf Skandhas 80 · Verursachung 83 Augenblicklichkeit 86 · Determinismus 88

Inhalt

6. Form – die «Außenwelt» 92

Wissenschaft und Buddhismus: Verschiedene Standpunkte 92 · Die Anfänge der experimentellen Psychologie 96 · Was ist den Sinnen «gegeben»? 104

7. Empfindung und Emotion 109

Emotionale Identität 110 · Die Erforschung der Gefühle 111 · Was macht eine Erregung zum Gefühl? 116 · Wenn es anders kommt als erwartet 119 · Emotion und Erkenntnis 122

8. Gedanken und Bilder 127

Der mittlere Weg der Entwicklungspsychologie 128 · Repräsentationen der Welt 130 · Künstliche Denkprozesse 134 · Bildliche Repräsentationen 139

9. Selbstorganisation 144

Die Autonomie des Lebendigen 144 · Koppelung 146 · Erkennen ohne Repräsentation 147 · Die beiden Beobachtungsperspektiven 149 · Ein «Mittlerer Weg» für die Kognitionswissenschaft 151 · Sprache 154

10. Bewußtsein 157

Selbstbewußtsein und das Ich 158 · Das Bewußtsein der Tiere 159 · Das Bild des eigenen Ich 162 · Sprache und das Ich-Bild 166 · Das Ich ist unauffindbar 175

11. Wo ist der Geist? 176

Der Geist im Mittelalter 177 · Descartes – die Trennung von Geist und Körper 183 · Locke und das bewußte Ich 185 · Kants Weltkonstruktion 188

Inhalt

12. Der Wahrnehmungsprozeß 193

Die fünf Skandhas im Wahrnehmungsprozeß 193 ·
Wahrnehmung und Zeit 198 · Bewußtheit ist nicht nötig 202 ·
Der ursprüngliche Input 203 · Das endgültige Bild 205 ·
Assoziationsmuster 208 · Frühe affektive Reaktionen 209 ·
Buddhismus und Bewußtseinswissenschaft 212

13. Zeit und Jetzt 215

Drei Ebenen der Zeit 217 · Die vielen Gesichter der Zeit 222 ·
Jetztheit 228

14. Die Vereinigung von Intellekt und Intuition 232

Die Rückkehr der Intuition 232 · Whiteheads kausale
Wirksamkeit 235 · Polanyi und das «stille Erkennen» 237 ·
Bateson und die «Schaltkreise» des Geistes 239 · Intellekt
und Intuition 241

15. Achtsamkeit und Gewahrsein 245

Die Methode der Vereinigung von Achtsamkeit und
Gewahrsein 246 · Die meditative und die wissenschaftliche
Methode 249 · Meditation und Wissenschaft 252 · Das
Durchschauen der Begriffsvermehrung 256

16. Die Leerheit von Begriffen 261

Shūnyatā 262 · Inhärente Existenz ist eine Zuschreibung 266 ·
Letzte Wahrheit und konventionelle Wahrheit 269 · Weisheit
und Erbarmen 271

17. Die Leere – kein bloßes Nichts 275

Die Drei Naturen 277 · Namen für die Wirklichkeit
nehmen 281 · Die Drei Naturen aus heutiger Sicht 284 · Die
Rolle der Sprache 289

Inhalt

18. Gibt es Dinge? 291

Von der Ordnung zum Chaos 293 · Ordnung aus dem Chaos 295 · Das Universum, ein Gefüge von Energiemustern 299 · Eine Hierarchie offener Systeme 301

19. Die Vereinigung von Geist und Körper 306

Dualitätstheorien 308 · Materialistische Theorien 310 · Was ist Materie? 311 · Die gemachte Wirklichkeit 314 · Materie und Geist 316

20. Die Fülle in der Leere 319

Patterns – worin? 320 · Das Grund-Bewußtsein 323 · Gewahrsein ohne zentralen Bezugspunkt 327

21. Jenseits des Selbstbewußtseins 333

Drei Arten der Verkörperung 337 · Theorie und Praxis 343

22. Karunā – Basis einer künftigen Gesellschaft? 347

Leere und Erbarmen 348 · Evolution 349 · Das Überleben des Stärkeren 350 · Kooperatives Verhalten zwischen den Arten 352 · Kooperatives Verhalten innerhalb einer Art 354 · Das dritte Prinzip 356 · Maitri 357 · Jenseits aller Überzeugungen 359

Anhang 361

I. Mentale Ereignisse (Chetasika), Samskāras oder Formkräfte 361 · II. Eine Tabelle emotionaler Begriffe 364

Quellen 366

Sach- und Personenregister 378

Einführung

Dieses Buch versteht sich als Einladung an Menschen, die vom Gefühl mangelnder Authentizität in ihrem Leben und ihrer Welt beunruhigt sind – einer Art Herzensleere in aller Betriebsamkeit –, die aber dennoch die Entdeckung echter Freude für möglich halten. So oft kehren wir solchen Möglichkeiten und den Ängsten, die sie mit sich bringen, den Rücken und verschanzen uns hinter allerlei Glaubensbekenntnissen, dem Glauben etwa an «Spiritualität», «Rationalität», «Materialismus» oder «das Überleben des Stärkeren». Manche Menschen, und sie sind vielleicht am weitesten in die Irre gegangen, glauben sogar daran, «an nichts zu glauben, weil es ohnehin alles dummes Zeug ist». Und natürlich gibt es auch sogenannte Wissenschaftler – ebenso wie sogenannte Buddhisten –, die sich ebenso gern mit wohlfeilen Überzeugungen in Schlaf singen wie wir übrigen. Gerade die Wissenschaften liefern in der modernen westlichen Welt viele der häufig unausgesprochenen Glaubenssätze, mit deren Hilfe wir uns so erfolgreich einschläfern. In der traditionsverbundenen Welt des Ostens scheint der Buddhismus zu verschiedenen Zeiten und an verschiedenen Orten auf die gleiche Weise – nämlich durch blinde Gläubigkeit – zu einer Art «Opium fürs Volk» geworden zu sein. Beide aber, die Wissenschaften ebenso wie der Buddhismus, können ein Zugang zur Einzigartigkeit und Frische jedes Augenblicks werden, wenn wir sie nur ernst nehmen – freilich ohne lastende Feierlichkeit. Der Buddhismus und in den letzten Jahrzehnten auch die Wissenschaften vermitteln uns tiefe Einsichten in die Natur und das schöpferische Potential des menschlichen Geist-Körpers, in das Ich und seine Welt. Wenn wir diese Einsichten allen Ernstes auf uns selbst beziehen, können sie unser Leben und die Gesellschaft tiefgreifend verändern. Und darin besteht die Einladung: das hier dargebotene Material nicht nur als

Einführung

interessante Information, sondern auch in seiner persönlichen Bedeutung zur Kenntnis zu nehmen.

Wir beginnen unsere Reise mit der Frage nach unseren tiefsten Überzeugungen, die im Unbewußten, ja in unserer biologischen Grundverfassung wurzeln. Ich gehe in diesem Buch davon aus, daß ein radikales Ausräumen primitiver Grundüberzeugungen unumgänglich ist angesichts wachsender Ratlosigkeit, aber auch wachsenden Wissens über uns selbst und die Welt. Dieser immer deutlicher werdende Umbruch zeigt sich an zahllosen Entdeckungen auf so verschiedenen Gebieten wie Physik, Evolutionsbiologie, Kognitionspsychologie, Künstliche Intelligenz, Linguistik und Anthropologie. Und viele spüren ihn an sich selbst – in tiefer Beunruhigung und im Fragwürdigwerden so vieler Dinge: Was sind wir? Wohin gehen wir? Woran können wir glauben?

Wie sehr es an etwas Glaubwürdigem mangelt, das Halt geben könnte, erkennen wir daran, daß immer mehr Menschen sich auf orthodoxe Religiosität oder starren Materialismus zurückziehen, aber auch an der um sich greifenden Sucht nach okkulten Phänomenen, an politischem Extremismus und fanatischem Nationalismus, an der Neigung zu selbstherrlichem Individualismus. Und nicht zuletzt erkennen wir diese selbe Hilfiosigkeit auch an dem Bemühen, die neuesten naturwissenschaftlichen Erkenntnisse als Beweis dafür anzusehen, daß «die Mystiker» seit eh und je recht hatten; so als könnten wir dann beruhigt wieder einschlummern in der wenig begründeten, aber tröstlichen Überzeugung, daß im Grunde alles in Ordnung ist.

Dieses Buch möchte nun nicht nur darstellen, daß wir unsere Welt und unser Ich in jedem Augenblick neu erschaffen, sondern auch begründen, weshalb nur eine gründliche Erforschung der dynamischen Wahrnehmungsprozesse, die hier das schöpferische Prinzip bilden, jene Klarheit und Zuversicht, an denen es noch mangelt, *inmitten* aller Ungewißheit erzeugen kann. Ein Großteil dieses Buches wird daher einer gründlichen, aber allgemeinverständlich gehaltenen Analyse dieses Prozesses gewidmet sein, und hier tragen wir Erkenntnisse aus jenen Forschungsbereichen zusammen, für die sich allmählich die Bezeichnung «Kognitionswissenschaft» oder «neue Wissenschaft des Bewußtseins» durchsetzt. Diese Darstellung wird dann verknüpft mit Einsichten, die aus der Praxis der sogenannten «Achtsamkeits-Gewahrseins-Meditation», der Grundlage der buddhistischen Tradition,

Einführung

erwuchsen. Mit Hilfe dieser Methode kann die Aufmerksamkeit so verfeinert werden, daß ihr physiologische und mentale Prozesse zugänglich werden, die der ungeschulten Aufmerksamkeit entgehen. Diese Verknüpfung von wissenschaftlicher Analyse und meditativer Praxis kann zur Befreiung von *allen* Überzeugungen und Glaubenssätzen führen, an die wir uns immer wieder zu klammern versuchen, und würde damit eine wirkliche Erneuerung unserer Sicht des Bewußtseins und seiner Möglichkeiten einleiten.

Die Kapitel 1 bis 3 zeigen auf, wie sich die verschiedenen möglichen Wirklichkeiten und die Rolle des Beobachters als Erzeuger dieser Wirklichkeiten aus der Sicht der modernen Wissenschaft darstellen. Wir werden dabei sehen, daß wir die Grundannahme, daß es so etwas wie eine «Außenwelt» gibt und ihr *gegenüber* ein beobachtendes Bewußtsein, das vollkommen von ihr getrennt ist, revidieren müssen. Wir fragen also, ob es wirklich eine Dualität von Welt und Bewußtsein gibt. Die Kapitel 4 und 5 beschreiben die buddhistische Sicht dieser Erfahrung der Dualität von Subjekt und Objekt und ihres nichtdualen Grundes. Die Erfahrung wird in Bündel von Elementen aufgelöst: Form (oder sensorische Strukturierung), Empfindung (oder Grundreaktionsweisen auf diese Strukturen), Wahrnehmungen (oder Unterscheidung von Subjekten und Objekten), Bildung von Gedanken und Emotionen (Formkräfte) und schließlich das Bewußtsein. Unter den hier gewonnenen Gesichtspunkten betrachten wir in den Kapiteln 6 bis 11 verschiedene Gebiete der heutigen Bewußtseinsforschung. Kapitel 12 zeigt, wie diese Bündel von Elementen sich im Prozeß der Wahrnehmung miteinander verknüpfen und die «Außenwelt» ebenso wie das «Ich», das sich ihrer bewußt ist, von Augenblick zu Augenblick neu aufgebaut werden. Kapitel 13 untersucht den zeitlichen Verlauf der Erfahrung und erörtert die Möglichkeit, daß es in diesem Strom Lücken gibt, die als Augenblicke intuitiver Einsicht und vollkommener Gegenwärtigkeit erlebt werden. In Kapitel 14 geht es um die Frage, wie solche Augenblicke mit unserer gewohnten Vorstellung von intellektueller Erkenntnis zu vereinbaren sind. Kapitel 15 beschreibt die Methode der Achtsamkeits-Gewahrseins-Meditation, die nicht nur den Wahrnehmungsprozeß aufschlüsseln, sondern auch Intellekt und Intuition miteinander verschmelzen kann. Hier werden wir auch sehen, daß die Gültigkeitskriterien der Meditationsmethode gar nicht so sehr verschieden sind von denen der wissenschaftlichen Methode.

Einführung

Mit dem 16. Kapitel beginnt ein neuer Abschnitt unserer Reise: Wir haben jetzt nämlich zu fragen, inwiefern der Wahrnehmungsprozeß selbst «real» und inwiefern er etwas «Hergestelltes» ist. Wir führen den Begriff der «Leerheit» oder «Leere» ein, der besagt, daß es in der Wirklichkeit nichts gibt, was aus sich selbst heraus ist oder ein unabhängiges, von allem übrigen gesondertes Selbst-Wesen besitzt. Es gibt keine «Einzeldinge», weder «geistige» noch «stoffliche», und selbst die Kategorien «geistig» und «stofflich», «Existenz» und «Nichtexistenz» sind nur begriffliche Projektionen auf eine begrifflich nicht zu erfassende Wirklichkeit. Kapitel 17 ist vertiefenden Betrachtungen zum Begriff der Leere gewidmet: Wie unterscheidet er sich von der nihilistischen Anschauung, daß es in Wirklichkeit überhaupt nichts gibt? «Leere» ist eine *Erfahrung*, nicht bloß eine Idee, und diese Erfahrung der Leere ist zugleich eine Erfahrung unbeschreiblicher Fülle. Hier wird auch davon die Rede sein, wie die Sprache und andere Symbolsysteme uns von der direkten Erfahrung der Leere abschneiden. In den Kapiteln 18 und 19 untersuchen wir die sogenannte Geist-Körper-Spaltung unter diesem Gesichtspunkt. Zunächst betrachten wir hier die Neigung des Intellekts, in geschlossenen Systemen zu denken, und dann wird sich zeigen, daß die Dinge unserer Alltagswelt, sogar der Körper, begriffliche Konstruktionen sind, besondere Formen der Konstruktion von Wirklichkeit im Prozeß der Wahrnehmung, also des «Wahrnehmungs-Patternings»*.

Die Kapitel 20 und 21 fragen, wie dieses Wahrnehmungs-Patterning als die Erscheinung von Ich und Welt Gestalt annimmt und von welcher Art seine Bewußtseinslage ist. Im 22. Kapitel schließlich wird von der grundlegenden Offenheit und Verbundenheit aller Wesen die Rede sein und von dem daraus erwachsenden tätigen Mitgefühl jenseits aller Begriffe. Dieses tätige Mitfühlen, zusammen mit diesem leicht belustigten Gefühl angesichts der Einsicht, daß es letztlich nichts gibt, woran wir uns halten können, könnte zur Grundlage eines allmählichen Wandels der Gesellschaft werden.

---

* Für den englischen Ausdruck *pattern* lassen sich in den meisten Fällen Wörter wie «Muster», «Struktur» oder «Gefüge» verwenden. Keines dieser Wörter trifft jedoch ganz, wo die Bildung erkennbarer Formen in sogenannten offenen Systemen wie dem «Chaos» (Ilya Prigogine, Kap. 18) oder dem «reinen Gewahrsein» und der «Leere» gemeint sind. In diesen Fällen bleiben wir bei «Pattern» und «Patterning» bzw. «Pattern-Bildung». (Anm. d. Übers.)

Einführung

Dies ist ein sehr persönliches Buch. Schon als Junge sehnte ich mich nach einem Verständnis der Welt, das nicht nur meinen Intellekt befriedigen würde, sondern auch jenes tiefere Gefühl, dessen ich mich heute nur noch als eines Verlangens nach echten Werten entsinne. Die Schriften zweier Physiker der älteren Generation, die offenbar ein Gespür für die Weite und Offenheit dieser Schöpfung besaßen, James Jeans und Arthur Eddington, weckten in mir die Liebe zur Physik, und so studierte ich diese Wissenschaft so weit, wie es mir möglich war. Der Wunsch, das Lebendige zu verstehen, führte dann zu vier Jahren der Forschung auf dem Gebiet der Molekularbiologie und schließlich zum Studium der modernen psychologischen Theorien. Doch das, was ich suchte, was es auch sein mochte, entzog sich mir. Als ich dann den buddhistischen Ansatz zur Erkundung des Geistes kennenlernte, war das wie ein Durchatmen an frischer Luft, denn hier hörte ich – und begann schließlich auch einzusehen –, daß die Suche selbst die Antwort ist. Diese Welt, die Welt in der Erfahrung, nicht irgendein von irgendwem errichtetes Gedankengebäude – das war es, wohin ich mit all meiner ernsthaften und mühevollen Arbeit hatte gelangen wollen. Als mir klar wurde, daß die Grenzziehung zwischen dem Beobachter und dem Beobachteten willkürlich und irreführend ist, begann der Bruch zwischen Intellekt und Herz endlich zu heilen.

In der Geschichte des Buddhismus hat es viele Schulen und viele Uneinigkeiten und Auseinandersetzungen gegeben. Der Buddhismus ist durchaus keine monolithische Doktrin, und es gibt in ihm weder ein zentrales Dogma noch *eine* Autorität oder *einen* Text, die von universaler Gültigkeit wären. Dasselbe gilt natürlich für die Wissenschaften des zwanzigsten Jahrhunderts. Da, wo Buddhismus und Wissenschaft ganz auf der Höhe und ganz lebendig sind, sprechen sie vom beständigen evolutionären Wandel des Seins, des Erkennens und des Handelns – keine Rede von Endzielen und letzten Antworten. Und eben das ist es, was sie zu einem Abenteuer und Vergnügen werden läßt. Wenn ich also von dem spreche, was im Buddhismus und in den Wissenschaften gesagt wird, so sind damit keine absoluten und überall akzeptierten Lehren angesprochen, sondern das, was ich in dieser Vielfalt von Lehren und Forschungsansätzen relevant und interessant finde. Ich habe mich bemüht, die Anschauungen beider Seiten unverfälscht wiederzugeben und dabei anzudeuten, wie diese Einsichten, in der Sprache unserer Zeit ausgedrückt, zu *einem* konsistenten Bild menschlicher

Einführung

Erfahrung verknüpft werden könnten. Sollte der Leser auf dieser Reise irgend etwas entdecken, was für ihn wertvoll ist, so ist dies dem Ideenreichtum und der Großzügigkeit meiner Lehrer, in den Wissenschaften ebenso wie im Buddhismus, zuzuschreiben.

Dank und Anerkennung schulde ich all denen, die das Manuskript lasen und beurteilten, insbesondere Larry Mermelstein, Reggie Ray, Francisco Varela und Ken Wilber; sodann den Mitarbeitern des Shambhala-Verlags, vor allem Emily Hilburn Sell, und meiner Familie.

1. Welten im Wandel

Im Sommer 1979 trafen sich einige hervorragende junge Wissenschaftler aus den Forschungsbereichen Biologie, Anthropologie, Psychologie, Linguistik, Neurowissenschaft und Mathematik für zwei Wochen in Boulder, Colorado, zu einer Konferenz, bei der sie beunruhigende, da bislang ungelöste Grundfragen ihrer verschiedenen Disziplinen erörtern wollten. Der eher nichtssagende Kongreßtitel, «Contrasting Perspectives on Cognition», verrät nichts von der Brisanz dessen, was dann tatsächlich dort geschah. Zugegen waren unter anderen der Anthropologe und Linguist Alton Becker, die Neurobiologen Humberto Maturana und Francisco Varela, die Psychologen Eleanor Rosch und Avram Tversky, die Linguisten Georke Lakoff und Charlotte Linde und der Mathematiker Newcombe Greenleaf. Die Konferenz stand nicht unter dem Druck, etwas produzieren zu müssen; es sollte einfach eine Zeit der Offenheit sein, der Versuch, die Grenzen zwischen den Disziplinen – die ja manchmal mehr die Bezeichnung «eiserner Vorhang» verdienen als Ländergrenzen – zu überschreiten. Daß dieses Niederreißen akademischer Barrieren gelang, bezeugen die Worte eines der Teilnehmer: «Für das, was ich hier sage, würde man mich zu Hause in meinem Institut einen Ketzer nennen.»

Gegen Ende der Konferenz wurde allmählich klar, daß die Schwierigkeiten, denen die verschiedenen Wissenschaftler in ihrer Forschung begegneten, auf einen Nenner zu bringen waren, den Maturana folgendermaßen formulierte: «Wir Biologen müssen ‹die Außenwelt› in Anführungszeichen setzen.» Damit meinte er ganz wörtlich, daß die Außenwelt etwas ist, wovon ein Beobachter spricht, aber keine unabhängig von ihm bestehende Wirklichkeit. Und er meinte, daß dies nicht einfach eine philosophische Aussage sei, sondern eine Anschauung, die sich auch ein Naturwissenschaftler wie ein Biologe zu eigen machen solle. Die Idee, daß es eine objektive Welt gibt und ihr gegenüber gesonderte Organismen mit gesondertem Bewußtsein, die diese Welt wahrnehmen, taugt einfach nicht mehr als Basis für die wissenschaftliche Arbeit dieser Forscher. Und das war eigentlich keine verblüffende und völlig neue Offenbarung, sondern eher ein allmähliches Klarwerden von etwas, das man im Grunde längst gewußt hatte. Viele der Teilnehmer zeigten sich einigermaßen erschüttert von der Tatsache, daß es auf dieser tiefen Ebene offenbar eine gemeinsame Grundlage für so verschiedene Disziplinen gibt.

«Die Außenwelt existiert nicht mehr objektiv» und «unsere Sicht des Universums ist umgestülpt worden» – solche Aussagen moderner Wissenschaftler zeigen, welche Revolution im Denken über das Universum und das Leben in ihm im Lauf der letzten etwa fünfundzwanzig Jahre stattgefunden hat. Diese Revolution reicht tiefer und weiter als die beiden anderen großen Revolutionen des wissenschaftlichen Denkens im zwanzigsten Jahrhundert, die der Relativitätstheorie und die der Quantentheorie. Ich gebrauche den Begriff «Revolution» hier nicht im modernen, politisch geprägten Sinne der gewaltsamen Verdrängung einer alten Ordnung durch eine neue, sondern im alten Sinne des Sich-Umwendens und Zurückblickens, des Anknüpfens an die Ursprünge. Sollte diese Art des Denkens sich im Bewußtsein breiterer Bevölkerungsschichten etablieren, so könnte es einen gesellschaftlichen Wandel herbeiführen ähnlich dem, wie er am Übergang vom Mittelalter zum Zeitalter der Mechanik stattfand. Es wird aber ein Wandel sein, der uns wieder mit unseren Wurzeln im Kosmos verbindet, anstatt uns noch weiter von ihnen zu entfernen.

Das erkennen nun immer mehr Wissenschaftler der verschiedensten Fachrichtungen, darunter auch Wissenschaftshistoriker und Wissenschaftssoziologen. Die heraufdämmernde neue Weltsicht faßt der Wissenschaftssoziologe James Burke in seinem Buch *The Day the Universe Changed* zusammen, wenn er den Geisteswandel beschreibt, der die von Newton ausgelöste Revolution begleitete:

Wissenschaftliche Erkenntnis ist nicht unbedingt die klarste Repräsentation dessen, was die Wirklichkeit ist... Entdeckung ist Erfindung. Erkenntnis ist vom Menschen gemacht... Es gibt keine metaphysische, das Gewöhnliche übersteigende, letzte, absolute Wirklichkeit. Das Universum ist das, was wir von ihm sagen. Wenn Theorien sich ändern, ändert sich das Universum. Die Wahrheit ist relativ. Diese Relativität der Wahrheit... macht die Wissenschaft zurückführbar auf die Gesellschaft, der ihre Struktur entspringt.[1]

Daß es ein reales, objektives, äußeres Universum gibt, unabhängig von Bewußtsein und Beobachtung, ist kein haltbarer Standpunkt mehr, *auch im Bereich der Wissenschaft*. Vielmehr entstehen das Universum und das beobachtende Ich, wie dieses Buch zeigen wird, gemeinsam in einem gegenseitigen Schöpfungsprozeß. In diesem Sinne kann man tatsächlich sagen: «Das Universum ist eingestürzt.» Und ich meine nicht eine Erfahrung wie die folgende:

    Mondschein über kiefernbewachsenen Hügeln,
    Holzrauchfahne vom Kamin her,
    Abendgesang der Vögel –
    das kleine Fischerboot treibt über die stille Bucht.

Von ihr wissen wir: Sie ist flüchtig, vergänglich. Sie wird bald verflogen sein und mit ihr die Wehmut und Freude, die der Betrachter empfand und in dem Augenblick als real empfand. Nein, ich meine das Universum, von dem wir glauben, es sei eine gesonderte und ewige Gegebenheit, die hinter dem vergänglichen Augenblick steht und realer ist als dieser. *Das* ist die unbewußte Grundannahme, die jede einzelne unserer Anschauungen und Wahrnehmungen färbt oder verzerrt, so wie getönte Brillengläser oder ein Fisheye-Objektiv unsere normale visuelle Wahrnehmung einfärben oder verzerren.

Was wir sind, wird sehr weitgehend von unseren Anschauungen über uns selbst bestimmt. Gewisse angeborene Neigungen, die Dinge zu betrachten, führen zusammen mit den Einflüssen der Kultur und Umwelt, in der wir aufwachsen, zur Entstehung von Grundanschauungen über das Wesen des Menschseins. Solche Überzeugungen reichen in sehr tiefe Schichten unserer psychosomatischen Ganzheit hinab; sie haben ihren «Sitz» nicht nur in Gehirn und Bewußtsein, sondern im gesamten Nervensystem, im innersekretorischen System, ja sogar im Blut, in Muskeln und Sehnen. Wir handeln, sprechen und denken gemäß dieser tief sitzenden Anschauungen und Überzeugungen. Wenn es also in unserem Gruppenkonsens zu einem Umbruch der Anschauungen über Geist und Körper, Wirklichkeit und Wissenschaft kommt, werden wir dadurch alle bis in die Grundfesten erschüttert. Genau das geschieht jetzt, im letzten Viertel dieses Jahrhunderts. Unsere Grundannahmen über die Wirklichkeit – nennen wir sie: den Überzeugungskontext unseres Lebens – sind *insgesamt* in Frage gestellt.

Der Überzeugungskontext

Was meine ich mit diesem Begriff? Wir könnten ihn mit dem Begriff «Paradigma» vergleichen, der in den letzten Jahren von Wissenschaftstheoretikern immer häufiger gebraucht wird.[2] «Überzeugungskontext» geht jedoch in einem entscheidenden Punkt über «Paradigma» hinaus. Zunächst ist mit dem «neuen Paradigma», von dem so viel die Rede ist – sei es das holographische Paradigma, das evolutionistische Paradigma oder das System-Paradigma –, meist nicht mehr gemeint als eine neue Garnitur von Überzeugungen, die der Forschung und Interpretation als Leitlinien dienen. In der Regel setzt auch ein neues Paradigma wieder die alte objektivistische Wissenschaftstheorie voraus und läßt das eigentlich Fragwürdige, nämlich die mehr oder weniger unbewußten Grundüberzeugungen, unangetastet. Ein Wandel des Überzeugungskontexts bedeutet demgegenüber nicht unbedingt die Einführung neuer Überzeugungen. Er könnte vielmehr dazu führen, daß wir eine grundsätzlich andere Einstellung zu *Überzeugungen jeder Art* gewinnen.

Vorsicht ist gegenüber dem Paradigma-Begriff auch deswegen angebracht, weil er in den letzten Jahren durch vorschnelle und kritiklose Begeisterung verwässert wurde, um möglichst schnell ein breites Publikum für all die «phantastischen» und «die Grundfesten erschütternden» Ideen zu gewinnen, die zum Teil so dargeboten wurden, als wäre nun damit zu rechnen, daß das Bewußtsein der Menschheit jeden Augenblick in einen Zustand rauschartiger Ekstase versetzt werden kann. Und schließlich ist «Paradigma» ein abstrakter, rationalistischer und unpersönlicher Begriff. «Überzeugungskontext» bezeichnet die persönliche Natur dessen, was wir suchen: Überzeugungen, nach denen wir leben können, und einen Kontext, der unserem Leben Sinn gibt.

«Überzeugungskontext» ist eher dem Begriff «Wahrnehmungsbereitschaft» zu vergleichen, wie ihn der Psychologe Jerome Bruner verwendet, um aufzuzeigen, daß wir die Dinge erst kategorisieren, um sie überhaupt wahrnehmen zu können. Wahrnehmungsbereitschaft ist die Neigung von Menschen und Tieren, sich auf eine bestimmte Art des Wahrnehmens einzustellen oder bestimmte Wahrnehmungen zu erwarten – und diese Erwartungen bestimmen dann bis zu einem gewissen Grad, was tatsächlich wahrgenommen wird. Bruner machte schon vor vielen Jahren deutlich, daß wir nicht nur etwas Erwartetes leichter wahrnehmen als anderes, sondern auch besondere Schwierigkeiten haben, etwas wahrzunehmen, worauf wir nicht eingestellt sind.[3] Bruner gelangt zu folgender zusammenfassenden Formel: «Wenn das, was uns entgegentritt, unserer Erwartung entspricht..., können wir unsere Aufmerksamkeit ein wenig lockern, anderswohin schauen oder auch einschlafen. Kaum widerspricht jedoch das Dargebotene der Erwartung, schon werden wir hellwach...»

In einem berühmt gewordenen Beispiel aus seiner Arbeit zeigte Bruner seinen Probanden im Tachistoskop – und jeweils nur für Sekundenbruchteile – Spielkarten aus einem normalen Satz und aus einem zweiten Satz mit vertauschten Farben. Den Betrachtern fiel es nicht nur schwerer, die farbverkehrten Karten zu erkennen, sondern sie gaben sich auch große Mühe, das, was sie sahen, so umzudeuten, daß es ihrer Kenntnis normaler Spielkarten, also ihrer Erwartung, entsprach. «Ich erinnere mich an einen Probanden», erzählt Bruner, «der unsere rote Kreuz Sechs als Kreuz Sechs identifizierte, dann aber hinzufügte, die Beleuchtung im Gerät erscheine ihm ziemlich rötlich.» Im Anschluß an die Darstellung seiner Experimente sagte Bruner:

All das ist soweit recht banal, doch die Implikationen sind alles andere als banal. Sie besagen nämlich, daß Wahrnehmung in einem nicht näher zu bestimmenden Umfang ein Instrument eben der Welt ist, die wir mit unseren Erwartungen aufgebaut haben. Darüber hinaus ist es ein Kennzeichen komplexer Wahrnehmungsprozesse, daß sie dazu neigen, das Gesehene oder Gehörte den Erwartungen anzugleichen, wo immer das möglich ist.[4]

«Überzeugungskontext» bezieht sich auf die tiefsten Ebenen der Wahrnehmungsbereitschaft, reicht also weiter als die oberflächliche kognitive Voreingenommenheit, die Bruner untersuchte. Er reicht bis

Welten im Wandel

hinunter zu unseren primitivsten Grundannahmen, die uns weitgehend unbewußt sind, die aber unser Leben prägen und bestimmen. Man mag argwöhnen, mit dem Begriff «Überzeugungskontext» solle einfach Metaphysik oder Religion durch die Hintertür wieder in die Wissenschaft eingeschmuggelt werden; aber Metaphysik und Religion werden heute mit Recht in Frage gestellt, denn sie haben nicht die wirklichen Überzeugungen am Grund unseres Bewußtseins aufgeklärt, sondern im großen und ganzen nur immer weitere Schichten von komplizierter, abstrakter Begrifflichkeit darübergebreitet, die uns nur immer mehr von der lebendigen Wirklichkeit der Welt abschneiden.

Schauen wir uns genauer an, wie ein Überzeugungskontext unsere Wahrnehmung und unser Leben lenkt. Vergegenwärtigen Sie sich, welchen Unterschied es macht, ob Sie die Schlagzeile «AIDS-Virus isoliert» in einem Boulevardblatt oder in einer als seriös eingestuften Zeitung lesen. Im ersten Fall würden wir wahrscheinlich kaum Notiz davon nehmen, wenn wir an einem Zeitungsstand vorbeikommen; wir würden die Schlagzeile nicht wahr-nehmen, auch wenn unser Auge darauf fiele. In einer seriösen Zeitung dagegen könnte die gleiche Schlagzeile ein Aufmerken bei uns auslösen. Die Schlagzeilen unterscheiden sich vielleicht nur in der Größe der Lettern, und doch reagieren wir ganz verschieden. Das liegt daran, daß hier die Botschaft – «AIDS-Virus isoliert» – in verschiedenen Kontexten erscheint und unsere mehr oder weniger unbewußten Anschauungen über den in den beiden Zeitungen zu erwartenden Wahrheitsgehalt ins Spiel kommen.

Ein anderes Beispiel für diese Kontextabhängigkeit legt uns Douglas Hofstadter in Form eines Rätsels vor:

Ein Vater fuhr einmal mit seinem Sohn zum Fußballspiel. Mitten auf einem Bahnübergang blieb ihr Wagen stehen. In der Ferne hörte man schon den Zug pfeifen. Voller Verzweiflung versuchte der Vater, den Motor wieder anzulassen, aber vor Aufregung schaffte er es nicht, den Zündschlüssel richtig herumzudrehen, so daß das Auto von dem heranrasenden Zug erfaßt wurde. Ein Krankenwagen jagte zum Ort des Geschehens und holte die beiden ab. Auf dem Weg ins Krankenhaus starb der Vater. Der Sohn lebte noch, aber sein Zustand war sehr ernst; er mußte sofort operiert werden. Kaum im Krankenhaus angekommen, wurde er in den Notfall-Operationssaal gefahren, wo schon die diensthabenden Chirurgen warteten. Als sie sich jedoch über den Jungen beugten, sagte jemand vom Chirurgenteam mit erschrockener Stimme: «Ich kann nicht operieren – das ist mein Sohn.»[5]

Die Frage lautet: Wer ist dieser «jemand vom Chirurgenteam»? Nehmen Sie sich einige Minuten Zeit für diese Frage, bevor Sie die Antwort lesen, die ich hier verkehrt herum schreiben werde: Se raw eid Rettum sed Negnuj. Ich habe gestandene Feministinnen erlebt, die hier ins Stocken gerieten und später zugaben, daß sie sich beim Nachdenken über die Lösung nicht vom Bild eines männlichen Chirurgen lösen konnten. Dieses Bild, assoziiert mit Ideen von männlicher intellektueller Überlegenheit und so weiter, bildet eine Art Glaubenssystem, das die Entdeckung der eigentlich ja sehr naheliegenden Lösung verhindert. Auch meine achtjährige Tochter ging in diese Falle. Als ich sie bat, den «jemand vom Chirurgenteam» zu beschreiben, schilderte sie mir eine männliche Gestalt.

Wenn wir geboren werden, bringen wir schon allerlei Überzeugungen mit, die auf einer primitiven Gefühlsebene angesiedelt sind. Schon ein Säugling glaubt, daß er in Sicherheit und Geborgenheit ist, wenn er ein lächelndes Gesicht sieht, und daß Gefahr droht, wenn dieses Gesicht ein unwilliges Stirnrunzeln zeigt. Später, wenn das Kind sprechen lernt, kommen dann zu den vielen nichtverbalen Botschaften über die Welt auch noch die verbalen hinzu. Ohne es zu wissen oder gar bewußt zu reflektieren, nimmt der Organismus immer mehr Überzeugungen über immer mehr Aspekte der Welt in sich auf. Kinder erfinden unentwegt Geschichten, mit denen sie sich selbst zu erklären versuchen, was um sie her geschieht. Ein zweijähriges Kind wird seiner Katze einen selbstgemachten Sandkuchen vorsetzen mit den Worten: «Sie mag das jetzt essen», und dann in Tränen ausbrechen, wenn sie doch nicht mag. Der Vierjährige wird einem erklären, daß die Katze Bauchweh hat und deshalb den Sandkuchen nicht ißt. Der Sechsjährige zieht die Katze zu einer Teegesellschaft mit Sandkuchen an, fügt dann aber hinzu, daß sie eigentlich Katzenfutter bekommt, «weil Katzen Fleisch fressen». Für den Achtjährigen ist die Katze ein Schwesterchen, und im übrigen kommentiert er fast pausenlos, was in der Welt um ihn her vorgeht. Für ein zwölfjähriges Kind ist die Katze einfach eine Katze, und der laufende Kommentar hat sich gänzlich ins Innere verlagert.

Auch kleine Kinder leben also nicht ständig einfach und unmittelbar in ihrer Welt, sondern suchen Erklärungen und schaffen sich Überzeugungen. Sie haben in jeder Entwicklungsphase irgendein Glaubenssystem, das mit wachsender Erfahrung immer neue Formen annimmt.

Der Mensch handelt fast nie gemäß seiner unmittelbaren Wahrnehmung der Welt, sondern eher gemäß den Anschauungen, die er jeweils gerade von der Welt hat. Diese Überzeugungen bilden den Kontext unseres Handelns, unserer Wahrnehmung und unserer Ideen über die Welt; sie lagern sich als Schichten der Voreingenommenheit übereinander. Und diese Voreingenommenheit ist nichts Schlechtes oder Gutes, sondern einfach das, was sie ist. Sie liegt in der Natur des Menschen und vielleicht aller wahrnehmenden Organismen.

Das Universum, wie es sich uns, dem Mann oder der Frau auf der Straße, darstellt, ist ein kontextgebundenes Glaubenssystem. Es wird uns ganz allmählich explizit von Eltern und Lehrern vermittelt, aber auch durch unsere Lektüre und durch alles, was wir sehen, hören, riechen, schmecken oder berühren. Und so, wie wir glauben, daß die Welt sei, nehmen wir sie auch wahr. Unsere Überzeugungen und Wahrnehmungen bilden also ein eng verklammertes System gegenseitiger Bedingung und Verstärkung, so daß wir nicht nur, wie so oft, sagen können: «Das glaube ich erst, wenn ich es sehe», sondern auch: «Das sehe ich erst, wenn ich es glaube.» *Wir nehmen nur wahr, wovon wir glauben, daß es vorhanden ist, und wir nehmen es nur so wahr, wie es unserer Überzeugung nach ist.*

Dieses Phänomen des «Ich sehe es erst, wenn ich es glaube», findet seine Anwendung in den Suchbildern, die wir noch aus der Kindheit kennen. Wir hatten etwa das Kaninchen zu finden, das in einer Landschaft oder in einem Punktemuster wie in Abbildung 1 verborgen war. Wir suchten und suchten, bis plötzlich das Gesicht des Kaninchens da war mit Schnurrhaaren, langen Ohren, Schnauze und dem runden Rücken, von Blattwerk gebildet oder eben von Punkten. Manchmal konnten wir die Figur auch nach langem Suchen nicht finden, und sie mußte uns gezeigt werden. Dann war die Verblüffung groß, denn da war wirklich unverkennbar ein Kaninchen, und wenn wir es einmal

Der Überzeugungskontext

gesehen hatten, war es nicht mehr möglich, es nicht zu sehen. Hätten wir aber nicht *geglaubt*, daß es da ist, so hätten wir es vielleicht nie gefunden. Charles Darwin erzählt in seinem Buch *Geologische Beobachtungen*[6], daß die Eingeborenen der Inseln, vor denen er mit seinem Forschungsschiff ankerte, die weit draußen liegende «Beagle» offenbar nicht wahrnehmen konnten, nicht einmal dann, wenn man sie darauf hinwies; die kleinen Boote, die zwischen Schiff und Land hin und her fuhren, sahen sie dagegen ohne weiteres. Ein großes Schiff existierte offenbar in ihrem Überzeugungskontext nicht, und so konnten sie es nicht wahrnehmen. Wie wir später sehen werden, liefern solche simplen, aber seltsam beunruhigenden Tatsachen tiefe Einsichten in die Natur der Wahrnehmung.

«Das sehe ich erst, wenn ich es glaube» gilt ebenso für einfache Wahrnehmungen, etwa von Formen und Farben, wie für die Wahrnehmung von Emotionen bei uns selbst und anderen, für die Wahrnehmung persönlicher und nationaler Charakterzüge und die Wahrnehmung universaler Gegebenheiten wie Raum und Zeit. Während ich dies schrieb, besuchte mich eine Freundin zum Tee. Sie bat mich zu erläutern, was ich schrieb, und ich sagte: «Während wir hier sitzen und uns unterhalten, gehen wir davon aus, daß du da drüben bist und ich

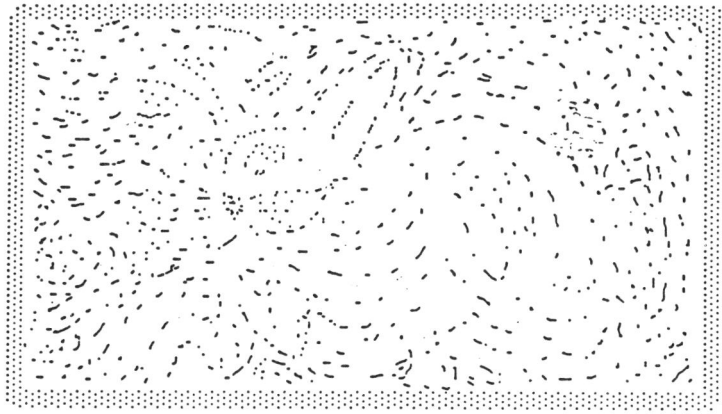

Abb. 1

hier bin, daß zwischen uns leerer Raum ist, daß wir im wesentlichen Fleischklumpen mit Grips im Kopf sind und daß die Worte, die wir sprechen, das wichtigste Kommunikationsmittel zwischen uns darstellen. Aber unser Glaube, daß wir so seien, und die ‹Tatsache›, daß wir so sind, erzeugen sich gegenseitig.» Sie erfaßte das sofort und sagte: «Ja, und wir glauben, daß diese Kommunikation dadurch zustande kommt, daß wir mit Informationen angefüllt sind.» Das sind die Grundannahmen, von denen wir jederzeit ausgehen und die jetzt von der Wissenschaft des Bewußtseins ernsthaft in Frage gestellt werden.

Alle diese Überzeugungen bilden sowohl für die Gesellschaft als auch für die Wissenschaft den Kontext. Und sie bilden den Hintergrund für alles, was wir durch intellektuelle Bemühungen über die Welt erfahren, und für unser Handeln in der Welt. Der Glaube, Wissenschaft sei der einzig taugliche Weg, Erkenntnisse über die Welt zu gewinnen, ist für die moderne Gesellschaft, aber auch für jeden einzelnen von uns ein tief verwurzelter Kontext. Wenn wir in einer renommierten Zeitung oder einem Wissenschaftsjournal lesen: «Durch die Voyager-2-Raumsonde wurden erstaunliche neue Erkenntnisse über die Uranusmonde gewonnen», dann nehmen wir diese Erkenntnisse ohne weiteres als Wahrheiten an. Wohldokumentierte Aussagen von Wissenschaftlern einfach für wahr zu halten, das ist nicht unbedingt eine wissenschaftliche Haltung, aber es bildet den Kontext der Wissenschaft. Ein Überzeugungskontext, ein kontextuelles Glaubenssystem, ist unbedingt notwendig, wenn das Unternehmen Wissenschaft einen Sinn für uns haben soll.

Michael Polanyi hat deutlich gemacht, daß das Annehmen kontextueller Überzeugungen ein notwendiger Teil der wissenschaftlichen Ausbildung ist. Er spricht in seinem Beispiel von einem Medizinstudenten:

Denken wir an einen Medizinstudenten, der an einem Kurs über Röntgendiagnostik von Lungenerkrankungen teilnimmt. In einem abgedunkelten Raum betrachtet er schattenartige Spuren auf einem Fluoreszenzschirm vor der Brust eines Patienten und hört sich an, was der Radiologe über die Bedeutung dieser Schatten in medizinischer Fachsprache zu seinen Assistenten sagt. Zunächst einmal ist der Student völlig ratlos, denn er sieht auf dem Röntgenschirm nur Herz und Rippen und ein paar faserige Flecken. Er gewinnt den Eindruck, daß die Experten sich da etwas zusammenspinnen und in das Bild hineinlesen – jedenfalls sieht er nichts von dem, worüber sie reden. Aber wenn er dann ein paar Wochen aufmerksam zugehört und sich jedes neue Bild genau angeschaut hat, bekommt er doch allmählich eine erste Ahnung von den Dingen. Nach und nach löst er sich von den Rippen und fängt wirklich an, die Lunge zu sehen. Und wenn er darin mit wacher Intelligenz fortfährt, offenbart sich ihm schließlich ein ganzes Panorama signifikanter Einzelheiten: physiologische Varianten und pathologische Veränderungen, Narbengewebe, chronische Infektionen und die Zeichen akuter Erkrankungen. Er ist in eine neue Welt eingetreten. Immer noch sieht er nur einen Bruchteil dessen, was die Experten erkennen, aber die Bilder werden jetzt verständlich, und das gilt auch für einen Großteil der Kommentare. Er beginnt zu begreifen, es hat «geschnackelt».[7]

Wir alle erleben dieses «Schnackeln», wenn wir in eine völlig unbekannte Situation gestoßen werden, wo wir eine neue Art des Wahrnehmens erlernen und neue Gewohnheiten annehmen müssen, um uns zurechtfinden zu können. Wenn wir etwa den Beruf wechseln oder in ein anderes Land auswandern, stürzt eine Flut neuer Erfahrungen auf uns ein, die sich zunächst einfach nicht mit unseren gewohnten Denk- und Handlungsweisen vereinbaren lassen. Wir geraten durcheinander und verlieren manchmal die Orientierung so weit, daß wir uns selbst ganz fremd werden. Unser Identitätsgefühl wird unsicher, und wir fangen an, uns bedroht zu fühlen. Aber dann lernen wir allmählich die Sprache und beginnen den Sinn der Gesten zu erfassen, bis wir eines Tages, wie der Medizinstudent, plötzlich und ganz verblüfft feststellen, daß das Fremdheitsgefühl weg ist. Wir haben uns einen neuen Kontext gebildet, in dem das bisher Befremdliche nun beruhigend vertraut ist.

Die Grundüberzeugung: Was wirklich ist

Der tiefste Überzeugungskontext ist für jeden von uns der, in dem festgelegt ist, was wir als wirklich gelten zu lassen bereit sind. Zunächst einmal neigen wir von Hause aus dazu, die Dinge in unserer Umgebung für wirklich zu nehmen, und zwar so, wie sie uns erscheinen. Wenn man gegen einen Felsbrocken tritt, tut man sich weh. Der Felsen ist wirklich, der Zeh ist wirklich, der Schmerz ist wirklich und der, der ihn empfindet, auch. Ich bin wirklich, und der amerikanische Präsident ist wirklich. Blau ist wirklich, und das Mittelmeer ist wirklich blau. Grün ist wirklich, und Gras ist wirklich grün. Der Schrei des Seetauchers, wenn er an einem Sommerabend über die Bucht schallt, ist so wirklich wie der Vogel selbst. Meine Traurigkeit ist wirklich, mein Glück ist wirklich. All das setzen wir alle Tage einfach voraus.

Aber im Westen gibt es schon sehr lange auch eine ganz andere Anschauung. Zunächst aus dem Christentum, dann aus der Wissenschaft abgeleitet, hat sie ihre eigentlichen Wurzeln in den Schriften der alten Griechen. Im Volkschristentum wurde gelehrt, daß es noch eine ganz andere, völlig von dieser Erde und der Natur getrennte Welt gibt, die transzendente Welt Gottes, das «Himmelreich», gegenüber dem sich unsere Welt wie ein «Jammertal», wenn nicht gar wie ein Abfallhaufen ausnimmt. Diese Welt der irdischen Erfahrung würde man irgendwann verlassen müssen, und mochte sie einem auch als wirklich erscheinen, so war sie doch irgendwie nicht das Wahre und man zog sich am besten aus ihr zurück in die Welt des Glaubens und des Wartens auf die Welt nach dem Tode.

Die Naturwissenschaftler haben uns in den letzten vierhundert Jahren etwas gelehrt, was im Grunde eine ebenso große Zumutung für den gesunden Menschenverstand ist wie das Himmelreich des Volkschristentums: Auch sie gehen von der Unwirklichkeit der Sinnenwelt aus und sind bis heute dabei geblieben. Ihre Lehre hat die abendländische Gesellschaft zutiefst geprägt und ist das eigentliche Fundament der modernen Welt geworden. Christentum und Wissenschaft lehren also gleichermaßen, daß die Dinge dieser Welt der Sinne nicht wirklich wirklich sind, sondern eine noch wirklichere Wirklichkeit hinter sich haben – eine unwandelbare Wirklichkeit im Unterschied zur sich ewig wandelnden Welt der Erscheinungen, die nicht mehr als Zufallsprodukte unserer Sinne sind. Das «Jenseits» des Christentums ist eine

Welt des Geistes, vollkommen frei von Körperlichkeit; das «Jenseits» der Wissenschaft ist eine Welt der Materie, vollkommen frei von Geist, Leben und Bewußtsein. Diese letzte Wirklichkeit ist die Welt der subatomaren Teilchen (das heißt kleiner Bröckchen von toter Materie), des Raums, der Zeit und der Kräfte (Gravitation, Elektromagnetismus und starke und schwache Kernkraft). Schon im vorigen Jahrhundert sagten die Wissenschaftler, diese letzte Wirklichkeit existiere jenseits und unabhängig von uns, unserem Bewußtsein und unseren Beobachtungen. Und die meisten von uns glauben heute noch an diese Welt. Wir haben sie «die Wirklichkeit» genannt oder «das Universum». Wir glauben, daß dieses wirkliche Universum unabhängig von der Menschheit im allgemeinen, aber auch unabhängig von jedem einzelnen Menschen existiert. Das ist in unserer Gesellschaft eine der tiefsten Ebenen des Überzeugungskontexts, und kaum ein Wissenschaftler ist sich darüber im klaren, daß der Überzeugungskontext seiner Zunft vom christlichen Weltbild des Mittelalters abstammt.

Als es vor dreihundert Jahren um die Entwicklung der klassischen Naturwissenschaft ging, war es notwendig zu postulieren, daß es zwischen Geist und Kosmos keinerlei Wechselwirkung gibt und der Geist daher nicht zum Gegenstand der Naturbeschreibung werden muß. Von der Seele, mehr oder weniger gleichbedeutend mit dem individuellen Geist, nahm man an, sie sei «von Natur aus» und daher unabänderlich mit Fehlbarkeit und Fehlern behaftet. Die experimentelle Methode und die Sprache der Mathematik sollten als eine Art Barriere zwischen dem Beobachter und seinen Beobachtungen errichtet werden, damit die Unreinheiten der Seele nicht die Reinheit der Beobachtung trübten. Das galt besonders für die Zeit Galileis, als es für die neue Methode darauf ankam, sich dem Zugriff der Kirche zu entziehen und zu einer «vorurteilslosen» Naturbetrachtung zu gelangen. Den Geist und alle menschlichen Beweggründe aus der Naturwissenschaft auszuschließen war also ein unverzichtbarer Bestandteil der neuen Methodik, wenn man die «wirkliche Wirklichkeit» aufdecken und die alles verdunkelnden Grundannahmen jener Zeit ausräumen wollte.

Jetzt aber wissen wir nicht mehr, wie wir die Kluft zwischen dieser angenommenen wirklichen Wirklichkeit und der Welt der alltäglichen Erfahrung überbrücken sollen. Wir glauben nämlich jetzt – und zwar so sehr, daß es uns in Fleisch und Blut übergegangen ist –, daß die

Naturwissenschaft sich dieser Letzten Wirklichkeit und ihrer exakten Beschreibung unaufhaltsam immer weiter annähert. Aber gewöhnliche Menschen mit ihrer gewöhnlichen Sinneswahrnehmung können das Universum, die wirkliche Welt, niemals wirklich erkennen. Uns normalen Menschen bleibt also nichts anderes übrig, als uns mit einer von den wahrhaft Wissenden vermittelten – und das heißt vereinfachten und popularisierten – Version der Wahrheit zufriedenzugeben. Unsere eigene Welt und unsere eigene Wahrheit sind subjektiv und belanglos. Und was die Wissenschaftler uns erklären, verstehen wir nur zum Teil, es sei denn, wir hätten ein Universitätsstudium absolviert, und zwar möglichst bis zur Promotion. Aber wir glauben ihnen, so wie unsere Großeltern den Lehren der Kirche glaubten.

In der Schule lernen wir, daß es zwischen Fakten und Meinungen einen wichtigen Unterschied gibt: Eine Meinung ist nichts weiter als eine Idee, die jemand haben oder nicht haben mag; eine Faktenaussage aber kann wahr oder falsch sein, und das läßt sich überprüfen, indem man sie an der Wirklichkeit mißt. Genau das behaupten die Wissenschaftler zu tun, und zwar nach einer hieb- und stichfesten Methode, mit deren Hilfe man zu wirklichen Fakten gelangt. Also glauben wir ihnen und glauben an ihre Fakten. Unsere Gesellschaft glaubt an diese Fakten und pflanzt sie uns ein, bevor wir auch nur alt genug sind, sie in Frage zu stellen. Der Kontext der Wissenschaft ist demnach der Kontext der modernen Gesellschaft geworden; die Wissenschaft liefert seit Generationen das Glaubenssystem, auf dem die Gesellschaft ruht. Ich möchte aber hier am Beginn unserer Reise ganz deutlich machen, daß es hier nicht um Naturwissenschaft und die naturwissenschaftliche Methode gehen soll oder um den Wert der mit dieser Methode gewonnenen Einsichten. Es geht vielmehr um unsere tief verwurzelte Neigung zu glauben – und fraglos zu glauben, was man uns sagt, wer immer es sagt, Wissenschaftler oder Priester.

Inzwischen stellen nun doch immer mehr Menschen die Alleingültigkeit der Wissenschaft in Frage, denn dieser Überzeugungskontext kann all die drängenden Probleme der menschlichen Erfahrung, der geistigen und körperlichen Gesundheit – von dem Wunsch nach spiritueller Entwicklung ganz zu schweigen – einfach nicht mehr tragen. Der Kontext bekommt Risse, und diese Risse entstehen von innen her, durch die Wissenschaft selbst. Die Wissenschaft zeigt auf, wie ihr eigener Kontext und damit der Kontext der Gesellschaft sich ändern

Die Grundüberzeugung: Was wirklich ist

könnte. Und vielleicht kann dieser Wandel, den unsere wissenschaftshörige Gesellschaft so dringend benötigt, überhaupt nur auf diese Weise herbeigeführt werden: nicht durch Schmähung der Wissenschaft, sondern durch das Erfassen der grundlegenden Veränderungen, die sich in ihr abspielen.

Die Revolution in der Wissenschaft besteht in der allmählich aufdämmernden Erkenntnis, daß es keine letzte Wirklichkeit, keine Welt gibt, die ewig, absolut und unabhängig von unseren Beobachtungen und Gedanken besteht. Bruner formuliert diesen Gedanken so: «Es ist meine zentrale ontologische Überzeugung, daß es keine ‹Ur-Wirklichkeit› gibt, gegen die wir eine mögliche Welt halten können, um Entsprechungen zwischen ihr und der wirklichen Welt aufzeigen zu können.»[8] Die Natur des menschlichen Bewußtseins kann nicht ausgeschlossen bleiben bei der Suche nach einem neuen Kontext. Die wissenschaftliche Methode wurde bis an ihre Grenzen getrieben, und hier sehen wir nun den Beobachter wieder auftauchen, trotz aller Bemühungen, ihn fernzuhalten. Um zureichende Erklärungen für physikalische und biologische Phänomene, für das wissenschaftliche Erklären selbst und schließlich für die menschliche Wahrnehmung zu finden, muß die Rolle des Beobachters berücksichtigt werden. Geist und Universum erweisen sich am Ende doch als unlösbar ineinander verstrickt. Wenn wir die Grundprobleme der Wissenschaft und der auf sie gegründeten Gesellschaft näher betrachten, zeigt sich, daß viele dieser Probleme eben damit zu tun haben, daß die Verwobenheit von Geist und Universum ignoriert wurde.

2. Quantenfragen

Sehen wir uns nun unseren heutigen Überzeugungskontext genauer an. Die Beschreibung der Welt, in der die meisten von uns zu leben glauben, beginnt mit «Materie», einem geistlosen Stoff, der, sich selbst zu immer komplexeren Gebilden zusammenfügend, die einzige Wirklichkeit hinter allen Erscheinungen darstellt. Damit unsere Beschreibung komplett sei, wüßten wir gern über die grundlegende Natur dieser Materie Bescheid und wie sie entstand. Die Elementarteilchenphysik, als Quantentheorie bekannt, ist nun die Disziplin der modernen Naturwissenschaft, die sich mit solchen Themen befaßt. Und ausgerechnet die Quantentheorie stieß bei ihren Versuchen, die Natur jenes geistlosen Stoffes namens Materie zu ergründen, auf die beängstigende Frage, ob es in der Wirklichkeit etwas gibt, was dem *Begriff* «Materie» entspricht.

Das Quantenparadox

Die Quantentheorie wurde in den ersten Jahrzehnten dieses Jahrhunderts formuliert, als sich die Physiker bemühten, Aufbau und Verhalten der Atome sowie der Elementarteilchen, aus denen man die Atome zusammengefügt glaubte, zu ergründen. Damals glaubte man noch, alle Atome bestünden aus drei Arten solcher Partikel: Elektronen, Protonen und Neutronen. Heute weiß man, daß es Hunderte, wenn auch viel weniger stabile, Partikel ähnlicher Art gibt, und die Physiker halten nach einer noch tieferen Ebene Ausschau, wo sie die «Wirklich-letzten-Bestandteile-von-Allem» zu finden hoffen. Alle diese Teilchen folgen jedoch den Regeln der Quantenmechanik, die ihre Bewegungen und Wechselwirkungen beschreibt.

Das Quantenparadox

Unter praktischen Gesichtspunkten ist die Quantentheorie die erfolgreichste physikalische Theorie aller Zeiten. Seit sie vor etwa fünfzig Jahren formuliert wurde, konnten unzählige Phänomene bis ins Detail und mit verblüffender Genauigkeit erklärt werden, und es wurden völlig unerwartete neue Entdeckungen gemacht. Dennoch gründet sich die Quantentheorie auf ein unaufgelöstes Paradox – und die Physiker hatten es in diesen fünfzig Jahren nicht gar so eilig, sich mit diesem Paradox auseinanderzusetzen.

Und viele Wissenschaftler anderer Disziplinen haben dieses Loch im Fundament der Quantentheorie gänzlich ignoriert, um weiterhin an die Physik als Modell der rationalen Naturwissenschaft glauben zu können, ein Modell, dem viele in der Strenge der Methodik nachzueifern versuchten. Es besteht nämlich ein alter Glaube, daß alle anderen Ansätze der Naturbeschreibung – Chemie, Biologie, Psychologie und Soziologie – letztlich auf die Physik zurückführbar sind. Wenn wir aber fragen, was denn nun die letzte Wirklichkeit sei, dann sagt uns gerade die Wissenschaft, von der wir uns die Antwort versprechen: Es ist fraglich, inwieweit so etwas wie objektive letzte Wirklichkeit tatsächlich existiert.

Und diese Unsicherheit entstand daraus, daß Elementarteilchen Eigenschaften aufweisen, die einander grundsätzlich zu widersprechen scheinen. Ein einzelnes Elektron (oder anderes «Elementarteilchen») scheint sich manchmal wie ein Materieklümpchen, das «Elektronenteilchen», zu verhalten und manchmal wie eine Welle, die «Elektronenwelle». Der Sprung vom einen Zustand zum anderen tritt ein, wenn das Elektron mit irgend etwas in Wechselwirkung tritt. Das kann die Wechselwirkung mit einem anderen Elementarteilchen, aber auch mit den Teilchen des Meßinstruments sein.

In der makroskopischen Welt unserer alltäglichen Erfahrung ist es so gut wie unvorstellbar, daß etwas sowohl Welle als auch Teilchen sein oder augenblicklich vom einen in den anderen Zustand übergehen kann. Ein Teilchen muß eine bestimmte Position im Raum haben, wie groß das Behältnis auch sein mag, in dem es ist: Nehmen wir als Teilchen etwa eine Fliege in einem Kasten, so wird sie darin wohl herumfliegen, aber doch jederzeit an einem bestimmten Ort sein. Eine Welle dagegen breitet sich aus, bis sie den ganzen zur Verfügung stehenden Raum erfüllt: Setzen wir irgendwo an der Oberfläche eines Teichs eine Welle in Bewegung, so breitet sie sich über den ganzen Teich aus.

Die Quantenfrage hat demnach zwei Aspekte: Erstens, welche Wirk-

Quantenfragen

lichkeit mag ein Ding besitzen, das augenblicklich von einem wellenartigen Zustand in einen teilchenartigen Zustand übergeht? Und zweitens, haben die Meßeinrichtungen etwas mit diesem plötzlichen Zustandswechsel zu tun? Natürlich ist das eine stark vereinfachte Darstellung des Problems der Quantenwirklichkeit, aber sie enthält doch das Wesentliche dieses Problems.

Es gibt mehrere, mindestens sieben, verschiedene Deutungen, die namhafte Physiker der Quantentheorie gaben.[1] Darunter befindet sich nur eine, die daran festzuhalten versucht, daß ein Elektron von der gleichen Wirklichkeit ist, wie Teilchen es nach der klassischen Auffassung waren, daß also kein grundsätzlicher Unterschied besteht zwischen der Quantenwirklichkeit und unserem normalen Wirklichkeitsverständnis. Diese Deutung ist in mancher Hinsicht problematischer als die anderen und gilt allgemein als die am wenigsten wahrscheinliche.

Die meisten Physiker nehmen heute und schon seit Jahrzehnten eine Haltung ein, die wohl die nächstliegende sein dürfte: Sie sagen einfach, daß die Quantentheorie eine überzeugende Methode ist, die auf allen möglichen Anwendungsgebieten «funktioniert». Also muß sie stimmen, und es ist reine Zeitverschwendung, sich mit scheinbaren Grundlagenproblemen herumzuschlagen. Diese Einstellung führte dazu, daß die Probleme – obgleich sie in den dreißiger Jahren von Einstein und Bohr heiß diskutiert wurden – einer ganzen Generation von Physikern praktisch unbekannt waren. Als ich Anfang der sechziger Jahre an der Cambridge University Physik studierte, war im physikalischen Institut kaum die Rede davon, wohl aber im philosophischen Institut. Oberschülern, die gewiß in der Lage wären zu verstehen, um was es hier geht, werden solche Fragen erst gar nicht vorgelegt. Die Aussagen über die Quantenwirklichkeit, so schreibt Paul Davies, «sind so unglaublich, daß die meisten Physiker eine Art Doppelleben führen und sie im Labor akzeptieren, im Alltagsleben aber bedenkenlos von sich weisen».[2]

Niels Bohr und das Komplementaritätsprinzip

Niels Bohr, der eigentliche Begründer der Quantenmechanik, rang sein Leben lang um die Deutung der Quantenwirklichkeit.[3] Was auch immer ein Elektron sei, so sagte er, seine Wirklichkeit kann uns niemals als die Wirklichkeit eines «Objekts» im klassischen Sinne erkennbar werden. Er sagte nicht, es gebe keine definitive Quantenwirklichkeit; vielmehr sagte er, diese Wirklichkeit sei nur zu erkennen, wenn wir eine ganz neue Haltung einnehmen, wenn wir sie also in einem ganz anderen Rahmen als dem des klassischen Objektivitätsgedankens betrachten. Ob es eine von allen Erwägungen des Menschen gänzlich unabhängige Wirklichkeit gibt, ist für Bohr nicht der wesentliche Gesichtspunkt in der Frage der Objektivität; es komme vielmehr darauf an, ob wir zu einer eindeutigen Verständigung über unsere Erfahrung gelangen können.

Alle unsere Begriffe sind selbstverständlich von unserer Wahrnehmungsebene her geprägt, und Beschreibungen oder Deutungen können sich nur dieser Begriffe bedienen. Die scheinbar widersprüchlichen Eigenschaften von Elektronen entziehen sich jedoch diesem Erfahrungs- und Begriffsrahmen, und um auch sie noch zu erfassen, bedarf es der Anwendung eines Prinzips, das Bohr «Komplementarität» nannte: Es liegt in der Natur des Wirklichen, daß es Eigenschaften oder Aspekte gibt, die menschliche Erkenntnis nicht gleichzeitig erfassen kann; eine eindeutige, das heißt objektive Deutung muß beide Beschreibungen, die komplementär sind, in sich vereinigen können. Damit sagt Bohr aber nicht, daß wir *einstweilen* noch nicht wissen können, was hinter den Erscheinungen liegt, weil die Naturwissenschaft noch nicht weit genug fortgeschritten ist. Es liegt vielmehr in der Natur der Beziehung zwischen Mensch und Universum, daß er über diesen Rahmen der Komplementarität hinaus niemals erkennen kann, was hinter den Erscheinungen liegt – falls da überhaupt noch etwas ist. Insbesondere ist es nicht möglich, sich hinter den Erscheinungen eine aus substantiellen Entitäten – also «Dingen» – zusammengesetzte Welt zu denken.

Bohr fährt fort, daß zu einer eindeutigen Beschreibung der Erfahrung auch eine vollständige Beschreibung der Versuchsanordnung und eine genaue Darstellung der Grenzziehung zwischen Beobachtungssystem und beobachtetem System gehört. Diese Grenzziehung nämlich ist in gewissem Umfang variabel, bestimmt aber, welche Merkmale das beobachtete System aufweisen wird – zum Beispiel Wellen- oder Teilchencharakter. Man kann also den jeweils beobachteten Charakter nicht als Aspekt *der* Wirklichkeit hinter den Erscheinungen auffassen; die Wirklichkeit des isoliert beobachteten Systems hat nur Sinn im Zusammenhang der gesamten Interaktion. Henry Folse schreibt dazu in *The Philosophy of Niels Bohr*: «Die Komplementarität erlaubt uns über die Wirklichkeit hinter den Phänomenen zu sagen, daß es ihr Charakteristikum ist, in verschiedenen Arten von Wechselwirkungen verschiedene Arten von Phänomenen hervorzubringen, und daß die Beschreibung dieser Phänomene nicht der Deutung der sie verursachenden Wirklichkeit dienen kann. In gewissem Sinne erscheint es angemessen, bei solch einer Charakterisierung eher von den Kräften eines Geschehens als von den Eigenschaften einer Substanz zu sprechen.»[4]

Bohr sprach viel von der Sprachgemeinschaft, in der die Physik existiert und die Physiker sich verständigen, und ihm war sehr bewußt, in welch hohem Maße unsere Sprache unsere Wirklichkeit bestimmt. Aage Peterson, Schüler und langjähriger Mitarbeiter Bohrs, hörte von seinem Lehrer immer wieder Äußerungen wie diese: «Wovon hängt der Mensch letztlich ab? Von seinen Wörtern. Wir schweben in der Sprache.» Peterson fährt fort: «Sagte ihm jemand, nicht die Sprache, sondern die Wirklichkeit müsse die Grundlage sein, da sie gleichsam der Sprache zugrunde liege und diese ihr Abbild sei, so erwiderte er: ‹Wir schweben in der Sprache, und zwar so, daß wir nicht wissen, was oben und was unten ist. Auch «Wirklichkeit» ist ein Wort, und wir müssen lernen, es korrekt zu gebrauchen.›»[5] Kierkegaard umschrieb seine Existenzangst mit dem Bild, daß er siebzigtausend Meilen Wasser unter sich fühle, und darauf erwiderte Bohr «augenzwinkernd: ‹Es ist noch viel schlimmer – wir hängen über einem bodenlosen Abgrund, in unsere eigenen Worte verfangen.›»[6]

Bohr dehnte das Komplementaritätsprinzip über die Physik hinaus auf das ganze menschliche Dasein aus. «Ein lebendiger Organismus in seiner Geschlossenheit, aber auch die Eigenschaften bewußter Einzelwesen oder menschlicher Kulturen weisen Züge der Ganzheitlichkeit auf, für deren Erklärung eine komplementäre Beschreibungsweise erforderlich ist. Wir haben nicht mit mehr oder weniger vagen Analogien zu tun, sondern mit klaren Beispielen für logische Beziehungen, die uns, in verschiedenen Zusammenhängen, überall begegnen.»[7] Er dachte, daß etwa in der Biologie die uralte Kontroverse von Mechanismus und Vitalismus nicht durch den Sieg einer der beiden Seiten zu beenden sei, sondern nur durch die Überwindung beider vom Standpunkt der Komplementarität her. Ein biologisches System offenbart mechanistische Seiten, wenn wir es biochemisch analysieren, doch das erfordert die Zerstörung seiner biologischen Einheit. Bleibt diese Einheit gewahrt, so zeigen sich typische Merkmale des Lebendigen, doch die Mechanismen werden dann nicht sichtbar. Für eine vollständige Beschreibung des Organismus sind beide Aspekte zu berücksichtigen, obwohl sie niemals zusammen zu beobachten sind, weil der Beobachter sich seinem Gegenstand immer nur auf die eine *oder* die andere Weise nähern kann.

Bohr wendet diese Anschauung auch auf die menschliche Persönlichkeit an: «Ich hoffe indessen, daß der Begriff der Komplementarität geeignet sein wird, die bestehende Sachlage zu kennzeichnen, die eine tiefe Analogie aufweisen dürfte mit den allgemeinen, in der Trennung von Subjekt und Objekt begründeten Schwierigkeiten der menschlichen Begriffsbildung.» In einem Gespräch mit Aage Peterson sagt er zu diesem Thema noch: «Es [ist] ganz unmöglich [...], die Dinge zu analysieren aufgrund von – ich weiß nicht, wie ich es nennen soll, nicht Atome, ich meine ganz einfach, wenn man einige Dinge vor sich hat... sie sind so miteinander verbunden, daß, wenn man sie voneinander zu trennen versucht, so hat es überhaupt nichts mehr mit der wirklichen Sachlage zu tun.»[8] Mit «Komplementarität» wies Bohr also auf die inhärente Ganzheit der Natur hin und auf den Umstand, daß man mit dem in der Naturwissenschaft so notwendigen Analysieren und Unterscheiden nicht immer die ganze Wirklichkeit oder Fülle der jeweiligen Situation erfassen kann. Folse teilt mit, Bohrs Lieblingszitat sei folgender Vers aus Schillers «Sprüchen des Konfuzius» gewesen: «Nur die Fülle führt zur Klarheit, und im Abgrund wohnt die Wahrheit.»[9]

Quantenfragen

Heisenberg: Tendenzen und Möglichkeiten

Werner Heisenberg, der bei der Entwicklung der sogenannten Kopenhagener Deutung der Quantentheorie sehr eng mit Bohr zusammenarbeitete, war bereit, noch ein wenig weiter zu gehen als Bohr. Er unternahm den – vielleicht gelungensten – Versuch, den Zustand eines Elektrons zu beschreiben, das sich gerade nicht wie ein Teilchen verhält. In diesem Zustand, so sagte er, sollten wir uns das Elektron nicht als von definitiver physikalischer Realität vorstellen; vielmehr sei es hier in einem Schwebezustand vieler «Möglichkeiten» oder, wie er gern sagte, «Tendenzen».

Wenn das Elektron unsere Experimentaleinrichtung durchläuft, aber noch nicht an einem der vielen Punkte, die es erreicht haben könnte, tatsächlich festgestellt wurde, so befindet es sich potentiell, wie Heisenberg gern sagte, auf dem Weg zu allen diesen Punkten. Erst wenn es an einem bestimmten Punkt tatsächlich gemessen wird, sich dort also als Teilchen manifestiert, besitzt es überhaupt physikalische Realität. Das brachte ihn zu folgender Feststellung: «In den Experimenten über Atomvorgänge haben wir mit Dingen und Tatsachen zu tun, mit Erscheinungen, die ebenso wirklich sind wie irgendwelche Erscheinungen im täglichen Leben. Aber die Atome oder die Elementarteilchen sind nicht ebenso wirklich. Sie bilden eher eine Welt von Tendenzen und Möglichkeiten als eine von Dingen und Tatsachen.»[10]

Das Bewußtsein kommt ins Bild

John von Neumann, ein glänzender Mathematiker, der bei vielen umwälzenden Neuerungen der dreißiger und vierziger Jahre eine bedeutende Rolle spielte – zum Beispiel erarbeitete er die logischen Grundlagen der Computertechnik und entwickelte die Spieltheorie –, war der erste, der das Problem der Quantenwirklichkeit auf eine klare logische Basis stellte.[11] Bohrs und Heisenbergs Interpretationen genügten ihm nicht. Er wollte es genau wissen: An welchem Punkt eines Quanten-Meßvorgangs verwandelt sich die Elektronenwelle in ein Elektronenteilchen? Seine eigenen logischen Skrupel zwangen ihn schließlich zu einer überraschenden – und für manch anderen ziemlich degoutanten – Antwort: Die Zustandsänderung wird durch das Bewußtsein des Beobachters herbeigeführt.

Von Neumanns Gedankengang war folgender: Während der Messung durchläuft das Elektron die Experimentaleinrichtung und wird schließlich von einem Detektor erfaßt; der wiederum erzeugt ein Bild auf der Netzhaut des ihn betrachtenden Beobachters. Auge und Gehirn des Beobachters sind physikalische Gegebenheiten und müssen als Teil der Versuchsanordnung aufgefaßt werden. Jeder Punkt des Vorgangs ist in sich selbst ein physikalisches Ereignis, das den Gesetzen der Quantentheorie unterliegt und nicht selbst für den Übergang von Welle zu Teilchen verantwortlich sein kann. Der einzige außergewöhnliche Augenblick im ganzen Ablauf ist der, in dem der Experimentator sich des Ergebnisses der Messung bewußt wird. Das muß also der Punkt sein, an dem die Elektron-Welle tatsächlich ein Elektron-Teilchen wird. Demnach liegt es am Bewußtsein des Beobachters, daß das Elektron von einem Zustand mit unbestimmter Position (Welle) in einen Zustand mit bestimmter Position (Teilchen) übergeht. Das Bewußtsein des Beobachters läßt die Elektron-Welle zu einem Elektron-Teilchen einschnurren. Von Neumann selbst blieb skeptisch gegenüber diesen Konsequenzen seiner Logik, doch andere hervorragende Physiker, insbesondere der Nobelpreisträger Eugene Wigner, unterstützten die Anschauung, daß das Bewußtsein die Quantenwirklichkeit erzeugt.[12]

Vielen Physikern, insbesondere jenen, die aus tieferen Gründen ein geistloses Universum bevorzugen, schmeckt diese Lösung gar nicht. Aber selbst wenn wir nicht so strikt für die Geistlosigkeit plädieren, wirft die neue Deutung der Quantenwirklichkeit ein großes Problem auf: Was ist dieses Bewußtsein des Beobachters? Die Deutung krankt einfach daran, daß «Bewußtsein» ein viel zu vager Begriff ist, als daß er hier von praktischem Nutzen sein könnte. Wigner selbst behauptet, die ganze Gedankenführung zeige, daß die Gesetze des Bewußtseins ganz andere sein müssen als die der Materie. Und damit ersteht die Dualität von Geist und Bewußtsein aufs neue. Dennoch, wenn man nicht bei Bohr haltmacht, scheint der Gedankengang von geradezu zwingender Logik zu sein, und die möglichen Alternativen sind, wie wir jetzt sehen werden, nicht weniger bizarr.

Quantenfragen

Mehrfachwelten

Hugh Everett und Bryce deWitt waren zwei Physiker, die sich entschieden gegen die Einführung des Bewußtseins in die Physik wandten.[13] In ihrer Mehrfachwelten-Deutung sagen sie, anstatt die verschiedenen Möglichkeiten in einen vagen Bereich nichtphysikalischer Potentialität zu verlagern, wie Heisenberg es getan hatte, sollten wir lieber davon ausgehen, daß sie alle von gleicher Tatsächlichkeit oder Aktualität sind. Sooft zwei oder mehr Teilchen miteinander in Wechselwirkung treten oder ein Teilchen mit einem Meßinstrument interagiert, sind viele Ergebnisse möglich. Wir können beliebig viele solcher Wechselwirkungen zusammenfassen bis hinauf zu der Ebene, auf der zwei Menschen miteinander in Wechselwirkung treten oder ein Beobachter mit einem Meßinstrument, indem er es abliest. Diese Wechselwirkungen ereignen sich unzählige Male in jedem Sekundenbruchteil, und Everett sagt, alle nur irgend möglichen Ergebnisse solcher Wechselwirkungen seien in irgendeiner Welt Wirklichkeit. In jedem Augenblick verzweigt sich die Welt in unzählige andere und ebenfalls wirkliche Welten, die parallel zueinander weiterbestehen. Manche unterscheiden sich nur sehr wenig voneinander, andere, insbesondere wenn sie schon vor langer Zeit abzweigten, sind vollkommen anders. Auch der Beobachter, Sie etwa, verzweigt sich in jedem Augenblick. Aber Sie wissen nicht, daß Sie sich verzweigt haben, und erfahren sich weiterhin als *ein* Beobachter in *einer* Welt. Und das ist nicht etwa das Phantasiegebilde eines Science-fiction-Autors, sondern ein seriöses physikalisches Modell der letzten Wirklichkeit, das in angesehenen Fachzeitschriften ernstgenommen und erörtert wird.

Die Mehrfachweltentheorie gibt eine Antwort auf die Frage, wie sich in den etwa fünfzehn Milliarden Jahren, die unser Universum besteht, intelligentes Leben gebildet haben kann; geht man nämlich davon aus, daß hier nichts weiter als blinder Zufall am Werk ist, dann spricht alle Wahrscheinlichkeit gegen eine so rasche Entwicklung. Die Antwort der Mehrfachweltentheorie lautet: Es spielt keine Rolle, wie groß oder klein diese Wahrscheinlichkeit ist, denn es existieren ohnehin alle überhaupt möglichen Welten. Natürlich kann nur die Existenz solcher Welten bekannt sein, in denen es – wie in dieser – erkennende Beobachter gibt. Eine schlaue Antwort, zumal sie nicht verifizierbar ist, denn wer wollte entscheiden, ob ein nicht beobachtetes Universum existierte oder nicht?

Mehrfachwelten

In der Mehrfachweltentheorie scheint also zumindest eines der Probleme gelöst zu sein: Da alle Welten ohnehin tatsächlich existieren, brauchen wir uns über die Rolle des Bewußtseins bei der Überführung von Potentialität in Aktualität nicht mehr den Kopf zu zerbrechen. Allerdings, über das Bewußtsein stolpern wir letztlich doch wieder, denn wie kommt es, daß wir uns als unverzweigte Wesen in *einer* unverzweigten Welt erfahren? Das Modell selbst kann uns die Antwort vermutlich nicht liefern; wir müssen irgendwie Einblick gewinnen in die Natur und die Begrenzungen der menschlichen Erfahrung. Eigentlich sind wir also das Bewußtsein doch nicht losgeworden, sondern haben es nur durch den ebenso vagen und im Grunde äquivalenten Begriff der Erfahrung ersetzt. Everett würde vielleicht sagen, ob eine Welt erfahren wird oder nicht, spiele für die Physik keine Rolle. Aber das wäre doch wohl eine ziemlich unvollständige Physik, die mit vielen tatsächlichen Welten daherkommt und nicht zu sagen weiß, weshalb es für uns so aussieht, als gäbe es nur diese eine.

Es gibt ein Gedankenexperiment – und bisher nur dieses eine –, anhand dessen sich das Mehrfachweltenmodell von den anderen unterscheiden läßt.[14] Wir nehmen an, ein Computer werde gebaut, der seine eigenen inneren Zustände wie ein menschliches Gehirn erinnern und reflektieren und darüber Mitteilungen machen kann. Er ist außerdem zugleich Meßinstrument für ein Quantenexperiment. Nach Ablauf des Experiments wird der Computer gefragt, was er im Augenblick der Messung erfahren habe. Wenn die Mehrfachweltentheorie zutrifft, wird seine Antwort eine andere sein, als wenn sie falsch ist. Ob es auch nur theoretisch möglich ist, solch einen Computer zu bauen, mag eine philosophische Frage sein. Jedenfalls scheint dieses Gedankenexperiment einzuräumen, daß bewußte Erfahrung – das also, was Everett und deWitt ein für allemal ausräumen wollten – eben doch relevant ist für die Quantenmechanik.

Die Modelle von Wigner und Everett müssen beide am Ende den Faktor der bewußten Erfahrung wieder einführen, damit man überhaupt zu einer tatsächlich erfahrenen Welt gelangen kann. Sie werden den Schatten des Geist-Materie-Dualismus nicht los. Dieser Geist, den man von Anfang an auszuschließen versucht hatte mit dem Modell des aus Teilchen von geistloser Materie zusammengesetzten Universums – man wird ihn offenbar schwer los.

Quantenfragen
Die implizite Ordnung

David Bohm, langjähriger Schüler und später Kollege sowohl Einsteins als auch Bohrs, hängt diesen Schatten ab durch ein Modell, in dem Bewußtsein und Materie gleichgestellt sind und die letzte Wirklichkeit als eine ungeteilte Ganzheit aufgefaßt wird. Für Bohm läßt die Relativitätstheorie ebenso wie die Quantentheorie auf ein ungeteiltes Universum schließen, in dem alle Teile «zu einer Totalität verschmolzen und vereinigt» sind. Fluß oder Prozeß sind mehr als Form oder Ding, denn diese verdichten sich aus dem Fluß und schmelzen wieder in ihn zurück. Dieser Fluß geht sogar noch der Unterscheidung von Geist und Materie voraus: «In diesem Fluß sind Geist und Materie nicht getrennte Substanzen. Vielmehr sind sie Aspekte einer ungebrochenen Gesamtbewegung.»

Diese ungebrochene Bewegung ist nach Bohm geschichtet, sie enthält Ordnungsebenen von immer größerer Allgemeinheit. Die Newtonsche Mechanik ist in die Relativitäts- und Quantenmechanik eingebettet und diese wiederum in noch allgemeinere Ordnungsebenen, die noch zu entdecken sind. Die Grenze einer Ordnungsebene ist erreicht, wenn die Phänomene anfangen, sich in einer – für die auf dieser Ebene gültige Ordnung – chaotischen Weise zu manifestieren. Eine bestimmte Manifestation, also das Erscheinen eines «Dinges» oder «Gedankens», ist die Ausfaltung einer bestimmten Ordnungsebene aus dem Ganzen. In dem ungeteilten Ganzen sind alle potentiellen Ausfaltungen oder Erscheinungen verborgen, weshalb Bohm es «die implizite Ordnung» nennt im Gegensatz zur «expliziten Ordnung». «Explizite Ordnung» ist demnach das tatsächlich Erscheinende, also etwa die Messung des Verhaltens eines Elektrons oder der Anblick eines Baums oder ein Gefühl von Hunger.

Die gesamte Wirklichkeit kann nach Bohm in die implizite Ordnung eingefaltet werden. «Vom Standpunkt der impliziten Ordnung aus kann man sagen, daß alles in alles eingefaltet ist. Dies widerspricht der zur Zeit in der Physik herrschenden expliziten Ordnung, in der die Dinge in dem Sinne entfaltet werden, daß jedes Ding nur in seinem besonderen Raum- (und Zeit-)Abschnitt liegt, das heißt außerhalb der Abschnitte, die zu anderen Dingen gehören.» Man könnte es auch so ausdrücken: Alle Teile der expliziten Ordnung, mögen sie auch durch Raum und Zeit voneinander getrennt sein,

Die implizite Ordnung

hängen zusammen. Auch weit voneinander entfernte Teilchen sind irgendwie verbunden.

Geist und Materie sind gleichermaßen in die implizite Ordnung eingefaltet, die also grundlegender ist als beide. «Wir gelangen so zu der These, daß die umfassendere, tiefere und innerlichere Wirklichkeit weder Bewußtsein noch Körper ist, sondern vielmehr eine höherdimensionale Wirklichkeit, die deren gemeinsame Grundlage darstellt und ihrer Art nach über beide hinausgeht.» Gedanke und Erscheinung gehen als miteinander verbundene Projektionen gemeinsam aus diesem höherdimensionalen Grund hervor.[15]

Bohms Gedanke, daß es allgemeinere und daher «tiefere» Ordnungsebenen als die der Quantenmechanik geben könnte, entspringt zum Teil wohl seiner früheren Parteinahme für Einstein und dessen Kritik an Bohrs Deutung. Einstein beharrte sein Leben lang darauf, es müsse eine tiefere Wirklichkeitsebene als die der Quantenmechanik geben, zu der wir noch nicht vorgedrungen sind, auf der sich aber die Elementarteilchen doch so verhalten, wie sie es nach der klassischen Definition sollten. Diese Idee wurde als die Theorie der «verborgenen Variablen» bekannt. In neuerer Zeit hat sich das Bild jedoch drastisch gewandelt. 1964 befaßte John Bell sich mit der Logik bestimmter Messungen an Systemen, in denen zwei Teilchen zunächst miteinander in Wechselwirkung treten und dann getrennt werden.[16] Wenn es, so argumentierte Bell, tatsächlich solche tieferen «verborgenen Variablen» gibt, wenn es also eine Ordnungsebene gibt, auf der Elementarteilchen sich gemäß der klassischen Mechanik verhalten, dann führen Messungen an einem Zwei-Teilchen-System zu Ergebnissen, die der Quantenmechanik widersprechen. Alain Aspect führte 1981 die entsprechenden Experimente durch. Die Ergebnisse stimmten eindeutig mit der Quantenmechanik überein und zeigten damit, daß es die tiefere Ebene der «verborgenen Variablen» nicht geben kann.

Bells Theorem und dessen experimentelle Bestätigung zeigen, daß wir zur Zeit nur eine von zwei Alternativen wählen können. Wenn wir über eine objektive Wirklichkeit hinter den Erscheinungen sprechen wollen, dann muß diese Wirklichkeit über allen Raum und alle Zeit ein durchgängig verbundenes Ganzes sein. Zwei Teilchen, die irgendwann einmal miteinander in Wechselwirkung standen, sind dann für alle Zeit miteinander verbunden. Das heißt aber, daß *alle* Teilchen des Universums miteinander verbunden *sind*. Wie wir es von anderen

Aspekten der Quantenwirklichkeit gewohnt sind, kann man sich diese durchgängige Verbundenheit schwer vorstellen, wenn man sich dabei die gewohnte Welt der Dinge und ihrer Wechselwirkungen zum Modell nimmt. Es müssen Verbindungen sein, die keinen Zeitverzug kennen, nicht durch Felder vermittelt werden und mit der Entfernung nicht abnehmen.

Können wir aber nicht akzeptieren, daß die Wirklichkeit – auf der Quantenebene – von derart befremdlicher Ganzheitlichkeit ist, so müssen wir uns einen Standpunkt ähnlich dem von Niels Bohr zu eigen machen. Wir haben dann die Idee aufzugeben, daß es hinter den Erscheinungen, die unsere Experimentaleinrichtungen uns präsentieren, so etwas wie eine objektive Wirklichkeit gibt. Übereinstimmung scheint aber tatsächlich darin zu bestehen, daß wir nur diese beiden Alternativen haben: Entweder geben wir die Annahme auf, daß es eine vom Beobachter unabhängige Welt realer Teilchen gibt, oder wir nehmen eine solche Welt an und damit zugleich die Konsequenz, daß alle Teilchen miteinander verbunden sind. Doch wie auch immer wir uns die Natur des Wirklichen denken, eine der Grundtendenzen unseres Denkens muß offenbar aufgegeben werden, nämlich die Tendenz, die Dinge als gesondert zu betrachten. Diese Neigung, die Welt als aus gesonderten Dingen zusammengesetzt zu betrachten, die ihre besondere Identität besitzen, im wesentlichen ein Einzeldasein führen und nur beiläufig mal zu anderen «Dingen» in Beziehung treten, dürfte einer der am tiefsten verwurzelten Züge des menschlichen Bewußtseins sein. Bells Theorem und seine Bestätigung weist nun diesem «Ding-Denken» einen Widerspruch nach: Wenn wir annehmen, daß Elementarteilchen ein vom Beobachter unabhängiges Eigenleben führen, dann sind diese Teilchen keine gesonderten Teilchen mehr.

In diesem Kapitel habe ich anhand der exaktesten aller Wissenschaften – der Physik, die behauptet, den Kern der materiellen Welt freilegen zu können – die Natur der Wirklichkeit und ihrer Beziehung zum Geist ein wenig weiter aufzuhellen versucht. Ich habe die vier grundlegenden Deutungen der Wirklichkeit vorgestellt, die uns heute zur Verfügung stehen. Zwei davon, die von Wigner und Everett, scheinen sagen zu wollen, daß es einen von der physikalischen Welt getrennten Faktor gibt, den wir einbeziehen müssen, wenn wir die Grundtatsache erklären wollen, daß jeder von uns glaubt, er lebe in einer einzigen (das heißt unverzweigten), wirklichen Welt. Wigner benennt diesen Faktor als das «Bewußtsein» des Beobachters. Everett versucht diesen Faktor fernzuhalten, doch seine Mehrfachwelten bleiben ohne Beziehung zur menschlichen Erfahrung, wenn wir den Faktor «Bewußtsein» nicht zulassen. Für Wigner wie für Everett bleibt eine Spaltung bestehen zwischen der Materie und jenem anderen mysteriösen Faktor.

Die beiden anderen Deutungen sind die von Niels Bohr und David Bohm. Bohr wird im allgemeinen auf die Aussage festgelegt, menschliche Wirklichkeitserkenntnis sei grundsätzlich, das heißt für immer, durch das Komplementaritätsprinzip eingeschränkt. Wir finden jedoch verstreut in seinen Schriften und Gesprächen immer wieder Hinweise auf den Grund, den er für diesen Umstand sah: Die Wirklichkeit ist ein ungeteiltes Ganzes und läßt willkürliche Trennungen und Unterscheidungen nicht zu. Bohm vertieft nun gerade diesen Gesichtspunkt zur Theorie der impliziten Ordnung. Für Bohr und Bohm sind Geist und Materie, Subjekt und Objekt, Aspekte einer zugrundeliegenden Totalität.

Wirklich ist, was mitgeteilt wird

Den Deutungen der Quantenwirklichkeit, die relativ breite Zustimmung gefunden haben, ist gemeinsam, daß die Rolle des Beobachters, der diese Wirklichkeit erfährt, in irgendeiner Weise berücksichtigt wird. Der Physiker John Wheeler, ebenfalls ein Kollege Einsteins und Bohrs, darüber hinaus aber unter den Physikern, die sich auf die Interpretationsdiskussion einlassen, einer der behutsamsten und wortgewandtesten, hat die Sachlage auf einen prägnanten Nenner gebracht: «Kein Elementarphänomen ist ein reales Phänomen, bevor es nicht ein beobachtetes Phänomen ist.»[17] Wir könnten es auch anders ausdrücken: Was wir «Materie» zu nennen gewohnt sind, ist auf der Quantenebene nicht vom Bewußtsein des Beobachters zu trennen, und zwar nach Wheeler von jenem Aspekt des Bewußtseins, der für die Kommunikation von Bedeutungsinhalten sorgt. Dieser Aspekt des Bewußtseins kommt ins Spiel, wenn ein Beobachter ein Quantenphänomen zu einem realen Phänomen macht, indem er es so aufnimmt und festhält, daß es anderen vermittelt werden kann.

Wheeler schildert mit einem amüsanten Beispiel, wie durch Kom-

Quantenfragen

munikation Wirklichkeit geschaffen werden kann.[18] Es geht hierbei um ein Gesellschaftsspiel namens «Zwanzig Fragen». Üblicherweise wird dieses Spiel so gespielt, daß ein Teilnehmer das Zimmer verläßt, während die anderen sich auf irgendein bestimmtes Wort einigen. Der ausgeschlossene Mitspieler kommt nun zurück und muß das gesuchte Wort erraten, indem er Fragen stellt, die wahrheitsgemäß mit «ja» oder «nein» zu beantworten sind. Als Wheeler selbst an der Reihe war zu raten, erlaubten sich die anderen mit ihm den Spaß, gar kein bestimmtes Wort festzulegen. Die Regel, daß wahrheitsgemäß geantwortet werden mußte, blieb erhalten, das heißt, jeder mußte in dem Augenblick, wo er mit «ja» oder «nein» antwortete, ein Wort im Sinn haben, auf das seine Antwort und alle früheren Antworten paßten. Wheeler beschreibt, was er da erlebte: «Zunächst kamen die Antworten schnell, aber dann dauerte es immer länger. Das war seltsam, ich wollte von meinen Freunden ja nur ein schlichtes Ja oder Nein. Aber der Befragte mußte erst lange nachdenken, bevor er dann antwortete. Schließlich hatte ich das Gefühl, daß ich ganz nah dran war und das Wort vielleicht ‹Wolke› lauten könnte. ‹Ist es Wolke?› fragte ich. ‹Ja›, kam die Antwort, und es brach ein allgemeines Gelächter aus. Dann sagten sie mir, es habe überhaupt kein Wort gegeben.»

Wheeler gibt diesem Erlebnis folgende Interpretation: «Worin liegt die Symbolik dieser Geschichte? Die Welt, so haben wir früher geglaubt, existiert ‹da draußen›, unabhängig von jeder Beobachtung. Vom Elektron haben wir mal geglaubt, es habe jederzeit eine bestimmte Position und einen bestimmten Impuls. Und ich glaube beim Eintreten, es sei ein bestimmtes Wort im Raum. Tatsächlich hat sich das Wort erst durch die Fragen, die ich stellte, Schritt für Schritt gebildet, so wie die Informationen bezüglich des Elektrons sich aufgrund des Experiments bilden, für das der Beobachter sich entscheidet, das heißt aufgrund der Meß- und Aufzeichnungsapparatur, die er aufbaut. Hätte ich andere Fragen gestellt oder dieselben Fragen in einer anderen Reihenfolge, so wären wir bei einem anderen Wort angelangt, so wie der Experimentator bei einer anderen Versuchsanordnung ein anderes Verhalten des Elektrons festgestellt hätte.»

Wheeler fährt fort, daß er aufgrund der zustimmenden oder verneinenden Antworten seiner Mitspieler nicht irgendein beliebiges Wort entstehen lassen konnte; ebenso kann der Experimentator durch seine Versuchsanordnung zwar weitgehend bestimmen, was mit dem Elektron geschehen wird, aber auch hier stellen die unvorhersehbaren Antworten der Natur eine Beschränkung dar. Es gilt jedoch: «Im Spiel ist ein Wort erst dann ein Wort, wenn es durch die Wahl der Fragen und Antworten in den Stand der Wirklichkeit erhoben wird. In der realen Welt der Quantenphysik ist ein Elementarphänomen erst dann ein wirkliches Phänomen, wenn es ein festgestelltes Phänomen ist.»

Es kristallisiert sich ein Bild der Welt heraus, das ganz anders ist als das Weltbild, das man uns in der Schule vermittelt hat, auf das wir alle, Wissenschaftler wie Laien, unser Leben gründen und das unseren Kindern leider nach wie vor vermittelt wird. Daß hinter den Erscheinungen – zwei Möwen im Abenddunst über der stillen Bucht – eine eigentliche Wirklichkeit sei, eine Welt leerer, toter und geistloser Materiestückchen, die sich zu Zufallskombinationen fügen, und daß der Geist irgendwie von all dem gesondert sei und es passiv betrachte, wie ein Spiegel die Dinge zurückwirft – solche Vorstellungen taugen nicht mehr als Grundlage, wenn es um die Frage geht, was die Wirklichkeit sei. Solche Grundannahmen sind keineswegs realer als Möwen und dunstverhangene Buchten. Sie sind einfach Beschreibungen einer anderen Manifestationsebene, zu der wir in Beziehung treten, wenn wir uns entsprechender Instrumente bedienen, die unsere Wahrnehmungsfähigkeit bis dorthin ausdehnen.

Denn es zeigt sich, wie ich beschrieben habe, daß diese Welt unserer alten Grundannahmen sich ebenfalls auflöst, wenn wir unsere Wahrnehmungsfähigkeit mit Hilfe von Instrumenten weit genug ausdehnen, nämlich bis in den Quantenbereich. Auf dieser Ebene geht uns die solide Wirklichkeit «hinter» den Erscheinungen, die unabhängig ist von den Beobachtungen und Gedanken eines menschlichen Bewußtseins, gänzlich verloren. Es gibt keine weitere Ebene mehr, auf der eine «objektive» Wissenschaft – eine Wissenschaft also, die an der Dualität von Geist und Natur festhält – sich auf die Suche nach einer letzten objektiven Wirklichkeit machen könnte, die von einem diese Wirklichkeit spiegelnden Bewußtsein gänzlich unabhängig wäre.

Doch Vorsicht! Hüten wir uns vor dem Schluß, daß wir nun einfach unsere gewohnte Vorstellung von Bewußtsein mit unserer gewohnten Vorstellung von Materie kreuzen werden und die Einheit dann gleichsam als Promenadenmischung daraus hervorgeht. Es scheint eher nötig zu sein, unsere Vorstellungen von «objektiver Wirklichkeit» und «gesondertem Bewußtsein» grundsätzlich in Zweifel zu ziehen und zu fragen, ob es überhaupt eine Dualität von Bewußtsein und Wirklichkeit gibt. Der wichtigste Gesichtspunkt ist hierbei, daß dies nicht auf irgendeine abstrakte Philosophie hinauslaufen wird, die mit der Alltagsrealität unseres Lebens wenig zu tun hat. Wenn wir unser Leben auf einen Überzeugungskontext gründen, der die Dualität *nicht* voraussetzt, so wird das unser Leben und die Gesellschaft tiefgreifend beeinflussen. Wir werden uns deshalb im vierten Kapitel traditionelle Lebensformen und Denkweisen anschauen, die nicht auf der Trennung von Geist und Natur oder Wahrnehmung und Wahrgenommenem beruhen.

Die Quantenrevolution, die in den zwanziger Jahren begann, erschütterte das im neunzehnten Jahrhundert gewachsene Vertrauen, daß die Naturwissenschaft ein immer vollständigeres Bild des objektiven Universums liefern werde. Und nicht nur durch die Probleme der Deutung der Quantenwirklichkeit wurde dieses Vertrauen erschüttert, sondern die Wissenschaftler wurden auf eine ganz neue Art nachdenklich und fragten sich, wie sie sich – im festen Glauben, auf der richtigen Spur zu sein – derart hatten irren können. Und mehr noch: Wie konnten sie sicher sein, daß sie den gleichen Fehler nicht schon wieder begingen? Das führte zu der grundsätzlichen Frage nach dem Sinn von Naturwissenschaft überhaupt: Inwieweit können wissenschaftliche Theorien des Universums überhaupt ein Abbild der Wirklichkeit sein? Diese Frage führte, wie wir im nächsten Kapitel sehen werden, zu der Einsicht, daß man die Beschreibungen des Beobachters selbst wiederum als Bestandteile des beobachteten oder beschriebenen Universums auffassen muß.

3. Die Masken des Universums

Nach dem bisher Gesagten ist es also fraglich, ob es eine Außenwelt, das «objektive Universum», tatsächlich gibt. Dann aber ist zu fragen, wovon die Naturwissenschaft eigentlich redet. Noch in den zwanziger Jahren gab es für den praktisch forschenden Naturwissenschaftler kaum einen Anlaß zu dieser Frage. Man ging einfach von der als realistisch empfundenen Auffassung aus: Es gibt «da draußen» ein Universum, dem man auch Namen wie «die Natur» oder «die Wirklichkeit» geben kann. Und es galt als selbstverständlich, daß die Naturwissenschaft die absoluten, ewig unwandelbaren und vom Bewußtsein gänzlich unabhängigen Naturgesetze «aufdeckt». Mit Newtons Mechanik und den von Maxwell entwickelten Gesetzen des Elektromagnetismus befand man sich, so meinte man, auf dem richtigen Weg zu einer vollständigen Erklärung von allem. Wer diesem absoluten Realismus widersprach, verging sich nicht nur an der Wissenschaft, sondern auch am gesunden Menschenverstand.

Dieser frohgemuten Zukunftsgläubigkeit wurde durch die Veröffentlichung der Relativitätstheorie ein erster schwerer Schlag versetzt.[1] Schockierend war weniger der eigentliche Inhalt dieser Theorie als vielmehr die Konsequenz, die aus ihr zu ziehen war hinsichtlich der Überzeugung, daß die Naturwissenschaft die Wahrheit über das Universum Zug um Zug aufdecke. Es zeigte sich nun, daß Newtons absolut leerer Raum, die unerschütterlich linear ablaufende Zeit und seine Sicht der Gravitationskräfte zwischen den Planeten durchaus nicht die absolute Wahrheit, ja im Grunde nicht einmal eine brauchbare Annäherung darstellten. Gewiß, es gab auf ihnen beruhende Berechnungsmethoden, die eine annähernd genaue Beschreibung der Planetenbewegungen erlaubten, aber als Grundannahmen über die Natur der Wirklichkeit taugten sie, im Licht der Relativitätstheorie betrachtet, nicht mehr. Und als dann in den zwanziger Jahren die Paradoxien der Quantenmechanik auftauchten, wurde fraglich, ob eine Beschreibung der Wirklichkeit überhaupt möglich sei.[2] Auf diese grundsätzlichen Fragen hin wurden nun Versuche unternommen, das Wesen wissenschaftlicher Theorien und ihrer Beziehung zur Wirklichkeit neu zu formulieren. Bei diesem philosophischen Unternehmen ging es nicht zuletzt auch darum, die Idee der Wirklichkeit, wie sie im Denken des neunzehnten Jahrhunderts vorherrschte, am Leben zu erhalten.

Das Versagen des logischen Empirismus

Was die Naturwissenschaft eigentlich tut, wurde in den dreißiger Jahren von einer Gruppe von Logikern und Wissenschaftstheoretikern formuliert, und die Ergebnisse dieser Arbeit bilden bis heute nicht nur die Standardanschauung der naturwissenschaftlichen Forschung, sondern werden auch bei fast allen populären Darstellungen als selbstverständlich vorausgesetzt. Diese Wissenschaftstheorie trägt den Namen «logischer Empirismus», denn sie sagt, Naturwissenschaft bestehe darin, die Gesetze der Physik (oder der Chemie oder der Biologie) durch Anwendung der Regeln der *Logik* (zum Beispiel: Wenn A = B, dann B = A) auf *empirische* Aussagen über Naturbeobachtungen abzuleiten.

Ob eine empirische oder Beobachtungs-Aussage wahr oder falsch sei, wird davon abhängig gemacht, ob sie einer Tatsache entspricht oder nicht. Diese auf Aristoteles zurückgehende einfache Idee wird naheliegenderweise als «Korrespondenztheorie» der Wahrheit bezeichnet. Ein klassisches Beispiel für die Korrespondenztheorie lautet: Der Satz «Raben sind schwarz» ist dann und nur dann wahr, wenn Raben (wirkliche Raben und nicht das Wort «Raben») tatsächlich schwarz sind (womit die wirkliche Farbe gemeint ist und nicht das Wort «schwarz»).

Die Korrespondenztheorie setzt also voraus, daß es tatsächlich reale Dinge gibt. Und es gibt nicht nur schwarze Raben, weißen Schnee und grüne Bäume. Es gibt nach dieser Anschauung auch – und zwar tatsächlich – Elektronen, Protonen, Gluonen, Quarks, Felder, Kräfte, Raum und Zeit, biologische Arten, Bewußtsein und das Universum.

Und alle diese Dinge haben ein eigenes Dasein, unabhängig von unseren Beobachtungen und unseren Theorien über sie.

Der Versuch, diese Standardanschauung unwiderlegbar zu machen, lief auf den Nachweis hinaus, daß man über diese realen Dinge wahre Aussagen machen könne, daß wir also wahre Erkenntnisse gewinnen können über die Wirklichkeit hinter den Erscheinungen. Und zur wahren Erkenntnis der Fakten dieser Wirklichkeit würden wir auf eine ganz ähnliche Weise kommen wie zu unseren Erkenntnissen über Erscheinungen: Wenn jemand behauptet, daß Schnee weiß ist, dann schaue ich aus dem Fenster und sehe (falls Schnee liegt) selbst nach, ob er tatsächlich weiß ist. Und ich schaue ganz unvoreingenommen, also unabhängig von der Meinung, die ich selbst über die Farbe des Schnees haben könnte. Meine Motivation ist rein, meine Wahrnehmung ungetrübt. Und wenn jemand behauptet, Elektronen seien Kugeln, dann sollte ich auch das auf analoge Weise durch unvoreingenommene Beobachtung überprüfen können. Dieser Glaube an die reine, nicht durch Annahmen oder Überzeugungen verfälschte Beobachtung ist die Grundlage des Empirismus.

Die Theorie wurde aufs höchste verfeinert. Sir Karl Popper[3] wies darauf hin, daß Beobachtungen niemals die zweifelsfreie Richtigkeit einer Theorie erweisen können: Selbst Millionen Beobachtungen schwarzer Raben beweisen nicht, daß *alle* Raben schwarz sind – es könnte irgendwo einen weißen geben. Damit entstand nun das Prinzip der Falsifikation: Eine Theorie ist als zweifelsfrei falsch erwiesen, wenn auch nur eine einzige Beobachtung ihr widerspricht. Auf der Grundlage dieser Falsifikationsidee versuchte man nun mit Hilfe der Wahrscheinlichkeitslogik zu einer Theorie der wahrscheinlichsten wissenschaftlichen Theorie zu gelangen, und das führte zu einer neuen Auffassung von wissenschaftlichen Theorien überhaupt: Sie sind Annäherungen an die letzte und ganze Wahrheit, und zwar Annäherungen von immer größerem Wahrscheinlichkeitsgrad. Bei all dem ging es aber immer darum, das objektive reale Universum von Raben und Elektronen und allem dazwischen zu bewahren.

Doch diese jahrzehntelangen Bemühungen, die letzte Wirklichkeit auf eine unumstößliche philosophische Basis zu stellen, sind gescheitert. Anfang der siebziger Jahre zog Frederick Suppe am Ende einer Konferenz über die Struktur wissenschaftlicher Theorien folgendes Resümee: «In der Philosophie der Wissenschaft stehen wir demnach heute vor der Tatsache, daß die allgemein anerkannte Anschauung abzulehnen ist und keines der vorgetragenen Alternativkonzepte für den Theoriebegriff sich breiter Zustimmung erfreut.»[4] Es gibt heute keinen Konsens mehr, der die klassische Anschauung von einer absoluten Wirklichkeit, die von der Naturwissenschaft aufgedeckt oder auch nur näherungsweise aufgedeckt wird, noch aufrechterhalten könnte.

Theorien bestimmen, was beobachtet wird

Die Erkenntnis des Scheiterns bahnte sich in den fünfziger Jahren an, als einige Wissenschaftler und Wissenschaftshistoriker einzuräumen begannen, daß Beobachtungen in unvermeidlicher Abhängigkeit zu den Grundannahmen stehen, die der beobachtende Wissenschaftler macht – sie sind «theoriebefrachtet». Ein simples Beispiel: Wenn wir Tests entwickeln, um den Intelligenzquotienten verschiedener rassischer Gruppen zu ermitteln, können die Fragen, die wir stellen, und daher auch die Beobachtungen, die wir machen, schon durch unsere Annahmen über die Intelligenz solcher Gruppen gefärbt sein. Und im Verlauf der letzten fünfzig Jahre haben sich tatsächlich viele solcher Tests aus eben diesem Grund als unbrauchbar erwiesen. Heute gerät die Idee der Intelligenztestung grundsätzlich immer mehr in Verruf, eben weil die Beobachtungen (die Testresultate) ersichtlich in hohem Maße theoriebefrachtet sind.

Man könnte nun sagen, dieses Beispiel beweise gar nichts und seine Problematik bestehe einfach darin, daß noch zu wenig über Intelligenz bekannt sei. Es läßt sich aber zeigen, daß Beobachtungen in der Physik, der striktesten aller Naturwissenschaften, und in anderen Wissenschaften, die sich am Vorbild der Physik zu orientieren versuchen, nicht weniger theoriebefrachtet sind. Denken wir etwa zurück an Polanyis Schilderung des Werdegangs eines Medizinstudenten (1. Kapitel).

Der Physiker Richard Morris schreibt im Rahmen seiner Ausführungen über die Natur des Elektrons: «Heute erinnern wir uns an [J. J.] Thomson als einen der großen Naturwissenschaftler. Seinerzeit jedoch nahm kein Physiker, der etwas auf sich hielt, Thomsons Auffassung vom Elektron ernst. Seither haben sich die Ideen über dieses

Theorien bestimmen, was beobachtet wird

winzige Teilchen so drastisch gewandelt, daß kaum noch eine Ähnlichkeit zwischen Thomsons Elektron und dem der modernen Physik zu erkennen ist.»[5] Unsere Vorstellung von der Natur des Elektrons hat sich seit seiner Entdeckung mindestens zweimal radikal gewandelt. Und was die Physiker am Elektron beobachten, hängt natürlich von dem ab, was sie für seine Natur halten.

Betrachten wir beispielsweise einmal die Linien in Abbildung 2, die die Nachzeichnung einer Photographie darstellen. Vielleicht reicht Ihr Wissensstand gerade aus, um zu sagen, daß es irgendwas mit Physik zu tun hat, oder Sie wissen gar, daß es sich hier um Spuren von «Elementarteilchen» in einer «Blasenkammer» handelt. Aber wer weiß schon, daß es der jahrelangen Arbeit Hunderter von Physikern auf der ganzen Welt bedurfte, von dem ungeheuren Aufwand an Maschinen, Instrumenten und Theorien ganz zu schweigen, um zu diesem Photo zu gelangen? Und daß das Bild die ungeheuer folgenschwere Entdek-

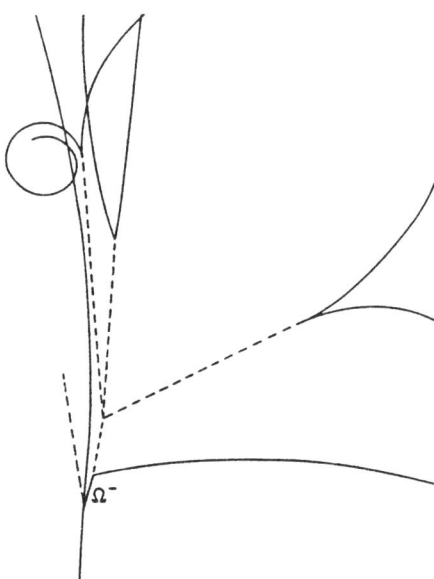

Abb. 2

kung des Omega-Minus-Teilchens darstellt, würden sie erst nach einem mindestens zehnjährigen Studium der höheren physikalischen Mathematik (die ohnehin nur wenige begreifen) wirklich verstehen. Man sieht das Omega-Minus-Teilchen einfach nicht, wenn man diese Theorien nicht vor Augen hat.

Die Anschauung, daß Beobachtungen von unseren Theorien, Begriffen und Überzeugungen gefärbt sind, wird gestützt durch die Arbeit, die in den letzten zehn Jahren auf dem Gebiet der Psychologie und Neurophysiologie der Wahrnehmung geleistet wurde. Die Grundannahme, von der auch der logische Empirismus ausgeht, besagt, daß die Wahrnehmung wie ein klarer Spiegel sei oder wie eine Kamera, mit deren Hilfe unser Bewußtsein irgendwie Schnappschüsse der Welt macht, die dann zu wissenschaftlichen Theorien verarbeitet werden. Diese naive Auffassung ist von neueren Entdeckungen mehr oder weniger vollständig umgestoßen worden. Wir wissen heute – und davon wird in späteren Kapiteln noch die Rede sein –, daß Wahrnehmung ein Prozeß ist, in den auf einer sehr tiefen unbewußten Ebene Sinn, Motivation und emotionale Reaktion einfließen. Die tatsächliche Wahrnehmung der Welt umfaßt alle diese Faktoren in unglaublich komplexen Konstruktionen, an denen Milliarden von Informations-Bits beteiligt sind. Die Idee der reinen, unvoreingenommen Wahrnehmung ist höchst suspekt geworden.

Die unter den Vertretern der neuen Kognitionswissenschaft verbreitete Anschauung, daß die wahrgenommene Welt eine *Konstruktion des Wahrnehmungssystems* sei, ist ein sinnvoller erster Schritt auf dem Weg zur Befreiung vom Glauben an eine gegebene «Außenwelt» der Objekte. Aber es ist wirklich nur ein erster Schritt, wie sich noch zeigen wird. Eine tiefergehende Kritik des Wahrnehmungsprozesses hat auch das andere Extrem zu befragen, nämlich die Behauptung, die wahrgenommene Welt sei eine Projektion des wahrnehmenden Bewußtseins, also der «Innenwelt». Diese umfassende Kritik wird zeigen, daß die «Außenwelt» und die «Innenwelt» in einem aktiven Austauschprozeß wechselseitig erzeugt werden.

Seltsamerweise haben die Philosophen, die sich mit den Grundlagen naturwissenschaftlicher Erkenntnis befassen, bis vor kurzem kaum Notiz genommen von dem, was an wissenschaftlichen Erkenntnissen über die Wahrnehmung zur Verfügung steht. Bertrand Russell, einer der Hauptexponenten des logischen Empirismus und überhaupt einer der führenden Wissenschafts- und Erkenntnistheoretiker, schreibt in *Unser Wissen von der Außenwelt*: «Der erste Schritt bei der Datenanalyse, nämlich die Aufdeckung dessen, was den Sinnen wirklich gegeben ist, steckt voller Schwierigkeiten. Wir werden uns jedoch bei diesem Punkt nicht aufhalten: Sein Vorhandensein ist zu berücksichtigen, aber seine genauen Einzelheiten machen für unser Hauptproblem keinen erheblichen Unterschied.»[6] Der Psychologe Richard Gregory bemerkt dazu: «Er [Russell] steht mit seiner Geringschätzung für die psychologischen Details der Wahrnehmung keineswegs als Ausnahme da unter den heutigen Philosophen.»[7]

Doch 1983, auf einer Konferenz zum Thema «Naturwissenschaft und Wirklichkeit», sagte Paul Churchland, ein bekannter Vertreter des wissenschaftlichen Realismus: «Unsere Wahrnehmungsurteile selbst ergeben sich als theoretische Reaktionen ... auf die Umwelt ... [Es steht uns frei], für den begrifflichen Inhalt der Sinneswahrnehmung eine potentiell endlose Vielfalt von nützlichen und aufschlußreichen Variationen zu finden, wobei die Grenzen der theoretischen Imagination und die tatsächliche Komplexität unserer kausalen Interaktionen mit der Welt die einzige Beschränkung darstellen.» Damit sagt der «Realist» Churchland, daß wir unsere Wahrnehmungen ändern können. Und wie machen wir das? «Indem wir uns angewöhnen, auf das vorbegriffliche Sinnesgeschehen mit Urteilen zu reagieren, die in der Sprache erfolgreicher wissenschaftlicher Theorien abgefaßt sind. Das verspricht eine Erweiterung unserer sensorischen Perspektive nicht nur gegenüber der Außenwelt, sondern auch gegenüber der Innenwelt. Die Innenschau kann sich der Informationen aus den Neurowissenschaften bedienen, so wie sich die Außenschau der Informationen aus der Physik bedient.»[8] Mit dem Begriff des «vorbegrifflichen Sinnesgeschehens» macht Churchland deutlich, daß Wahrnehmung ein Prozeß ist, der Zeit braucht und verschiedene Ebenen hat – Ebenen, die dem Normalbewußtsein nicht zugänglich sind und doch von unseren bewußten Annahmen über die Wirklichkeit beeinflußt werden.

Die Zirkularität dieser Argumentation scheint Churchland jedoch entgangen zu sein: Wenn wir die Freiheit haben, den begrifflichen Inhalt unserer Wahrnehmungen auf der vorbewußten Ebene zu ändern, könnte es dann nicht sein, daß unsere Wahrnehmungen ohnehin schon durch unsere vorbewußten Vorstellungen grundlegend beeinflußt sind? Und was bedeutet das für die Reinheit der empirischen Beobachtung und für die Möglichkeit, das Wirkliche überhaupt zu erkennen? Dieser Frage müssen sich nicht nur die Wissenschaftler im Labor stellen, sondern sie betrifft jeden von uns, wenn uns die Unbrauchbarkeit der naiven Kamera-Theorie der Wahrnehmung deutlich wird. Wir werden auf diese Schlüsselfrage in späteren Kapiteln zurückkommen.

Das UNIVERSUM und seine Masken

Doch jetzt schon dürfte deutlich sein, daß die Annahmen und Überzeugungen eines Wissenschaftlers in das Bild einfließen, das er sich vom Universum macht – in *sein* Universum also. Und dies geschieht nicht allein aufgrund der Theorien, die er entwickelt, sondern durch eben die Beobachtungen, mit denen er seine Theorie angeblich an der «objektiv gegebenen» Natur überprüft – denn diese Beobachtungen stehen bereits unter dem unbewußten Einfluß seiner Überzeugungen. Die Situation sieht verdächtig zirkulär aus.

Ich bediene mich hier der Unterscheidung von «UNIVERSUM» und «Universen», die Edward Harrison, Professor für Physik und Astronomie an der University of Massachusetts, getroffen hat. Harrison sagt:

> Das UNIVERSUM ist alles. Was es an sich selbst ist, unabhängig von unseren wechselnden Meinungen, können wir nicht wissen. Das UNIVERSUM ist allumfassend, und es enthält auch uns; wir sind ein Teil oder Aspekt des UNIVERSUMS, das sich selbst erfährt und über sich selbst nachdenkt... Die Universen sind unsere Modelle des UNIVERSUMS. Sie sind große Systeme vielschichtigen Denkens, große kosmische Bilder, die menschliche Erfahrung in eine rationale Form bringen... Jedes Universum ist ein in sich geschlossenes, wunderbar geordnetes Ideensystem, in dem alles, was wahrgenommen und erkannt ist, miteinander verknüpft wird. Ein Universum ist eine Maske, die über das Gesicht des unbekannten UNIVERSUMS gestülpt wird.[9]

Harrison durchforstet die Kosmogonien und Kosmologien der Vergangenheit und Gegenwart: das magische, das mythische, das griechische, das mittelalterliche, das mechanistische Weltbild und die modernen Universen der Raumzeit, der Schwarzen Löcher und der Quarks, des Urknalls und der Großen Einheitlichen Theorie von Allem. Diese Sichtung führt ihn zu einer Schlußfolgerung:

> Wo eine menschliche Gesellschaft ist, wie primitiv auch immer, da ist ein Universum; und wo ein Universum ist, welcher Art auch immer, da ist eine Gesellschaft; die beiden gehen zusammen, und eines existiert nicht ohne das andere. Ein Universum gibt einer Gesellschaft Koordination und Einheitlichkeit; es erlaubt ihren Mitgliedern, ihre Gedanken und Erfahrungen auszutauschen. Ein Universum bestimmt, was wahrgenommen wird und was als echte Erkenntnis gelten kann; die Mitglieder einer Gesellschaft glauben, was wahrgenommen wird, und nehmen war, was geglaubt wird.[10]

Und das gilt natürlich nicht nur für die Universen, die das Abendland im Laufe der Zeit gekannt hat, sondern auch für die Universen ganz anderer Gesellschaften mit anderen Glaubenssystemen. Die großen chinesischen Zivilisationen der Tang- oder Ming-Zeit standen den großen Zivilisationen des Abendlandes an menschlicher Würde und Kreativität, an moralischer und intellektueller Entwicklung in keiner Weise nach. Doch die Grundüberzeugungen, auf denen diese Zivilisationen ruhten, waren von ganz anderer Art als die des Westens. Die chinesischen Glaubenssysteme – Taoismus, Konfuzianismus und Buddhismus – waren in ihrem Kernbestand nicht theistisch und nicht dualistisch; sie zogen keine Trennungslinie zwischen Geist und Natur, jedenfalls nicht in der radikalen Weise, wie es im Abendland in der Neuzeit geschah. Auch die Glaubenssysteme der Indianer unterscheiden sich grundlegend von denen der Naturwissenschaft; auch sie trennten den Geist nicht von der Natur. Es kam ihnen nicht darauf an, die Natur zu beherrschen, sondern sie haben stets die Harmonie des großen Ökosystems gesucht, dem sie angehören (wir übrigens auch). Dennoch deutet nichts darauf hin, daß es ihnen – zumindest bei ihrer ursprünglichen Lebensweise – an Würde, Großzügigkeit und Kreativität gebrach. Ihr Glaubenssystem gab ihnen einen stimmigen und verläßlichen Rahmen für ein würdiges und kultiviertes Leben in ihrem Universum.

Wenn wir keine «Letzte Wirklichkeit» dingfest machen können, wie können wir dann behaupten, unser Universum sei wahrer und daher besser als andere? Paul Churchland schlägt «globale Überlegenheit», Einfachheit, die Fähigkeit, Voraussagen zu machen, und Brauchbarkeit als Kriterien für die Richtigkeit einer Theorie vor. Nun trifft es gewiß zu, daß es im Universum der Naturwissenschaft Autos, Medikamente, verpackte Nahrungsmittel und manches andere gibt, was den Menschen zugute kommt. Es gibt auch das Wissen, wie man die Umwelt und das Bewußtsein manipuliert. Sollten wir also sagen, daß die Theorie funktioniert und damit bewiesen sei, daß sie richtig ist? Sie hat nämlich auch eine Gesellschaft produziert, in der die richtige Anschauung so eng definiert ist, daß man ein Fünftel der Menschen in psychiatrischen Einrichtungen festhalten muß, weil sie diese Anschauung nicht haben und daher nicht in dieser Gesellschaft leben können. Ein weiteres Fünftel kann vielleicht nur mit Hilfe der Beruhigungsmittel, die wir erfunden haben, auf freiem Fuß leben. Hinzu kommt die endlose Liste der Umweltzerstörungen, die wir anrichten. Selbst wenn es so sein mag, daß man nicht alle Unkenrufe der Umweltschützer ernst nehmen muß, liegt doch auf der Hand, daß irgend etwas ganz und gar nicht in Ordnung ist. Es ist seit jeher das Ideal der Wissenschaftsphilosophie, die Welt zum Wohl der Menschheit zu unterwerfen und zu beherrschen, aber es sieht so aus, als hätten wir – mehr als in jeder anderen großen Kultur – die Herrschaft über unseren Verstand verloren. Kann man denn von einem solchen Glaubenssystem noch sagen, es «funktioniere»? Wenn wir die «globale Überlegenheit» eines Universums beurteilen wollen, müssen wir wohl alle praktischen Konsequenzen berücksichtigen, nicht nur die wünschenswerten – und dazu gehört auch das psychische und spirituelle Wohl der Bewohner dieses Universums. Und schließlich täte sicher auch ein Blick auf andere Universen und deren Vorzüge gut.

Nach der Relativitäts- und Quantenrevolution ist nicht nur in der Physik deutlich geworden, daß etwas mehr Bescheidenheit angebracht ist; auch Ethnologen und Historiker gewinnen heute anderen Kulturen gegenüber eine andere Einstellung und bemühen sich, die Welt aus der Perspektive der Menschen jener Gesellschaften zu sehen. Sie haben eingesehen, daß das Glaubenssystem anderer Gesellschaften mindestens ebenso vollständig und stimmig ist wie unseres und den Menschen erlaubt, ihren praktischen, gesellschaftlichen, persönlichen

Das UNIVERSUM *und seine Masken*

und spirituellen Bedürfnissen gerecht zu werden. Und dabei können diese Menschen in einer Welt leben, die ganz anders wahrgenommen wird als unsere. Sie haben nicht nur andere Anschauungen über die Welt, sondern nehmen sie tatsächlich anders wahr.

Ted J. Kaptchuk, Autor des Grundlagenwerks *Das große Buch der chinesischen Medizin*, schreibt über die Bedeutung solcher Einsichten für sein Arbeitsgebiet:

> Was die beiden Systeme [das moderne westliche und das traditionelle chinesische] unterscheidet, ist jedoch mehr als eine unterschiedliche Terminologie ... Was Michel Foucault über die medizinische Wahrnehmung in verschiedenen historischen Perioden sagt, trifft genauso auf diese verschiedenen Kulturen zu: «Nicht nur die Namen der Krankheiten, nicht nur die Einteilung in Kategorien waren nicht dieselben, sondern die fundamentalen Wahrnehmungsmuster, die auf den Körper des Patienten angewandt wurden, das Feld der Objekte, die in Betracht gezogen wurden, die Oberflächen und Tiefen, auf die sich die Aufmerksamkeit des Arztes richtete, der ganze Orientierungsrahmen seiner Sichtweise waren verschieden.»[11]

Aber das traditionelle System der chinesischen Medizin *funktioniert*, und die traditionelle chinesische Gesellschaft, in der diese Medizin blühte, war mindestens so zivilisiert und kultiviert, so künstlerisch und philosophisch wie die moderne technische Gesellschaft, ja sogar in mancher Hinsicht von durchaus ebenbürtigem wissenschaftlichem Erfindungsreichtum.[12] Sie war durchaus von «globaler Mustergültigkeit». Doch die chinesische Sicht des Universums war grundsätzlich anders als die der modernen Naturwissenschaft.

Ich möchte hier nicht einer romantischen Verklärung dieser Kulturen das Wort reden. Auch sie hatten natürlich ihre Probleme und Härten, genau wie unsere. Wir können über solche anderen Gesellschaften, mögen sie primitiv, vormodern oder in einer anderen kulturellen Sphäre der Welt beheimatet sein, nur dies sagen: «Ihr Universum war oder ist wirklich so.» Wir können nicht mehr sagen: «Sie *glaubten*, ihr Universum sei so, aber wir wissen jetzt, daß sie sich irrten.» Der Wissenschaftshistoriker Morris Berman etwa schreibt über das Universum der mittelalterlichen Alchemie:

57

Die Masken des Universums

Obige Analyse zwingt mich, den Schluß zu ziehen, daß die Menschen der damaligen Zeit nicht nur annahmen, daß Materie Bewußtsein besitzt, sondern daß dies «tatsächlich» auch der Fall war. Sollte der offensichtliche Einwand erhoben werden, daß die mechanistische Weltauffassung die richtige und wahre sei, weil sie uns ja, wie man sehen kann, dazu befähigt, Menschen auf den Mond zu schicken oder Technologien zu ersinnen, die nachweislich funktionieren, dann kann ich darauf nur erwidern, daß die animistische Weltauffassung, die sich über Jahrtausende hinweg hielt, für ihre damaligen Anhänger ebenso wirksam war. Das heißt, daß unsere Vorfahren Wirklichkeit auf eine Art und Weise strukturierten, die überprüfbare Ergebnisse erzielte.[13]

Was ein Universum beinhaltet, hängt davon ab, was seine Bewohner für beachtens- und benennenswert erachten.

Keine Letzte Wirklichkeit

Fassen wir zusammen: Wir haben den Glauben abzulegen, daß es hinter den beobachteten Phänomenen und unabhängig vom menschlichen Bewußtsein ein objektives UNIVERSUM gibt und daß die Naturwissenschaft sich Schritt für Schritt der wahren Erkenntnis dieses UNIVERSUMS annähert. Dieser Glaube nämlich erweist sich jetzt als ziemlich abwegiger Selbstbetrug. Und dies stellt einen so wichtigen und radikalen Wandel des Überzeugungskontexts dar, daß man es kaum oft genug wiederholen kann. Wenn wir Churchlands Argumentation folgen, ließe sich sagen: Es täte uns gut, vor allem diesen Kontextwandel in unser vorbegriffliches Wahrnehmungssystem aufzunehmen. Die Überzeugung nämlich, daß die Naturwissenschaft die Wirklichkeit aufdeckt und nur die Naturwissenschaft des zwanzigsten Jahrhunderts wirklich die wahre Geschichte erzählt, ist fast allen Menschen unserer Zeit sehr tief eingeprägt. Jeder Politiker, Geschäftsmann, Bauer, Arzt, Psychiater und Psychotherapeut bekommt diese Überzeugung schon auf der Grundschule vermittelt, und sie wird ihm zum Kontext für alles, was er tut. In unserer Gesellschaft lebt jeder, der die übliche Erziehung genossen hat, diesen Selbstbetrug und setzt ihn fort.

Harrison bemerkt über menschliche Fehlbarkeit und menschlichen Dünkel:

In jedem Zeitalter glauben die Menschen, ihr Universum enthalte all das, was real und bedeutsam ist. In ihren Tempeln, Akademien, Klöstern und Universitäten weisen sie alles übrige als Meinung oder Irrglauben zurück. Vergeßt den Aberglauben der Ungebildeten und die Mythen eurer Eltern, denn hier, hier ist das wahre Universum... Eine zeitlose Szene. Gestern ein falsches Universum, heute ein wahres Universum.[14]

Ein neuer Kontext der Naturwissenschaft, welcher Art er auch sein mag, muß zuerst und vor allem den relativen Charakter aller Universen berücksichtigen und der Rolle Rechnung tragen, die jedes begriffliche System, die Naturwissenschaft eingeschlossen, für die Konstruktion von Universen spielt. Was bleibt denn nun von der Wirklichkeit, die wir angeblich wahrnehmen? Gewiß sagt die Naturwissenschaft uns auf der praktischen Ebene einiges, was gültig und wertvoll ist, sie sagt uns etwas über die kausale Natur der Welt, in der wir leben. Wir können unsere Wahrnehmungen nicht nach Lust und Laune ändern; es gibt Grundstrukturen, die eine Begrenzung darstellen. Aber es gilt jetzt, uns klarzumachen, daß unser wahrnehmender Körper und unser theoriebildendes Bewußtsein auch zu dieser Grundstruktur gehören müssen. Die Naturwissenschaft gibt uns Hinweise darauf, was diese Grundstruktur sein könnte, und eine der Fragen, über die ein neuer wissenschaftlicher Kontext Auskunft geben muß, lautet: Welchen Status hat diese Struktur, wenn sie nicht die Letzte Wirklichkeit – die «Ur-Wirklichkeit», wie Bruner sie nennt – repräsentiert?

In diesem Kapitel haben wir im Rahmen einer grundsätzlichen Betrachtung des «Unternehmens Naturwissenschaft» gesehen, in welchem Umfang der Beobachter als Teil des von ihm beobachteten und beschriebenen Systems betrachtet werden muß und inwieweit die Welt, in der wir zu leben meinen, ein Produkt unserer Theorien und tief verwurzelten Annahmen über diese Welt ist. Bisher wurde aufgezeigt, daß dieses Beteiligtsein des Beobachters in der Physik schon auf einer sehr grundlegenden Ebene ins Spiel kommt, und später werden wir ihm auch in der Biologie und Linguistik, in der Wahrnehmungspsychologie und der Kognitionswissenschaft begegnen. Wenn es dann um die Natur der Wahrnehmung geht, werden wir sehen, daß die Welt und der Wahrnehmende in wechselseitiger Abhängigkeit stehen, und zwar bis hinunter in die tiefsten Schichten. All das deutet darauf hin, daß ein auf Trennung und Dualität von Geist und Natur beruhender Überzeugungskontext einfach nicht mehr brauchbar ist. Wir brauchen einen für alle wissenschaftlichen Disziplinen tauglichen Überzeugungskontext, der auf der Nichtdualität von Natur und Beobachter, von Körper und Geist, beruht.

4. Der Buddhismus

Ein neuer Überzeugungskontext für unsere Gesellschaft und Wissenschaft wird die Relativität aller Glaubenssysteme und die wechselseitige Abhängigkeit von «Universum» und «Geist» berücksichtigen müssen. Darüber hinaus sollte er uns befähigen, so detailliert wie möglich aufzuzeigen, wie «Geist» und «Wirklichkeit» sich – ohne daß ein unerklärlicher Rest bleibt – aus dieser wechselseitigen Abhängigkeit oder Nichtgetrenntheit heraus manifestieren. Wir hätten also gern eine kausale Theorie, die erklärt, wie es aus der Nichtgetrenntheit heraus zur Erscheinung von Dualität und Trennung kommen kann. Das wäre dann eine Theorie der kausalen Natur von mentalen Prozessen und Wahrnehmungsprozessen. Zum dritten brauchten wir dann eine Technik oder Methode, mit der wir die Nichtdualität direkt erfahren können; sie müßte uns aber auch deutlich machen, wie es in der Nichtdualität zur Entstehung von dualistischem Denken und dualistischer Wahrnehmung und einer dualistisch verstandenen Wirklichkeit kommt. Und viertens sollte unser neuer Überzeugungskontext sich keinen Sonderstatus beimessen, sondern neben den Denkformen stehen, die sich in der Dualität bilden.

Jedes Glaubenssystem, das einem dieser vier Kriterien nicht genügt, wird nicht geeignet sein als Basis für einen neuen Überzeugungskontext, der auch für die Naturwissenschaft akzeptabel wäre. Ein Glaubenssystem, das von Nichtgetrenntheit oder Nichtdualität spricht, ohne zu erklären, wie Dualität entsteht, und ohne Methoden der direkten Erkenntnis, wäre irrationaler Glaube, nicht Wissenschaft. Aber auch eine Methode für die direkte Erfahrung der Nichtdualität genügt noch nicht, denn wenn wir darüber hinaus keine Theorie oder Methode haben, die uns das Entstehen des dualistischen Denkens und Wahrnehmens erfahrbar und einsichtig macht, haben wir wieder nicht

Der Buddhismus

mehr als einen Glauben an «Nichtdualität», und diese Nichtdualität gerinnt uns schnell zu einem Objekt – «Das Eine». Vergessen wir aber nicht, daß es mit einer kausalen *Theorie* der Entstehung von Dualität, also der Trennung von Bewußtsein und Welt in der Nichtdualität, noch nicht getan ist: Solange wir keine *Methode* besitzen, dies unmittelbar zu realisieren, ist das eine zwar interessante, aber rein spekulative und daher irrelevante Theorie.

Viele Natur- und Gesellschaftswissenschaftler, die erkannt haben, welch tiefgreifenden Umwälzungsprozeß die Naturwissenschaft durchmacht, suchen nach einem neuen Verständnis der Grundlagen unserer Gesellschaft. Diesen Autoren wird klar, daß jedes Weltbild auch den Beobachter berücksichtigen muß, und sie fangen an, sich mit überlieferten Denk- und Lebensweisen zu beschäftigen, die auf Nichtgetrenntheit basieren. Nicht zu beantworten ist jedoch bisher offenbar die Frage der Anwendbarkeit solcher Denkweisen, und so werden sie immer wieder als unbrauchbar beiseite gelegt. Und das ist verständlich angesichts der wohlmeinenden, aber gänzlich fehlgeleiteten Bestrebungen, sie alle unter der Überschrift «Ewige Philosophie» oder «Östliche Mystik» in einen Topf zu werfen; dadurch geht gerade jene Klarheit und Präzision verloren, die notwendig ist, wenn wir irgendeinen dieser Ansätze der einzig sinnvollen Überprüfung – nämlich der durch Erfahrung – unterziehen wollen. Fast alle, die sich traditionelle Glaubenssysteme auf ihre mögliche Brauchbarkeit für die Naturwissenschaft hin ansehen, gelangen entweder zu einer glatten Ablehnung oder verfallen dem «Östliche-Mystik-Irrtum» und machen diese Glaubenssysteme zu etwas Verschwommenem und Irrelevantem. Außerdem schaffen sie nur jenen Wissenschaftlern weitere Ärgernisse, die mit Recht auf Verifizierbarkeit und Präzision beharren.

Aber dieser Wunsch nach einem neuen Ansatz ist ebenso verständlich, wenn wir uns das tödliche Bild der Versteinerung vergegenwärtigen, das viele Philosophien und Religionen heute bieten – und die Naturwissenschaft ist davon nicht ausgenommen. Als wäre feierlicher Ernst allein schon das Siegel der Göttlichkeit oder Wahrheit! Diese einst lebendigen Traditionen sind langsam daran erstickt, daß immer mehr Wert auf abstrakte Erkenntnis gelegt wurde und immer weniger auf direkte Erfahrung – als ließe sich alles in Worten und Gedanken ausdrücken, als könnte man jemandem das Lächeln der Mona Lisa durch einen Brief erfahrbar machen. Solch eine Haltung ist so anmaßend wie der Glaube, man könne die allgemeine Relativitätstheorie auch ohne Grundkenntnisse in Tensorrechnung weit genug verstehen, um ihre Gültigkeit zu beurteilen, oder man könne die Evolutionstheorie beurteilen, ohne über Fossilienfunde und Molekularbiologie informiert zu sein. Anmaßung ist es jedoch andererseits auch, wenn man sich einbildet, man könne ein überliefertes System der Psychologie und Philosophie beurteilen, ohne sich erst mit entsprechenden Verifikationsmethoden – etwa Meditation – abzugeben.

Es gibt nun in der Tat etliche Glaubenssysteme, die die Nichtdualität von Geist und Wirklichkeit proklamieren, und dies ist die eigentliche und legitime Grundlage der Ewigen Philosophie. Vor allem wären da der Buddhismus und Taoismus zu nennen, aber auch gewisse häretische Strömungen des kontemplativen Christentums (etwa bei Meister Eckehart oder in *Die Wolke des Nichtwissens*), der Advaita-Vedānta der indischen Philosophie und das späte chinesische System, das Neokonfuzianismus genannt wird.

Die meisten dieser Systeme geben jedoch wenig her, wenn wir sie auf unser zweites Kriterium hin befragen, also den Ursachen des dualistischen Denkens und Wahrnehmens fragen. Wir gewinnen den Eindruck, daß Dualität hier einfach als Illusion abgetan wird und die Sache damit als erledigt zu betrachten ist. Nach den Worten von Joseph Needham, dem großen Historiker der Wissenschaft und Zivilisation in China, weiß der Taoismus sehr wohl um das Zusammenspiel von Ursache und Wirkung,[1] doch ganz ähnlich den westlichen Wissenschaftlern richten die Taoisten ihren rationalen Erkenntnisdrang mehr in die Außenwelt, als daß sie nach Ursachen und Wirkungen bei mentalen Prozessen, also etwa der Wahrnehmung, fragten. Die taoistische Beschreibung des Geistes und seiner Beziehung zum Körper ist eher alchemistischer und intuitiver als psychologischer und analytischer Natur. Nicht daß diese Beschreibung zu verwerfen wäre; für ihre Gültigkeit zeugt der Erfolg der klassischen chinesischen Akupunktur und Kräuterheilkunde, die weitgehend auf dem Taoismus beruhen. Aber sie nützt uns nicht viel, wenn wir die kausale Dynamik mentaler Prozesse zu analysieren versuchen.

Buddhismus und Wissenschaft

Ist vielleicht der Buddhismus, da er die Relativität der Universen oder Weltbeschreibungen kennt, ein Glaubenssystem, das einen Kontext für die Naturwissenschaft abgeben und die Reichweite und Tiefe naturwissenschaftlicher Erkenntnis vergrößern könnte? Ich werde in den folgenden Kapiteln aufzuzeigen versuchen, daß der Buddhismus allen vier der am Beginn dieses Kapitels vorgegebenen Kriterien genügt. Damit will ich aber nicht sagen, daß der Buddhismus das einzige System dieser Art ist.

Als möglicher neuer Kontext des modernen Denkens besitzt der Buddhismus noch einen weiteren Zug, der ihn geeignet erscheinen läßt: Seine tiefen psychologischen und philosophischen Einsichten sind so zum Ausdruck gebracht worden, daß im Grunde keine Bindung an eine bestimmte Kulturform besteht. Seit der Buddhismus im sechsten vorchristlichen Jahrhundert in dem kleinen Königreich Magadha im heutigen Indien entstand, hat er eine Vielfalt von Formen angenommen. Er verbreitete sich von dort aus südwärts bis nach Sri Lanka und im Norden und Osten nach Burma, Thailand, Vietnam, Kamputschea, Tibet, China, Korea, Japan und Indonesien. In jeder neuen Kultur nahmen Praxis und Lehre des Buddhismus die kulturellen und künstlerischen Formen, aber auch manche philosophischen und religiösen Ideen jener Region an. Natürlich kam es – wie bei jedem anderen Glaubenssystem – zu manchen Erweiterungen und Zusätzen, die dem Grundbestand der Lehre in gewissem Sinne widersprachen, und natürlich sind seine Anhänger hier und da auf dualistische Gläubigkeit, also die Anbetung von äußeren Gottheiten oder Erlösern, zurückgefallen. Dennoch blieb die Essenz der Lehre mit wenigen Ausnahmen unverändert.

Während Taoismus, Hinduismus und Neokonfuzianismus sehr eng an bestimmte kulturelle Formen gebunden blieben, hat der Buddhismus in seiner Universalität etwas mit der Naturwissenschaft gemein. Er hat universale Gegebenheiten zum Gegenstand: die Natur des Geistes, an der alle Menschen teilhaben; die Natur der Voreingenommenheit und Engstirnigkeit – und des Leidens, das durch diese bedingt ist; und die Möglichkeit, diese Engstirnigkeit zu überwinden und sich für ein freudvolles Dasein zu öffnen, das nicht allein auf Eigeninteresse gegründet ist.

In dieser Ausrichtung kann der Buddhismus natürlich nicht durch bestimmte kulturelle Formen und Überzeugungen bedingt und geprägt sein. So schreibt auch der buddhistische Gelehrte Herbert Guenther: «Da es von dem Weg, den ich gehe, heißt, er beseitige alle Voreingenommenheit und Blindheit, darf seine Natur in keiner Weise im voraus festgelegt oder bestimmt werden; er muß seine Bestimmung darin finden, daß man ihn beschreitet bis hin zu einem Punkt, der frei ist von aller Voreingenommenheit.»[2] Oder wie der Philosophieprofessor Nolan Pliny Jacobson sagt: «Der Buddhismus ist stets überzeugt gewesen, daß das Leben eins ist und sich selbst korrigiert und über sich selbst hinausgeht; die Meditations- und Analysemethoden des Buddhismus sind darauf angelegt, den Menschen von den nur sich selbst dienenden, zeitgebundenen, autoritären gesellschaftlichen Institutionen zu befreien, die nun das Abenteuer bedrohen, auf das die Natur sich im Menschen eingelassen hat.»

Eine andere wichtige Übereinstimmung zwischen Wissenschaft und Buddhismus besteht nach Jacobson darin, daß beide die Fähigkeit des Menschen, sich selbst zu korrigieren, herausstellen. Damit meint er «die Fähigkeit..., die anerzogene Lebensweise zu ändern und von Zeit zu Zeit all das zu überdenken, was sie sich über das dynamische und wunderbare Universum, von dem ihr Leben ein Teil ist, zurechtgelegt haben». Er fährt fort: «Durch die Überlebensfrage kristallisieren sich für die Aufmerksamkeit der ganzen Menschheit jene beiden wohlumschriebenen Bereiche heraus, in denen die Abhängigkeit des Glücks von der Fähigkeit der Selbstkorrektur deutlich zu erkennen ist. Der eine dieser Bereiche ist die moderne Naturwissenschaft. Der andere ist die ehrwürdige buddhistische Überlieferung, die uns fünfundzwanzig Jahrhunderte der Selbstkorrektur auf der ganz persönlichen Ebene vor Augen führt.»[3] «Selbstkorrektur» ist das, was wir mit unserem vierten Kriterium angesprochen haben, daß nämlich ein System, welches die kausale Natur des Denkens beschreibt, sich selbst keinen Sonderstatus beimessen sollte. Sowohl in der Naturwissenschaft als auch im Buddhismus ist die kritische Selbstreflexion gleichsam im Fundament verankert. Sie setzen ihre eigenen Anschauungen eben jenen Prüfungen, Analysen und Herausforderungen aus, die in ihrer Methodik begründet sind – wie eine Klinge, die sogar sich selbst schneidet.

65

Der Buddhismus

Keine abstrakte Spekulation

Die buddhistische Anschauung vom Geist und seiner Beziehung zur Wirklichkeit leitet sich von der Erkenntnis des menschlichen Leidens ab. Der Buddhismus hat keinen Sinn für bloßes Philosophieren, für Spekulation und Abstraktion um ihrer selbst willen. Dies verdeutlicht die Geschichte von der Begegnung zwischen dem Buddha und einem philosophisch eingestellten Schüler namens Malunkyaputta, der eines Tages nach der Meditation kam und zehn Fragen stellte: ob die Welt endlich oder unendlich, ewig oder nicht ewig sei; ob der Geist identisch mit dem Körper sei oder nicht; ob ein Erwachter nach dem Tode weiterexistiere oder nicht. Zu jeder dieser Fragen schwieg der Buddha. Dann fragte er den Schüler, ob ihm, als er sich dem Buddha angeschlossen habe, versprochen worden sei, er werde Antwort auf solche Fragen erhalten. Der Schüler verneinte. Darauf erklärt ihm der Buddha: Welche Ansichten auch immer er oder irgendein anderer zu diesen Fragen haben möge, «es bleiben bestehen Geburt und Alter, Verfall, Tod und Sorge, Klage und Schmerz, Trauer und Elend, ‹deren Aufhören eben in diesem Leben [...], so erkläre ich, erreicht werden kann›.» Er vergleicht diesen metaphysisch eingestellten Schüler mit einem Mann, der von einem vergifteten Pfeil getroffen wurde, sich aber erst dann behandeln lassen will, wenn er weiß, was für ein Pfeil das war, woher er kam, wer ihn abschoß, mit welcher Art von Bogen und so weiter und so weiter. Antworten auf solche Fragen werden seinen Tod nicht abwenden; er wäre gewiß besser dran, wenn er sich gleich um die Entfernung des Pfeils und das Auflegen der richtigen Medizin kümmerte.[4] Bloße philosophische Spekulation ist also gegenstandslos. Und daß «Forschung um ihrer selbst willen», also ohne direkten Bezug zu den Abgründen des Menschseins – insbesondere zu der selbstbetrügerischen Verblendung, die der Buddha so deutlich sah –, sinnvoll sei, ist wohl auch zu bezweifeln.

Der Buddha wurde um das Jahr 560 v. Chr. als Prinz Gautama und Thronnachfolger eines kleinen Königreichs in Nordindien geboren. Sein Vater, der Grund sah zu der Befürchtung, der Sohn werde der Welt entsagen, um sein Leben der Religion zu weihen, umgab ihn mit allem Luxus der Welt und versuchte zu verhindern, daß er das Leiden, welches dem Menschsein innewohnt, überhaupt sah. Der Überlieferung zufolge sah der Prinz jedoch einmal von seiner Kutsche aus einen

Keine abstrakte Spekulation

Kranken, einen Alten und einen Leichnam. Da erkannte er das Leiden, das der Geburt, der Krankheit, dem Alter und dem Tod anhaftet – und daß wir alle ohne Ausnahme diesen Bedingungen unterworfen sind. Und damit erkannte er auch das Grundleiden des Menschen: um seine Existenz und um die Unausweichlichkeit des Todes zu wissen. In der heutigen Zeit wird dieses Grundleiden häufig «Existenzangst» genannt. Angst und Entfremdung, sagt man, seien die Geißel unserer Zeit. Tatsächlich aber leiden die Menschen diesen Schmerz, seit sie ihrer selbst bewußt sind, anders gesagt: seit sie Menschen sind. Die Gier nach Besitz und Land, das Streben nach intellektueller Überlegenheit und nach Glaubensgewißheit – all das geht nach dem Buddhismus auf diese Grundursache zurück.

Der Prinz verließ den Palast seines Vaters und übte sich in den religiösen und spirituellen Disziplinen seiner Zeit, um ein Mittel zu finden, das die Menschheit von diesem Leiden befreien könnte. Nach vielen Jahren des Studiums, der Askese und der spirituellen Praxis ging ihm urplötzlich auf, worin der Weg zur Beendigung des Leidens besteht: im Erwachen zur Nichtexistenz der individuellen menschlichen Seele als eines ewigen «Dinges» und damit zum nichtdualen Grund allen Daseins. Von diesem Erwachen an wurde Prinz Gautama der Buddha genannt, und das bedeutet wörtlich «der Erwachte». Seine Anweisungen, wie diesem Weg zu folgen sei, nennen wir jetzt Buddhismus, aber ein besserer Ausdruck wäre Buddha-Dharma. Dharma bedeutet hier «Weg» oder «Gesetz» oder «Prinzip». Der Buddha-Dharma ist also der Weg zum Erwachen.

Manchen Traditionen zufolge hat der Buddha seine Lehren in drei Phasen dargelegt, die man das «dreimalige Drehen des Rades des Dharma» nennt. Ob der Buddha tatsächlich selbst alle drei Phasen dargelegt hat oder sie zum Teil spätere Entwicklungen darstellen, ist nicht mit Sicherheit zu sagen. Wir werden dieser Frage nicht nachgehen, sondern uns einfach der Dreiteilung bedienen, da sie einen guten Einblick in die Theorie und Praxis buddhistischer Einsichten gewährt und auch die Entwicklungsstadien der meditativen Schulung deutlich macht. Die drei Umdrehungen des Dharma-Rades entsprechen Stufen der Entfaltung und Verwirklichung auf der meditativen Entdeckungsreise.

Die erste Umdrehung beschreibt Natur und Kennzeichen der gewöhnlichen Welt, wie sie uns im normalen Leben und in den ersten

Stadien der meditativen Einsicht begegnet. Diese erste Umdrehung hat selbst wiederum drei Aspekte: eine Beschreibung der Hauptkennzeichen der Erscheinungswelt, die «Drei Zeichen des Daseins» genannt, und der Grundstruktur des Menschenlebens in dieser Welt, die «Vier Edlen Wahrheiten»; eine Analyse dieser Erscheinungswelt auf ihre Elementarbestandteile hin, die «Atome» der Erfahrung oder «Dharmas», und der Kausalbeziehungen, die zwischen diesen Dharmas bestehen, wenn sie sich zu gewöhnlichen Erscheinungen zusammenfügen; und eine Beschreibung des Wahrnehmungsprozesses und der Welt-Konstruktion, die auf diesen Dharmas beruhen. In diesem Kapitel soll es um die Drei Zeichen des Daseins und die Vier Edlen Wahrheiten gehen und im nächsten um die Betrachtung aller Erfahrung unter dem Gesichtspunkt der Dharmas. Später werden wir sehen, wie diese Dharmas im Wahrnehmungsprozeß miteinander kombiniert werden, um die Erscheinungswelt aufzubauen. Dann wird sich zeigen, wie die buddhistische Betrachtungsweise aus der Sicht der modernen Kognitionswissenschaft bestätigt werden kann.

Bei der zweiten Umdrehung des Dharma-Rades ging es um die Frage: Was ist die Natur der Dharmas und der Kausalität überhaupt? Dies führte zur Entdeckung der grundlegenden Rolle der Begriffsbildung für die Dharmas und den Wahrnehmungsprozeß und damit zur Entdeckung der «Leerheit aller Begriffe und Vorstellungen» als einer tieferen Wahrheit. In der dritten Umdrehung des Rades schließlich waren Rolle und Natur der Sprache thematisiert, insbesondere die Möglichkeit, in der Nichtdualität von der Natur des Geistes und der Wahrnehmung zu sprechen. Die dritte Umdrehung weist auf die Fülle in der Leere hin, die jenseits aller Begrifflichkeit ist. Wir werden später auf die zweite und die dritte Umdrehung zu sprechen kommen. Wenden wir uns nun aber zunächst der ersten Umdrehung zu, also der Natur des menschlichen Daseins in der Welt und den Zeichen der Existenz.

Die Vier Edlen Wahrheiten

Der Buddha sah das Leiden aller Menschen als eine Art Seuche, die jedermann befällt, welcher Geburt und wie er auch aufgewachsen sein mag. Er bot seine Entdeckungen als eine Medizin dar, die diese

Krankheit heilen und jedem, der sie nimmt, zu großer Freude und Offenheit des Geistes verhelfen kann. Demgemäß legte er seine Lehre, die Vier Edlen Wahrheiten, in der Weise vor, wie es die Ärzte seiner Zeit taten. Zuerst wird die Natur der Krankheit beschrieben, dann folgt ihre Entstehungsgeschichte; drittens folgen die Heilungsaussichten und viertens schließlich die Verordnung einer Behandlung. Der Ausdruck «edel» bezieht sich hier nicht auf eine bestimmte Gesellschaftsschicht, sondern auf die Art von Persönlichkeit, deren es bedarf, um der harten Wahrheit über das Menschendasein ins Gesicht zu sehen.

Zunächst wurde die universale Krankheit, Leiden oder Existenzangst, in allen Einzelheiten beschrieben. Dies geschah nicht, weil der Buddha gern beim Leiden verweilte oder von pessimistischer Grundhaltung war; er scheint eher von froher und positiver Gemütsart gewesen zu sein. Er wird vermutlich mit einem Gefühl tiefen Erbarmens diese seltsame Ironie des Menschendaseins betrachtet haben: ständig damit beschäftigt zu sein, der Angst und dem Leiden zu entgehen, und sie gerade dadurch ständig zu erneuern. Er sah, wie die Menschen das Bewußtsein von der Grundverfassung dieses Lebens und der Unausweichlichkeit des Todes auszulöschen versuchten – durch Luxus und Zerstreuung oder durch Askese, durch Gier und Streitsucht im persönlichen Leben ebenso wie in den Schlachten oder bei politischen Verhandlungen; sie suchten Sicherheit und Gewißheit in materialistischen Philosophien, die es damals natürlich auch gab, oder in religiösen Überzeugungen aller Art. Und so erkannte er, wie auch viele moderne Therapeuten inzwischen erkannt haben, daß die Heilung unserer tiefen Angst erst beginnen kann, wenn wir einsehen, daß wir sie am liebsten gar nicht erst zur Kenntnis nehmen würden.

Die Krankheit, Angst, wurde in den Drei Zeichen der Existenz, die die Grundstruktur aller Erfahrung und aller Phänomene ansprechen, weiter aufgeschlüsselt. Diese Drei Zeichen sind: Vergänglichkeit, das Nichtvorhandensein eines Ich und das Leiden. Vergänglichkeit besagt, daß es nirgendwo im Universum etwas Bleibendes gibt – keine bleibenden materiellen Dinge, keine bleibenden Gedanken, Ideen oder Wahrnehmungen, keine bleibenden Naturgesetze und keine bleibenden Überzeugungen oder Glaubenssysteme. Alles, ohne Ausnahme, unterliegt dem Wandel. Wir sehen es überall, außen wie innen. Das Wetter wechselt, Bäume und Blumen verändern sich und sterben ab;

die Menschen, die wir lieben, ändern sich ständig, und unser eigener Körper wächst und altert. Mal sind wir glücklich und zufrieden, haben eine gute Familie und Freunde, vernünftige politische und religiöse Anschauungen und einen Job. Dann wieder wird eines unserer Kinder plötzlich krank, Korruptionsskandale erschüttern unsere politischen Anschauungen, ein Freund verklagt uns wegen irgend etwas, die Lust an einer künstlerischen Betätigung, die uns zwanzig Jahre lang Freude gemacht hat, geht verloren, oder wir bekommen plötzlich Angst vorm Fliegen und müssen um unseren Job fürchten. Das sind halt die Wechselfälle des Lebens, sagen wir dann. Richtig, aber das Zeichen der Vergänglichkeit sagt, daß da nichts anderes ist als die Wechselfälle des Lebens. Und «Veränderung» oder «Wandel» ist nicht einmal der beste Ausdruck für diese Vergänglichkeit, denn solche Wörter enthalten die stillschweigende Annahme, daß da Dinge sind und diese Dinge sich ändern. Das Zeichen der Vergänglichkeit sagt vielmehr, daß man das Universum gar nicht erst als aus sich wandelnden Dingen gefügt betrachten soll. Das Universum und alle seine Teile sollten vielmehr als ein Prozeß des kontinuierlichen Werdens und Vergehens betrachtet werden.

Ganz in der Tiefe akzeptieren wir das Zeichen der Vergänglichkeit nicht. Wir umgeben uns mit Dingen, die uns dauerhaft erscheinen, und klammern uns an sie. Wir hegen Überzeugungen, die wir als wahr und unwandelbar empfinden. Wir forschen nach ewigen Naturgesetzen und arbeiten an endgültigen Theorien der Materie und der menschlichen Persönlichkeit. All das sind Versuche, ein stets sich wandelndes Universum in eine bestimmte Gestalt zu bannen, so als könnten wir jetzt ein Photo von ihm machen, und es würde dann immer so bleiben.

Wichtiger als all das ist aber, daß wir an der Idee eines dauerhaften Ich festhalten. Dieses Ich ist nicht einfach der Körper, denn wir wissen, daß er altern und zerfallen wird – auch wenn wir uns alle Mühe geben, diesen Prozeß durch kosmetische Maßnahmen aufzuhalten. Einen ewigen Körper wird es nie geben, auch wenn es gelingt, den biologischen Alterungsprozeß zu verlangsamen oder gar die Leichen einzufrieren bis zu einem Zeitpunkt, wo es dann möglich sein wird, sie zu neuem Leben zu erwecken. Nein, wir denken uns dieses Ich – auch Geist oder Seele oder sonstwie genannt – als etwas, das den Körper transzendiert. Wir mögen glauben, daß dieser Geist oder diese Seele ewig ist, aber selbst wenn wir das nicht glauben, sind wir doch sicher, daß da etwas ist, was sich im Laufe des Lebens nicht ändert, mag auch der Körper sich wandeln. Wir glauben, daß das Ich immer dasselbe Ich ist – mit vierzig, wenn unsere Wahl in den Aufsichtsrat bevorsteht, dasselbe wie damals mit zwanzig, als wir verliebt waren und heiraten wollten, oder wie mit zwei Jahren, als wir sprechen lernten. Das Zweite Zeichen der Existenz, daß es kein Ich gibt, akzeptieren wir nicht.

Weil wir uns bewußt und unbewußt an den Glauben klammern, es gebe in dieser Welt unvergängliche oder unwandelbare Dinge – Ideen, Gegenstände und das individuelle Bewußtsein –, besteht immer eine Kluft zwischen unseren überzeugungsbedingten Wahrnehmungen und dem, was wirklich *ist*. Und diese Kluft ist das, was Unzufriedenheit, Entfremdung, Angst und Leiden erzeugt. Das also ist der Inhalt der ersten der Vier Wahrheiten.

Die Zweite Edle Wahrheit betrifft die Ursache der Krankheit. Nach dem Prinzip der Verursachung, das ein Grundelement des Buddhismus darstellt, entstehen und bestehen alle Phänomene, rein geistige ebenso wie äußerlich manifestierte, in einem umfassenden Netz wechselseitiger Abhängigkeit und Bedingtheit. Kein Phänomen geht auf den Willen eines Gottes oder vieler Götter zurück oder gar auf das Wirken des blinden Zufalls. Der Buddhismus sieht als Ursache für die universale Grundangst den gleichermaßen universalen Glauben an ein individuelles Ego oder Ich und das Festhalten an allem, was die Wirklichkeit und Beständigkeit dieses Ego zu bestätigen scheint.

Die Idee des Ego, eines relativ beständigen «Dinges», auf das sich der Name «Ich» bezieht, meint nicht nur die Seele der Religionen. Sie meint auch das Ego der heutigen Psychotherapie und Psychoanalyse, das Ich oder Selbst alter und neuer esoterischer Systeme und das «individuelle Bewußtsein» der Psychologen, insbesondere der Vertreter einer kognitiven Psychologie. Es ist dieses Ego, was die Therapeuten zusammenzuflicken versuchen, wenn jemand mit einer überdurchschnittlich ernsten Neurose zu ihnen kommt. Als Ziel der Therapie wird häufig ein «gesundes Ego» genannt. Auf kurze Sicht mag das in der Tat Erleichterung bringen, doch dann zeigt sich, daß es nur den Irrglauben an ein «Etwas» festigt, das «Ich» ist. Vielleicht hatte die sogenannte Neurose sogar damit ihren Anfang genommen, daß der Patient unbewußt zu realisieren begann, wie wenig seine Ich-Vorstel-

Der Buddhismus

lung taugte. Sein neues Bild von sich selbst bleibt nur so lange «gesund», wie es sich nicht abermals als untauglich erweist, nur so lange also, wie die grundlegende Selbsttäuschung nicht auffliegt – aber das geschieht unweigerlich.

Diese grundlegende Selbsttäuschung wird weiter genährt, wenn Psychologen und Kognitionswissenschaftler von einem «Bewußtsein» sprechen, das heutzutage meist im Gehirn lokalisiert wird. Menschen, die den Glauben an eine Seele aufgegeben haben, übertragen diesen Glauben nun auf das Bewußtsein und glauben, es gebe im Körper ein Ich, das etwas ganz Persönliches sei und dem es obliege, bewußt zu sein. Das Ego ist äußerst erfinderisch, und in jeder neuen Generation fällt ihm wieder etwas Neues ein, womit es sich von der Dauerhaftigkeit seiner Existenz überzeugen kann. Für die jetzige Generation ist der Glaube an das Ego der Glaube an das individuelle Bewußtsein. Soweit die Beschreibung des Ego, der Ursache des Leidens, die die Zweite Edle Wahrheit ausmacht.

Die Dritte Edle Wahrheit sagt nun, daß diese Krankheit heilbar ist. Die Lehre des Buddhismus ist im Grunde positiv, auch wenn zunächst sehr viel vom Leiden die Rede ist. Der Buddha gewahrte, daß es jenseits der Ich-Verhaftung einen Zustand unbedingten Friedens und unbedingter Offenheit gibt. Dieser Seinszustand wird mit dem Ausdruck «Nirvāna» benannt – ein Begriff, der inzwischen im Westen wohlbekannt ist und der gründlich mißverstanden wird.[5] Man stellt sich darunter gemeinhin eine «andere Welt» oder Seinsebene vor, vielleicht in Analogie zum Himmel des christlichen Glaubens. Das aber ist falsch, wie im Verlauf dieses Buches deutlich werden wird. Nirvāna wird vielmehr der ego-orientierten Samsāra-Welt der Angst und Verwirrung gegenübergestellt, einem Zustand, in dem wir uns der Welt entfremdet und von ihr getrennt fühlen und daher in ständigem Kampf mit ihr leben.

Der Begriff «Nirvāna», der sich mit «Verlöschen» oder «Aufhören» übersetzen läßt, wurde schon von den frühesten europäischen Übersetzern mißverstanden; sie dachten, es ginge darum, das In-der-Welt-Sein überhaupt zu beenden, und deshalb sahen sie den Buddhismus für Jahrhunderte als «weltverneinende Religion»[6] an. Diese Fehldeutung ist in populären Darstellungen leider auch heute noch gang und gäbe, aber wir begegnen ihr auch in manchen gelehrten Publikationen. «Aufhören» bedeutet natürlich keine selbstmörderische Selbstauslöschung, sondern die Beendigung des Glaubens an das Ego – denn dieser Glaube ist ja gerade das, was uns daran hindert, ganz und voll Freude in der Welt zu sein. Das Aufhören dieser Selbsttäuschung bedeutet das Aufhören der vom Ego verursachten Grundangst und eröffnet die Möglichkeit, unsere Natur wahrhaft zu realisieren. Und mit «realisieren» ist natürlich kein bloßes intellektuelles Erkennen gemeint, sondern die tatsächliche Verwirklichung und Verkörperung dieses Erkennens.

Die Vierte Edle Wahrheit benennt die Methode, die diese Verwirklichung herbeiführen kann. Die Methode ist eine Kombination von genauer Analyse mit unmittelbarer Erfahrung des gesamten Wahrnehmungsprozesses, das heißt einschließlich der Erzeugung von Universen. Diese direkte Erfahrung erwächst aus der Praxis der Achtsamkeits- und Gewahrseins-Meditation. Die Methode der Achtsamkeit und des Gewahrseins, die ich später detailliert beschreiben werde, läßt uns direkt die Natur des Glaubens an das Ego durchschauen und damit auch das Ego selbst und seine Wahrnehmungsprojektionen, also den Unterschied zwischen der von ihm selbst hergestellten und projizierten Welt und der tatsächlichen Wirklichkeit. Im ersten Stadium der Meditationspraxis wird die Erfahrung analysiert, und es zeigt sich, daß sie nicht aus dauerhaften Objekten oder Bewußtsein besteht, sondern sich aus Elementen der Wahrnehmung – «Dharmas» genannt – zusammensetzt. Und in dieser Dharma-Analyse findet man unter den elementaren Bestandteilen der Erfahrung weder ein Ich noch Dinge. Diese Analyse mündet also in die Einsicht, daß es kein Ich und keine Dauer gibt, und damit führt sie zu der grundlegenden Offenheit hin, die Nirvāna genannt wird.

Diese Ideen zählen zum Grundbestand des Buddhismus, sind also in allen Schulen als gültig anerkannt. Sie bilden insbesondere die Hauptlehren auch des heutigen Theravāda-Buddhismus, der sich aus den frühen Formen des Buddhismus in den Jahrhunderten nach dem Tod des Buddha ableitet. Diese frühen Schulen sprachen nicht direkt von der Nichtdualität, um der Gefahr der Begrifflichkeit zu entgehen. Doch der Begriff «Aufhören» gab ihrer Lehre andererseits einen nihilistischen Beigeschmack – ähnlich dem, den man bei der Betrachtung heutiger wissenschaftlicher Theorien manchmal auf der Zunge spürt. Auch diese Theorien haben, wie wir noch sehen werden, die Nichtexistenz des Ego demonstriert, aber nur intellektuell, also ohne lebendige Erfahrung der Nichtdualität.

Die späteren Schulen des Buddhismus, die Mahāyāna-Schulen, suchten einen direkteren Zugang zur Nichtdualität. Sie gelangten zu einer tiefgründigeren Sicht der «Leere»: Alle Dinge, auch die Dharmas, besitzen kein innewohnendes Sein, keine «Selbst-Natur». Und in den Künsten vermochten diese Mahāyāna-Schulen eine Ahnung von der Erfahrung der Nichtdualität zu vermitteln. Sie wiesen den Weg zur Entdeckung der Leere und zum aufopfernden Leben des Erbarmens, das mit dieser Entdeckung beginnt.

Das Ego also ist das Grund-Hindernis für die Erfahrung der Nichtdualität. Deshalb ist die Entdeckung der Egolosigkeit – also des Nichtvorhandenseins einer Selbst-Natur in einem selbst oder in «äußeren» Phänomenen – die Entdeckung der Nichtdualität in der *Erfahrung*. Diese Entdeckung leitet einen radikalen Wandel der Wahrnehmung ein. In späteren Kapiteln werden wir uns die Einsichten der modernen Psychologie und der Kognitionswissenschaft vergegenwärtigen, die die Struktur mentaler Prozesse und das Nichtvorhandensein des Ego aufgedeckt haben. Im folgenden Kapitel wollen wir jedoch zunächst betrachten, wie die frühen Schulen des Buddhismus die Erfahrung analysierten, indem sie jeden Erfahrungs-Augenblick gleichsam in Erfahrungsatome, die Dharmas, zerlegten.

5. Das Herstellen von Erfahrung

Im Rahmen dieses Buches interessiert uns der Buddhismus als Psychologie und Philosophie des Lebens, nicht als altehrwürdige Doktrin, die bloß dieser Altehrwürdigkeit wegen angeführt wird. Wir fragen ja, was Erfahrung ist und was hinter der dualistischen Erfahrung liegen könnte. Welche Beziehung zwischen Erfahrung und überlieferten Lehren besteht, läßt sich am Beispiel des Brotbackens verdeutlichen: Ihre Großmutter hatte vielleicht ein Rezept für herrliches Brot von einmaligem Geschmack. Sie gab das Rezept an Ihre Mutter weiter, und sie hat es noch und kann immer noch dieses herrliche Brot backen. Nun sind Sie selbst die Nachfolgerin. Ihre Mutter kann Ihnen das Rezept zeigen und Sie zuschauen lassen, während sie den Teig bereitet. Jetzt aber müssen Sie selbst Ihr erstes Brot backen. Nur Sie können es tun, und Sie werden frisches Mehl und frisches Wasser verwenden und auf einem neuen Feuer backen – frisches Brot.

So betrachtet, sind die überlieferten Lehren des Buddhismus kein Katechismus, wenngleich sie von Leuten, die etwas suchen, woran sie glauben oder worüber sie Meinungen haben können, mitunter so aufgefaßt werden. Es sind vielmehr Anweisungen, die jeder befolgen kann, der sie erproben möchte: wie man schauen muß, um die vom Buddhismus beschriebene Wirklichkeitsschau in eigener Erfahrung nachvollziehen zu können. Als Glaubenssätze aufgefaßt, können sie nicht das bewirken, was der Buddha im Sinn hatte, als er auf dem Sterbelager zu seinem weinenden Aufwärter sagte: «Ānanda, Ihr müßt Euch selbst Leuchte und Zuflucht sein. Sucht nicht Zuflucht bei etwas, das außerhalb Euerer selbst ist. Alle zusammengesetzten Dinge unterliegen dem Verfall. Folgt eifrig weiter dem Pfad.»[1] Wenn diese Anweisung nicht befolgt wird, weil es einfacher ist zu glauben, dann wird der Buddhismus eingesargt als «eine der großen Religionen der Welt».

Lehren nachzusprechen, die vor vielen Generationen in einer archaischen Sprache niedergeschrieben und schließlich – vielleicht auf dem Umweg über andere fremde Sprachen – in unsere Muttersprache übersetzt wurden, mag zwar recht fromm sein, dürfte aber kaum jemandem, außer vielleicht den Gelehrten, viel nützen. Zudem kann es zu Fehldeutungen führen, wie es bei den frühen europäischen Übersetzern der Fall war, die sich wenig unter Nichtdualität vorstellen konnten, geschweige denn eigene Erfahrungen damit hatten; wenn sie die Egolosigkeit mit ihrem dualistischen Blick betrachteten, konnten sie darin nichts anderes als Nihilismus, Pessimismus, Selbstverleugnung oder gar Lebensmüdigkeit erkennen. Und es kann gar nicht anders sein: Sobald wir die Perspektive der Nichtdualität aufgeben, wird die Lehre der Egolosigkeit sehr schnell zu Nihilismus.

Genau das geschieht hier und heute. Wir werden später darauf zu sprechen kommen, welches Bild die Psychologie und die Kognitionswissenschaft von den psychophysischen Konstituentien der Erfahrung haben. Auch diese Forschungsansätze deuten nämlich darauf hin, daß letztlich nirgendwo ein Ich zu finden ist und daß das Festhalten an der Idee des Ego und der von ihm projizierten Welt die Ursache für Angst, Verwirrung und Leiden ist. Doch diese Egolosigkeit ist als *Idee* und nicht als persönliche und daher unabweisbare *Erfahrung* in unsere Gesellschaft eingegangen, und so kam es zur Ausformung verschiedener Spielarten des Nihilismus. Das kann auch gar nicht anders sein, denn es gibt bei uns nur die analytischen Werkzeuge für die Entdeckung der Egolosigkeit – das heißt die Wissenschaft –, während eine Methode für deren direkte Erfahrung – das heißt Meditation – unbekannt ist.

Solange Egolosigkeit nicht zumindest ansatzweise erfahren wurde, kann sie nur ein Gedanke sein. Und da dieser Gedanke natürlich vom Ego selbst gedacht wird, kann Egolosigkeit nicht anders denn als nihilistische Idee aufgefaßt werden. Deshalb ist es ganz entscheidend, eine praktische Methode zu haben. Sonst sind wir wie ein Medizinstudent, der alles über bakterielle Erkrankungen lernt, ohne je durch ein Mikroskop zu schauen. Das Problem des Nihilismus hat sich auch im Buddhismus selbst immer wieder gestellt; manche Schulen sind im Laufe der Zeit in bloßes Philosophieren abgeglitten und haben die praktischen Anweisungen zur Realisierung dieser Philosophie vernachlässigt. Dort, wo der Buddhismus lebendig blieb, sind Theorie und Praxis stets Hand in Hand gegangen.

Weil der Theorie im Buddhismus stets die Praxis zur Seite steht, ist die Analyse der Erfahrung hier von ganz anderer Art als im Bereich der Wissenschaft. Da der Buddhismus nicht vom Standpunkt eines beobachtenden Ich ausgeht, wird Erfahrung nicht unter dem Gesichtspunkt der Objektivität betrachtet, so als wäre die eigene Erfahrung ein äußeres Ding oder die Erfahrung eines anderen. Aber die Erfahrung wird auch nicht rein subjektiv betrachtet, als wäre sie das Hirngespinst des einzelnen und ohne interpersonelle Gültigkeit. Der Buddhismus sagt vielmehr, daß die unmittelbaren Empfindungsqualitäten der Erfahrung allen Menschen gemeinsam sind und ohne Voreingenommenheit oder Vorurteil gesehen und analysiert werden können, wenn man es nur wirklich will und eine geeignete Methode zur Verfügung hat. Aber diese Unvoreingenommenheit darf nicht mit «Objektivität» verwechselt werden. Sie hat eher etwas mit Niels Bohrs «unzweideutiger Kommunikation» gemein.

Die Dharmas

Die Aufschlüsselung der Erfahrung in Elemente, die *Dharmas**, war eines der Hauptthemen der frühen Schulen des Buddhismus. Jede dieser Schulen gelangte zu ihrer eigenen «Liste» von *Dharmas*, doch obgleich wir in den Einzelheiten manche Unterschiede feststellen können, besteht in den Grundprinzipien weitgehende Übereinstimmung.[2]

Aber was verstand man unter einem *Dharma*? Der Begriff «Dharma» hat in der buddhistischen Tradition, ja in der frühen indischen Philosophie überhaupt, viele verschiedene Anwendungsmöglichkeiten, doch möchte ich den Leser hier nicht mit einer erschöpfenden Darstellung belasten und verwirren. Wir müssen uns jedoch den grundsätzlichen Unterschied zwischen «dem Dharma» und «den *Dharmas*» klarmachen. Dharma ist der Ausdruck, mit dem die Bud-

---

* Ein *Dharma* als Element der Erfahrung wird im folgenden kursiviert zur Abhebung von dem Dharma als der «Großen Ordnung» (s. u.).

Das Herstellen von Erfahrung

dhisten die Gesamtheit der buddhistischen Lehre bezeichnen. Er kann auch «die Ordnung des Universums» oder einfach «die Große Ordnung» bedeuten und bringt zum Ausdruck, wie die Dinge der Großen Ordnung oder dem Naturgesetz nach wirklich sind. Drittens kann Dharma sich auch auf das moralische Gesetz beziehen, anhand dessen zu erkennen und zu unterscheiden ist, was tugendhaftes Verhalten ist und was nicht. Alle drei Bedeutungen von Dharma sind mehr oder weniger eng miteinander verknüpft. Einfach ausgedrückt: Die Lehre des Buddhismus (der Dharma) weist den Weg zur Entdeckung der Großen Ordnung (des Dharma), die unser Leben stets und überall durchzieht und in ihm wirkt. Sieht man diese Große Ordnung, so weiß man augenblicklich, welches Verhalten als angemessen zu üben und welches als unangemessen abzulehnen ist.

«Wie die Dinge sind», die Große Ordnung, das also wird zum Kriterium für richtiges und falsches Verhalten: Wer tut, was mit der Großen Ordnung übereinstimmt, und meidet, was ihr zuwiderläuft, der findet Freude und das Ende der Angst um sich selbst und andere. Sittlichkeit oder tugendhaftes Verhalten hat also weder mit dem Befolgen von Anordnungen eines äußeren Gesetzgebers – sei es der Buddha, der Staat oder ein Gott – zu tun noch mit Belohnung oder Bestrafung durch einen Höchsten Richter. Sittlichkeit bedeutet vielmehr, in Übereinstimmung mit der natürlichen Ordnung der Dinge zu leben.

Die Schwierigkeit besteht hier natürlich darin, zu bestimmen, «wie die Dinge sind», worin also die Große Ordnung besteht. Und das größte, wenn nicht gar einzige Hindernis für diese Bestimmung besteht nach Auffassung des Buddhismus in der Selbsttäuschung, die aus dem Glauben an ein individuelles Ego erwächst. Sittlichkeit hat daher zwei Aspekte: Zuerst muß die Ego-Täuschung durchschaut werden, und dann muß die Schau der Egolosigkeit im wirklichen Leben praktisch umgesetzt werden.

Nach dem, was die erste Umdrehung des Rades des Dharma beinhaltet, setzt alles Wirkliche, alles tatsächlich Existierende, sich aus *Dharmas* zusammen, aus Augenblicks-Elementen der Erfahrung, die aufblitzen und vergehen und dem Bewußtsein, das selbst wiederum eines dieser Augenblicks-*Dharmas* ist, unmittelbar zugänglich sind. Ein *Dharma* ist nicht weiter zu unterteilen; er ist ein Atom der Erfahrung. Und jeder *Dharma* «trägt sein eigenes Zeichen», besitzt also ein Merkmal, das ihn von anderen unterscheidet. Im Grunde ist ein

Dharma sogar nichts anderes als dieses Unterscheidungsmerkmal. Ein *Dharma* ist also nicht eine Art Substanz, die als Träger für Eigenschaften dient, sondern *ist* diese Eigenschaft. Aufgrund von miteinander verknüpften Ursachen und Bedingungen entstehen jeden Augenblick bestimmte *Dharmas* und sind in jedem Augenblick die erfahrenen Eigenschaften. Ein bestimmter Erfahrungsaugenblick andererseits ist nichts anderes als diese besondere Konstellation von *Dharmas*. Alle Menschen und Dinge, alle Gegebenheiten lassen sich als Kombinationen dieser elementaren *Dharmas* auffassen. Die Aufschlüsselung der Erfahrung in *Dharmas* wird «Abhidharma» genannt.

Edward Conze faßt die Natur der *Dharmas* so zusammen:

Um die buddhistische Philosophie verstehen zu können, ist es wichtig, sich den Unterschied zwischen «Dharmas» und den «durch die Sinne gegebenen Dingen» klarzumachen. In Übereinstimmung mit der Mehrheit der Philosophen betrachten Buddhisten die Sinnesdinge ihrer Umgebung als irreführende Erscheinungen. Die Dharmas, also die eigentlichen Realitäten, bleiben dem Blick meist aufgrund von Unwissenheit oder Verblendung verborgen, und nur die besondere Kraft der Weisheit [Einsicht] kann uns befähigen, zu ihnen vorzudringen. Der rationale Ansatz akzeptiert die groben Sinnesdaten als letztgültige Fakten. In den Theorien der modernen Naturwissenschaft geht es um abstrakte Entitäten wie Atome, Moleküle, elektromagnetische Felder und dergleichen und deren Eigenschaften, Tendenzen und charakteristische Verhaltensweisen. Gewöhnliche Sinnesdaten werden so auf Begriffe gebracht, die nachvollziehbarer und «fundamentaler» sind. In ähnlicher Weise [betrachten die Buddhisten] die Welt als einen ununterbrochenen Strom einfacher Grundbestandteile, die «Dharmas» genannt werden und als 1. vielfältige, 2. nur für den Augenblick bestehende, 3. unpersönliche, 4. einander wechselseitig bedingende Ereignisse definiert werden können.[3]

Die *Dharma*-Analyse der frühen Schulen begründete eine tiefgründige Sicht der menschlichen Wahrnehmung, die, wie wir noch sehen werden, in wichtigen Einzelheiten mit der Sicht der Kognitionswissenschaft zu vergleichen ist. Und diese Sicht der Wahrnehmung wurde zum Hintergrund für alle späteren buddhistischen Entdeckungen. Die

Beziehung zwischen den frühen und späteren Schulen des Buddhismus muß man sich ähnlich vorstellen wie die zwischen Arithmetik und höherer Mathematik: Die späteren Schulen bauen auf den Einsichten der früheren auf, anstatt sie zurückzuweisen. Die Aufschlüsselung der Erfahrung zu *Dharmas* ist ein notwendiger erster Schritt, wenn man die Natur der Erfahrung und Wahrnehmung aufdecken will. Freilich führt am Ende auch der Glaube an die *Dharmas* zu ernsten Problemen, die sich erst in der Einsicht lösen, daß selbst die *Dharmas* letztlich begrifflicher Natur sind, also im Grunde ohne immanentes Sein oder Substantialität. Wir werden darauf später zurückkommen, doch für den Augenblick wollen wir einmal den Standpunkt einnehmen, daß alle Erfahrung – und damit alles, was ist – aus elementaren *Dharmas* zusammengesetzt ist.

Dieser Standpunkt zwingt uns nicht, anzunehmen oder zu glauben, die *Dharmas* seien von letzter Wirklichkeit. *Dharmas* sind in erster Linie von heuristischem Wert, Orientierungspunkte für die Meditationspraxis, mit der man Einsicht in die Zeichen der Existenz zu gewinnen trachtet. So wird die *Dharma*-Analyse in den lebendigen Traditionen des frühen Buddhismus angewendet. Der Schüler soll jeden Augenblick bewußt wahrnehmen, zunächst bei der Meditation, dann auch im täglichen Leben, um zu gewahren, welche *Dharmas* in den jeweiligen Augenblick eingehen.[4] Das erfordert natürlich ein beträchtliches Maß an Übung. Aber wenn die Aufmerksamkeit feiner wird, nimmt der Schüler die Welt nicht mehr unter dem Gesichtspunkt der «Dinge» und «Ich-Wesenheiten» wahr, sondern unter dem Gesichtspunkt der Vergänglichkeit: keine «Ichheit», keine «Dingheit». Er gewinnt also kein bloß theoretisches, sondern ein persönliches und direktes Verständnis von den Zeichen der Existenz.

Die fünf Skandhas

Als Hilfe hierfür gibt es verschiedene Systeme für die Kategorisierung der *Dharmas*, und die bekannteste ist die Einteilung der *Dharmas* in fünf Gruppen, die Skandhas oder «Anhäufungen» genannt werden: Form, Empfindung, Wahrnehmung, Formkräfte und Bewußtsein.[5] Ein Skandha ist einfach ein Bündel oder eine Anhäufung von *Dharmas*, und die menschliche Persönlichkeit ebenso wie die von der

Wahrnehmung konstruierte Welt der «Objekte» besteht aus von Augenblick zu Augenblick beständig wechselnden Zusammenballungen dieser fünf Skandhas.

Form (*rūpaskandha*) setzt sich aus elf *Dharmas* zusammen. Die ersten zehn sind die fünf Sinne (Sehen, Hören, Riechen, Schmecken, Tasten) und deren Objekte (Farbe und Gestalt, Ton, Geruch, Geschmack und die Gegenstände des Tastsinns). Der elfte ist Form ohne sensorische Manifestation, also etwa Phantasieformen, Halluzinationen und Visionen.

Form ist der einzige Skandha, der zur äußeren physikalisch-materiellen Welt in Beziehung steht. Die übrigen vier Skandhas beziehen sich auf die mentale Seite des Geist-Körper-Systems. Wie in der früheren naturwissenschaftlichen Sicht werden die Dinge der physikalisch-materiellen Welt hier als Sinnesdaten aufgefaßt. Aber das betrifft eben nicht nur die Sinnesobjekte, sondern auch die Sinne selbst, und das bedeutet, daß wir die Rolle unseres eigenen psychophysischen Organismus bei der Wahrnehmung berücksichtigen müssen; dann nämlich wird deutlich, daß dem Bewußtsein in einem Wahrnehmungsaugenblick nicht nur der Gegenstand der Wahrnehmung erscheint, sondern der Gegenstand *zusammen* mit dem jeweiligen Sinnesvermögen. Wir sehen nie einfach eine Blume, sondern *erfahren* zugleich auch unser Sehen der Blume.

Empfindung (*vedanāskandha*) ist die automatische affektive Reaktion auf Form, bevor irgendwelche höheren Prozesse einsetzen, also die unreflektierte Einordnung der Wahrnehmung als «angenehm» (woran man festhalten möchte, weil es einen selbst zu bestätigen scheint), «unangenehm» (was man zurückweisen möchte, weil es einen selbst zu negieren scheint) oder «neutral» (was keinen direkten Bezug zu einem selbst hat). Damit ist keine wohldefinierte emotionale Reaktion gemeint, sondern die unmittelbare Bewertung, die mit dem Erkennen einer Form einhergeht. Während der Skandha «Form» dem physikalisch-materiellen Pol der dualistischen Erfahrung entspricht und die Skandhas drei bis fünf dem mentalen Pol zugeordnet sind, verbindet der zweite Skandha, «Empfindung», Geist und Körper. Im Körper manifestiert er sich als lustvolle, schmerzvolle oder indifferente innere Körperempfindung, im Geist als Instinktreaktion auf die Dinglichkeit der Außenwelt und als Primärreaktion der Zustimmung oder Ablehnung gegenüber unseren Körperempfindungen.

Das Herstellen von Erfahrung

Wahrnehmung (samjñāskandha) erscheint in Übersetzungen auch häufig als *Unterscheidung*, und das deutet darauf hin, daß der Begriff hier einen spezifischen Inhalt hat: Gemeint ist die grundsätzliche Unterscheidung, die «Außendinge» und ein «Ich» konstatiert und mit der auch der Prozeß der Begriffsbildung einsetzt. Es entsteht die Vorstellung eines «Ich», und dieses Ich tritt zu der jeweiligen Form in Beziehung, die gerade die Aufmerksamkeit in Anspruch nimmt. *Wahrnehmung* unterscheidet an einem Objekt, das die *Empfindung* als für das eigene Ich bedeutsam einstuft, die charakteristischen Züge und gibt einem so die Möglichkeit, es zu benennen. Kann man es benennen, so kann man es auch ergreifen, das heißt im Bereich seiner Aufmerksamkeit – seiner Welt – festhalten.

Formkräfte oder *psychische Formkräfte*, manchmal auch *Geistelemente (samskāraskandha)* sind alle Geistinhalte außer *Empfindung* und *Wahrnehmung*. Dieser Skandha umfaßt neben den begrifflichen Inhalten der Erfahrung eine Vielfalt positiver, negativer und indifferenter Emotionen, einfache und komplexe Gedankenmuster, philosophische, religiöse und psychologische Denk- und Glaubenssysteme und verschiedene geistige Funktionen und Haltungen (Anhang 1 gibt eine vollständige Liste der *Dharmas* dieses Skandha).

Positive und negative Emotionen werden auch als «heilsame» oder «gesunde» und «unheilsame» oder «ungesunde» Faktoren bezeichnet. Hier ist aber wieder zu betonen, daß «gesund» und «ungesund» nicht von irgendeiner abstrakten und äußerlichen Morallehre her definiert sind, sondern eine unmittelbar empfundene geistige Qualität und deren Zielrichtung bezeichnen. Der *Dharma* «Fröhlichkeit» bringt eine positive Haltung und eine Tendenz zur Offenheit mit sich. Der *Dharma* «Niedrigkeit» bringt eine gedrückte Haltung und eine Tendenz zu Verschlossenheit mit sich. Die heilsamen Faktoren sind einfach jene, die zur Verwirklichung der Egolosigkeit beitragen, und die unheilsamen Faktoren sind jene, die die Neigung zur Ego-Fixierung verstärken. Es geht darum, hierüber keine Urteile zu fällen, sondern es nüchtern zu sehen.

Heilsame Faktoren sind zum Beispiel: Vertrauen, Haßlosigkeit, Gleichmut, Rücksichtnahme und geistige Beweglichkeit. Zu den unheilsamen Faktoren gehören zunächst die «fünf Wurzelgifte»: sinnliches Verlangen, Zorn, Hochmut, Eifersucht und Unwissenheit. Man nennt sie Wurzelgifte, weil sie als primäre negative Emotionen gelten, die sich einstellen, wenn die ursprünglichen positiven, negativen oder neutralen Empfindungen des zweiten Skandha sich mit der besitzergreifenden Tendenz des Ego verbinden. Positive Empfindungen führen in Verbindung mit der Gier des Ego zu sinnlichem Verlangen und Hochmut, negative zu Haß und Eifersucht, neutrale zu indifferenten Emotionen. Neben diesen Wurzelgiften gibt es noch etliche weniger ernste Krankheiten wie Voreingenommenheit, Streitsucht, Geiz, Überheblichkeit und so weiter.

Der fünfte Skandha wird *Bewußtsein* (*vijñānaskandha*) genannt. In den frühen Schulen wurde dieser Skandha mit «Geist» (*chitta*) gleichgesetzt und bezeichnete das, was die übrigen *Dharmas* erkennt. Vijñāna wurde manchmal in sechs Bewußtseinstypen unterteilt, je nachdem, welche *Dharmas* mit ihm einhergingen. Fünf dieser Vijñānas entsprachen den fünf Sinnen, und das sechste war für die Erkenntnis der geistigen *Dharmas* zuständig. In dieser Form ist das sechste Vijñāna eine recht umfangreiche Kategorie, von den Zügen der Erleuchtung und der Klarheit der Selbsterkenntnis bis hin zur Fähigkeit des Unterscheidens und Erwägens, die für die Erkenntnis des anderen erforderlich ist. Manchmal findet man statt Bewußtsein auch den Ausdruck «Herz» als Hinweis auf das Gefühl unmittelbarer Präsenz beim Auftreten, kurzzeitigen Verweilen und Verfall einer Kombination von *Dharmas*. Wie wir noch sehen werden, haben spätere Schulen diese Bewußtseinsfunktionen gesondert betrachtet und sind zu einem weitaus klareren Bild des Bewußtseins gelangt.

Soweit die kurze Einführung in die Eigenschaften der *Dharmas* und ihre Gruppierung zu den fünf Skandhas. Für die Buddhisten sind in den fünf Skandhas alle psychophysischen Aspekte der menschlichen Persönlichkeit erfaßt. Nichts, was in unserer Erfahrung tatsächlich auftritt, ist ausgelassen; die fünf Skandhas konstituieren all das, was wir «Ich» und «die Welt» nennen.

Verursachung

Die *Dharmas* kombinieren sich zu jedem einzelnen der Erfahrungsaugenblicke eines individuellen Seinsstroms. Natürlich sind in einem bestimmten Augenblick nicht sämtliche *Dharmas* gegenwärtig; manche können gar nicht gemeinsam auftreten, etwa bestimmte heilsame und unheilsame *Dharmas*. Um zu verstehen, wie die *Dharmas* in die Erfahrung eingehen, müssen wir uns kurz die buddhistische Kausalitätsvorstellung vergegenwärtigen. Alle Phänomene sind nach buddhistischer Auffassung verursacht, das heißt, nichts erscheint auf wunderbare Weise oder durch bloßen Zufall; aber wir haben es hier nicht mit dem linearen Ursache-Wirkung-Denken der Naturwissenschaft zu tun. Herbert Guenther schreibt dazu:

> Die Buddhisten haben niemals die Regel «A verursacht B» zugelassen, es sei denn als grobe Annäherung in nichtphilosophischer Redeweise. Tatsächlich hat die buddhistische Vorstellung von Verursachung – wenn wir sie mit anderen Theorien vergleichen wollen – eher etwas mit Humes Anschauung gemein, daß es bei der Verursachung keine über das Zusammentreffen und die Abfolge hinausgehende undefinierbare Beziehung gibt und daß unsere Neigung, Sätze wie «dies verursacht das» zu akzeptieren, durch die Gesetze der Gewöhnung und Assoziation zu erklären ist.[6]

Verursachung ist hier als Interdependenz oder wechselseitige Abhängigkeit aufgefaßt. Das ist auch der Inhalt des Sanskrit-Begriffs Pratitya-Samutpāda, den man mit «Entstehen in Abhängigkeit» übersetzen kann. Wörtlich bedeutet er: Abhängigkeit (*pratītya*) von Bedingungen verschiedenen Ursprungs (*samutpāda*). Eine etwas freiere Übersetzung könnte auch lauten: «situative Strukturierung».[7] Es soll mit diesem Sanskrit-Ausdruck jedenfalls vermittelt werden, daß jedes Phänomen in Abhängigkeit von einem ganzen Netz von Ursachen entsteht, deren Verkettung aus der Vergangenheit bis in die Gegenwart reicht. Es gibt Faktoren, die das Phänomen möglich machen, Faktoren, die das Fehlen von Hindernissen für dieses Phänomen bedeuten, Faktoren, die als Wahrnehmungsgegenstände erscheinen, und Faktoren, die vom unmittelbar vorhergehenden Erfahrungsaugenblick ausgehen. Nehmen wir ein ganz einfaches Beispiel: Um einen Stein sehen zu können, muß unser Sehvermögen in Ordnung sein, es darf weder dunkel noch neblig sein, ein Stein muß vorhanden sein, und unser Interesse muß darauf ausgerichtet sein, ihn zu sehen.

Natürlich sind die meisten phänomenalen Situationen komplexer, und auch der zugehörige Kausalnexus ist komplexer. Wenn man eben jetzt eine Tasse Tee trinkt, welche Kausalfaktoren haben dazu geführt? Zunächst müssen Tee, Wasser und eine Kochstelle vorhanden sein; man hat sonst nichts Dringendes zu tun; ein Freund ist zu Besuch; es ist gerade Zeit für den Tee; in der Jugend war es so schön, mit der Großtante Tee zu trinken; die Assoziation mit dem köstlichen Duft von Teegebäck, das über einem Kohlefeuer geröstet wird; ein Traum der letzten Nacht vom gemeinsamen Tee mit der Geliebten – und so weiter. Auch schwerer wiegende Dinge können so analysiert werden: Wie kam es dazu, daß man auf den Ehepartner so zornig wurde? Was bringt einen dazu, untätig in der Meditationshalle zu sitzen? Und woher kommen all die Gedanken, Regungen und Störungen, die sich dort beim Sitzen einstellen? Beim Spaziergang auf dem Land braut sich ein Gewitter zusammen – woher dieser plötzliche Anflug von Angst oder der flüchtige Eindruck von vollkommener Frische?

Herbert Guenther faßt die buddhistische Sicht der Verursachung so zusammen:

> Wenn man über Kausalität im Buddhismus spricht, kommt es vor allem darauf an, sich die Unterschiede zu unserer Denkweise vor Augen zu halten. Im buddhistischen Universum kommen die Dinge nicht aufgrund von Machtsprüchen eines höchsten Schöpfers und despotischen Gesetzgebers zustande. Nichts im Universum wurde erschaffen. Ereignisse stellen sich ein, weil sie sich in die Struktur eines auf Ordnung basierenden Universums einfügen, und diese Ereignisse wirken in vollkommener Freiheit zusammen, nicht in Gehorsam gegenüber einem höchsten Willen oder einer mathematisch formulierbaren Regelmäßigkeit, die auf einer isolierbaren Ursache beruht. Kausalität, falls solch ein Ausdruck überhaupt anwendbar ist, meint hier ein System ineinander verflochtener Ursachen-Faktoren von fluktuierender Hierarchie. Das bedeutet, daß schon die ursächliche Situation ein Netzwerk interdependenter, koexistierender und frei kooperierender Kräfte war und in diesem Netzwerk jederzeit jeder der beteiligten Faktoren den höchsten Platz in einer Hierarchie der Ursachen und Wirkungen einnehmen kann.[8]

Nach der buddhistischen Auffassung sind Ursachen niemals unabhängig vom konkreten Erfahrungsaugenblick und können nur von diesem

Erfahrungsaugenblick her verstanden werden. Abstrakte Beziehungen zwischen «Objekten» der «Außenwelt» – seien es gewöhnliche Dinge wie Planeten und fallende Bälle oder theoretische Objekte wie Elektronen und Gluonen – gelten als hypothetische Beziehungen zwischen hypothetischen Objekten. Wo es darum geht, die Fakten der Erfahrung aufzudecken, sind sie von zweitrangiger Bedeutung. Dieser Kausalprozeß des Zustandekommens von Erfahrung war die letzte Realisation des Buddha unmittelbar vor seiner Erleuchtung, und er wird als die Essenz seiner Lehre betrachtet. Diese Entdeckung, zusammen mit der Gewahrseinsmeditation, bei der der Verursachungsprozeß in Aktion erfahren wird, macht die Lehre des Buddha zu einem beispiellosen Neubeginn unter den Traditionen der spirituellen Schulung, die es damals in Indien gab.

Augenblicklichkeit

Die *Dharmas* stellen sich in einem Erfahrungsaugenblick ein, und zwar in Abhängigkeit von den Bedingungen des vorangehenden Augenblicks und dem Netzwerk der in diesem Augenblick wirksamen Ursachen. Das ist es, was man mit dem Ausdruck «Entstehen in Abhängigkeit» bezeichnet. Die *Dharmas* treten auf diese Faktoren hin ins Dasein, bleiben für kurze Zeit und vergehen dann wieder. Der wichtigste Aspekt dieses Prozesses, den die Wissenschaft gerade erst zu sehen beginnt, ist die Tatsache, daß die Erfahrung diskontinuierlich ist und aus Momenten besteht. Zwischen den einzelnen Momenten der Erfahrung, also des Entstehens und Sich-Verbindens der *Dharmas*, gibt es Lücken, in denen die *Dharmas* zurücktreten und es weder die Wahrnehmung einer «Außenwelt» noch ein Denken, noch ein dualistisches Dasein in der Illusion von Subjekt und Objekt, noch ein Ego gibt. Weil unsere normale Bewußtseinslage von so grobem Charakter ist, daß sie die Erfahrung nicht in ihre diskontinuierlichen Momente auflösen kann, glauben wir, Kontinuität wahrzunehmen. Wenn aber in der meditativen Schulung feinere Wahrnehmungsebenen zugänglich werden, so zeigt sich die Diskontinuität der Erfahrung. Die vermeintlich kontinuierliche Welt relativ dauerhafter, wenn auch veränderlicher Dinge wird vom Bewußtsein etwa so erzeugt, wie es aus den statischen Einzelbildern eines Films eine kontinuierliche Handlung mit wechselnden Szenen herstellt.

Augenblicklichkeit

Die Entdeckung der Diskontinuität beantwortet viele Fragen zur Mechanik der Wahrnehmung, aber auch zum Wesen des spirituellen Weges. Was die Spiritualität angeht, so wird an der Diskontinuität deutlich, daß Egolosigkeit weder ein Bewußtseins- oder Seinszustand ist, der als etwas im gegenwärtigen Zustand noch nicht Verwirklichtes «erlangt» werden muß, noch ein «höherer» Zustand, noch ein irgendwo außerhalb dieses Universums angesiedelter Zustand. Sie ist ein jederzeit gegenwärtiger Aspekt unserer Grundverfassung, für gewöhnlich durch Unwissenheit, Verwirrung und den Glauben an die Kontinuität des Ego unserem Blick entzogen, aber in der meditativen Schulung durch direkte Einsicht zu erkennen.

Die Diskontinuität führt jedoch gleich zu einer neuen Frage: Wie kommt es zum Anschein der Kontinuität? Und diese Frage ist verknüpft mit einer anderen, die sich dem Leser gewiß schon längst gestellt hat: Wenn da kein Ego ist, wer oder was erfährt dann die Kontinuität? Wie kommt es, daß ich diesen Strom von Gedanken und Gefühlen als kontinuierlich erfahre und frühere Augenblicke als zu mir gehörig erinnere? Und was ist es, das nach Egolosigkeit strebt und sie verwirklicht? In gewisser Weise ist die Spannung, die sich bei der Erwägung solcher Fragen in uns bildet, die Essenz des spirituellen Weges: Wenn es kein Ego gibt, wer oder was bin ich dann oder bin ich nicht? Manche Traditionen schweigen sich zu dieser Frage aus aufgrund der Erfahrung, daß Antworten die Ego-Verhaftung nur verstärken. Der Buddha schwieg, als der Philosoph ihm Fragen dieser Art stellte, und auch die Zen-Tradition Japans schweigt.

Andere Traditionen jedoch haben versucht, Antworten zu geben; man kann die Frage geradezu als das Schlüsselproblem ansehen, aufgrund dessen in der Geschichte des Buddhismus so viele verschiedene Schulen entstanden sind. Manche Abhidharma-Schulen haben versucht, besondere *Dharmas* einzuführen, die als eine Art Bindesubstanz den individuellen Strom von *Dharmas* zusammenhalten, doch alle diese Ansätze erwiesen sich als wenig zufriedenstellend. Entweder war der besondere *Dharma* zu vage, als daß er die Kontinuität hätte aufrechterhalten können, oder er war zu konkret und ließ am Ende «Irrlehren» entstehen, denen man die Wiedereinführung der Ich-Idee zur Last legte.

Andere Schulen vertraten die Auffassung, die scheinbare Kontinuität des Erfahrungsstroms sei mit der scheinbaren Kontinuität eines

Wirbelsturms zu vergleichen. Der Wirbelsturm scheint als in sich geschlossene Einheit über das Land zu fegen, ist aber tatsächlich nichts anderes als ein Strom von Luftteilchen und mitgerissenen Dingen. Nur das Bewegungsmuster erzeugt den Anschein der Einheit. Und so ist nach Auffassung dieser Schulen auch «die Persönlichkeit» und die scheinbare Kontinuität der «Person» nichts anderes als ein Strom von *Dharmas*, die, durch Gewohnheitsmuster zusammengehalten, eine vorübergehende Einheit bilden.

Determinismus

Damit gelangen wir zum letzten Thema in unserer Betrachtung der *Dharma*-Theorie, zu der alten Frage des Determinismus. Der Leser kann sich vielleicht des etwas unbehaglichen Gefühls nicht erwehren, daß der Mensch im Buddhismus weitaus determinierter erscheint, als wir gern glauben möchten – beinah als mechanisch, wenn nicht gar automatisch. Da scheint nicht mehr viel Platz zu sein für Möglichkeiten, den Lauf unseres Lebens zu ändern. Es stimmt durchaus, daß der Buddhismus vieles, was wir gern für unser freies Tun und Denken halten, als gewohnheitsmäßige und mechanische Auswirkung von Dispositionen und Neigungen betrachtet, deren wir uns gar nicht bewußt sind. Das heißt aber nicht, daß wir vollkommen determiniert wären und Fatalismus die richtige Lebenshaltung wäre. Im Gegenteil: Eben weil unsere Erfahrung diskontinuierlich ist und eben weil es keine gleichbleibende «Person» hinter den wechselnden Augenblicks-Erfahrungen gibt, haben wir eine Chance, die Gewohnheitsmuster aufzubrechen. In den Lücken der Nichtdualität zwischen den Augenblicken dualistischer Erfahrung können frische *Dharmas* ins Spiel kommen. Diese Lücken werden meist zunächst nur bei der meditativen Übung erfahren als ein Gefühl von köstlicher Frische, das nirgendwoher zu kommen scheint.

Unsere Erfahrung, bis hin zum gegenwärtigen Augenblick, ist bedingt und bestimmt durch unser früheres Handeln – etwa so, wie der Stand eines Schachspiels Zug für Zug bis hin zur Ausgangsstellung zurückverfolgt werden kann. Dennoch stehen uns in diesem Augenblick die verschiedensten Handlungsmöglichkeiten zur Wahl, ebenso wie wir im Schachspiel die verschiedensten Zugmöglichkeiten haben.

Ein anderer Vergleich wäre das Flüsterspiel. Die Mitspieler sitzen im Kreis, und der erste flüstert seinem Nachbarn etwas ins Ohr, was dieser wiederum dem nächsten weiterflüstert. Am Ende geben der erste und der letzte Mitspieler die Mitteilung laut zum besten, und häufig zeigt sich dann, daß die Botschaft unterwegs die unglaublichsten Wandlungen erfahren hat. Waren die Mitspieler unaufmerksam, so bleibt manchmal nur unverständliches Kauderwelsch übrig, aber bei genügend Aufmerksamkeit kommt es auch vor, daß neue Elemente sich harmonisch einfügen und man am Ende zu einer reich ausgeschmückten Version des Originals kommt.

Das gilt auch für die «Botschaft» der Gewohnheitsmuster, die von einer kurzzeitigen Anhäufung von *Dharmas* zur nächsten weitergegeben wird: Wenn wir in jedem Augenblick unseres Lebens aufmerksam sind, wird es möglich, die Lücken zwischen ihnen wahrzunehmen, und dann können neue Elemente ins Spiel kommen. Nehmen wir etwa an, es komme zwischen Ihnen und Ihrem halbwüchsigen Sohn immer wieder zu ärgerlichen Auseinandersetzungen über bestimmte Fragen; wie nach einem festen Muster steigert man sich in die Gereiztheit hinein, bis schließlich heftige Worte fallen – und auch die scheinen immer wieder die gleichen zu sein. Wenn wir in dieser Situation aufmerksam bleiben für den Strom der *Dharmas*, so können sich die Lücken und Freiräume öffnen, und dann kommt vielleicht etwas Neues hinzu – ein wenig Entspannung oder Humor, eine freundliche Berührung oder was es auch sein mag –, was die festgefahrene Situation auflockert. Solche Gesten haben ihre Wirkung allerdings nur dann, wenn sie zum rechten Zeitpunkt unmittelbar aus dem Herzen kommen; geplante Aktionen aufgrund von Überlegungen bewirken keine wirkliche Veränderung. Es bleibt also nichts anderes zu tun, als stets aufmerksam zu sein für den beständigen Strom der *Dharmas*. Die Abhidharma-Schulen nennen diese Freiräume zwischen den mechanisch aufeinanderfolgenden Augenblicken «unbedingte *Dharmas*». Ein unbedingter *Dharma* ist völlig unabhängig von früheren Mustern. Er tritt spontan in den Freiraum ein und bringt ein Gefühl der Freiheit vom gewohnten Denken mit sich.

Ein anderer Ausdruck für den unbedingten Dharma ist «Nirvāna». Nirvāna tritt also *im* Strom der Erfahrungs-*Dharmas* auf, die man als «bedingt» bezeichnet, da sie in Abhängigkeit von den Bedingungen der vorangehenden Augenblicke entstehen. Nirvāna selbst stellt keine bedingte Erfahrung dar, sondern ist vielmehr die Tatsache der Diskontinuität der Erfahrung. Daher wird von Nirvāna so häufig in negativen Ausdrücken gesprochen wie etwa in der folgenden berühmten Passage aus einem frühen Text, in dem der Buddha zu seinen Schülern über Nirvāna spricht:

> Ihr Mönche, es gibt ein Ungeborenes, nicht Gewordenes, nicht Gemachtes, nicht Zusammengesetztes, und, ihr Mönche, wäre da nicht dieses Ungeborene, nicht Gewordene, nicht Gemachte und nicht Zusammengesetzte, so könnte dem, was geboren, geworden, gemacht und zusammengesetzt ist, kein Ausweg gewiesen werden. Da es aber, ihr Mönche, ein Ungeborenes, nicht Gewordenes, nicht Gemachtes und nicht Zusammengesetztes gibt, so kann dem, was geboren, geworden, gemacht und zusammengesetzt ist, ein Ausweg gewiesen werden.[9]

Mit dem, was «geboren, geworden, gemacht und zusammengesetzt» ist, meint der Buddha Samsāra, die Welt der wechselnden Zusammenballungen von *Dharmas*, die hergestellte Welt mentaler Projektionen, in der wir, wie die Buddhisten sagen, unser Leben als endlosen Kreislauf von Gewohnheit und Konvention verbringen. Mit «Ausweg» meint der Buddha nicht etwa die Flucht in ein «Himmelreich», sondern den Zugang zu einer Klarheit, in der die Welt gesehen wird, wie sie wirklich ist. Dies wird noch deutlicher werden, wenn wir uns eingehender mit dem Buddhismus und den Bewußtseinswissenschaften befaßt haben.

In diesem und dem vorigen Kapitel haben wir die Grundelemente der buddhistischen Weltsicht und die Aufschlüsselung der Persönlichkeit und der persönlichen Erfahrung in Dharmas betrachtet. Später werden wir uns eingehender klarmachen, wie die Skandhas sich in einem zeitlichen Ablauf zu einem Wahrnehmungsaugenblick verbinden. Jetzt aber wollen wir uns erst einmal der modernen Bewußtseinswissenschaft zuwenden und deren Bild von den elementaren Komponenten der Erfahrung und ihrer Interaktion kennenlernen. Ich werde meine Darstellung nach dem Gesichtspunkt der fünf Skandhas gliedern. Man wird vielleicht einwenden, daß ich die Entdeckungen der Wissenschaft einem Schema unterordne, das ihnen nicht gemäß ist. Andererseits dürfte es aber hilfreich sein, das sehr umfangreiche und häufig ungeordnete wissenschaftliche Material unter bestimmten Hauptgesichtspunkten zu betrachten, zumal die Übereinstimmung zwischen diesem Material und der Theorie der *Dharmas* und Skandhas erstaunlich weitgehend ist. Wenn wir dieses Klassifikationsschema anwenden, wird sehr deutlich, wo die Skandha-Theorie über die Wissenschaft hinausgeht und uns Hinweise auf die Richtung der weiteren wissenschaftlichen Forschung gibt. Wir sehen aber auch, an welchen Punkten die modernen Bewußtseinswissenschaften den Buddhisten in der Detailanalyse der Skandhas voraus sind und daher die buddhistische Sicht bereichern können.

6. Form – die «Außenwelt»

In den vorigen Kapiteln habe ich aufgezeigt, daß der sich wandelnde Kontext der Wissenschaft auf Nichtdualität hindeutet: die Nichtgetrenntheit von Bewußtsein und Wirklichkeit. Ich habe auch dargestellt, daß die buddhistische Anschauung von Bewußtsein und Wirklichkeit die Nichtdualität zur Grundlage hat und daß der Buddhismus in der Meditation über eine direkte Methode verfügt, die Nichtdualität wiederzuentdecken. Außerdem besitzt der Buddhismus eine kausale Theorie des Entstehens von dualistischen geistigen Prozessen aus der Nichtdualität. Nun ist es Zeit, daß wir uns der modernen Wissenschaft des Bewußtseins und der geistigen Prozesse zuwenden, insbesondere unter dem Gesichtspunkt der beiden Fragen: Bedarf es überhaupt der Hypothese eines Ich, eines dauerhaften Ego, eines individuellen Bewußtseins? Und: Was könnten die Grundbestandteile der Erfahrung sein? Im 12. Kapitel werden wir sehen, wie diese Bestandteile der Erfahrung so zusammengefügt werden können, daß wir zu einer Erklärung des Wahrnehmungsprozesses gelangen.

Wissenschaft und Buddhismus: Verschiedene Standpunkte

Wir müssen uns von Anfang an darüber im klaren sein, daß wir hier unweigerlich verschiedenen Ansätzen begegnen werden, da ja auch die Ausgangspositionen verschieden sind: Die klassische Wissenschaft geht von der Dualität von Subjekt und Objekt aus, während der Buddhismus und der neue Kontext die Nichtdualität ebenso kennen wie die Dualität. Ein und dieselbe Erfahrung wird von der Wissenschaft distanziert beschrieben und im Buddhismus als hautnahe Erfahrung.

Dennoch werden wir sehen, daß manche Aussagen der Kognitionswissenschaft in wichtigen Einzelheiten mit der *Dharma*-Analyse des vorigen Kapitels übereinstimmen.

Es ist nicht möglich, die Nichtexistenz von etwas direkt zu beweisen. Man kann auf die Nichtexistenz des Ego, auf das Nichtvorhandensein eines an sich selbst bestehenden Etwas, das mit dem Wort «Ich» gemeint ist, nicht *hindeuten* und sagen: «Siehst du, ich hab dir doch gesagt, es existiert nicht.» Wenn ein kleines Mädchen weinend aufwacht und sich von einem Ungeheuer im Zimmer bedroht fühlt, kann ihr Papa ihr kein nichtexistentes Ungeheuer vor Augen führen und sagen: «Siehst du, da ist das Ungeheuer, das es nicht gibt.» Papa kann sich von ihr das Ungeheuer nur zeigen lassen und es ihr dann hinhalten, damit sie sehen kann, daß es etwas anderes ist. Und so ist es auch mit dem Ego: Wir können uns nur alles anschauen, was mit dem Wort «Ich» gemeint sein könnte, und dann zusehen, ob wir wirklich ein Ego brauchen, um das zu erklären, was wir da sehen. Vielleicht gibt es eine einfachere Erklärung.

Auf eben diesem Wege ist die Wissenschaft ebenso wie der Buddhismus zu der Überzeugung gelangt, daß es kein Ego gibt: Beide haben sich alles angeschaut, was für die Existenz eines Ego sprechen könnte, und sind dann zu anderen, nämlich einfacheren, natürlicheren und direkteren Erklärungen gelangt. Allerdings betrachtet die Wissenschaft das Bewußtsein gleichsam von außen, als wäre es ein Objekt, während man im Buddhismus direkt die eigenen Bewußtseinsprozesse betrachtet. *Das bedeutet, daß man als Wissenschaftler durch Schlußfolgerungen zur Entdeckung der Egolosigkeit kommen, davon aber persönlich völlig unberührt bleiben kann*; man kann also den Alltag weiterhin so leben, als wäre der Glaube an das Ich kein Irrglaube. Gelangt man allerdings durch unmittelbare Erfahrung zu dieser Einsicht, so wird das auch die Lebensweise tiefgreifend verändern. Ganz allgemein zu verstehen, daß jener Begriff, der das Leben aller Menschen beherrscht, nämlich «Ich», wirklich nur ein Begriff ist – das ist eine Sache. Eine ganz andere Sache ist es zu begreifen, selbst zu erfahren, daß dieser besondere Begriff, der dieses besondere «Ich» meint, nur ein Wort ist, dem nichts entspricht.

Dennoch, für Leser, denen die wissenschaftliche Ausdrucksweise vertrauter ist, kann die Betrachtung des Weges, den die westliche Psychologie in den letzten etwa hundert Jahren zurückgelegt hat, ein

Form – die «Außenwelt»

Ausgangspunkt für die Entdeckung der Egolosigkeit sein. Sie kann allerdings auch zu ganz negativen Reaktionen führen.

Bei der am Anfang des ersten Kapitels erwähnten Konferenz über «Gegensätzliche Auffassungen von Erkenntnis» wurde in einer der Sitzungen die buddhistische Sicht des Nicht-Ich vorgestellt. Ein berühmter Phänomenologe, der sich im Verlauf der Konferenz zunehmend irritiert gezeigt hatte, sprang von seinem Sitz auf und sagte: «Also, ich *habe* ein Ego, und mir ist mein Ego ganz lieb, und ich werde es einbringen, wo es mir paßt!» Diesem Philosophen war offenbar entgangen, daß die Aussage, «Ich» sei ein Begriff ohne dingfest zu machende Entsprechung, nichts mit Selbstverleugnung zu tun hat. Überhaupt ist Vorsicht geboten, damit es nicht zu voreiligen Schlußfolgerungen kommt: Für das praktische alltägliche Leben und seine Planung ist es durchaus sinnvoll, einen Begriff von «sich selbst» zu haben; aber es ist auch sinnvoll zu sehen, daß der *Glaube* an das Ich zu grundlegenden Wahrnehmungsverzerrungen führt, die sich auch auf unser Handeln auswirken.

Wenn wir ein leidenschaftliches Verlangen nach etwas oder jemandem empfinden oder den zornigen Wunsch, etwas oder jemanden los zu sein, ist diese Erregungsenergie nicht schon selbst das Ego. Die Energie mag eine authentische Reaktion auf die jeweilige Situation sein, etwa wenn wir uns einen Gefährten wünschen oder die Hindernisse ausräumen möchten, die zwischen uns und ihm stehen. Wenn wir uns aber an diese Energie klammern, sei es leidenschaftliches Verlangen oder Aggression, und uns als ein verliebtes oder zorniges «Ich» definieren, dann reagieren wir eher auf diesen Begriff als auf die tatsächliche Energie der Situation, und damit geht das Echte verloren. Wenn ein Mann sich in eine Frau verliebt, wachsen ihm ungeheure Kräfte der Kommunikation und Wertschätzung zu. Sobald er sich aber sagt: «Ich bin verliebt in sie», sobald er gemäß diesem Gedanken und seiner Vorstellung von sich, von Liebe und von ihr handelt, erstarrt die Kommunikationsenergie, und aus Wertschätzung wird Besitzergreifen. Oder nehmen wir einen Maler, der unter starkem inneren Drang ein Bild malt: Wenn er damit fertig ist und sich dann als jemanden betrachtet und definiert, der in diesem Stil malt, wird er sich selbst zu imitieren versuchen und damit die spontane schöpferische Energie, mit der er dieses erste Bild malte, in sich abtöten. Dieses Prinzip mag in solchen Beispielen unmittelbar einleuchtend sein, aber es gilt zu sehen, daß es überall, auch in eher banalen Alltagssituationen wirksam ist. Unsere Wahrnehmung und unser Handeln sind ständig von einem Begriff unserer selbst geleitet, dem kein wirkliches Ding entspricht.

«Ego» ist ein genereller Ausdruck für die Idee von etwas, das unabhängig oder getrennt vom Körper existiert und von Augenblick zu Augenblick, von Tag zu Tag, von Jahr zu Jahr kontinuierlich fortbesteht. Wir empfinden sogar, daß dieses «Ich», das jetzt gerade existiert, dasselbe «Ich» ist wie das, was vor einer Minute existierte oder morgen oder in einem Jahr existieren wird. Wir ändern uns und altern, aber *irgend etwas*, so empfinden wir, bleibt sich gleich. Früher nannte man dieses Etwas «Seele». Jetzt heißt es «Bewußtsein». Wir glauben an ein individuelles Bewußtsein, einen individuellen Geist, der unser persönlicher Besitz ist und sich nicht wie der Körper verändert.

In den nächsten fünf Kapiteln werden wir uns ansehen, was in den letzten Jahrzehnten auf einem Gebiet geschehen ist, für das sich immer mehr die Bezeichnung «Wissenschaft des Bewußtseins» einbürgert; wir könnten auch sagen «moderne *Dharma*-Analyse». Ich werde die Arbeiten der Kognitionswissenschaft, die sich mit dem menschlichen Körper-Geist-System befaßt, in Kategorien einordnen, die in etwa denen der *Dharma*-Analyse entsprechen. Ich möchte jedoch noch einmal darauf hinweisen, daß die Fragestellung der modernen Wissenschaft von vornherein einen sehr zweifelhaften Punkt enthält: Der durchaus verständliche Wunsch nach Objektivität verleitet immer wieder dazu, die Person als Objekt zu betrachten. Diese Betrachtungsweise, die geschichtlich gesehen zunächst sinnvoll war als Reaktion auf den extremen Subjektivismus des religiösen Geistesbegriffs, hat ihre Fallgruben und Grenzen, die es im Blick zu behalten gilt.

Bei der frühen behavioristischen Arbeit und der Erforschung der Input-Phase der Sinneswahrnehmung ging es vor allem um den ersten Skandha, den Skandha der Form. Empfindungen und Emotionen wurden in der Regel nicht gesondert betrachtet, sondern als ein Thema abgehandelt. Manche Wissenschaftler haben aber auch die Unterschiede erkannt, insbesondere den Umstand, daß Erkenntnis- und Einordnungsvermögen für die Emotionen eine große Rolle spielen: Emotionalität und Denken sind keine grundverschiedenen Dinge, sondern eher die beiden Enden eines Spektrums. Hierdurch erfährt die landläufige Auffassung des Begriffs «Emotion» eine Korrektur.

Form – die «Außenwelt»

Die wissenschaftliche Analyse nähert sich der buddhistischen Sicht an, wonach die Emotionen der intellektuellen oder kognitiven Ebene des vierten Skandha zuzuordnen sind und dadurch vom reinen Empfinden des zweiten Skandha gesondert werden. Die automatischen Denkprozesse und die koordinierende Rolle des Bewußtseins (des sechsten Bewußtseins in der buddhistischen Darstellung) wurde durch Forschungen auf dem Gebiet der künstlichen Intelligenz aufgeklärt. Und die innige Beziehung zwischen Sprache und Selbstbewußtsein schließlich wurde von der Entwicklungsforschung erkannt. Mit diesen Themen werden wir uns in den folgenden Kapiteln nacheinander befassen. Danach werden wir betrachten, wie die verschiedenen Komponenten so in eine zeitliche Abfolge gebracht werden können, daß der Eindruck eines «Ich» und einer «Welt» entsteht. Auch hier werden wir Übereinstimmungen finden zwischen der buddhistischen Sicht dieses «welt-konstruierenden» Wahrnehmungsprozesses und den ersten Ansätzen, die manche Wissenschaftler zu dessen Beschreibung machen.

Die Anfänge der experimentellen Psychologie

Einer der ersten Experimentalpsychologen war Hermann von Helmholtz (1821–1894).[1] Helmholtz maß die Geschwindigkeit von Impulsen in den sensorischen Nerven des Menschen und konnte nachweisen, daß es eine endliche Geschwindigkeit war. Damit war zum erstenmal dokumentiert, daß zumindest manche Aspekte der Empfindung und Wahrnehmung einen Zeitverzug aufweisen und damit meßbar sind. Helmholtz entwickelte auch die Idee der «unbewußten Ableitung»: Bei der Wahrnehmung registrieren wir die Wahrnehmung nicht einfach, wie es eine Kamera tut, sondern wir kombinieren die Sinnesinformation mit Erinnerungen und vorhandenem Wissen und leiten eine endgültige Wahrnehmung daraus ab. Er glaubte also, daß das Wahrnehmungssystem seine Eindrücke nach einer deduktiven Logik unbewußt manipuliert: «Die psychischen Aktivitäten, die uns annehmen lassen, daß da vor uns an einem bestimmten Ort ein bestimmtes Objekt von bestimmtem Charakter ist, sind im allgemeinen nicht bewußter, sondern unbewußter Art. Im Ergebnis sind sie einer Schlußfolgerung äquivalent insofern, als die Beobachtung der Sinnestätigkeit uns die Bildung einer Idee über die mögliche Ursache dieser Tätigkeit erlaubt. Obgleich immer nur die Nervenerregungen und nie die äußeren Gegenstände selbst direkt wahrgenommen werden..., kann doch kein Zweifel an der Ähnlichkeit zwischen den Resultaten solcher Ableitungen und denen bewußter Schlußfolgerungen bestehen.»[2] Helmholtz war demnach der erste, der die Anschauung vertrat, im Wahrnehmungssystem gebe es unbewußte Verarbeitungsprozesse. Seine Anschauungen wurden jedoch durch den Behaviorismus verdrängt, dessen Ansatzpunkt darin besteht, daß innere Prozesse überhaupt geleugnet werden. Wie wir jedoch noch sehen werden, kehrt die Kognitionswissenschaft heute zu Helmholtz zurück und legt Faktenmaterial vor, das seine Anschauungen stützt.

Einen weiteren wichtigen Beitrag zur experimentellen Psychologie lieferten um die Jahrhundertwende Wilhelm Wundt und seine Nachfolger.[3] Wundt entwickelte eine Methode der Introspektion, nach der er seine Probanden aufforderte, sich auf einfache Reize hin, etwa einen bestimmten Klang, ihre Gedanken und Empfindungen zu vergegenwärtigen. Er vertrat die Auffassung, bewußte Gedanken kämen als Kombinationen einfacher Elemente, vor allem der unmittelbaren Sinneseindrücke, zustande. Er versuchte die Gesetze zu formulieren, nach denen sich diese einfachen Elemente in der Erfahrung verbinden. Seine Psychologie ist eine Art «Bewußtseins-Chemie»; sie fragt nach den reinen Grundelementen des Denkens, durch deren Kombination Komplexe von geistiger Aktivität entstehen.

Wundt betrachtete das Bewußtsein als ordnende oder strukturierende Aktivität, hob also seinen dynamischen Charakter hervor. Relativ dauerhafte geistige Inhalte existieren seiner Auffassung nach nur als hypothetische Konstrukte, und der Prozeßcharakter des Bewußtseins ist eigentlich das, was sein Wesen ausmacht. Bilder und Ideen, Emotionen und Empfindungen sind fließende und flüchtige Dinge, und die strukturgebende Aktivität des Bewußtseins ordnet diese Elemente der Erfahrung. Wundt unterscheidet zwischen dem Gesamtinhalt des Bewußtseins, den er «Bewußtseinsfeld» nennt, und einzelnen Inhalten, die jeweils gerade die Aufmerksamkeit beanspruchen und deshalb «Brennpunkt der Aufmerksamkeit» oder «Brennpunkt des Bewußtseins» genannt werden. Ein Gegenstand gelangt dadurch in den Brennpunkt, daß der automatische

Form – die «Außenwelt»

Bewußtseinsstrom unterbrochen wird. All das erinnert uns stark an die *Dharma*-Theorie des Frühbuddhismus.

Wundt verfügte jedoch über keine meditative Methode für die Untersuchung des Stroms geistiger Inhalte. Die Schwäche seiner Introspektionsmethode – und auch mancher späteren Ansätze der experimentellen Psychologie – bestand darin, daß sie auf eher trivialen Übungen fußte und nur Inhalte berücksichtigen konnte, die sich verbalisieren und mitteilen lassen. Spätere Experimentalpsychologen versuchten auch komplexere geistige Aktivitäten einzubeziehen, doch der introspektive Ansatz wurde schließlich ganz verworfen, weil man zu keiner allgemein akzeptierten Anschauung über die Komponenten des Denkens und über die Treffsicherheit der Methode gelangte.

Der Behaviorismus war die Antwort Amerikas auf den Introspektionismus Europas. Er beherrschte die angloamerikanische Psychologie dreißig Jahre lang und gelangte von Wundts Versuchen, die Grundbausteine der bewußten Erfahrung zu finden, bis ans andere Ende des Spektrums, wo rundweg bestritten wird, daß es solche Grundelemente gibt und daß der von Wundt zugrunde gelegte Erfahrungsbegriff überhaupt einen «objektiven» Sinn hat. Begründet wurde der Behaviorismus zu Beginn dieses Jahrhunderts von John B. Watson und Iwan Pawlow, doch sein Hauptvertreter wurde Burrhus F. Skinner, der als der einflußreichste amerikanische Psychologe überhaupt angesehen wird.[4]

Die Behavioristen möchten das menschliche Verhalten erklären, ohne auf Begriffe wie Geist oder Bewußtsein oder deren Inhalte und Funktionen zurückzugreifen. In ihrer Wissenschaft des Verhaltens sollen also die Skandhas zwei bis fünf ausgeklammert bleiben. Ganz gleich, ob es subjektive Erfahrungen gibt, die man am besten mit Liebe oder Haß, Angst oder Intention umschreibt – in der Kausalanalyse menschlichen Verhaltens jedenfalls sollten derartige Ausdrücke keine Verwendung finden. Überhaupt sollten keine Ausdrücke verwendet werden, die etwas bezeichnen, was von außen nicht zu beobachten ist. Damit wurde im Grunde auch der innere Aspekt des ersten Skandha (Form), nämlich die sensorischen Verarbeitungsprozesse, verworfen. Die Welt, und das schließt auch die Versuchspersonen der experimentellen Psychologie ein, ist als ein Konglomerat von Sinnesobjekten aufzufassen.

Dieser Ansatz mag uns heute naiv erscheinen, doch wir müssen ihn vor dem Hintergrund der ungeheuren Verwirrung sehen, die sich zu Anfang unseres Jahrhunderts in der Psychologie ausgebreitet hatte. Damals hatte die Psychologie sich noch nicht – wie Jahrhunderte zuvor die Physik – von religiösen Überzeugungen und den damit verbundenen Vorurteilen und stillschweigenden Grundannahmen emanzipiert. Es blieb nach Auffassung der Behavioristen nichts weiter übrig, als sich auf die reine Äußerlichkeit, die Welt der Dinge und des sichtbaren Verhaltens, zurückzuziehen. Doch was zunächst ein durchaus vernünftiger Ansatz war, degenerierte dann schließlich auch wieder zu einer Art religiösem Fanatismus.

Der frühe Behaviorismus interpretierte alles menschliche Verhalten, auch das Sprachverhalten, als antrainierte Reaktion auf Umweltreize: Der menschliche Organismus kommt mit einigen sehr primitiven angeborenen Reflexreaktionen auf die Welt; dazu gehört etwa die Speichelbildung auf den Geruch von Nahrung hin. Diese Reflexe können durch einfache Konditionierung trainiert werden, wie es bei Pawlows Hund geschah, der immer wieder gleichzeitig mit dem Geruch von Nahrung ein Glockenzeichen hörte, bis schließlich das bloße Glockenzeichen genügte, um bei ihm den Speichelfluß auszulösen. Nach und nach baut der Organismus ein ganzes Repertoire solcher bedingter Reflexe auf, die auf den entsprechenden äußeren Auslösereiz hin zum offenkundigen Verhalten werden. Alles Verhalten – vom bloßen Einpauken des Einmaleins über komplexere Lernvorgänge wie etwa die Spracherlernung bis hin zu Liebe oder Mord – dürfte demnach nur anhand von äußeren Auslösereizen und den antrainierten Reaktionen auf solche Reize interpretiert werden.

Wenn man wie der Behaviorismus alles Verhalten auf Konditionierung zurückzuführen versucht, gerät man natürlich in Schwierigkeiten bei der Interpretation von neuartigem oder zielgerichtetem Verhalten. Wenn ich irgendwo zum Essen eingeladen bin, so mögen die dort stattfindenden Gespräche wohl in den Grundzügen determiniert sein; wenn ich etwa Bauer in Neuschottland bin und mein Gastgeber ebenfalls, so werden wir uns wohl kaum auf Hindi über Visionen der Göttin Kali unterhalten. Ob wir uns aber an jenem Abend über die Kartoffelernte oder unsere Frauen unterhalten, ist nicht aufgrund von Umweltreizen vorherzusagen. Auch die Konditionierung, die mein Freund und ich im Laufe unseres Lebens erfahren haben, würde nicht ausreichen, den bestimmten Verlauf unseres Gesprächs zu erklären.

Form – die «Außenwelt»

Und alle Menschen – vor allem Kinder – kommen immer wieder mit völlig frischen Einsichten und neuen Verhaltensweisen daher, für deren Hervorrufung es keine erkennbaren Umweltreize gibt.

Um dieses Problem zu beheben, entwickelte Skinner die Idee, daß die Art und Weise, wie der Mensch lernt, dem Entstehen der Arten durch natürliche Selektion analog ist. Die klassische Evolutionstheorie sagt ja: Wenn – durch reinen Zufall – eine Mutationsform entsteht, die ein wenig besser an die Umwelt angepaßt ist als die bisherigen Exemplare dieser Art, so wird die Überlebens- und Fortpflanzungsfähigkeit dieser neuen Form von der Umwelt begünstigt. Und so argumentiert auch Skinner: Wenn bei einem Menschen eine neue Verhaltensweise entsteht und durch die Umwelt belohnt und damit unterstützt wird, so steigt die Wahrscheinlichkeit, daß diese Verhaltensweise in künftigen ähnlichen Umweltsituationen wieder auftritt. Die Logik dieser Erklärung für das Auftreten neuer menschlicher Verhaltensweisen ist nach Skinners Auffassung ebenso gut wie die Logik der Entstehung der Arten durch natürliche Selektion.

In der Diskussion, welcher der beiden Faktoren «Erbe» und «Umwelt» ausschlaggebend sei für die Entwicklung der kindlichen Persönlichkeit, ist der Behaviorismus am äußersten Umwelt-Ende angesiedelt und bemüht sich nachzuweisen, daß man alle Entwicklungsphänomene auch ohne den Begriff des «Angeborenen» erklären kann. Bei der Spracherlernung des Kleinkindes etwa ging der Behaviorismus davon aus, daß das Baby zunächst einfach zufällige Laute hervorbringt. Die Eltern verstärken dann solche Laute, die in ihrer Sprache einen Sinn haben, zum Beispiel Mama, Papa und ähnliches. Später hören die Kinder dann Laute in Verbindung mit bestimmten Dingen, zum Beispiel «Hund» oder «Stuhl», und knüpfen erste Assoziationen zwischen Lauten und den ihnen entsprechenden Gegenständen. Auf diese Weise entsteht allmählich ein simples Vokabular, und alle komplexeren Begriffe sind Kombinationen dieser einfachen Vokabeln, die durch Erklärungen und Definitionen seitens der Eltern und Lehrer zustande kommen. Damit steht der Behaviorismus auch auf der extremen Empirismus-Seite der Empirismus-Rationalismus-Debatte. Mit John Locke, einem frühen Empiristen, sind die Behavioristen der Meinung, daß alle Erkenntnis – und damit auch alles, was wir lernen – aus Erfahrung erwächst. Dazu im Gegensatz steht die rationalistische Auffassung René Descartes', daß Erkenntnis dem Geist innewohnt, also bei der Geburt schon vorhanden ist, und dann lediglich durch Umweltreize wachgerufen wird.

Der Behaviorismus hat zweifellos seine problematischen, aber auch seine fruchtbaren Seiten. Fruchtbar war er dadurch, daß er einer Menge verblasenem Gerede den Boden entzog und die Atmosphäre reinigte. Der Behaviorismus erstarkte in den dreißiger Jahren, zu einer Zeit, als die Physik bis in die Grundfesten erschüttert wurde und die abenteuerlichsten «wissenschaftlichen» Theorien (etwa die von der Überlegenheit der arischen Rasse) im Umlauf waren. Um nun der Wissenschaft ein festes Fundament zu legen, erhob der logische Empirismus, vor allem seine extremste Form, der logische Positivismus, die Forderung, daß nur verifizierbare Aussagen im wissenschaftlichen Diskurs zugelassen sein sollten (wobei der Positivismus darüber hinaus behauptete, daß nur solche Aussagen überhaupt einen Sinn besäßen) oder der wissenschaftliche Diskurs zumindest auf den Diskurs über solche Aussagen reduzierbar sein müsse. Der Behaviorismus, der ja die Erforschung des Bewußtseins auf ein sicheres Fundament stellen wollte, machte sich natürlich diese Philosophie als die sicherste und treffsicherste zu eigen. Und da man eine sichere Grundlage suchte, kam es ja tatsächlich zunächst darauf an, alles Wunschdenken und alle leeren Spekulationen aus dem Weg zu räumen. Die Überlegung war durchaus sinnvoll: Wenn man alle nicht direkt beobachtbaren Bewußtseinsphänomene zunächst einfach unberücksichtigt läßt, kann man später allmählich diejenigen wieder einführen, die sich bei der Erforschung des Bewußtseins als wirklich notwendig erweisen.

Der Behaviorismus schaffte nicht nur klare Verhältnisse, sondern konnte auch zeigen, daß weite Bereiche des menschlichen Verhaltens, die bis dahin als angeboren und als Beweis für die Existenz des Geistes galten, in Wirklichkeit einfach auf Konditionierung beruhen. Nachdem wir inzwischen nun sehr viel Erfahrung mit Gehirnwäsche, also mehr oder weniger gewaltsamer Konditionierung im politischen Bereich, gesammelt haben, ist uns der Gedanke vertraut, daß die menschliche Persönlichkeit im Kern nichts gar so Gewisses ist, ja sogar durch Konditionierung grundlegend verändert werden kann. Das hat allerdings nicht nur negative Aspekte. Verhaltenstherapien können eine sehr wirksame Methode sein, Menschen von Verhaltensweisen zu befreien, die ihrer Gesundheit schaden oder sie von der Gesellschaft isolieren.

Form – die «Außenwelt»

Daß der Mensch so weitgehend konditionierbar ist, schockiert uns auch heute noch, denn eigentlich möchten wir doch gern an die Integrität der Persönlichkeit glauben, an einen unverletzbaren Kern unserer selbst, von dem wir unter allen Umständen sagen können: «So bin ich.» Kurzum, wir möchten weiterhin an unser Ich glauben können. Um ein einfaches Beispiel zu nehmen: Der behavioristische Ansatz macht uns darauf aufmerksam, daß Zuschreibungen wie etwa, jemand sei «von zorniger Wesensart», recht bedenklich sind. Ein Behaviorist würde in solch einem Fall genau wissen wollen, welches manifeste, also beobachtbare Verhalten uns zu dieser Aussage bewegte. Ist eine «zornige Wesensart» als solche etwas Beobachtbares? Und wie können wir überhaupt sagen, jemand habe eine Persönlichkeit, also etwas von seinem Körper und Verhalten Gesondertes, das aufgrund dieses oder jenes Anhaltspunktes dingfest zu machen sei?

Natürlich hat dieser Jemand einen menschlichen Körper, spricht die Sprache seines Landes und handelt auch sonst so, wie Menschen meiner Erfahrung nach handeln – aber steckt *dahinter* irgend etwas, das man als so und so geartete Persönlichkeit bezeichnen könnte? Ein Behaviorist könnte sogar behaupten, daß in einer so simplen Aussage wie: «Ich möchte ein Eis», unnötige Voraussetzungen gemacht werden. Gewiß, wenn jemand «Schokoladeneis» sagt, läuft mir das Wasser im Mund zusammen, und wenn draußen der Eismann bimmelt, laufe ich vielleicht auf die Straße und hole mir eine Portion. Aber das Verlangen nach Eis ist nichts weiter als das; wozu da noch ein «Ich» postulieren, das gleichsam als Autor dieses Verlangens fungiert? Indem der Behaviorismus Vorstellungen in Frage stellt, die für die meisten von uns selbstverständlich sind, besteht er zumindest auf einer Antwort, die unabhängig sein muß von allem, was wir gern für wahr halten möchten.

Das mag ein primitives Stadium in der Entdeckung der Egolosigkeit sein, aber es ist wichtig. Manch einer wird es vielleicht als Zumutung empfinden, daß hier nun ausgerechnet der Behaviorismus, der doch wohl der Erzfeind aller Religiosität ist, zu «einer der großen Religionen der Welt» in Beziehung gesetzt wird. Vielleicht sollte man sich einmal fragen, ob es überhaupt gut ist, den Buddhismus eine Religion zu nennen – in dem Sinne zumindest, wie die Gelehrten die Dinge gern einordnen. Doch wie dem auch sei, der Buddhismus hat jedenfalls einen ganz ähnlichen Ausgangspunkt wie der Behaviorismus:

Die Anfänge der experimentellen Psychologie

Unsere liebgewordenen Anschauungen über die «geistige Grundverfassung» des Menschen werden ganz einfach radikal in Frage gestellt.

Andererseits gibt es im Behaviorismus so krasse Ungereimtheiten, daß man sich staunend fragt, wie eine ganze Generation in seinen Bann geraten konnte. Gewiß ist es sinnvoll, alle bloß auf Konvention und Gewohnheit beruhenden Annahmen über unsere Erfahrung und die aus diesen Annahmen abgeleiteten Interpretationen unserer Erfahrung in Frage zu stellen, um dann zu erkunden, wie weit wir mit einer Beschreibung des menschlichen Verhaltens kommen, ohne auf solche Annahmen zurückzugreifen. Aber muß man deshalb gleich das Kind mit dem Bade ausschütten und alles Geistige leugnen und so tun, als hätten Schmerz, Freude und Bewußtsein für das Leben der Menschen keine Bedeutung, weil sie «bloß subjektiv» seien? Und wenn man noch so viel Grund hat, den eigenen inneren Zuständen nicht über den Weg zu trauen, der Wirklichkeit und dem rechten Verständnis des menschlichen Lebens und Bewußtseins kommt man gewiß nicht dadurch näher, daß man geistige Zustände grundsätzlich leugnet.

Sehen wir also klar, daß der Behaviorismus zwar einerseits den Boden für ein neues Denken über den Geist bereitete, andererseits aber auf Gebiete ausgedehnt wurde, die außerhalb seiner Reichweite liegen. Der Gedanke, ein kleiner Erfolg auf einem kleinen Gebiet wissenschaftlichen Forschens könne zu einem allgemeingültigen wissenschaftlichen, politischen, religiösen und pädagogischen Paradigma ausgeweitet werden, ist blinde Gläubigkeit und hat mit Wissenschaft nichts zu tun. Wenn Wissenschaftler sich weigern, die Lücken in der Erklärungskraft ihrer Theorien einzugestehen, betreiben sie nicht mehr Wissenschaft, sondern Religion, denn hier ist nicht mehr der Verstand, sondern blinder Glaube das erkenntnisleitende Prinzip. Dieser heimliche Wechsel ins Lager der Religion ist in der Geschichte der Naturwissenschaft keineswegs neu: Die von Newton formulierten Gesetze wurden zu einem mechanistischen Universum verallgemeinert; Darwins Theorie der natürlichen Selektion wurde zu einer universalen Theorie sozialer Beziehungen; und der Behaviorismus, da er gewisse Aspekte des menschlichen Verhaltens befriedigend erklärt, mußte ganz einfach für *alle* Bereiche menschlichen Verhaltens gültig sein.

Seine Führungsrolle bei der Diskussion von Bewußtseinsphänomenen und geistigen Prozessen hat der Behaviorismus inzwischen eingebüßt, doch es gibt, vor allem in den Vereinigten Staaten, immer noch medizinische Fakultäten und Psychologische Institute, in denen er seine Vormachtstellung behauptet. Und wenn er auch in seiner praktischen Anwendung in Medizin und Erziehung zu furchtbaren Auswüchsen geführt hat, so bleibt doch festzuhalten, daß er manche unserer heilig gehaltenen Anschauungen über die Natur des Ich aus dem Weg geräumt hat. Er konnte aufzeigen, daß vieles von dem, was wir für unser «Ich» halten – unsere Ausdrucks- und Verhaltensgewohnheiten nämlich –, auf bloße Konditionierung zurückzuführen ist, daß man also für die Erklärung dieser Phänomene kein Ich zu postulieren braucht.

Auf eine der Hauptschwierigkeiten des Behaviorismus kann man direkt den Finger legen: Wenn alles auf Konditionierung zurückzuführen ist, wie erklärt man dann intentionales oder antizipatorisches Verhalten wie etwa das Pläneschmieden oder Hoffnung und Befürchtung? Wenn ein Junge sich die ganze Nacht nicht nach Hause traut, weil er – irrtümlich – für einen entstandenen Schaden verantwortlich zu sein meint und Strafe fürchtet – wie will man das behavioristisch erklären? Wenn ich jetzt, aus dem Stegreif, im Rahmen eines Gesprächs zu einer ausführlichen Darstellung irgendeines Sachverhalts ansetze, kann es sein, daß ich jetzt schon mit einem Satz ein Argument vorwegnehme, das ich erst an einer späteren Stelle meiner Darstellung eingeplant hatte. Jeder Fußballspieler macht gelegentlich Spielzüge, mit denen er Züge von Gegenspielern vorwegnimmt, die er geahnt hat. Welchen Sinn könnte «vorwegnehmen» oder «planen» oder «ahnen» für einen Behavioristen haben? Aufgrund solcher Überlegungen wurde klar, daß man trotz aller Erfolge des Behaviorismus doch wieder über Bewußtseinszustände würde reden müssen. Wir werden auf dieses Problem noch einmal stoßen, wenn wir über Künstliche Intelligenz (KI) sprechen.

Was ist den Sinnen «gegeben»?

Führen wir nun unsere Betrachtung des ersten Skandha, *Form*, weiter mit der Frage, was unseren Sinnen als Gegenstand gegeben ist oder worin, um einen modernen Ausdruck zu gebrauchen, der «sensorische

Input» besteht. Von welcher Art ist die Wechselwirkung zwischen Sinnesorgan und Sinnesobjekt? Wie wählt der Organismus die Teile seiner Umwelt aus, denen er Aufmerksamkeit zuwendet? Der Behaviorismus beharrt darauf, daß die Umwelt schlicht und einfach gegeben ist, und darin liegt eine weitere große Schwäche. Wenn man den Organismus als Reiz-Reaktions-Maschine betrachten möchte, die vollständig durch ihre Reaktionen auf definierbare Reize bestimmt ist, dann bleibt natürlich nichts weiter übrig als die Annahme, daß diese Reize aus der Umwelt kommen und selbst völlig unabhängig sind vom Organismus, also nicht von ihm beeinflußt werden. Das ist die landläufige naive Anschauung, daß die Welt aus vorgegebenen Dingen besteht, die der Organismus wahrnehmen und auf die er reagieren kann, zu deren Natur und Beschaffenheit er jedoch nichts beiträgt.

Zahlreiche Experimente der kognitiven Psychologen zeigen nun, daß diese naive Anschauung äußerst fragwürdig ist. Betrachten wir zwei Beispiele, die deutlich machen, daß der Wahrnehmungs-Input sehr verschieden sein kann von dem, was wir zu erfahren *glauben*, also vom «Endprodukt» der Wahrnehmung. Betrachten Sie zunächst dieses schwarze Zeichen: O. Ist das der Buchstabe O oder eine Null? Das hängt von dem Kontext ab, in dem dieses Zeichen auftritt. Fordert man eine Versuchsperson auf, einen Buchstaben O zu suchen, so nimmt die Suche unter Zahlen weniger Zeit in Anspruch als die Suche unter Buchstaben; das gleiche gilt umgekehrt für die Suche nach einer Null unter Buchstaben. Wie ein vorgegebener sensorischer Input gesehen wird, hängt von dem Kontext ab, in dem er auftritt. In einem anderen Experiment befanden sich die Probanden in einem rot beleuchteten Raum mit grauen Tapeten verschiedener Schattierungen. Sie sahen aber nicht verschieden helle Grau- oder Rottöne, sondern empfanden die helleren Grautöne als rot, die mittleren als grau und die dunkleren als grün – die Komplementärfarbe zu Rot. Die Wahrnehmung hing ab vom durchschnittlichen Beleuchtungsgrad der Umgebung.

Oder nehmen wir eine ganz andere Situation: Ich sitze an meinem Schreibtisch und schaue aus dem Fenster. Man fordert mich auf, zu beschreiben, was ich sehe. Na ja, ich sehe grüne Bäume, und in ihrem Grün das Wechselspiel von Licht und Schatten. Durch die Bäume sehe ich eine Straße mit einer doppelten gelben Linie; ein gelbes Auto fährt gerade vorbei, und ich sehe ihm nach. Auf der anderen Seite hat die

Form – die «Außenwelt»

Straße eine Leitplanke, und dahinter sehe ich das blaue Wasser der Bucht, das gegenüberliegende Ufer mit einer Reihe winziger Häuser. Nein, wenn ich es recht bedenke, sehe ich ein Sprossenfenster mit sechs Feldern, dahinter den Rahmen des Winterfensters und das Fliegengitter, das nach dem Sommer noch nicht entfernt wurde; dahinter erst die Bäume, die Straße und so weiter. Nein, halt, eigentlich sehe ich neben dem Fensterrahmen noch ein Stück Tapete, auf der einen Seite das Ende des Bücherregals, auf der anderen ein Bild und unten gerade noch den Rand des Schreibtischs. All das hat einen mandelförmigen Rand, jenseits dessen es überhaupt keine visuellen Eindrücke gibt. In meiner Beschreibung dessen, was ich sehe, habe ich bisher lauter Dinge benannt, aber natürlich sehe ich auch die Zwischenräume (obgleich sie mir bis zu diesem Augenblick noch nicht aufgefallen sind), in denen sich wiederum kleine Zweige, die Drähte des Fliegengitters und lauter andere kleine Dinge befinden. Man macht mich auf eine Stelle im Laubwerk aufmerksam, die wie der Kopf eines alten Mannes aussieht, und ich sehe den Kopf, kann mich aber nicht erinnern, ihn vorher schon je gesehen zu haben. Dieses Muster im Laub ist nun ein «Objekt», eine «Figur» geworden, aus dem Hintergrund herausgelöst, dem es eben noch angehörte.

Diese schlichte Szene gibt Anlaß zu einer ganzen Reihe von Fragen. Zum Beispiel: Wie unterscheiden wir Objekte vom Hintergrund, und wovon hängt es ab, ob wir eine Figur als Teil des Hintergrunds oder als Teil eines Objekts betrachten? Wie kommt es, daß ein Auto im Vorbeifahren seine Größe und Form zu behalten scheint (dieses Phänomen bezeichnet man als «Konstanz der Größe und Gestalt»)? Wieso können wir die Linien auf der Straße und das fahrende Auto als vollkommen gesonderte und eigenständige Dinge erkennen, obwohl doch beide gelb sind?

Fragen wir also: Wie können wir aus dem Gewirr der Farben und Konturen, die wir unser «visuelles Umfeld» nennen, bestimmte Stellen als zu ein und demselben Objekt gehörig aussondern? In einer detaillierten Untersuchung zu diesen Fragen schreibt J. M. Wilding über die Ablösung bestimmter Objekte vom Hintergrund:

Die Aufschlüsselung eines komplexen Input in separate Objekte vor einem Hintergrund muß mit automatischen Prozessen beginnen, *gefolgt von einer Hypothese oder Erwartung bezüglich der Na-*

tur des Input und der relevanten Züge, mit deren Hilfe man verschiedene Bereiche demselben Objekt zuordnen kann. Das können sehr einfache Züge sein, wohlumschriebene Bereiche vor einem gleichförmigen Hintergrund wie etwa bei Buchstaben oder Figuren auf einem Blatt Papier..., aber in anderen Situationen müssen dazu recht komplexe Beziehungen hergestellt werden.[5]

In der Frage, wie der ursprüngliche Input vom Wahrnehmenden aufgefaßt wird, kommt Wilding zu folgender Schlußfolgerung: «Die Beschreibung eines gegebenen Input *hängt sehr weitgehend davon ab, wie der Wahrnehmende ihn verarbeitet*, und das kann qualitativ unterschiedlich sein, je nachdem, wie die Information interpretiert wird und in welchem Umfang auf im Gedächtnis gespeicherte Informationen zurückgegriffen wird, und quantitativ hinsichtlich der Anzahl der Züge, die dem Reiz und den mit ihm assoziierten Informationen im Gedächtnis entnommen werden.»[6] Mit anderen Worten: Selbst da, wo es nur um die Bestimmung von Input-Reizen geht, kommen bereits Dinge einer höheren Ordnung wie Interpretation, Sinn, Relevanz und Intention ins Spiel, und natürlich größtenteils auf einer unbewußten Ebene.

Was hier gesagt wurde, bezieht sich natürlich nicht nur auf visuelle Eindrücke, sondern auch auf die anderen Sinne. Die naive Annahme, daß unsere Sinnesorgane lediglich Detektoren für in der Umwelt bereits existierende Objekte sind, läßt sich nicht halten. Es hat keinen Sinn, einen der beiden folgenden extremen Standpunkte einzunehmen: Für den einen ist unser Wahrnehmungsfeld eine amorphe Masse von Licht und Schall – die «rohen Sinnesdaten» der alten empiristischen Theorie; für den anderen liegt es von Anfang an, also bevor Licht oder Schall die Sinnesorgane erreichen, als deutlich herausgehobene Objekte vor einem Hintergrund vor. Im Grunde wissen wir gar nicht, was mit Begriffen wie «Sinnesobjekt» oder «sensorischer Input» eigentlich gemeint ist. Wir werden auf dieses erste Stadium der Wahrnehmung im 12. Kapitel zurückkommen. Wir haben es anscheinend weniger mit einer festgelegten «Umwelt» zu tun, die von statischen und passiven Sinnesorganen wahrgenommen wird, als vielmehr mit einer ständig sich wandelnden dynamischen Wechselwirkung zwischen Organ und Input, wobei das «Objekt» mit den Veränderungen der Umwelt und den wechselnden inneren Zuständen des Organismus ständig neu bestimmt wird. Wie wir sehen werden, ist das im Einklang mit der buddhistischen Sicht der dynamischen und offenen Natur der Beziehung zwischen den Sinnen und ihren Sinnesfeldern. Und das ist der erste Schritt zur Entdeckung der innigen Verbundenheit und wechselseitigen Bedingtheit von Organismus und Umwelt.

7. Empfindung und Emotion

Im vorigen Kapitel haben wir einige der Aussagen betrachtet, die die moderne Psychologie zum Skandha der *Form* macht. Unser nächstes Thema wäre demnach jetzt der zweite Skandha, *Empfindung*. Es ist jedoch schwierig, diesen Skandha ganz für sich zu betrachten, also unabhängig vom dritten Skandha, *Wahrnehmung*, und vom vierten, dem Skandha der *psychischen Formkräfte*. Wir fassen deshalb den zweiten und dritten Skandha und einige Aspekte des vierten zum Gegenstand dieses Kapitels zusammen.

Halten wir zunächst fest, daß zum zweiten Skandha auch der sogenannte propriozeptive Sinn gehört, der «innere Körpersinn», der uns ein Bewußtsein der Vorgänge im Körper und seiner Lage im Raum vermittelt. Die zu diesem Sinn gehörenden Empfindungen bleiben normalerweise unbemerkt, und selbst wenn wir auf sie hingewiesen werden, ist es nicht immer leicht, dieser Empfindungen wirklich gewahr zu werden. Der Neurochirurg Oliver Sacks hat den Fall einer jungen Frau dokumentiert, die diesen inneren Sinn verlor. Sie hatte überhaupt kein Körperempfinden mehr, und wenn sie ihre Gliedmaßen nicht sah, wußte sie nicht, wo sie waren; sie wußte auch nicht, ob sie lächelte oder finster dreinblickte. Sie selbst sagte, es sei so, als wäre ihr Körper sich selbst blind und taub geworden. Nach über einem Jahr intensiver Therapie konnte sie schließlich wieder gehen und ihre Arme gebrauchen, doch nur, solange Blickkontakt bestand. Ihr Körper blieb vollkommen gefühllos, und manchmal brach dieses ganze Elend aus ihr heraus: «Wenn ich doch nur fühlen könnte. Aber ich habe vergessen, wie das ist.» Auch acht Jahre später war sie noch «entleibt»; der Körper blieb ihr unwirklich, als gehörte er nicht zu ihr.[1]

Empfindung und Emotion
Emotionale Identität

Bei Empfindungen und Emotionen, kollektiv auch «Affekte» genannt, denkt man nicht unbedingt als erstes an rationale Analyse. Philosophen halten sich lieber an das Denken und den Verstand als an Gefühle, wenn es um die Definition des Ich geht, und Künstler sehen gern die Emotionen als Sitz der Seele. Für Descartes lag die Wahrheit in dem, was «ganz klar und deutlich» war, und das kann man gewiß nicht von Empfindungen sagen. Gedanken, wenn sie nicht emotional gefärbt sind (was allerdings selten der Fall ist), können ein Ding vom anderen unterscheiden, aber auch nach den Regeln der Logik kombinieren. Aus diesem Grund können wir sie leichter an unseren Wahrnehmungen auf ihre Richtigkeit hin überprüfen. Außerdem lassen sich Gedanken unmittelbar in Sprache übersetzen, und daher scheint das Denken das menschlichste unserer Vermögen zu sein. Emotionen haben etwas Unbestimmtes und sind häufig nicht genau mit Worten zu umschreiben. Auch die Einsichten, die wir aus Emotionen gewinnen, haben dieses Unbestimmte, das sofort offenbar wird, wenn man uns auffordert, doch mal genau zu sagen, was wir meinen. Die Philosophen messen dem Denken deshalb einen höheren Wert bei als den Emotionen und halten es für den eigentlichen Ausdruck des Menschseins. Für uns übrige jedoch sind die Emotionen sehr eng mit unserem Ichgefühl verknüpft.

Emotionen werden im allgemeinen als sehr real und bestimmt empfunden, fast so, als wären sie wirkliche Dinge. Wir glauben, daß wir ein ganzes Repertoire von Emotionen haben: Zorn, Liebe, Eifersucht und so weiter. Für jede Emotion haben wir ein Substantiv, und so messen wir ihnen auch Substanz bei, als wären sie Dinge, die wir erfahren wie einen Stein oder den Himmel. Und wenn wir diese Dinge erfahren, dann sind wir eben in dem entsprechenden Zustand: Wenn wir Zorn erfahren, sind wir zornig. Man sagt nicht: «Ich erfahre Zorn dir gegenüber», sondern einfach: «Ich bin wütend auf dich.» Wenn also in unserer Erfahrung eine Emotion auftritt, so benennen wir sie und identifizieren uns mit ihr. «Ich» wird dann identisch mit dieser Emotion.

Emotionen sind demnach Dinge, die wir werden oder mit deren Qualitäten wir uns zumindest identifizieren können. Natürlich ist diese Identifikation nur partiell und zeitweilig. Eine Emotion endet oder verändert sich, und dann identifizieren wir uns nicht mehr mit ihr. Wir sagen: «Es tut mir leid, daß ich wütend auf dich war; ich bin jetzt nicht mehr wütend.» Wir sagen oder denken nicht: «Das Ich, das wütend war, besteht nicht mehr», obwohl das eigentlich richtiger wäre. Partiell ist die Identifikation deshalb, weil sie in der Regel von einem laufenden inneren Kommentar begleitet wird, der ständig neu bestimmt, was «Ich» gerade fühle. Nur in sehr seltenen Fällen intensiver emotionaler Erregung geht diese Betrachtungs-Distanz gänzlich verloren, so daß wir uns der Gefühle nicht mehr bewußt sind.

Die Erforschung der Gefühle

Wie kommt es dazu, daß wir diese partiellen und zeitweiligen emotionalen Identitäten annehmen? In der Vergangenheit herrschte unter den Psychologen einige Ratlosigkeit, was die Emotionen angeht: Wie definiert man sie, was sind ihre kausalen Hintergründe und welche Funktionen haben sie für den Organismus? In den letzten beiden Jahrzehnten scheint das Bild etwas klarer geworden zu sein, und es gibt jetzt in den Hauptzügen eine gewisse Übereinstimmung.[2] Wir können unsere Betrachtung unter zwei Hauptgesichtspunkten anstellen, die ich «Erfahrung» und «Ausdruck» nennen möchte. Die Erfahrung von Emotionen setzt sich aus zwei Grundkomponenten zusammen: einer somatischen Komponente, die die Energie und die primitive Gefühlsqualität der Emotion bereitstellt, und einer kognitiven, also durch Begrifflichkeit und Urteilskraft geprägten Komponente, durch die eine Emotion ihre spezifische Charakterisierung erhält. Hinsichtlich des Ausdrucks von Emotionen wird heute vielfach evolutionär argumentiert: Emotionales Ausdrucksverhalten und emotional motiviertes Handeln weisen gewisse Grundzüge auf, die bei Mensch und Tier vergleichbar sind.

Betrachten wir zunächst kurz diese evolutionäre Sicht der Emotionen. Danach sind Emotionen Ausdruck komplexer Verhaltensmuster, die sich als Anpassungsreaktion auf komplexe Umwelteinflüsse entwickelt haben und die Überlebens- und Fortpflanzungsfähigkeit des Organismus sichern sollen. Robert Plutchik gelangt zu acht grundlegenden durch Anpassung entstandenen Verhaltensmustern, die, wie er sagt, «in dieser oder jener Form auf allen Ebenen der Evolution

Empfindung und Emotion

anzutreffen sind, nicht von bestimmten Nervenstrukturen oder Körperteilen abhängen, nicht von Introspektion abhängen und durch die Grund-Interaktionen zwischen Organismus und Umwelt bedingt sind». Diese acht sind: *Inkorporation*, die Aufnahme von Umweltreizen, etwa Nahrung, in den Organismus; *Ausstoßung* von etwas Schädlichem, das bereits inkorporiert wurde; *Zerstörung* von Hindernissen, die der Befriedigung eines Bedürfnisses im Wege stehen; *Schutz*, eine Reaktion die bei Schmerz oder drohendem Schmerz und drohender Vernichtung eintritt; *Fortpflanzung*, Verhaltensmuster, die mit der sexuellen Interaktion zusammenhängen; *Reintegration*, die Reaktion auf den Verlust von etwas, die man auf der Ebene des Menschen als Trauer oder Traurigkeit bezeichnet; *Orientierung*, ein Verhaltensmuster, das einsetzt, wenn der Organismus neuen oder fremden Dingen begegnet; *Erkundung*, die mehr oder weniger zufälligen Aktivitäten eines Organismus zur Erkundung seines Lebensraums.[3]

Die Bedeutung dieser funktionellen Verhaltensmuster besteht nun darin, daß sie auch eine subjektive Empfindungsseite haben und wir aus ihnen acht Grund-Emotionen ableiten können, aus denen sich – wie aus den emotionalen Wurzel-*Dharmas* des vierten Skandha (*Formkräfte*) – die komplexeren sekundären Emotionen aufbauen. Diese Grund-Emotionen, die Plutchiks acht Anpassungsmustern entsprechen, sind *Furcht, Zorn, Lust* oder *Freude, Traurigkeit, Annehmen und Vertrauen, Widerwille, Erwartung* sowie *Erstaunen und Überraschung*. Auch andere Psychologen, die sich mit der Frage der Grund-Emotionen befaßten, sind zu einer ähnlichen Liste gelangt. Plutchik stellt nun Überlegungen an, wie aus diesen Grund-Emotionen durch Kombination komplexere Emotionen entstehen. Natürlich stimmen hier nicht alle Psychologen mit Plutchik überein, wie ja überhaupt das ganze Feld der Emotionentheorie sehr kontrovers ist. Immerhin gewinnen wir hier einen Einblick in das, was auf diesem Gebiet geschieht, und sind auf eine interessante Parallele zur buddhistischen Sicht gestoßen.

Die von Plutchik gebrauchten emotionalen Ausdrücke sind in Anhang 2 aufgelistet. Mit diesen Ausdrücken machte er sich nun an die empirische Arbeit, um zu bestimmen, wie sie gemäß ihrer Ähnlichkeit mit den Bezugsbegriffen der acht Grund-Emotionen einzustufen sind, wenn man sie zur Beschreibung tatsächlicher menschlicher Erfahrung benutzt. So gelangte er zur der Anordnung, die die Liste im Anhang

Die Erforschung der Gefühle

aufweist. Die Ausdrücke sind zu Ähnlichkeitsgruppen um die acht Grundbegriffe zusammengefaßt. Die letzte Gruppe (zufrieden, kooperativ, vertrauensvoll, tolerant) steht in enger Nachbarschaft zur ersten (akzeptierend, umgänglich, heiter, fröhlich), und so ist die Liste im Grunde kreisförmig geschlossen und ohne Lücke. Aus diesem Grund habe ich den letzten Ausdruck (tolerant) auch an den Anfang gestellt. Es ist, als bildeten die Emotionen ein kontinuierliches Spektrum von Energien, wobei wir mehr oder weniger willkürlich bestimmte Punkte oder Bänder herausgreifen und benennen. Wenn wir diese Liste nur einmal überfliegen und auf uns selbst anwenden, gewinnen wir schon einen Einblick in unsere Erfahrung: Wie Emotionen verknüpft und gruppiert sind und wie eine aus der anderen hervorgeht.

Es ist interessant, diese Liste einmal mit der Liste der *Dharmas* des vierten Skandha (Anhang 1) zu vergleichen. Es gibt offensichtliche Übereinstimmungen, doch bei Plutchik gibt es keinen Hinweis darauf, wie eine solche Liste nun für unser Wohlergehen nutzbar gemacht werden könnte. Genau das ist natürlich das Anliegen, das im Abhidharma in der Unterscheidung von heilsamen und unheilsamen *Dharmas* zum Ausdruck kommt. Es gibt keine Regel, nach der das Energien-Spektrum in benennbare Emotionen zu unterteilen ist, und so wird denn hier auch in jeder Kultur ein wenig anders verfahren. Dennoch gibt es einige klare Bezugspunkte, wie beispielsweise an Plutchiks acht Grund-Emotionen zu erkennen ist. Hier wird uns vielleicht allmählich deutlich, daß die Abhidharma-Analyse eine empirische Grundlage hat und durchaus sinnvoll ist.

Diese Analyse hat einen primären Bezugsrahmen, der dreigeteilt ist gemäß den Grundqualitäten, die die Energie in Beziehungen zu anderen annehmen kann: neutral/ignorierend, anziehend/ergreifend und abweisend/aggressiv. Die zweite und dritte Grundqualität sind in sich noch einmal unterteilt: anziehend in Leidenschaft/Lust und Stolz/Selbstüberhebung; abweisend in Zorn/Streitsucht und Eifersucht/Groll. Diese fünf – Unwissenheit, Leidenschaft, Hochmut, Zorn und Eifersucht – werden als «Plagen» (Sanskrit: *klesha*) bezeichnet. Plagen oder auch «Geistestrübungen» sind sie jedoch nicht unter dem Gesichtspunkt einer äußerlich definierten Moral, sondern unter dem Gesichtspunkt einer offenen, vorurteilslosen Geisteshaltung. Die Kleshas führen dazu, daß das Bewußtsein seine Offenheit

Empfindung und Emotion

aufgibt und sich auf bestimmte Dinge ausrichtet und an sie heftet; es verfestigt sich zu Knoten oder Komplexen, die am Ende zu Obsessionen werden und sich nicht nur kreisförmig wiederholen (ein jedem Therapeuten vertrautes Phänomen), sondern auch Energien binden, die sonst der Aufmerksamkeit und Bewußtheit zur Verfügung stünden.

Wir haben jetzt ein ungefähres Bild vom Verhaltensaspekt der Emotionen und können uns damit der Frage zuwenden, was die kausale Basis für die Erfahrung dieser Emotionen sein könnte. Wie schon gesagt, stimmen viele Psychologen darin überein, daß hier eine somatische und eine kognitive Komponente im Spiel sind; es gibt jedoch die verschiedensten Ansichten darüber, wie diese beiden Komponenten zusammenwirken und welche von größerer Bedeutung für die Ausprägung einer Emotion ist. Auch in der Frage, welche körperlichen Strukturen die somatische Komponente bilden, gehen die Meinungen auseinander, aber am häufigsten ist vom autonomen oder vegetativen Nervensystem, vom limbischen System des Gehirns und vom neuromuskulären motorischen System die Rede. Erregung des vegetativen Nervensystems hebt das allgemeine Erregungsniveau des Organismus an; Stimulation des limbischen Systems löst bestimmte Grundaffekte wie etwa Angst aus; und das neuromuskuläre motorische System schließlich kontrolliert die Haltung, den Gesichtsausdruck und die Handlungen des Organismus. Alle drei Systeme haben deutlich erkennbare Beziehungen zu den Emotionen.

Durch eine Erregung des vegetativen Nervensystems, verbunden mit einer Veränderung des chemischen Milieus durch das endokrine (hormonale) System, insbesondere durch eine Erregung des sympathischen Nervensystems, verstärkt sich der Blutfluß, das Herz schlägt schneller, und Magen und Darm arbeiten langsamer. Diese plötzliche Freisetzung von Energie stellt sozusagen das Alarmsystem des Organismus dar. Dem entgegen wirkt das parasympathische Nervensystem, das die Alarmsysteme ausschaltet und die Energien bewahrt.

Die Erregung des vegetativen Nervensystems ist zwar ohne Zweifel bei manchen Emotionen ein wichtiges Element, doch gehen nicht alle Gefühle, die subjektiv als emotional eingestuft werden, mit Erregung einher. Das vegetative Nervensystem kann also nicht die einzige somatische Komponente der Emotionen sein. Als weitere Komponente kommt noch das limbische System im Mittelhirn in Frage.[4] Das limbische System wird auch als das «alte Säugetierhirn» bezeichnet, da man ähnliche Strukturen wie im limbischen System des Menschen auch bei anderen Säugetieren antrifft, bei Ratten und Kaninchen ebenso wie bei Pferden und den übrigen Primaten. Es erhält Signale sowohl vom sensorischen System als auch von den viszeralen und muskulären Systemen des Körpers, bildet also eine Art Schaltstelle zwischen «außen» und «innen». Seine Aktivierung kann die verschiedensten Grundaffekte wie Hunger, Durst, Schmerz, Widerwillen auslösen oder generelle Erregungsmuster in Gang setzen, etwa Erschrecken, Furcht, Traurigkeit, Depression, Vorahnung, Vertrautheit oder Fremdheit, Wirklichkeit oder Unwirklichkeit, Wunsch nach Alleinsein, paranoide Gefühle und Zorn. Es ist eine Art Vermittlungsstelle für die Botschaften des sensorischen Systems und gibt diesen Botschaften jene Färbungen, die wir «Stimmungen» nennen.

Man hat im limbischen System schon Regionen ungefähr abstecken können, die mit bestimmten Grundstimmungen assoziiert sind: Wut – Angst; Angriff – Flucht; Lust – Schmerz; Erwartung – Wirklichkeitsgefühl; Spannung – Entspannung. Hier fällt die Ähnlichkeit mit den von Plutchik und anderen beschriebenen Grundaffekten auf. Das limbische System ist auch am Ausdrucksverhalten für komplexere Emotionen beteiligt und könnte eine Vermittlerrolle zwischen ihnen und den Grundaffekten spielen. Es scheint überdies von Bedeutung zu sein für das primitive Gefühl persönlicher Identität. Es scheint eine Übereinstimmung zu bestehen zwischen dieser Gruppe von Merkmalen, die dem limbischen System zugeschrieben werden, und dem dritten Skandha, der zwischen der Empfindungsebene des zweiten Skandha und den emotionalen Komponenten des vierten vermittelt.

Das dritte große somatische System, das als somatische Komponente der Emotionen fungiert, ist das motorische System. Denken wir hier vor allem an die offensichtlichen Entsprechungen zwischen emotionalen Zuständen einerseits und dem Gesichtsausdruck und der Körperhaltung andererseits. Gesichtsausdruck und Körperhaltung können Ausdruck einer Emotion sein, aber sie können diese Emotion auch auslösen. Wenn wir Kopf und Schultern hängen lassen und ein saures Gesicht machen, werden wir uns bald auch deprimiert fühlen. Sind wir es aber schon, so brauchen wir manchmal nur das gute alte «Kopf hoch!» zu befolgen, um uns bald wieder ein wenig leichter zu fühlen.

So interessant es gewiß wäre zu erkunden, welche Rolle jedes dieser Systeme im einzelnen für die Erfahrung von Emotionen spielt, wollen wir uns hier mit der Feststellung begnügen, *daß* sie eine Rolle spielen. Da alle Forscher, die die Bedeutung eines dieser Systeme hervorheben, ihre Anschauungen untermauern können, dürfen wir wohl annehmen, daß alle drei Systeme irgendwie beteiligt sind. Für uns kommt es hier vor allem darauf an, daß offensichtlich biologische Energien an dem beteiligt sind, was wir als Emotionen erfahren.

Was macht eine Erregung zum Gefühl?

Damit kennen wir jetzt den biologischen Hintergrund für die Grundenergien der Emotionen, deren Ausprägungen sich zu drei Hauptkategorien zusammenfassen lassen: Anziehung oder Wünschen (Hunger, Durst, Vertrautheit, Wirklichkeit), Abweisung (Fremdheit, Widerwille, Entsetzen, Zorn) und Angst (Depression, böse Vorahnung, paranoide Gefühle). Aber wie entstehen aus diesen Grundenergien all die verschiedenen Emotionen, denen wir spezifische Namen geben und mit denen wir uns identifizieren? Es ist offenbar so, daß das Spezifische einer Emotion durch kognitive Prozesse zustande kommt. Bei der Wahrnehmung der «Außenwelt» bildet das kognitive Vermögen begriffliche Hypothesen über das, was «da draußen» ist, und sucht sich das heraus, was zu der Erregung des Wahrnehmungssystems am besten paßt; bei der Wahrnehmung einer Emotion bildet das kognitive Vermögen begriffliche Hypothesen über das, was «hier drinnen» ist, und sucht sich das, was dazu am besten paßt. In diesem Fall muß zu einer Kombination aus der Grundqualität der somatischen Erregungsenergie und den Bedingungen, die zu dieser Erregung führten, das «Passendste», also eine geeignete Bezeichnung der Emotion, gefunden werden. Das können äußere Bedingungen sein, etwa die Wahrnehmung irgendeines Objekts, oder innere Bedingungen, etwa die Wahrnehmung innerer Bilder und kognitiver Repräsentationen, oder eine vorangehende Emotion. Die Wahl des «Passendsten» hängt von der Bedeutungsanalyse der Erregungsbedingungen ab.

George Mandler, Professor für Psychologie an der University of California in San Diego, beschreibt den Vorgang so:

Eine unvermeidliche Begleiterscheinung des emotionalen Verhaltens ist die Entstehung einer vegetativen Systemerregung. Es handelt sich hier um eine unspezifische Erregung, die lediglich den Boden bereitet für emotionales Verhalten und emotionale Erfahrung; die besondere Qualität der Emotion wird gänzlich von der Bedeutungsanalyse bestimmt, die durch die Erregung, vor allem aber durch die allgemeine Lage und die kognitiven Zustände herbeigeführt wird. Aus dem Zusammenwirken dieser beiden Systeme gehen Signale an das Bewußtsein, aber auch an die Handlungssysteme einschließlich des Sprechverhaltens hervor. Die Erregung gibt also einem bestimmten kognitiven Erkennen die emotionale Tönung, während das kognitive Erkennen dem emotionalen Zustand seine Qualität zuschreibt. Ereignisse, die für «emotionale» Erfahrung relevant sind, haben demnach zwei Funktionen: Erstens lösen sie die Erregung aus und zweitens eine spezifische Bedeutungsanalyse der Situation, in der sich die Person gerade befindet.[5]

Zur endgültigen Einstufung einer bestimmten Emotion kann es auf passive oder aktive Weise kommen. Im ersteren Fall verbindet sich die Wahrnehmung einer primären Erregungsenergie, nehmen wir an, sie sei positiv-lustvoll, ganz einfach mit der kognitiven Interpretation der Situation als – in diesem Fall – erfreulich zu der positiven Emotion Freude. Im zweiten Fall reaktiviert die wahrgenommene Situation eine früher erlebte und gespeicherte emotionale Struktur (eine Erregungs-Bedeutungs-Kombination), die dann als Reaktion auf die gegenwärtige Situation erneut erfahren wird. Ein Beispiel: Der Anblick eines bestimmten Menschen kann früher einmal eine negative Erregungsenergie ausgelöst haben, die sich mit der kognitiven Bewertung zu der Emotion «Eifersucht» verband. Wenn man diesen Menschen wiedersieht, kann dadurch ganz einfach das vorgeformte Muster «Eifersucht» wachgerufen werden.

Normalerweise läuft nicht der ganze Prozeß, den ich hier beschreibe, bewußt ab. Sein Resultat im Bewußtsein ist die Erfahrung und *Benennung* einer bestimmten Emotion. Die Fähigkeit, die resultierende Emotion richtig zu benennen, spielt eine große Rolle für das Speichern und die Wiedererkennung dieser Emotion. Die einfache emotionale Bewertung einer Situation als «gut» oder «schlecht» ist wohl häufig, wenn nicht immer, die bloße Benennung der Grundener-

Empfindung und Emotion

gien der Annäherung und des Rückzugs. Sobald solche grundlegenden Bewertungsstrukturen sich im Organismus festgesetzt haben, führen sie auf bestimmte Situationen hin zu automatischen Bewertungsreaktionen. Doch diese automatischen Bewertungen einer Situation als «gut» oder «schlecht» haben ihren Ursprung in der früheren Benennung der Grundenergien. Mandler nimmt an, daß sehr viele unserer gewohnheitsmäßigen Bewertungen sich so entwickeln. Auch hier fallen wieder die Parallelen zwischen dieser Analyse und der des Abhidharma auf.[6]

Wer sein ganzes Leben in ein und demselben Sprachraum verbringt, kann leicht zu der Überzeugung gelangen, daß Emotionen als reale Dinge existieren, die für alle Menschen gleich sind. Aber wer andere Kulturen erlebt hat, der weiß, daß dem keineswegs so ist. In jeder Sprache finden wir emotionale Ausdrücke, für die es in keiner anderen Sprache eine Entsprechung gibt. Mandler schreibt etwa, daß es im Englischen keine genaue Entsprechung des deutschen *ängstlich* oder des französischen *ambiance* gibt. Eine Analyse des abendländischen Liebes-Begriffs von der Zeit der alten Griechen bis hin zur Moderne hat ergeben, daß es die romantische Liebe mit ihrem Beiklang von Getrenntsein und unerfüllter Sehnsucht erst seit der Zeit des Rittertums gibt.

Oder nehmen wir den japanischen Ausdruck *wabi*. Es ist ein gebräuchlicher Ausdruck, der aber eine besondere Beziehung zu den kontemplativen Künsten Japans hat, also etwa zum Tee-Weg, zum Bogen-Weg und zum Blumen-Weg. Soshitsu Sen, ein Tee-Meister, sagt über Wabi: «Grundlage des Tee-Weges ist die Ästhetik des Wabi, für das man in Übersetzungen häufig Ausdrücke wie ‹ländliche Einfachheit› findet. Die Wabi-Ästhetik darf jedoch nicht mit der Liebe zum Ländlichen verwechselt werden. Wabi ist ein Zustand des Bewußtseins, der besser zum Ausdruck kommt in Worten wie Genügsamkeit, Schlichtheit und Demut.» Um die Menschen des Westens dieses Wabi-Gefühl ahnen zu lassen, sagt er: «Die Menschen fühlen sich zu den voll erblühten Blumen hingezogen, doch während wir ihre Schönheit bewundern, sollten wir auch der Mühen bewußt sein, die eben diese Blumen zum Blühen bringen. Ein winziger Keim drängt hervor, wissend, daß Frühling ist. Er hat keine Wahl, er muß wachsen oder untergehen. Die Wahrheit der Natur kann am Leben einer Blume erkannt werden. Ein Mensch, der nicht, wie die Gräser, Unbilden und Kargheit erfahren hat, wird nicht die Essenz von Wabi erfassen können. Es ist nur natürlich, daß man die Schönheit der Blumen zu ihrer Blütezeit liebt, doch bedarf es eines feineren Sinnes, um auch die Schönheit des Grases unterm Schnee noch zu spüren.»[7] Mancher Leser wird vielleicht nicht einmal merken, daß der Autor überhaupt von einer Emotion spricht, und es scheint auch kein äquivalentes Wort in europäischen Sprachen zu geben; vielleicht gibt es im Westen nicht einmal ein äquivalentes Gefühl, das uns «Wabi» nachvollziehbar machen könnte. Dennoch ist die Wabi-Erfahrung für einen Japaner so real wie «getting high» oder «feeling blue» für einen Amerikaner.

Die Emotionen, die wir erfahren, hängen von den Benennungen ab, die uns zur Verfügung stehen. Und die verfügbaren Benennungen sind Übereinkünfte – ständig sich wandelnde Prägungen der Gemeinschaft, in der wir unsere Sprache erlernen. Die Unterschiede zwischen verschiedenen Kulturen können beträchtlich sein; manche Sprachen haben nicht einmal eine genaue Entsprechung für das, was wir mit «Emotion» meinen.

Wenn es anders kommt als erwartet

Bis hierher haben wir die Emotionen in eine kognitive Komponente und eine Komponente reiner Energie oder Erregung zerlegt. Im weiteren wäre nun nach den Ursachen für die Erregung zu fragen. Mandlers Überlegungen folgen einer Linie, die mindestens bis in die fünfziger Jahre zurückgeht, nämlich zu dem kanadischen Neuropsychologen Donald Hebb.[8] In diesen Überlegungen spielt der Begriff des «Bruchs» oder der «Diskrepanz» eine wesentliche Rolle. Wenn eine Diskrepanz besteht zwischen unserer Erwartung und unserer tatsächlichen Wahrnehmung, so kommt es zu einer Erregung. Mit unserem Handeln nehmen wir im Grunde von Moment zu Moment vorweg, wie die Welt im nächsten Augenblick zu sein hat, und wenn unsere Erwartung nicht eintrifft, erleben wir einen Bruch. Wir erwarten also eine Kontinuität in unseren Wahrnehmungen oder wollen, wenn sich etwas ändert, die Veränderung wenigstens vorhersehen können. Solange alles erwartungsgemäß abläuft, befinden wir uns in einer ausgeglichenen emotionalen Verfassung, die wir uns in der Regel nicht eigens bewußtmachen.

Entsteht jedoch ein Bruch zwischen unserer Erwartung und der Wirklichkeit, dann schaltet sich das Alarmsystem des Organismus ein, der sympathische Anteil des vegetativen Nervensystems, und wir erfahren einen Erregungszustand. Vom Standpunkt der Evolutionstheorie aus erscheint es als durchaus sinnvoll, daß ein Organismus genetisch darauf programmiert ist, mit Erregung – also mit Energiefreisetzung, vermehrter Aufmerksamkeit und der Bereitschaft zu Flucht oder Angriff – zu reagieren, sobald die Umwelt nicht mehr mit den Erwartungen übereinzustimmen scheint. Das vegetative Nervensystem erfüllt dann die doppelte Funktion, einerseits das Energieniveau des Organismus anzuheben und ihn andererseits davon zu informieren, daß die Welt nicht so ist, wie er erwartete.

Mandler meint, daß solch ein Bruch nicht unbedingt etwas Negatives sein muß. Unsere Erwartung kann negativ gebrochen werden, wenn etwa eine anstehende Einnahme geringer als erwartet ausfällt; oder positiv, wenn sie größer ist. Es könnte aber auch so sein, daß bei einem Bruch, gleich welcher Art, auf der untersten, unbewußten Ebene zunächst eine negative Grunderregung eintritt, da auf dieser Ebene noch nicht erkannt wird, welcher Art die Diskrepanz ist. Erst wenn die Diskrepanz als positiv erkannt wird, kann sich Erleichterung und ein Gefühl der Freude einstellen. Das geschieht vermutlich so schnell, daß – im Falle einer positiven Diskrepanz – die negative Grunderregung gar nicht als solche erkannt und benannt werden kann, bevor sie sich dann aufgrund der kognitiven Prozesse in Freude verwandelt.

Für Donald Hebb ist Angst die natürliche Reaktion auf eine Wahrnehmungsdiskrepanz. Um dies zu demonstrieren, führte er Experimente mit jungen Gänsen durch, die er an die Attrappe einer erwachsenen Gans gewöhnte. Ließ man eine Adler-Attrappe über das Nest streichen, so zeigten die jungen Gänse die typische Angst-Reaktion. Was denn sonst? werden Sie sagen, junge Gänse sind halt genetisch so veranlagt, und das ist ja ein sehr sinnvoller Schutzmechanismus. Die Evolution hat es so eingerichtet, denn wenn Gänse sich nicht vor Adlern fürchteten, hätten sie kaum eine Überlebenschance. Im zweiten Teil des Experiments gewöhnte Hebb jedoch andere junge Gänse an eine Adler-Attrappe, und wenn dann die Attrappe einer erwachsenen Gans über das Nest strich, zeigten die jungen Gänse wiederum die typische Angstreaktion. Hebbs Schlußfolgerung lautet, daß der angeborene Fluchtinstinkt junger Gänse sich nicht auf Adler richtet, sondern auf das Unerwartete: Erwarten sie eine Gans, so fliehen sie den Adler, erwarten sie einen Adler, so fliehen sie die Gans. Das erscheint vom Standpunkt der Evolutionstheorie aus sogar noch sinnvoller. Anstatt daß allen Lebewesen alle möglichen spezifischen Angstreaktionen auf alle möglichen spezifischen Gefahren angeboren sein müssen, genügt es, daß eine unspezifische Angst vor Diskrepanzen vererbt wird.

Es scheint also, daß die erste Reaktion auf eine Wahrnehmungsdiskrepanz Angst oder Panik ist, gefolgt von einer Erregung, die als positiv oder negativ empfunden wird, je nachdem, wie die Diskrepanz dann aufgelöst wird. Dann setzt die kognitive Komponente ein, die je nach der Art der Erregungsenergie zu einer Bewertung als «gut» oder «schlecht» führt. Mandler nimmt für diese Bewertung zwei Grundformen an: angeboren und kulturell vermittelt (wobei er die zweite Form noch einmal unterteilt, also eigentlich drei Formen postuliert). Beispiele für angeborene Bewertungen sind unsere Rückzugsreaktionen auf bitteren Geschmack und auf laute Geräusche. Für kulturell vermittelte Reaktionen gibt es unzählige Beispiele. Fast alle unsere Reaktionen auf die Welt sind von Mögen und Nichtmögen gefärbt, und die meisten dieser Vorlieben und Abneigungen werden uns durch unsere Kultur vermittelt. Über diese «Grundfarben» von gut und schlecht, Mögen und Nichtmögen hinaus werden unsere Emotionen durch weitere begriffliche Kategorisierung spezifischer als Freude, Begeisterung, Erregung, Zorn, Eifersucht und so weiter.

Das ist in Umrissen eine der Theorien der Emotionen, wie sie heute von Vertretern der kognitiven Wissenschaft entwickelt werden. Es ist die Theorie eines natürlichen Energiestroms aufgrund von kausalen Wechselwirkungen zwischen den inneren Zuständen des Organismus – also den kognitiven Verarbeitungssystemen und dem vegetativen Nervensystem – und seiner Wahrnehmung des «Außen».

Das vegetative Nervensystem als Energiequelle der Emotionen in den Vordergrund zu stellen, wie Mandler es tut, stellt, wie ich schon sagte, eine beschränkte Sicht der Dinge dar. Auch seine Annahme, daß die Erregung stets der kognitiven Einschätzung vorausgeht, scheint nur für den von ihm beschriebenen Typ von Situationen zu gelten, bei denen es um äußere Diskrepanzen geht. Es gibt Situationen, bei denen die Emotion erst nach der begrifflichen Einordnung einzusetzen scheint, etwa wenn wir einem Kind sagen, daß wir böse sind, und dann erst wütend werden. Es kommt auch vor, daß Emotionen fast ausschließlich auf der kognitiven Ebene empfunden werden und auf der energetischen Ebene kaum eine Erregung zu verzeichnen ist. Das heißt, daß die Erfahrung einer Emotion ganz von der Ebene des vierten Skandha (*Formkräfte*) her geprägt sein kann, während kaum ein Bewußtsein von der Ebene des zweiten Skandha, dem bloßen *Empfinden*, besteht. Diese Kritik ist allerdings kein grundsätzliches Infragestellen der angesprochenen Prinzipien, sondern eher eine Frage des Blickwinkels und der Betonung.

Emotion und Erkenntnis

Wenn das Erkennen wirklich unbewußte Einflüsse auf die Emotionen ausübt, dann sollte man erwarten, daß auch das Gegenteil der Fall ist, daß also das bewußte Erkennen auf einer unter der Bewußtseinsschwelle liegenden Ebene durch emotional gefärbte Reize beeinflußt werden kann. Daß dem wirklich so ist, wurde inzwischen hinlänglich nachgewiesen. Die verschiedensten Experimente haben immer wieder gezeigt, daß emotional gefärbte subliminale Reize – also Reize, die so gesetzt werden, daß sie nicht bewußt wahrgenommen werden können – die Wahrnehmung eines neutralen Bildes beeinflussen. Darüber hinaus konnte gezeigt werden, daß bewußte Entscheidungen vielfach weniger auf den logischen Argumenten beruhen, die wir als Grundlage annehmen, als vielmehr auf Auslösereizen, die eine vorbewußte affektive Komponente haben.[9]

Ein mehrfach wiederholtes Experiment der ersten Art wäre etwa das folgende: Den Probanden wird ein emotional neutrales Bild präsentiert, etwa ein geigespielender Junge, und zwar für 20 bis 500 Millisekunden, also zu kurz, als daß der Bildinhalt bewußt aufgenommen werden könnte. Bei der Hälfte der Versuchspersonen zeigte das Bild außerdem in der rechten oberen Ecke Kopf und Schultern einer bedrohlichen und häßlichen männlichen Gestalt. Bei den übrigen war die periphere Abbildung ein lächelndes Gesicht. Nach jeder Darbietung sollten die Probanden formulieren, was sie gesehen hatten. Eine signifikante Zahl von Berichten aus der ersten Gruppe wies negative Verzerrungen auf: Eine der Gestalten oder beide wurden als Tiere gesehen, die Gestalt in der Mitte als tot oder schwer mitgenommen oder von einem dunklen Schatten überlagert. Norman Dixon, Professor für Psychologie an der Universität London, sagt dazu: «Diese Daten stützen die Anschauung, daß der Bedeutungsgehalt bildlicher Reize, die unterhalb der Schwelle des wirklichkeitsgetreuen Erkennens präsentiert werden, bestimmt, wie sie erfahren werden.» Diese Resultate, fährt Dixon fort, sind so verläßlich, daß sie jetzt bei den Ausleseverfahren für künftige Piloten bei den Luftstreitkräften Norwegens und Schwedens (erwogen wird die Methode auch in Dänemark und der Bundesrepublik) als Test für unbewußte Abwehrmechanismen eingesetzt werden. Die Anwärter, bei denen signifikante Auswirkungen der bedrohlichen Randfigur auf die Wahrnehmung der zentralen Figur festgestellt werden, sind in der Regel weniger geeignet; bei ihnen besteht «ein überdurchschnittliches Risiko, in Flugunfälle verwickelt zu werden oder durch unentschuldigtes Fernbleiben und psychosomatische Erkrankungen auszufallen.»

Bei einem anderen Experiment, von dem Dixon berichtet, wurden normale (nicht-psychotische) Probanden angewiesen, die Helligkeit eines Lichtpunktes, den sie mit einem Auge sahen, mittels eines Handhebels zu regulieren. Die Probanden mußten annehmen, daß sie mit dem Hebel lediglich Veränderungen ihrer visuellen Sensibilität für den Lichtpunkt nachregulierten. Ohne daß sie es wußten, wurden jedoch dem anderen Auge neutrale und emotional aufgeladene Wörter präsentiert, und zwar mit subliminaler Intensität; der Hebel regulierte nicht nur die Helligkeit des sichtbaren Lichtpunkts, sondern auch die Intensität dieser Wörter. Es stellte sich heraus, daß die Versuchspersonen mit dem Hebel unwissentlich die Intensität der bedrohlichen Wörter reduzierten. Dixons Kommentar: «Ein charakteristischer Zug der psychopathologischen Determination von sogenanntem willentlichem Verhalten besteht darin, daß die Versuchsperson nicht merkt, wie ihr Verhalten durch Faktoren beeinflußt wird, die unterhalb der Bewußtseinsschwelle liegen.»[10]

Viele Experimente dieser Art deuten darauf hin, daß es Wahrnehmungs-Abwehrmechanismen gibt: Die endgültige bewußte Wahrnehmung wird aufgrund von vorbewußten emotionalen Reizen verändert und verzerrt. Und es hat sich sehr deutlich gezeigt, daß dieser Mechanismus irgendwo zwischen dem ursprünglichen Reiz und der bewußten Wahrnehmung einsetzt und nicht bei dem folgenden Muster von Reaktionen *auf* diese Wahrnehmung.

Empfindung und Emotion

Welche Rolle affektive Elemente bei Entscheidungen spielen können, haben Kahnemann und Tversky sehr vielfältig und lebhaft demonstriert. Nur ein Beispiel:

Angenommen, Sie wollen gerade ein Jackett für 125 Dollar und einen Rechner für 15 Dollar kaufen. Der für die Rechner zuständige Verkäufer sagt Ihnen, daß der Rechner, den Sie haben wollen, in der anderen Filiale, zwanzig Minuten entfernt, für 10 Dollar im Sonderangebot ist. Nehmen Sie den Weg auf sich? Die meisten Befragten antworten mit Ja. Einer anderen Gruppe stellt man eine ähnliche Frage. Diesmal wird für das Jackett ein Preis von 15 Dollar angenommen, während der Rechner in dem Kaufhaus, in dem man sich gerade aufhält, 125 Dollar kostet und in der Filiale 120 Dollar. Die meisten Befragten antworten, daß sie sich dafür nicht noch einmal eigens auf den Weg machen würden.[11]

In beiden Fällen spart man fünf Dollar für einen Weg von zwanzig Minuten. Aber 5 Dollar zu sparen ist bei einem geplanten Einkauf von 15 Dollar weitaus befriedigender als bei einem Einkauf von 125 Dollar, und die meisten Menschen halten es mehr mit dieser Genugtuung als mit der Logik. Hier wird deutlich, daß rationale Entscheidungen von emotionalen Faktoren beeinflußt werden, ohne daß man direkt etwas davon weiß – ein weiterer Hinweis auf die innige Verflochtenheit von Affekt und kognitivem Erkennen, von Emotion und Denken.

Ein wichtiger Punkt ist hier unter dem Gesichtspunkt der Skandha-Analyse die Aufgliederung in 1. das bloße Empfinden (zweiter Skandha), 2. die aus diesem Empfinden abgeleitete Handlungstendenz (dritter Skandha) und 3. die endgültige Emotion, die sich daraus ergibt, daß ich mir klarmache, welche Bedeutung die Empfindung für mich hat. Auch die moderne Psychologie scheint auf diese Dreiteilung gestoßen zu sein. C. E. Izard von der University of Pennsylvania etwa schreibt:

Für eine Differentialtheorie der Emotionen ist die Erkenntnis entscheidend, daß Emotion-Empfinden auf verschiedenen Bewußtseinsebenen existieren kann. Auf der untersten Ebene sind wir uns der Empfindung kaum bewußt und haben selbst nach reiflicher

Überlegung Schwierigkeiten, sie zu artikulieren... Auf der höchsten Bewußtheitsstufe beherrscht die Empfindung das Bewußtsein, und wir erkennen sie ohne weiteres – wir können sie symbolisieren und abwägen, wir können versuchen, sie zu verstärken, sie abzuschwächen oder zu unterdrücken. Bei diesen letzteren Vorgängen kann das mit der Emotion zusammenhängende kognitive Erkennen von großer Bedeutung sein.[12]

Magda Arnold, Autorin eines zweibändigen Werks über *Emotion and Personality*, schreibt über den Unterschied zwischen Empfindung und Emotion:

Wenn ich sage, die Blume eines Weins sei angenehm und wohltuend, dann heißt das nicht unbedingt, daß ich den Wein auch trinken möchte; gut möglich, daß mir danach gar nicht der Sinn steht. Indem ich den Duft aufnehme, besitze ich diese angenehme Empfindung, und es verlangt mich gar nicht nach dem Besitz des Objekts. Wenn ich aber sage, daß ich Wein mag oder gar liebe, so heißt das, daß ich welchen möchte, wenn die Gelegenheit sich bietet. Das Ziel der *Emotion* (in diesem Fall des Mögens oder Liebens) ist der Besitz des Objekts, während die *Empfindung* des Angenehmen lediglich den inneren Zustand des Subjekts anzeigt und nicht darüber hinausgreift. Kurz: Emotion zielt auf ein Objekt, Empfindung spiegelt den Zustand des Subjekts. Damit ein sensorisches Empfinden eine Emotion werden kann, muß auf das erste Urteil – wie diese Empfindung meinen inneren Zustand beeinflußt – ein zweites folgen, in dem ich bestimme, wie das Objekt, das die Empfindung auslöste, mich *als Person* beeinflußt.[13]

Hier wird nicht nur der Unterschied zwischen dem bloßen Empfinden des zweiten Skandha und der definitiven Emotion des vierten Skandha erstaunlich akkurat beschrieben, sondern auch angedeutet, welche Rolle das Wünschen oder Ergreifen von Objekten, das mit dem dritten Skandha ins Spiel kommt, für «mich als Person»[14] spielt.

Wir haben in diesem Kapitel Parallelen aufgezeigt zwischen der wissenschaftlichen Betrachtung und Kategorisierung von Empfindungen und Emotionen einerseits und der Skandha-Analyse andererseits. Buddhisten sprechen natürlich nicht vom Nervensystem oder vom

Empfindung und Emotion

limbischen System, den physiologischen Entsprechungen der Affekte. Aber zum Verständnis der *Empfindung* als – im buddhistischen Sinne – Bindeglied zwischen dem Skandha *Form* und den höheren Skandhas leistet die Wissenschaft einen bedeutenden Beitrag – wie auch die Theorie des sensorischen Input das Verständnis des Skandha *Form* vertieft. In den nächsten beiden Kapiteln wollen wir uns den «intellektuellen» Skandhas widmen, dem vierten und fünften, *psychische Formkräfte* und *Bewußtsein*.

8. Gedanken und Bilder

Im vorigen Kapitel haben wir die Emotionen des vierten Skandha, *Formkräfte*, betrachtet und uns vergegenwärtigt, welche Rolle das kognitive Erkennen für die Erfahrung von Emotionen spielt. In diesem Kapitel werden wir unsere Betrachtung des vierten Skandha fortsetzen und uns auf die kognitive Seite konzentrieren, auf geistige Bilder und Repräsentationen, also auf Gedanken und ihre Manipulation.

Im 6. Kapitel habe ich aufgezeigt, daß die Kritik des Behaviorismus keine andere Wahl ließ, als anzunehmen, daß es doch so etwas wie «innere» Erfahrung geben muß. Sogar Psychologen und Philosophen, die auf der Wissenschaftlichkeit der Bewußtseinsforschung beharren, stimmen dieser Annahme heute zu. Natürlich sagen Künstler, religiöse Menschen und andere das schon lange, und der Leser wird vielleicht geseufzt haben: «Na endlich! Also, können wir dann jetzt vielleicht zur Sache kommen?» Aber wir müssen diese Entwicklung geduldig nachvollziehen, und zwar unter dem Gesichtspunkt, daß die Wissenschaft sich aufgrund ihres Selbstverständnisses weigert, irgend etwas als gegeben anzunehmen. Und in der Weigerung, ein «Ich» oder den «Geist» einfach als gegeben hinzunehmen, haben die Behavioristen das Kind mit dem Bad ausgeschüttet, indem sie nicht nur den unkritischen Glauben an alte Überlieferungen von Geist und Seele verwarfen, sondern die unmittelbare persönliche Erfahrung überhaupt leugneten. Inzwischen dämmert es den Wissenschaftlern, daß man sich das Kind doch noch einmal genauer anschauen muß. Wenn aber die Wissenschaftler annehmen, daß es kein Ich gibt, das als Ordnungs- und Kontrollinstanz wirkt, dann müssen sie auf andere Weise zu erklären versuchen, wie die chaotischen Eindrücke, die unsere Sinne, Affekte und Gedanken erzeugen, zu einer kohärenten Welt geordnet werden.

Welche Ansatzpunkte haben wir dazu? Erstens hat die Kritik der behavioristischen Theorie der Spracherlernung zur Beschreibung von anscheinend angeborenen kognitiven Strukturen des Lernens geführt. Zweitens wird angenommen, daß es so etwas wie «eingeborene Ideen» und bildliche Repräsentationen geben muß, mit denen der Organismus sich seine Welt vergegenwärtigt. Man kann heute nicht mehr davon ausgehen, daß der Organismus als «unbeschriebenes Blatt» geboren wird und seine Ideen und sein Sprachvermögen einfach passiv aus der Außenwelt aufnimmt.

Der mittlere Weg der Entwicklungspsychologie

Während der Behaviorismus in den angelsächsischen Ländern seit den dreißiger Jahren immer mehr das Bild beherrschte, blieb in Europa eine nichtbehavioristische Lern- und Entwicklungspsychologie bestehen, die vor allem von dem Schweizer Jean Piaget getragen wurde.[1] Piaget hielt dem Behaviorismus entgegen, es müsse angeborene kognitive Strukturen geben, da sonst die Spracherlernung und Begriffsbildung bei Kindern nicht zu erklären seien.

Er unternahm ausgedehnte Forschungen zu der Frage, wie Kinder zu abstrakten Begriffen wie Ich und Außenwelt, aber auch Raum, Zeit und Kausalität kommen. Er gelangte zu der Auffassung, daß es durchgängige Grundstrukturen des Denkens gibt, an denen auf bestimmten Altersstufen charakteristische Entwicklungsschübe zu erkennen sind: das sensomotorische Stadium des Säuglingsalters, das intuitive Stadium der frühen Kindheit, das konkret-operationale Stadium der mittleren Kindheit und das formallogisch-operationale Stadium in der Zeit des Heranwachsens. Die Details dieser Abfolge sind in den letzten Jahren in Frage gestellt worden; sie sind offenbar nicht ganz so universal, wie Piaget meinte; vor allem gibt es Unterschiede zwischen verschiedenen Kulturen und sozialen Schichten, und der Zeitplan und die Notwendigkeit der einzelnen Entwicklungsstufen scheinen nicht ganz so eindeutig zu sein. Dennoch gilt das Prinzip der allmählichen Entfaltung genetisch vorprogrammierter kognitiver Strukturen als grundsätzlich richtig.

Die Anlage zu dieser gestuften Entwicklung muß bei der Geburt schon gegeben sein. Bei der Einleitung jedes Entwicklungsstadiums wirken dann zwei Faktoren zusammen: Die genetisch vorgegebene Entwicklung des Kindes und seine Interaktion mit der Umwelt. Piaget beschreibt den Organismus als selbstregulierendes System, das in den ständig wechselnden inneren und äußeren Umständen nach einem Gleichgewichtszustand strebt. Das geschieht in einem Prozeß, der aus «Assimilation» und «Akkomodation» oder Aufnahme und Eingliederung besteht: Das Kind nimmt mit Hilfe seiner alten kognitiven Strukturen neues Wissen über die Welt auf und gliedert dieses neue Wissen ein, indem es seine alten kognitiven Strukturen so modifiziert, daß sie zu dem Neuen passen.

In der Erbe-Umwelt- und Empirismus-Rationalismus-Debatte nahm Piaget eine mittlere Position ein. Anders als Locke und die Behavioristen glaubte er nicht, daß alles, von «Null» ausgehend, durch Interaktion mit der Umwelt erlernt wird, und er konnte dafür empirische Beweise erbringen. Auf der anderen Seite war er aber auch nicht wie Descartes und die strengen Rationalisten der Auffassung, daß alles Wissen und alle Erkenntnis angeboren sind. Vielmehr bildet sich nach Piaget das *Vermögen*, Wissen zu erwecken, als ein Zusammenwirken der genetisch vorgeprägten Entwicklung mit den Umwelt-Interaktionen des Kindes. Das *tatsächliche* Wissen, das ein Kind erwirbt, ist natürlich durch seine Erfahrungen mit der Umwelt geprägt.

Die Arbeit, die Piaget und seine Nachfolger in den vergangenen sechzig Jahren leisteten, war außerordentlich wichtig für das Verständnis der kindlichen Psyche und sehr folgenreich für die Pädagogik. Kinder kommen nicht geistig völlig ungeformt auf die Welt, um dann von Eltern und Lehrern nach Belieben geprägt zu werden. Sie werden vielmehr mit vererbten kognitiven Verarbeitungsmechanismen geboren, die sich nach eigenen Regeln und eigenem Zeitplan in Schüben entwickeln – ganz ähnlich wie der Körper, der in einem bestimmten Alter neue Zähne bekommt und auf einer anderen Altersstufe geschlechtsreif wird. Diese Entfaltung der Strukturen geht in einem psychobiologischen Organismus ganz natürlich ihren Gang. Die Hypothese eines Ich, die Ich-Vorstellung, bildet sich nach Piaget parallel mit anderen Begriffen und ändert sich mit ihnen. Es ist jedoch in keiner Weise notwendig, die tatsächliche Existenz eines gesonderten Ich anzunehmen, das diese Entwicklung steuert.

Auch die Idee einer äußeren Wirklichkeit entwickelt sich parallel zu der Ich-Vorstellung. Nach Piaget konstruiert das Kind zunächst einen Begriff, der zu einer Welt in Beziehung steht; dann projiziert es diesen Begriff und glaubt wirklich, daß er «da draußen» existiert. David Elkind, der Herausgeber eines Bandes mit Essays Jean Piagets, schreibt dazu im Vorwort:

> Ist ein Begriff einmal konstruiert, so wird er augenblicklich externalisiert, so daß er dem Subjekt als eine in der Wahrnehmung gegebene Eigenschaft des Objekts erscheint, unabhängig von der eigenen geistigen Aktivität. Die Tendenz geistiger Aktivitäten, automatisch zu werden, zusammen mit der Tendenz, die Resultate dieser Aktivitäten als etwas dem Subjekt Äußerliches wahrzunehmen, führt zu der Überzeugung, daß es eine vom Denken unabhängige Wirklichkeit gibt. Die absolute Trennung von Geist und Materie ist eine Illusion, die wir nur überwinden können, wenn wir die Entwicklung des Denkens beim Kind genau erkunden.[2]

Diese Anschauung legt allerdings wieder etwas zuviel Gewicht auf die subjektive Seite. Wenn wir erkannt haben, daß die absolute Wirklichkeit einer «Außenwelt» eine recht fragwürdige Sache ist, verfallen wir leicht der gegenteiligen Auffassung, daß das individuelle Bewußtsein realer ist und die «Außenwelt» gleichsam eine Schöpfung dieses individuellen Bewußtseins darstellt. Wir werden jedoch im weiteren Verlauf dieses Buches noch sehen, daß das individuelle Bewußtsein keineswegs realer ist als die äußere Wirklichkeit, die es durch Projektion zu erzeugen scheint. Das Ich-Bewußtsein und die entsprechende äußere Wirklichkeit entstehen *gemeinsam* und sind *gleichermaßen* relativ. Doch den Weg dorthin müssen wir Schritt für Schritt gehen, und Piagets Auflösung der absoluten Wirklichkeit des Ich und seiner Welt ist ein erster Schritt.

Repräsentationen der Welt

Über die von Piaget postulierten vorgegebenen und sich entfaltenden kognitiven Strukturen hinaus wird vielfach angenommen, daß der Organismus sich innere Bilder oder Repräsentationen seiner Welt macht. Zahlreiche Forschungsansätze machen deutlich, daß wir unter der Annahme, der Organismus sei etwas von seiner Umwelt Getrenntes und besitze ein «Innen» und ein «Außen», geradezu gezwungen sind zu der weiteren Annahme, daß er sich «innere» Repräsentationen des «Äußeren» schafft. Indem er sich an diesen Repräsentationen orientiert, handelt er mehr oder weniger angemessen, und deshalb nehmen wir an, daß seine Repräsentationen harmonisch und stimmig sind und für ihn die «Außenwelt» bedeuten. Es wird später noch deutlich werden, daß dies wirklich nur eine Annahme ist. Eine naheliegende Annahme allerdings, wenn wir berücksichtigen, daß wir nun mal daran gewöhnt sind, an eine Außenwelt zu glauben und an Gedanken, die diese Außenwelt irgendwie widerspiegeln. Sie erlaubt uns, Gedanken als Symbole zu betrachten, die nach den Regeln der Logik manipuliert werden können; deshalb sagt diese Annahme auch der neuen Generation von Kognitionswissenschaftlern zu, die anhand der Computer-Analogie ein Modell geistiger Prozesse zu entwickeln versuchen. Da diese Perspektive zu interessanten Einsichten geführt hat, werden wir sie in diesem Kapitel zunächst einmal nur darstellen und zur Kritik in einem späteren Kapitel kommen.

Die Wahrnehmungsforschung zeigt, daß die Sinne dem Organismus seine Wahrnehmungsdaten ganz anders präsentieren, als er sie zu erfahren meint. Die Daten nämlich haben die Form von Lichtwellen verschiedener Frequenzen, die auf die Netzhaut treffen, oder von Luftwellen, die das Trommelfell in Schwingung versetzen, oder von komplexen chemischen Verbindungen, die auf die Geschmacksknospen gelangen, und so weiter; erfahren werden jedoch «Dinge» in Raum und Zeit. Die Repräsentationstheorie nimmt an, daß der Organismus diese «Dinge» irgendwie konstruiert, indem er aus vergangener Erfahrung oder vererbten Strukturen Hypothesen darüber ableitet, was da draußen ist. Er sucht sich das Bild, das den Daten am besten entspricht. Es gibt manchmal mehrere Möglichkeiten, die gleich gut zu passen scheinen, und dann wird eine davon mehr oder weniger willkürlich ausgewählt. Wir haben keine Ahnung, was die «Außenwelt» wirklich ist; wir nehmen sie als das *mutmaßliche* Objekt unserer Repräsentationen. Es ist also ein wenig wagemutig zu sagen, daß der Organismus «sich Repräsentationen der Außenwelt schafft». Wir wollen diesen Ausdruck jedoch zunächst akzeptieren und werden ihn dann später modifizieren, wenn es um die grundsätzliche Fragwürdigkeit des Denkens in den Kategorien von «innen» und «außen»

Gedanken und Bilder

geht. Vielleicht ahnen wir aber hier schon die subtile Zirkularität, die einsetzt, sobald wir über das Denken nachzudenken versuchen.

Einer der Hauptexponenten der Theorie angeborener kognitiver Strukturen, und zwar insbesondere derjenigen, die für die Spracherlernung verantwortlich sind, ist Noam Chomsky.[3] Für ihn waren es vor allem zwei Aspekte, die den Behaviorismus indiskutabel machten. Eine natürliche Sprache, so sagte er, ist grammatikalisch derart kompliziert, daß es für ein Kind einfach unmöglich wäre, diese Grammatik allein aufgrund von Interaktionen mit der Umwelt in wenigen Jahren zu erlernen. Wenn man sich anschaut, von welcher Art und wie häufig der sprachliche Austausch mit Eltern und Geschwistern ist, dann springt förmlich ins Auge, daß die Beispiele für einen solch komplexen Lernvorgang einfach häufiger und vielgestaltiger sein müßten. Daher bleibt nach Chomsky nur der Schluß, daß es angeborene grammatische Strukturen geben muß.

Ein zweiter Gedankengang führt zu dem gleichen Schluß: Die Aussage der Behavioristen, daß jede unserer Äußerungen vollständig durch die Umwelt determiniert ist, hält Chomsky für unsinnig. Wenn ich einem Freund auf der Straße begegne, könnte ich hunderterlei Dinge zu ihm sagen, die weder durch die unmittelbare Umwelt noch durch mein Tun oder Denken im Augenblick vor der Begegnung determiniert sind. Determiniert ist hingegen die grammatische Struktur dessen, was ich sage, und wenn diese Regeln nicht aus der Umwelt abgeleitet werden können, müssen sie angeboren sein. Außerdem lernt ein Kind, das nicht in der Sprachumwelt seiner Eltern, sondern beispielsweise bei Adoptiveltern in einem anderen Land und Sprachraum aufwächst, die «fremde» Sprache ebenso gut wie jedes dort geborene Kind. Daraus schließt Chomsky, daß die grundlegenden grammatischen Regeln universaler Natur sind. Diese Überlegungen sind einleuchtend – obwohl es sich als außerordentlich schwierig erwiesen hat, die universalen Regeln aus den natürlichen Sprachen abzuleiten.

Weitere Argumente für die Existenz eines Repräsentationssystems stammen von Jerry Fodor, dem langjährigen Kollegen Chomskys. Fodor folgt Chomsky in der Aussage, daß es angeborene universale grammatische Regeln geben muß, damit ein Kind in kurzer Zeit anhand relativ vager Umweltanstöße eine komplexe Grammatik erlernen kann. Fodor geht jedoch noch einen Schritt weiter und sagt, daß diese Regeln nicht in abstrakter Form, sondern gleichsam in eine Sprache eingebettet vererbt werden, die «Sprache des Denkens». Seine Argumentation ist eigentlich recht simpel, aber so präzis und zwingend, daß sein Buch *The Language of Thought* sogar von Kritikern als Wendepunkt in der Entwicklung der Kognitionswissenschaft angesehen wird.[4]

Der Gedankengang ist folgender: Zum Erlernen einer Sprache gehört, daß man lernt, was die Sätze dieser Sprache bedeuten; was die Sätze einer Sprache bedeuten, erfährt man dadurch, daß man die Bandbreite ihrer Anwendbarkeit kennenlernt, und dabei wiederum lernt man, daß die Sätze gewissen grammatischen Regeln folgen. Um aber herauszufinden, daß eine Sprache Regeln hat, müssen wir diese Regeln schon kennen – und natürlich geschieht dies alles auf einer Ebene, die normalerweise unbewußt bleibt. Daß wir die Regeln schon kennen, bedeutet jedoch, daß wir auch schon eine Sprache haben müssen, zu der sie gehört – eine Sprache, die schon da ist, bevor wir irgendeine natürliche Sprache erlernen. Der Mensch ist also, wenn er geboren wird, schon mit einem System symbolischer Repräsentationen ausgestattet, das so komplex ist wie eine Sprache. Diese Sprache bezeichnet Fodor als «Sprache des Denkens».

Der Organismus verfügt aber nicht nur über dieses eine biologische Sprachsystem. Fodor selbst meint, daß es verschiedene parallele Verarbeitungssysteme geben könnte, die relativ unabhängig voneinander für die verschiedenen Interaktionsbereiche des Organismus mit seiner Umwelt zuständig sind, also etwa ein visuelles Verarbeitungssystem, ein sprachliches Verarbeitungssystem und so weiter.

Howard Gardner ist diesen Anregungen unter dem Gesichtspunkt der «Intelligenz» auf den Grund gegangen.[5] Er glaubt, daß unser traditioneller Intelligenzbegriff in seiner undifferenzierten Allgemeinheit völlig verfehlt ist. Auf diesem allgemeinen Intelligenzbegriff beruht die Idee der meßbaren Intelligenz, also des «Intelligenz-Quotienten», und damit auch der Unsinn all der Tests, von denen häufig so viel abhängt – als wären die Fähigkeiten des Menschen an seiner Begabung für Kreuzworträtsel abzulesen. Nach umfangreichen Forschungsarbeiten gelangte Gardner zu dem Schluß, daß es wohl eine ganze Anzahl von «Intelligenzen» gibt, die sich nicht alle über denselben Kamm scheren lassen. Nach seiner Auffassung müssen wir die folgenden Intelligenz-Typen unterscheiden: sprachliche, musikalische, logisch-mathematische, räumliche, körperlich-kinästhetische und persönliche Intelligenz. Und jede dieser Intelligenzen könnte eine entsprechende «Sprache des Denkens» haben.

Künstliche Denkprozesse

Nun stellt sich natürlich die Frage: Wie funktionieren diese inneren Repräsentations- und Verarbeitungssysteme? Eine weitere über den Behaviorismus hinausgehende Forschungsrichtung, die Kognitionspsychologie, begann in den fünfziger Jahren damit, daß man die Verarbeitung einfacher Informationen zu untersuchen begann. Es wurde nämlich immer deutlicher, daß die sogenannten rohen Sinnesdaten – also Geräusche, Farben, Formen und so weiter – nicht einfach passiv auf- und wahrgenommen werden, sondern auch hier Verarbeitungsprozesse stattfinden. Experimente zeigten, daß wir abstrakte Begriffe bilden, unsere Aufmerksamkeit den einzelnen Wahrnehmungskanälen (also den beiden Augen, den beiden Ohren und so weiter) selektiv zuwenden und mit Hilfe verschiedener Strategien die aufgenommene Information kategorisieren. Aufgrund von Modellen der Informationsverarbeitung versuchte man sich zu vergegenwärtigen, was zwischen Reiz und Reaktion geschieht; und von diesen Modellen war gefordert, daß sie ohne Wiedereinführung der von den Behavioristen ausgeräumten Geist-Substanz funktionieren sollten. In dieser Zeit begann auch der Siegeszug des Computers, der bald zum vorherrschenden Modell menschlicher Denkprozesse wurde.

Wenn der Computer als Modell für Denkprozesse taugt, dann liegt der Gedanke nahe, daß man Künstliche Intelligenz (als wissenschaftliche Disziplin inzwischen kurz «KI» genannt) erzeugen könnte. Inwieweit läßt sich Intelligenz mit Hilfe von Computern simulieren? 1956 ist das Jahr, in dem der Begriff der Künstlichen Intelligenz in Umlauf kam und entsprechende Forschungen begannen, doch die Anfänge dieses Denkens liegen im siebzehnten (Thomas Hobbes) und achtzehnten (David Hume) Jahrhundert. In den über dreißig Jahren seither hat KI ein stetig wachsendes Interesse gefunden, da es tatsächlich gelang, Licht in einige der Mechanismen des Denkprozesses zu bringen.[6]

Die Verfechter der Künstlichen Intelligenz machten in den frühen

Jahren einige aufsehenerregende Voraussagen: Computer würden bis gegen Ende der sechziger Jahre die Schachweltmeister sein, wichtige neue mathematische Theoreme entdecken, Musik komponieren, die den Beifall der Kritiker finden würde, und aus fremden Sprachen übersetzen. Anfang der siebziger Jahre folgten dann Rückschläge, die Forschung kam ins Stocken, und der ebenso blinde wie überzogene Glaube an die Lösbarkeit aller Probleme durch KI geriet ins Wanken. Dennoch zeigte sich bis gegen Mitte der achtziger Jahre, daß man beim Verständnis geistiger Prozesse und bei der Umsetzung dieser Erkenntnisse in Computermodelle beträchtliche Fortschritte erzielt hatte. Aber gerade durch die wachsende Klarheit sind auch die Grenzen dieses Modelldenkens deutlich geworden. Es gibt jetzt zwei klar getrennte Lager in der KI-Diskussion, nämlich die Befürworter und die Gegner, und in dem Dialog zwischen ihnen geht es mitunter recht irrational, emotional und auch heftig zu. Wo auch immer wir in den Wissenschaften solchen Spaltungen begegnen, können wir sicher sein, daß tief sitzende Überzeugungskontexte auf dem Spiel stehen. Und da KI immer mehr zu dem in Beziehung gebracht wird, was unsere Gesellschaft als Essenz des Menschseins ansieht, nämlich Vernunft und Rationalität, dürfte es angebracht sein, dieses Gebiet kurz zu umreißen.

Nach den Worten von John Haugeland, dem Autor eines ausgezeichneten und relativ unparteiischen Buches über KI, geht die KI-Forschung von einer doppelten Grundannahme aus: 1. Unsere Fähigkeit, intelligent mit den Dingen umzugehen, beruht darauf, daß wir vernünftig über sie nachdenken können (und dies bezieht sich auch auf das unterbewußte Denken). 2. Unser Vermögen, vernünftig über die Dinge nachzudenken, bedeutet, daß wir fähig sind zu «automatischer innerer Symbolmanipulation».[7]

Der erste Teil dieser Aussage gibt wieder, was die meisten Menschen heute glauben: daß es das Wesen des Geistes ist, *denken* zu können. Die Ausdrücke «Intelligenz», «mental» und «Denken» werden häufig austauschbar gebraucht, als wären sie im wesentlichen synonym. Die Zonen, in denen sie nicht übereinstimmen, gelten als trivial, als der Bereich von irrationalen Überzeugungen und verschwommenem Denken. Diese Überzeugung stammt jedoch nicht aus der Wissenschaft selbst, sondern aus der Zeit eines Locke oder Descartes, einer Zeit also, die dem Empfinden, der Intuition und dem

Gedanken und Bilder

Körper alle Bedeutung für die Erkenntnis absprach. Aufgrund dieser Überzeugung jedenfalls wird die Künstliche Intelligenz nicht «Künstliche Gedankenverarbeitung» genannt, was eigentlich ein treffenderer Name wäre. Viele der heutigen KI-Wissenschaftler sehen nicht ein, daß hier ein Unterschied besteht.

Der zweite Teil der Aussage bezieht sich auf den Bereich, in dem die KI-Forschung Erfolge vorzuweisen hat. Thomas Hobbes war es, der als erster sagte, Denken sei Kalkulation oder eben «Computation».[8] Das bedeutet, daß Denken im wesentlichen aus der Manipulation von Symbolen besteht und rational ist, wenn es methodischen Regeln folgt. Hobbes dachte sich die Gedanken als «Päckchen», das heißt als Dinge, die im Gehirn nach Regeln, welche denen der Arithmetik oder Geometrie ähnlich sind, hin und her geschoben werden.

Es gab in Hobbes' Ansatz zwei unlösbare Probleme: Erstens wußte er nicht zu sagen, woher diese Päckchen im Gehirn ihre Bedeutung haben, und zweitens mußte im Gehirn noch jemand sein, ein Homunculus, der mit den Päckchen hantierte. Dieser Homunculus, so argumentierte Hobbes, kenne die Bedeutung der Gedanken-Päckchen, aber damit war die Frage nach dem Woher der Bedeutungen natürlich nur einen Schritt weitergeschoben.

David Hume sagte später, es sei gar nicht nötig, einen Homunculus anzunehmen; die Gedanken kombinierten sich vielmehr nach Regeln, die ihnen selbst innewohnten, so wie die Planeten sich nach den Gesetzen der Gravitation bewegen, die eine Funktion der Eigenschaften von Planeten ist. Aber auch bei Hume blieb schließlich ungeklärt, wie Gedanken oder Wörter zu ihrer Bedeutung kommen. Ohne auf dieses Problem näher einzugehen, kann hier gesagt werden, daß bis vor kurzem weder die KI-Spezialisten noch die Linguisten, noch die Philosophen eine zufriedenstellende Lösung anbieten konnten, weil ihre Ansätze stets auf die Frage hinausliefen: Bedeutung *für wen*? Und eben dieses «wen» ist das eigentliche Problem.

Hume wollte den Homunculus loswerden, weil er einsah, daß er keine wirkliche Lösung bot: Wenn es einen Teil des Geistes gibt, einen kleinen Mann, der die Gedanken liest und mit ihnen hantiert, dann muß er selbst auch wiederum intelligent sein, und wir stehen wieder vor der gleichen Frage wie am Anfang, nämlich woher er seine Intelligenz hat. Da sind wir dann gezwungen, einen kleinen Mann im Kopf des kleinen Mannes zu postulieren – und immer so weiter. Als Ausweg aus diesem Dilemma kommt nur entweder eine Art Dualismus in Frage, also etwa Descartes' Lösung, daß der verstehende Geist einer ganz anderen Daseinsebene angehört, oder wir müssen annehmen, daß Gedanken sich irgendwie selbst lesen und manipulieren, daß also die Gedanken selbst das Denken bewerkstelligen.

Für die KI-Forschung stellt sich damit die Frage: Kann man mit Gedanken auf mechanische Weise so umgehen, daß Intelligenz und Rationalität tatsächlich das mechanische Verarbeiten von Gedanken *sind*? Hobbes und Hume dachten offenbar beide, daß dem so sei, und auch die meisten Wissenschaftler, von der Annahme ausgehend, daß alles im Universum gesetzmäßig ist, würden wohl gern mit Ja antworten. Die KI-Forschung hat bisher zwei Erfolge vorzuweisen: Sie hat eine Möglichkeit des Denkens über das Denken aufgezeigt, die uns – zumindest theoretisch – sehr deutlich macht, daß alles rationale Denken mechanisch sein könnte. Und sie hat einige Gebiete aufgezeigt, auf denen intelligente Prozesse von Computern reproduziert werden können.

Der erste Erfolg, ein neuer theoretischer Rahmen des Denkens über das Denken, wird von vielen Psychologen als aufregendster und vielversprechendster Aspekt der KI-Forschung angesehen. Insbesondere wird hier verständlich gemacht, wie Gedanken selbst denken können. Zum Vergleich wird hier von einer großen Arbeitsgemeinschaft vieler Menschen gesprochen, bei der die einzelnen das generelle Ziel vielleicht gar nicht kennen; sie führen die ihnen zugewiesenen Arbeiten vielleicht blind und gedankenlos aus, aber der gesamte Arbeitsprozeß kann doch sinnvoll und effektiv sein. Auch Intelligenz könnte ein «Gruppeneffekt» vieler Gedanken oder Untergruppen von Gedanken sein. Und wenn der Denkprozeß als Ganzes «selbst-denkend» ist, dann brauchen wir keinen kleinen Mann mehr im Gehirn anzunehmen, der die Gedanken liest.

Das bewußte Denken ist allerdings nur ein kleiner Ausschnitt aus der Gesamtheit der geistigen Prozesse. Die bewußten Gedanken sind nur das letzte Glied einer Kette von Prozessen, die dem Bewußtsein normalerweise – vielleicht auch prinzipiell – nicht zugänglich sind. Von Daniel Dennett hören wir dazu:

Wie es aussieht, ist da kein Homunculus, kein Subsystem, dem die Leitung obliegt. Und in der Tat deuten heute viele Erkenntnisse auf etwas hin, das vielleicht ein wenig beunruhigend wirkt: Wenn es in unserer kognitiven Arbeitsgruppe einen Homunculus gäbe, mit dem wir unser Ich intuitiv zu identifizieren neigten, dann wäre er nicht der Boß; er wäre der Leiter der Public-Relations-Abteilung, der Pressesprecher, der wenig Einblick in die tatsächlichen Vorgänge hat und häufig von irrigen Annahmen ausgeht. Er hat die Aufgabe, der Welt eine glatte Oberfläche zu präsentieren, Presseverlautbarungen herauszugeben und ganz allgemein den Außenstehenden zu vermitteln, was innerhalb vorgeht. Er kann sich irren, er kann vollkommen falsch informiert sein, er kann völlig unbeleckt sein von wirklichem Wissen über das, was im System geschieht. Und viele experimentelle Resultate der Kognitions- und der Sozialpsychologie lassen kaum noch Zweifel an der Aussage, daß wir nur sehr begrenzt Zugang haben zu dem, was in uns vorgeht. Wir saugen uns vermeintlich Erlebtes aus den Fingern, wir lügen unwissentlich, und häufig genug stehen wir einfach im Dunkeln und haben keine Ahnung.[9]

Zu den Bereichen der erfolgreichen Anwendung gibt Margaret Boden eine Zusammenfassung:

Es gibt bereits Programme, die Dinge zu leisten vermögen – oder zuallermindest dazu in der Lage zu sein scheinen –, von denen schlecht informierte Kritiker gesagt haben, sie seien *a priori* unmöglich. Zum Beispiel: auf holistische anstatt auf atomistische Weise wahrnehmen; die Sprache schöpferisch gebrauchen; vernünftig von einer Sprache in eine andere übersetzen...; generelle, skizzenhafte Planung von Handlungsabläufen, wobei über die Details bei der Ausführung entschieden wird [der Beginn des Lernens durch Erfahrung]; Unterscheidung von verschiedenen Arten emotionaler Reaktionen gemäß dem psychologischen Kontext des Subjekts.[10]

Man kann davon ausgehen, daß sich jeder Prozeß, der in Worten (oder analogen Symbolen, sogenannten quasilinguistischen Symbolen) präzise analysiert werden kann, in einem Computerprogramm reproduzieren läßt.

Die Kritiker der KI-Forschung sagen allerdings, daß Computer zwar Dinge zu leisten vermögen, von denen man glaubte, sie seien der menschlichen Intelligenz vorbehalten – etwa Schachspielen und medizinische Diagnosen und Behandlungspläne erstellen –, aber eben auf andere Weise als der Mensch.[11] Überdies, sagen sie, ist der Mensch in einem Organismus verkörpert, der sich über viele tausend Jahre hin entwickelt hat, und diese Verkörperung sei mitentscheidend für die Erkenntnisse und Erkenntnisweisen des Menschen. Das sind vernünftige Argumente, und ich vertrete hier keineswegs die Auffassung, alle geistigen Prozesse seien im Prinzip mit Computern simulierbar. Halten wir aber fest, daß durch die Computer und die von ihnen ausgeführten logischen Verarbeitungsprozesse deutlich geworden ist, daß Denkprozesse dieser Art möglich sind, ohne daß es dazu der Hypothese eines «Ich» bedarf. John Haugeland bringt diese Einsicht auf den Punkt: «Da ist kein inneres Auge (oder Homunculus), um quasilinguistische Symbole zu lesen, die dem Gehirn eingeschrieben sind – und wir wissen jetzt, daß es dergleichen nicht bedarf.»[12] Wenn wir ein Ego suchen, dann brauchen wir das nicht im Bereich des rationalen Denkens zu tun, denn das geht offenbar auch ohne ein Ego. Ist es nicht merkwürdig, daß wir gerade das rationale Denken, das sich wie ein Computer an den Regeln der Logik orientiert, für *das* Kennzeichen unseres Menschseins halten?

Was hier vom rationalen Denken gesagt wird, ist völlig unabhängig vom Inhalt der zu verarbeitenden Gedanken. Ob wir uns über das bevorstehende Mittagessen oder über das Verarbeiten von Gedanken oder über höhere Ebenen der Wirklichkeit Gedanken machen – es sind alles bloß Gedanken, quasilinguistische Symbole, die alle auf die gleiche Weise verarbeitet werden. Auch der Buddhismus weist ja auf den automatischen Charakter der Denkprozesse hin und betont, daß alle Gedanken, hehre und niedere, vom gleichen Status sind. Das KI-Modell liefert uns einfach weitere Details zum Verständnis dieser Denkprozesse.

Bildliche Repräsentationen

Bisher hatten wir es mit linguistischen oder quasilinguistischen Symbolen zu tun, mit Denkprozessen, die sich in sprachlichen oder mathematischen Symbolen darstellen lassen. Der Leser wird sich fragen, ob Gedanken auch in anderen Formen vorkommen, die nicht mittels

Gedanken und Bilder

linearer Symbolsysteme darstellbar sind, also etwa in bildlicher oder taktiler Form. Das ist gerade in den letzten Jahren ein kontrovers diskutiertes Thema. Intuitiv haben wir vielleicht den Eindruck, daß wir manchmal ganz in Bildern denken und solche Gedanken keine verbalen Anteile haben. Aber KI-Forscher, die gern glauben möchten, daß die digitale Computerlogik sich als Modell für *alle* Denkprozesse eignet, akzeptieren so etwas sehr ungern.

Daß der bildliche Aspekt für geistige Prozesse von großer Bedeutung sein kann, geht aus einer Serie sehr pfiffiger Experimente hervor, die Roger Shepherd und Jacqueline Metzler Anfang der siebziger Jahre durchführten. Den Versuchspersonen wurden die Abbildungen zweier inhaltsloser und verschieden ausgerichteter Figuren vorgelegt, und sie hatten herauszufinden, ob die beiden Figuren genau zur Deckung gebracht werden konnten. Die Zeit, die ein Proband dazu brauchte, wurde in Relation zu dem Winkel, um den die beiden Figuren gegeneinander verdreht waren, graphisch dargestellt. Es stellte sich heraus, daß die Zeit diesem Winkel genau proportional war. Die Versuchspersonen drehten also im Bewußtsein die Bilder, bis sie deckungsgleich waren, und die Zeit, die sie dazu brauchten, war dem tatsächlichen Winkelunterschied der Figuren auf dem Papier proportional. Man kann also durchaus annehmen, daß der Organismus über Mittel verfügt, visuelle Formen im Bewußtsein zu repräsentieren und mit diesen Formen umzugehen, als hantierte er mit materiellen Formen.

Später wurden diese Experimente von Stephen Kosslyn wiederholt und verfeinert, dem Hauptvertreter einer Theorie der bildlichen Repräsentation, die von der linguistischen oder quasilinguistischen Repräsentationsweise gänzlich unabhängig ist. Kosslyn zeigte seinen Probanden eine Landkarte, auf der eine Landschaft mit bestimmten Einzelheiten zu erkennen war, ein Felsen, ein Baum, ein Strandabschnitt und dergleichen. Die Versuchspersonen hatten sich die Karte einzuprägen und dann Fragen darüber zu beantworten. Man wurde etwa aufgefordert, sich eine der Örtlichkeiten, etwa den Baum, zu vergegenwärtigen und dann so schnell wie möglich zum Felsen zu gehen. Es zeigte sich, daß die Zeit, die hierzu nötig war, genau der Entfernung auf der Landkarte entsprach. Dies heißt wohl, daß der Betreffende einer inneren Landkarte folgte und nicht einfach nur eine verbale Beschreibung erinnerte.[13]

Bildliche Repräsentationen

Wir wissen nicht, was das Medium dieser Repräsentationen ist; klar ist nur, daß im Nervensystem unmöglich materielle Formen sein können, von denen die wahrgenommenen Formen sich ableiten. Es gibt aber Experimente, die zeigen, daß im Gedächtnis gespeicherte innere Bilder wachgerufen werden, wenn man jemanden auffordert, sich etwas vorzustellen, was zu dem auf einen Wahrnehmungsreiz hin entstehenden inneren Bild in enger Beziehung steht. In einem Experiment dieser Art hatte die Versuchsperson auf einen mattierten Schirm zu schauen, auf dem ein Punkt zu sehen war. Der Proband sollte diesen Punkt anschauen und sich dabei eine Tomate vorstellen. Ohne daß er es wußte, das heißt unterhalb der Schwelle der bewußten Wahrnehmung, wurde eine Tomate auf den Schirm projiziert. Allmählich wurde diese Projektion intensiviert, schließlich sogar über die Bewußtseinsschwelle hinaus – aber der Proband war der Meinung, die Tomate sei reine Vorstellung, obwohl sie deutlich auf dem Schirm zu sehen war. In einem anderen Experiment wurde die Versuchsperson aufgefordert, sich einen Baum vorzustellen und dabei auf einen allmählich heller werdenden Lichtfleck zu achten. Die Lichtintensität, die notwendig war, damit der Proband den Lichtfleck erkannte, war wesentlich größer, wenn er sich dabei nicht den Baum vorstellte. Wurde jedoch die Aufgabe gestellt, sich bei der Beobachtung des Lichtflecks einen Laut vorzustellen, so war keinerlei Beeinflussung zu erkennen.[14]

Über Kosslyns theoretische Interpretation seiner Experimente herrscht zwar keineswegs Einmütigkeit, insbesondere wird der Versuch angezweifelt, eine Computeranalogie für sie zu entwickeln, doch die Experimente selbst sprechen für sich. Sie scheinen – außer für entschiedene KI-Anhänger – darauf hinzudeuten, daß die «Außenwelt» nicht nur verbal, sondern auch bildlich repräsentiert wird. Unklar ist noch, ob die beiden Bereiche, wie Kosslyn meint, tatsächlich vollkommen getrennt sind. Im übrigen spricht vieles dafür, daß auch Tiere über diese Fähigkeit der bildlichen Repräsentation verfügen. Für den buddhistischen Standpunkt allerdings ist die ganze Diskussion ein wenig verfehlt: Die Repräsentation einer «Außenwelt» in der «Innenwelt» durch *irgendein* Symbolsystem, in dem ein Ding (ein Wort oder Bild) für ein anderes Ding (ein «Objekt der Welt») steht, ist das wesenhafte Kennzeichen des Ego, wenn diese Repräsentation geglaubt, das heißt für *die Welt* gehalten wird. Der buddhistische Begriff

Gedanken und Bilder

der *Vorstellung* bezieht sich auf jede Art der Symbolisierung als Substitution einer Repräsentation. Indem also die Kognitionswissenschaftler eine Theorie der Erzeugung bildlicher oder sprachlicher Repräsentationen der Welt entwerfen, zeichnen sie das Bild des vierten Skandha, *Formkräfte*.

Alle Forschungsansätze, die ich hier beschrieben habe, bedienen sich des Computers als Modell für Denkprozesse. Nach diesem Modell sind Denkprozesse den schrittweisen und von einem «zentralen Prozessor» gesteuerten logischen Prozessen eines Computers analog, wenn nicht gar, wie in der strengen KI-Denkweise, mit ihnen identisch. Dem zentralen Prozessor fällt hierbei die Rolle zu, mit den symbolischen «Repräsentationen» der Außenwelt umzugehen. Dieses Modell hat jedoch große Schwachstellen. Das Gedächtnis müßte ihm zufolge aus Listen bestehen, die Punkt für Punkt durchgegangen werden, wenn der zentrale Prozessor irgendeinen Gedächtnisinhalt benutzen möchte. Soll also etwa ein Gesicht wiedererkannt werden, so wird der visuelle Eindruck mit allen in der Liste gespeicherten visuellen Bildern von Gesichtern verglichen. Diese gespeicherten Bilder bestehen nun wieder aus Listen von Details, die durchgegangen werden müssen. So aber funktioniert das natürliche Gedächtnis offenbar nicht. Gesichter werden anhand übergreifender Gestaltmerkmale erinnert und nicht durch Sichtung endloser Listen. Wir können sogar verkleidete Menschen erkennen, und hierbei würde uns eine Liste von Einzelheiten überhaupt nicht helfen. Und schließlich bleibt noch die Frage, wie dieser zentrale Prozessor durch Versuch und Irrtum lernen soll, also auf eine Weise, in der das Lernen bei Mensch und Tier offenbar abläuft.

In jüngster Zeit entwickelt sich zu diesen Problemen ein neuer Lösungsansatz, der «Konnektivismus» genannt wird. Hier wird für solche Funktionen wie das Gesichtererkennen oder das Lernen durch Versuch und Irrtum ein ganz anderes Modell als das des zentralen Prozessors erprobt. Man schaltet kleinere und einfachere Rechner zu ganzen Systemen zusammen, ähnlich dem Netzwerk der Neuronen im Gehirn. Man hat bei den bisherigen Versuchen zwar noch nicht mehr als einige Hundert solcher Schaltstellen miteinander vernetzen können – und das ist wenig im Vergleich zu den Milliarden Schaltstellen im Gehirn –, aber es zeichnet sich bereits ab, daß diese Vernetzungen ein besseres Modell für globale Gehirnfunktionen wie das Erkennen

Bildliche Repräsentationen

von Gesichtern abgeben. Offenbar kommt man hier der tatsächlichen Struktur des Gehirns näher als mit dem Modell des zentralen Prozessors. Lernen und Wiedererkennen sind eine Kooperationsfunktion aller Komponenten des Netzwerks. Zudem kommt der Konnektivismus ohne die Annahme aus, daß im Netzwerk der Schaltstellen Repräsentationen der Außenwelt manipuliert werden: Der Gesamtzustand des Netzwerks modifiziert sich gemäß den wechselnden äußeren Umständen kontinuierlich selbst.

Wir haben in diesem Kapitel gesehen, daß viele Aspekte der logischen Denkprozesse, die wir für das Kennzeichen des Menschseins halten, durch Automaten simuliert werden können, und mit dem neuen konnektivistischen Ansatz dürften noch viele weitere solcher Modelle entstehen. In buddhistischer Ausdrucksweise würden wir sagen, daß viele der Gedanken- und Bilderverarbeitungsfunktionen des vierten Skandha gänzlich automatisch sein könnten. Und das ist in der Tat die buddhistische Anschauung.

Im nächsten Kapitel werden wir auf die Beobachterabhängigkeit des hier Dargestellten zurückkommen. Wir kommen damit einer Auffassung des Erkennens näher, die nicht nur die tatsächliche Struktur des Nervensystems berücksichtigt, sondern auch nicht von der fragwürdigen Annahme der unabhängigen Existenz eines «inneren» erkennenden Bewußtseins und einer «äußeren» Welt ausgehen muß.

9. Selbstorganisation

Im vorigen Kapitel haben wir uns Gedankengänge vergegenwärtigt, die von einer naiven Auffassung von den Vorgängen in unserem Kopf ausgehen: dem Gedanken nämlich, daß der Organismus sich irgendwie Repräsentationen der «Außenwelt» schafft und damit die Welt «erkennt». Wenn wir dieser Logik folgen, sind gewisse Wahrnehmungs- und Denkprozesse mit Hilfe von Computermodellen des Gehirns erklärbar. Das Grundproblem dieses Ansatzes, der zu erklären behauptet, wie Erkenntnis der Welt zustande kommt, besteht jedoch darin, daß er eine bereits determinierte Außenwelt, die der Organismus sich dann repräsentieren kann, als gegeben voraussetzt. Er setzt auch voraus, daß der Organismus so angelegt ist, daß er reine Information aus dieser «Außenwelt» aufnehmen und zu einem Bild der Welt zusammenfügen kann. Gegen diese Anschauung wird in letzter Zeit wohlbegründete Kritik laut, geäußert vor allem von Humberto Maturana, Francisco Varela und ihren Kollegen, die darauf hinweisen, daß diese Annahmen wirklich nur Annahmen sind, die einer tiefergehenden Analyse des Wahrnehmungsgeschehens nicht standhalten.

Die Autonomie des Lebendigen

Um zu verstehen, weshalb die Arbeit einer relativ kleinen Gruppe von Forschern eine Revolution im Verständnis des Erkennens bedeuten könnte, müssen wir zunächst einmal nachvollziehen, wie Maturana und Varela zu ihrer neuen Definition des Lebendigen und der Beziehung eines Lebewesens zu seiner Umwelt kamen.

Was sind die Kennzeichen des Lebendigen? Seit Generationen mühen sich die Biologen, eine Antwort auf diese Frage zu finden, und

Die Autonomie des Lebendigen

Biologie ist ja dem ursprünglichen Wortsinn nach die Erkundung des Lebendigen. In biologischen Lehrbüchern finden wir jedoch meist nur im Einleitungskapitel zaghafte Ansätze zu einer Definition des Lebendigen, während es im übrigen um die Beschreibung verschiedener Aspekte dessen geht, was nach allgemeinem Verständnis als lebendig gelten darf. Solche Definitionsversuche bestanden bisher meist aus Listen von «Kennzeichen des Lebendigen», etwa Stoffaustausch mit der Umwelt, Fortpflanzung und dergleichen. Maturana und Varela meinen dagegen, daß die Lebendigkeit eines Lebewesens nicht in solchen Kennzeichen besteht, sondern in seiner *Organisation*. Unter «Organisation» verstehen sie «solche Relationen, die existieren oder gegeben sein müssen, damit ein Etwas etwas ist».[1] Damit etwas beispielsweise als Stuhl betrachtet werden kann, muß es eine Sitzfläche, Beine und eine Lehne haben, und diese in bestimmter Anordnung oder bestimmten Relationen: Das ist die Organisation des Stuhls. Für die Organisation spielt es keine Rolle, ob der Stuhl aus Holz oder Plastik, genagelt oder verschraubt ist; diese Elemente bilden seine *Struktur*.

Unter diesem Gesichtspunkt definieren Maturana und Varela «Lebewesen» als eine Einheit, deren Komponenten so organisiert sind, daß sie an der kontinuierlichen «Selbsterzeugung» dieser Einheit teilhaben. Ein Lebewesen ist mit anderen Worten eine Einheit, die sich selbst organisiert und erzeugt. Maturana und Varela verwenden hierfür den Begriff *Autopoiese*, der sich von dem griechischen *autos*, «selbst», und *poiein*, «machen», ableitet. Das sinnfälligste Beispiel einer autopoietischen Einheit ist die Zelle. Eine lebendige Zelle ist durch die Organisation ihrer verschiedenen strukturellen Bestandteile – also durch Nukleinsäuren, Enzyme, Mitochondrien und so weiter – und durch ihren Stoffwechsel als selbstorganisierende und selbsterzeugende Einheit angelegt. Das generelle Ziel der Aufrechterhaltung der Autopoiese gibt den Rahmen für die Aktivitäten der Zelle vor, und sobald die Autopoiese zum Erliegen kommt, ist die Zelle nicht mehr lebendig. Vielzellige Organismen sind vielleicht nicht in ihrer Gesamtheit autopoietisch, weil sie sich nicht selbst erzeugen und zur Fortpflanzung eine einzellige Phase durchlaufen müssen. Aber sie organisieren sich selbst und sind autonom, das heißt, die Prinzipien ihrer Organisation sind ihnen immanent. Und sie sind aus autopoietischen Zellen aufgebaut – daher ist Autopoiese der Mechanismus, der das Leben ermöglicht.

Selbstorganisation
Koppelung

Solch eine autonome und sich selbst organisierende Einheit existiert natürlich nicht in einem Vakuum. Sie befindet sich in ständiger Wechselwirkung mit der Umwelt, bewegt sich in dieser Umwelt, tauscht Stoffe mit ihr aus. Die Umwelt eines bestimmten Organismus, sein Milieu, ist definiert durch die Interaktionen, die zwischen dem Organismus und seiner Umgebung möglich sind, ohne daß seine Selbstorganisation gefährdet ist. Im Laufe der Zeit werden der Organismus und das von ihm definierte Milieu wechselseitige Veränderungen erleben, in denen aber die Integrität des Organismus gewahrt bleiben muß. Wo das nicht der Fall ist, bricht die Selbstorganisation zusammen und der Organismus ist nicht mehr lebendig. Maturana und Varela nennen diese Art von Interaktion «strukturelle Koppelung».

Der wichtigste Gesichtspunkt bei dieser Koppelung ist, daß die inneren Zustandsänderungen des Organismus ausschließlich von der Notwendigkeit, die Selbstorganisation aufrechtzuerhalten, bedingt sind. Umweltveränderungen *bedingen* nicht die strukturellen Veränderungen des Organismus, sondern lösen nur die geeigneten Strukturveränderungen aus. Es kann auf ein und dieselbe Milieuveränderung mehrere Möglichkeiten der angemessenen Strukturveränderungs-Reaktion geben, und ebenso können verschiedene Milieuveränderungen ein und dieselbe strukturelle Änderung auslösen. Es gibt also keine Eins-zu-eins-Entsprechung zwischen Milieuveränderung und innerer Strukturveränderung. Wie ein bestimmter Organismus auf eine bestimmte Milieuveränderung reagiert, hängt davon ab, welche Strukturveränderungen ihm in diesem Augenblick verfügbar sind, und das wiederum hängt von der Geschichte seiner Interaktionen mit einer sich wandelnden Umwelt ab.

Wenn ein Organismus in dieser Weise mit seiner Umwelt in Wechselwirkung tritt, um die innere Kohärenz seiner Organisation zu wahren, dann liegt hierin zugleich der Ansatz zu einer ganz neuen Sicht der Evolution. Die Standardanschauung ist bis heute die Theorie der «natürlichen Auslese» (auch «natürliche Selektion» oder «natürliche Zuchtwahl»). Sie besagt, daß solche Organismen, die am besten an die Umweltbedingungen angepaßt sind, bevorzugt werden und sich im Laufe vieler Generationen allmählich gegenüber weniger gut angepaßten Organismen durchsetzen; diese am besten angepaßten Organismen sind demnach weitgehend durch die Bedingungen ihrer Umwelt geprägt. Nach der Darstellung von Maturana und Varela könnten einem Organismus jedoch mehrere Möglichkeiten offenstehen, so auf Umweltveränderungen zu reagieren, daß die Kohärenz seiner inneren Zustände gewahrt bleibt. Die Organismen, die überleben, als Individuen oder als Art, sind nicht unbedingt die am besten *angepaßten*. Es ist ihnen vielmehr ganz einfach gelungen, immer wieder einen Weg zu finden, ihre Selbstorganisation aufrechtzuerhalten. Es gibt viele mögliche Wege dieser Art, und es ist anzunehmen, daß die Evolution einer Spezies eher durch *natürliches Driften* (Maturana) zustande kommt als dadurch, daß sie von der Umwelt bei jedem Schritt vorgeschrieben bekommt, welche Form sie jeweils annehmen soll.

Erkennen ohne Repräsentation

Was bedeutet das nun aber für die Frage, wie ein Organismus seine Umwelt erkennt? Nach Varelas Auffassung ist das Nervensystem eine autonome Einheit im oben erklärten Sinne. Das Nervensystem ist ein unglaublich komplexes System von Milliarden von Neuronen, die ein Geflecht mit verschiedenen Ordnungsmustern auf verschiedenen Ebenen bilden – eine «verflochtene Hierarchie». Dieses komplexe Geflecht verbindet die sensorischen und motorischen «Flächen» (Bereiche) des Körpers miteinander, und über diese Flächen tritt der Organismus in Interaktion mit seiner Umwelt. Das Nervensystem selbst ist ein geschlossenes System, das seine inneren Zustände so wechselt, daß seine innere Kohärenz und Balance gewahrt bleiben. Jede Umweltveränderung empfindet das Nervensystem als «Perturbation» (durch äußere Einwirkung ausgelöste strukturelle Zustandsänderung) an der «sensorischen Fläche» und reagiert mit einer Angleichung seines inneren Zustands, damit dessen Kohärenz gewahrt bleibt. Diese Angleichung kommt nach außen hin über die «motorische Fläche» als eine veränderte Beziehung zur Umwelt zum Ausdruck.

Um diese Anschauung vom Nervensystem zu belegen, führt Varela das verblüffende Beispiel der «farbigen Schatten» an, das zum ersten Mal 1672 von Otto von Guericke beschrieben wurde. Wenn wir Licht aus einer roten und einer weißen Lichtquelle auf einen Schirm oder auf die gleiche Stelle an der Wand projizieren, sehen wir einen rötlichen Lichtfleck. Halten wir nun unsere Hand in den roten Lichtkegel, so entsteht in dem rötlichen Fleck an der Wand ein Schatten, der eigentlich weiß sein sollte, da jetzt nur noch weißes Licht auf diese Stelle fällt. Tatsächlich ist der Schatten aber blaugrün! Woher kommt nun diese blaugrüne Färbung? Sie kann eigentlich nur aus unserem eigenen visuellen System stammen, ein Ausdruck der Art und Weise, wie wir auf die ganze Beleuchtungssituation reagieren, auf die Kontrastsituation zwischen dem Schatten und seinem rötlichen Hintergrund – denn wenn wir die rote Lampe jetzt ausschalten, wird die Stelle, an der eben die blaugrüne Hand war, weiß, obwohl sich an der Beleuchtungssituation dieser Stelle nichts geändert hat. Ich habe im 6. Kapitel, in dem es um den Skandha *Form* ging, ein ähnliches Experiment beschrieben und gesagt, daß es einen ersten Schritt zum Verständnis der Wechselwirkung zwischen Sinnesorgan und Sinnesfeld darstellt. Wir wollen diesen Gesichtspunkt nun vertiefen.

Nehmen wir den umgekehrten Fall: Wir haben eine Apfelsine in der Hand und tragen sie aus einem mit Neonlampen beleuchteten Zimmer hinaus ins Sonnenlicht. Sie erscheint uns drinnen wie draußen orange, obwohl das Licht im Zimmer sich aus ganz anderen Wellenlängen zusammensetzt als das Sonnenlicht. Im Fall des Handschattens nahmen wir verschiedene Farben wahr, obwohl die Beleuchtungssituation der Stelle gleich blieb; bei der Orange bleibt die Farberfahrung gleich, obwohl die Beleuchtungssituation sich drastisch änderte.

Varela meint nun, es habe keinen Sinn, sich hier auf die Objektivität von Wellenlängen zu versteifen und unsere Farberfahrung als «Täuschung» anzusehen. Keine Theorie der Farbwahrnehmung kann die hier beschriebenen Effekte einfach als marginal oder illusorisch ausklammern, denn das hieße einen Begriff von Wahrnehmung vorauszusetzen, in dem Phänomene, die es offensichtlich gibt, für nichtexistent erklärt werden müssen. Diese zugrunde gelegte Wahrnehmungstheorie lautet natürlich: Die Farberfahrung entspricht der Wellenlänge des Lichts, das von dem Objekt «da draußen» reflektiert wird.

Die vorgestellten und viele andere Experimente belegen aber nach Varelas Auffassung, daß es so gut wie gar keine direkte Beziehung zwischen dem Licht, das ein Objekt beleuchtet, und der subjektiven Farberfahrung gibt. Die Erfahrung einer Farbe ist daher nicht die «innere Repräsentation» von etwas «Äußerem». Sie ist vielmehr in den hier beschriebenen Fällen eine Reaktion der gesamten Netzhaut, die durch Umwelteinflüsse ausgelöst wird, aber nicht durch sie determiniert ist. Zusammenfassend sagt Varela: «Die schwer dingfest zu machende Qualität, die wir ‹Farbe› nennen, ist nicht anhand von Objekt-Eigenschaften zu erklären, die der Wahrnehmende erfaßt.»[2] Die subjektive Farberfahrung ist überhaupt nur erklärbar, wenn wir aufzeigen, wie sie durch die innere Kohärenz der Neuronenaktivität im Nervensystem konstituiert wird.

Die beiden Beobachtungsperspektiven

Warum fallen wir dann immer wieder in die Anschauung zurück, daß der Organismus Repräsentationen einer feststehenden «Außenwelt» erzeugt? Die Lösung erschließt sich, wenn wir uns klarmachen, daß es hier zwei grundsätzlich verschiedene Beschreibungsmöglichkeiten gibt, die unterschiedliche Beobachtersituationen zur Grundlage haben. Maturana und Varela legen uns eine simple Tatsache ans Herz, die wir bei allen Überlegungen dieser Art niemals aus dem Auge verlieren sollten: «Alles Gesagte ist von jemandem gesagt.»[3] Das will sagen: Jede Aussage wird von dem besonderen Standpunkt eines bestimmten Menschen aus gemacht, und es ist außerordentlich wichtig, verschiedene Beschreibungen auseinanderzuhalten, die von verschiedenen Beobachtern gegeben werden. Für unseren Gedankengang kommt es nun darauf an, daß das Verhalten eines Organismus in einem Umfeld auf zwei ganz verschiedene Weisen beschrieben werden kann. Die erste spricht von einem Nervensystem, das auf einen Auslösereiz aus der Umwelt so reagiert, daß seine innere Integrität gewahrt bleibt. Die zweite Beschreibung, vom Standpunkt des äußeren Beobachters aus gegeben, spricht von einem Organismus in seiner Umwelt, der auf die unterschiedlichen Gegebenheiten dieser Umwelt reagiert. Diese beiden Perspektiven, die innere oder subjektive und die äußere oder objektive, sind auseinanderzuhalten und jede für sich als gültig zu betrachten, denn sonst entsteht große Verwirrung, wenn sie gegeneinander ausgespielt werden und der «objektive» äußere Beobachter die Erfahrungen des Organismus als «bloß subjektiv» verwirft. Beide Beschreibungen sind gültig, aber das heißt durchaus nicht, daß sie auch übereinstimmen müssen.

Selbstorganisation

Diese Verwechslung der beiden möglichen Standpunkte eines Beobachters ist es, die zu der Anschauung führt, daß der Organismus sich Repräsentationen seiner Umwelt schafft. Der Organismus selbst weiß davon nichts: Er gleicht lediglich seine inneren Zustände den Verhältnissen so an, daß die innere Integrität und Balance erhalten bleibt. Nehmen wir ein einfaches Beispiel: Wenn die Hand einen heißen Ofen berührt, wird sie augenblicklich mit einem Ruck zurückgezogen. Ein äußerer Beobachter wird sagen: «Der Organismus zog seine Hand zurück, weil er erkannte, daß da etwas Heißes war.» Vom Standpunkt des Nervensystems aus stellt sich die Situation ein wenig anders dar: Ein Reiz an einer sensorischen Fläche verursachte ein Ungleichgewicht im System, und dieses wurde durch eine Reaktion an der motorischen Fläche kompensiert. Das Nervensystem weiß nichts von Öfen; es weiß nur von der auslösenden Perturbation an der sensorischen Fläche und von seinem daraus resultierenden Ungleichgewicht. Kurzum, der ganze Ablauf läßt sich erklären, ohne daß man annehmen muß, das Nervensystem schaffe sich eine Repräsentation des Ofens.

Maturana und Varela verdeutlichen das Gemeinte anhand einer Analogie:

Stellen wir uns jemanden vor, der sein ganzes Leben in einem Unterseeboot verbracht hat, ohne es je zu verlassen, und der in dem Umgang damit ausgebildet wurde. Nun sind wir am Strand und sehen, daß das Unterseeboot sich nähert und sanft an der Oberfläche auftaucht. Über Funk sagen wir dann dem Steuermann: «Glückwunsch, du hast alle Riffe vermieden und bist elegant aufgetaucht; du hast das Unterseeboot perfekt manövriert.» Der Steuermann im Inneren des Bootes ist jedoch erstaunt: «Was heißt denn ‹Riffe› und ‹Auftauchen›? Alles, was ich getan habe, war, Hebel zu betätigen und Knöpfe zu drehen und bestimmte Relationen zwischen den Anzeigen der Geräte beim Betätigen der Hebel und Knöpfe herzustellen – und zwar in einer vorgeschriebenen Reihenfolge, an die ich gewöhnt bin.»[4]

Als äußere Beobachter mögen wir vom «Verhalten» des Unterseeboots sprechen, doch vom Standpunkt des Steuermanns aus gesehen, der hier dem Nervensystem entspricht, geschah nichts weiter, als daß er auf die inneren Zustände seiner Instrumente so reagierte, daß das Gleichgewicht erhalten blieb.

Wenn wir also zu beschreiben versuchen, wie ein Organismus seine Umwelt erkennt, müssen wir stets vor Augen behalten, daß es zwei alternative und gleichermaßen gültige Beschreibungsmöglichkeiten gibt. Das bedeutet, wie Varela sagt, daß wir «die Bedingungen unserer Beschreibungen zu berücksichtigen haben, also angeben müssen, wann wir den Organismus als ein System von eigener innerer Logik und wann als Einheit in ihren Interaktionen betrachten».[5] In diesem Beschreibungsprozeß mit seinen wechselnden Perspektiven, der nicht nur die objektiv vorgegebenen Bedingungen, sondern auch die innere Organisation des Organismus berücksichtigt, formt sich allmählich ein Bild vom tatsächlichen Charakter des Erkennens aus. Bei der Farbwahrnehmung etwa müssen wir einerseits als objektive Bedingung voraussetzen, daß das menschliche Auge nur auf einen bestimmten Bereich von Wellenlängen anspricht. Innerhalb dieser Grenzen aber gibt es die verschiedensten Reaktionsmöglichkeiten, und welche der Organismus wählt, hängt von der jeweils gerade gegebenen Struktur seines Nervensystems ab. Diese Struktur ist jedoch das Resultat früherer Interaktionen dieser Art. Der Prozeß, in dem der Organismus die Welt erkennt und sie damit hervorbringt, ist also dem analog, was für den Bereich der Evolution «natürliches Driften» genannt wurde. Es ist kein «instruktionaler» Prozeß, in dem eine bereits gegebene Umwelt genau determiniert, gleichsam vorschreibt, was der Organismus erkennen wird.

Ein «Mittlerer Weg» für die Kognitionswissenschaft

Diese neue Sicht des Erkennens bezeichnet Varela als einen «Mittleren Weg» für die Neurowissenschaften. Dieser Weg hält sich auf der Mitte zwischen den beiden herkömmlichen Extremen des Denkens: Dem «Repräsentationismus», der annimmt, daß «da draußen» eine vollkommen determinierte reale Welt ist, die der Organismus in sich selbst repräsentieren kann, wenn er durch die Sinne genügend Information über diese Welt erhält; und dem «Konstruktivismus», der behauptet, daß der Organismus seine Wahrnehmungswelt gänzlich aus

Selbstorganisation

sich selbst heraus aufbaut. Auf dem Mittleren Weg jedoch bahnt sich der Organismus gleichsam einen Weg durch diese Welt, und dieser Weg ist nur in groben Zügen festgelegt – wie das Wasser sich im Frühjahr zur Schneeschmelze einen Weg den Berg hinunter bahnt, und der Weg, den er sich bahnt, ist in groben Zügen determiniert durch seine früheren Interaktionen mit der Umwelt. Das Erkennen, sagt Varela, ist dort, wo es entspringt, «ein Herumprobieren, ein dynamisches Gestalten»:

> Der wesentliche Gesichtspunkt bei diesem Geschehen besteht darin, daß die Konsequenzen einer Interaktion nicht aus der auslösenden Perturbation zu ersehen sind, sondern sich in der Art und Weise zeigen, wie die Struktur solche Interaktionen gemäß ihrer dynamischen Anlage kompensiert; das Gesamtresultat ist eine Strukturveränderung bei gleichzeitigem Bestehenbleiben der Integrität des Systems in seinem Medium.[6]

Ein Beobachter sagt, daß ein Organismus seine Umwelt «kennt», wenn er sich in dieser Umwelt angemessen zu verhalten vermag. Wenn wir etwa jemandem beim Beerensammeln zusehen und beobachten, daß er nur solche sammelt, von denen ihm nicht schlecht wird, dann sagen wir, daß er sich mit Beeren «auskennt». Von einem Kind, das auf die Frage «Was ist zwei mal drei?» die Antwort «Sechs» gibt, sagen wir, daß es das Einmaleins kann oder «kennt». Nach der Repräsentationstheorie der Erkenntnis würde man hier sagen, daß der betreffende Mensch genügend Information über die Welt gesammelt hat, um zu adäquaten Repräsentationen jenes bestimmten Aspektes der Welt – Beeren oder Zahlen – zu gelangen, und diese Repräsentationen könne er dann aktivieren, wenn die Situation es erfordert. Das konstruktivistische Urteil würde lauten, daß der Organismus angeborene Strukturen besitzt, etwa das Zahlensystem betreffend, die von der Umwelt aktiviert und dann auf sie projiziert werden.

Bleiben wir jedoch, um zu beschreiben, was wirklich geschieht, bei dem einfachen Beispiel des Hundes, der auf ein Glockenzeichen hin Speichel produziert. Die Repräsentationstheorie würde sagen, daß der Hund eine Repräsentation von «Glockenzeichen» mit einer Repräsentation von «Futter» assoziiert und daher Speichel produziert. Nach der Darstellung von Maturana und Varela ist das jedoch eine ziemlich gewagte Interpretation, auch wenn sie naheliegend erscheint. Das Nervensystem des Organismus reagiert in jedem Augenblick nur auf die gerade dann gegebenen Perturbationen aus der Umwelt. Das Nervensystem des Hundes reagiert unmittelbar auf den Klang der Glocke, und die Reaktionen, die ihm möglich sind, resultieren aus der zurückliegenden Geschichte von Interaktionen mit Glocke und Futter. Die im Augenblick gegebene Struktur des Nervensystems bestimmt, wie der Hund reagiert, und der hypothetischen inneren Repräsentationen bedarf es hierfür gar nicht. Es gibt, wie Maturana und Varela sagen, nicht einmal einen Mechanismus, mit dessen Hilfe das Nervensystem Repräsentationen speichern könnte – denn es *ist* nichts weiter als sein gegenwärtiger Zustand. Dieser gegenwärtige Zustand hängt von der Geschichte der früheren Interaktionen ab; verschiedene Reaktionen auf die Umwelt oder verschiedene «Erkenntnisse» über die Umwelt sind möglich, weil es verschiedene Geschichten gibt.

Ein Repräsentationist könnte sagen, zur Geschichte des Nervensystems gehöre eben auch, daß Repräsentationen erzeugt und gespeichert werden und dann zum gegenwärtigen Zustand des Nervensystems gehören. Dabei wird aber vorausgesetzt, daß da eine Umwelt fix und fertig vorgegeben ist, die repräsentiert werden kann – und genau das wird hier in Frage gestellt. Das Nervensystem kommt einfach nicht in Kontakt mit «Hunden», «Glocken» oder «Nahrung», und daher können keine Repräsentationen solcher Dinge gebildet und gespeichert werden.

Eine der wichtigsten Konsequenzen dieses Ansatzes besteht darin, daß der Organismus nicht nur sich selbst, sondern auch seine Welt durch die Interaktionen mit dem Medium, in das er eingebettet und mit dem er verkoppelt ist, bei jedem seiner Schritte selbst definiert. Welt und Organismus entstehen also von Augenblick zu Augenblick gemeinsam in ständig wechselnder Verkoppelung. Weder dem Organismus noch der Welt kommt in diesem Prozeß eine Priorität zu. Auf eine wiederum an Niels Bohr gemahnende Weise zeigt Varela die Implikationen dieses Ansatzes auf. Wir müssen, wie er sagt,

die eingefleischte Gewohnheit aufgeben, die Welt als einen festgelegten Bezugsrahmen zu nehmen, der repräsentiert werden kann, oder das Subjekt als initiierende Größe und damit auch wieder als Bezugspunkt zu nehmen. Wenn wir recht haben, ist unser menschliches Leben, unsere Erfahrung eben jetzt, nur eine von vielen möglichen Chreoden [Leitbahnen] der Erkenntnis, worin der immense Hintergrund unserer biologischen Struktur und unserer sozialen Praktiken untrennbar ist von der Ordnung, die wir sowohl in der Welt als auch im Ich erkennen. Wenn wir dieser Logik konsequent folgen, können wir die Welt, in der wir uns finden, als weder getrennt noch fern begreifen. Als eine Welt freilich auch, in der uns kein fester Bezugspunkt mehr bleibt.[7]

Sprache

Über die innere Erfahrung eines Hundes läßt sich nicht spekulieren, doch wir könnten fragen, weshalb wir, als Menschen, scheinbar eine Welt der «Hunde» und «Autos» und anderer «Dinge» erfahren. Nach Maturana und Varela ist dies auf eine andere Art der Koppelung mit der Umwelt zurückzuführen, nämlich auf die soziale Koppelung, aus der die Sprache hervorgeht. Wenn die Umwelt eines Organismus andere Organismen desselben Typs enthält, kommt es zu Koppelungen einer höheren Art. Zur Koppelung eines bestimmten Organismus mit seiner Umwelt gehört hier auch die Koppelung mit anderen Organismen. Organismus und Welt, so sagten wir, definieren einander gegenseitig, und der Prozeß des gegenseitigen Definierens erstreckt sich nun auch auf andere Organismen. Wir finden dieses gegenseitige Definieren überall in der Natur, am sinnfälligsten in Verhaltensweisen, die man «kooperativ» oder sogar «altruistisch» nennt. Insektenstaaten, die Eindringlinge abwehren, jagende Wolfsrudel, Wächtertiere in Antilopenherden, die vor Gefahren warnen, und die verschiedenen Formen, Verbände zu bilden, um die Jungtiere zu schützen. In allen Fällen dieser Art ist das einzelne Tier teilweise durch seine Koppelung mit anderen definiert.

Gekoppeltes Verhalten unter Tieren derselben Art kann einem Beobachter als ein Beispiel für Kommunikation erscheinen. Tatsächlich laufen hier nur eingefahrene Muster koordinierten Verhaltens ab, die sich aus der Entwicklung bestimmter Koppelungen in der Geschichte der Spezies und der einzelnen Exemplare ergeben haben. Kommunikativ ist solches Verhalten für einen Beobachter insofern, als hier eine Kooperation zustande kommt.

Sprache

Wenn wir den Standpunkt des Beobachters einnehmen, ließe sich sagen, daß solche Kommunikation Bedeutung vermittelt und daher «sprachlich» genannt werden kann in dem Sinne, daß der Beobachter die Bedeutung verbalisieren kann. Nehmen wir wieder ein Beispiel: Ich sitze zu Hause in meinem Arbeitszimmer im ersten Stock. Am Morgen, vor dem Frühstück, mache ich unten Feuer im Ofen. Nach dem Frühstück gehe ich nach oben in mein Büro und kümmere mich häufig erst dann wieder um den Ofen, wenn ich zu frösteln anfange. Meine alte Katze aber, die sich gern vor dem Ofen ausstreckt, kommt meist gerade um diese Zeit maunzend an die Tür meines Arbeitszimmers. Nun könnte ich sagen, daß die Katze mich auffordert, Holz nachzulegen, daß sie mir mit ihrem Maunzen also etwas mitteilt. Aber wir könnten auch ganz einfach sagen, das Maunzen sei die strukturelle Koppelung zwischen der Katze, mir und dem Ofen, die sich im Lauf der Wintermonate gebildet hat. Ebenso könnte man auch sagen, das Gebell zweier Schäferhunde, die mit großer Geschicklichkeit eine Herde dirigieren, übermittle Bedeutungsinhalte. Doch auch hier wäre die Situation adäquat beschrieben als historische Koppelung von Hunden und Schafen in einer sozialen Konstellation. Menschen sind also nicht die einzigen Tiere, die sprachliches oder quasi-sprachliches Verhalten entwickelt haben – kommunikatives Verhalten, das einem Beobachter als sinntragend erscheint.

Der Mensch scheint aber das einzige Wesen zu sein, das über eine Sprache im engeren Sinne verfügt. Sprache entsteht in dem Augenblick, wo eine Art von Handeln, ein Sprechakt, an die Stelle einer anderen Art von Handeln, also von «quasi-sprachlichem Verhalten», gesetzt wird. Durch Sprache entsteht also eine Distanzierung von anderen Formen des Handelns: Wir treten einen Schritt zurück und nehmen gegenüber unserem eigenen Handeln die Position des Beobachters ein. In diesem Sinne verdeckt die Sprache den Bereich jenes Handelns, auf das unsere Sprechakte sich beziehen. Mit dem Entstehen der Sprache fing der Mensch an, immer mehr in einer sprachlichen Welt zu leben.

Mit der durch die Sprache entstandenen Distanzierung von der Welt und unserem eigenen Handeln entstand auch die Möglichkeit der distanzierten Betrachtung unserer selbst. Indem wir einen Teil unserer selbst, den Beobachter, gleichsam von unserer Ganzheit ablösen, erfahren wir uns als Wesen, die Gedanken und Vorstellungen «haben»:

Selbstorganisation

Unser Bewußtsein spaltet sich, und wir werden «unserer selbst bewußt». Dieser beobachtende und beschreibende Aspekt unserer geistigen Prozesse ist es, den wir unser «Ich» nennen. Ohne solch eine Spaltung des Bewußtseins gäbe es keine Erfahrung von gesondert existierenden inneren Bildern, Gedanken und Repräsentationen, die zu einer Außenwelt in Beziehung stehen. Da wäre nur direktes Handeln, das eine Welt hervorbringt. Die Erfahrung, ein «Innenleben» der Gedanken und Bilder zu haben, ist unmittelbare Folge dieser Bewußtseinsspaltung, die uns vorgaukelt, unsere Wahrnehmungen und deren innere Beschreibungen seien zweierlei.

Selbstbewußtsein entsteht also dadurch, daß der Gebrauch der Sprache Distanz entstehen läßt, so daß wir allen Dingen gegenüber – auch gegenüber uns selbst – den Standpunkt des Beobachters einnehmen. Um das besser verstehen zu können, wollen wir uns im nächsten Kapitel dem Bewußtsein, der Sprache und der Verbindung zwischen ihnen zuwenden.

10. Bewußtsein

Wir sind im vorigen Kapitel Varela und Maturana gefolgt in ihrer Argumentation gegen die sowohl in der Kognitionswissenschaft als auch im allgemeinen Bewußtsein tief eingewurzelte Vorstellung, daß der Organismus sich bei seinen Interaktionen mit der Außenwelt innere Repräsentationen dieser Welt schafft. Fragen wir also noch einmal: Wer ist dieses «Ich», das sich Repräsentationen der Welt schafft und mit ihnen hantiert? Und vor allem: Wo bleibt dieses Ich, wenn die Repräsentationstheorie unrichtig ist? Wenn wir diese Analyse bisher überhaupt persönlich genommen haben, ist dies wohl der Punkt, wo die Sache uns ein wenig ungemütlich werden könnte. Verlieren wir jetzt etwa unseren liebsten und intimsten Freund, den Gefährten, der immer bei uns ist, ob wir gehen oder sitzen, essen oder trinken, wach sind oder schlafen? Der Gedanke kann uns erschreckend vorkommen oder irgendwie erleichternd – oder beides.

Was hat es also auf sich mit dem Bewußtsein unserer selbst, unserem Ich-Bewußtsein? Impliziert nicht die Tatsache, daß wir uns eines Ich-Gefühls bewußt sind, die Existenz dieses Ich? Kein Zweifel, wir müssen uns hier mit dem Thema «Bewußtsein» befassen, und nicht nur weil es keinen anderen Ort mehr gibt, wo wir nach dem Ich forschen können, sondern auch weil das Bewußtsein als solches unsere Aufmerksamkeit verlangt, ganz abgesehen von der Frage des Ich. Wir werden uns später der Frage widmen, ob Bewußtsein ohne Ich möglich ist.

Bewußtsein

Selbstbewußtsein und das Ich

Beginnen wir also mit der Frage, ob Selbstbewußtsein ein Ich impliziert. Nach allem, was wir bisher gehört haben, muß die Antwort wohl lauten: «Nein, das Bewußtsein von irgend etwas impliziert durchaus nicht, daß es dieses Etwas auch tatsächlich gibt.» Wir haben die Aussage von Daniel Dennett gehört, daß das sogenannte Selbstbewußtsein nur die Spitze eines Eisbergs ist, über den dieses Bewußtsein so gut wie nichts weiß – und es ist keineswegs sicher, ob es nicht vielleicht besser wäre, statt Selbstbewußtsein einfach Selbsttäuschung zu sagen. Bei der Erörterung des Denkprozesses sahen wir, daß Bewußtsein nur das letzte Glied einer langen Kette ist und wenig oder nichts weiß über das, was in diesem Prozeß vor sich geht. Wir werden das noch deutlicher sehen, wenn es um die Details des Wahrnehmungsprozesses geht.

Sie werden vielleicht einwenden: Dennoch ist nicht zu leugnen, daß es ein Bewußtsein des Ich *gibt*. Aber wie ist das zum Beispiel mit der Phantomerfahrung Arm- oder Beinamputierter? Bedeutet das Phantombewußtsein, daß es den betreffenden Körperteil wirklich gibt? Bedeutet ein Klingeln in den Ohren, daß da ein Glöckchen ist? Beweist das Bewußtsein von Zorn, daß da wirklich etwas namens «Zorn» ist? Nun ja, werden Sie sagen, das Bewußtsein von etwas bedeutet nicht, daß genau das auch vorhanden sein muß, dessen wir uns bewußt zu sein glauben; aber *irgendwas* muß ja da sein: Ein Phantombewußtsein zeugt von verletzten Nervenendungen im noch vorhandenen Rest des betreffenden Körperteils; Bewußtsein eines Klingelns in den Ohren zeugt von einer Entzündung des inneren Ohrs oder von hohem Blutdruck; Bewußtsein von Zorn zeugt, wie wir jetzt wissen, von einer Erregungsstruktur und von einer negativen Bedeutungsanalyse. Dann könnten wir vielleicht sagen: Bewußtsein des Ich zeugt von einer Zusammenballung gewisser Gedanken, Gefühle und Körperempfindungen sowie der unbewußten Mechanismen der Verarbeitung dieser Dinge – und von sonst nichts.

Das Bewußtsein der Tiere

Befassen wir uns also mit dem Bewußtseins-Aspekt dieser Komponenten unserer Erfahrung. Denn *daß* Bewußtsein eine Rolle spielt, ist nicht mehr zu leugnen, auch wenn die Behavioristen versucht haben, alles auf simple Konditionierung zurückzuführen. Unsere Denkprozesse laufen größtenteils unbewußt ab, und das scheint einerseits zu bedeuten, daß Bewußtsein nicht gar so wichtig ist für den Organismus. Andererseits stellt sich damit die interessante Frage: Was ist denn dann die eigentliche Funktion des Bewußtseins?

Ist Bewußtsein etwas, das nur beim Menschen vorkommt? Viele Forscher, die ein Leben lang das Verhalten der Tiere studiert haben, sind ganz entschieden der Auffassung, daß auch Tiere in gewissem Umfang über Bewußtsein verfügen. Donald Griffin etwa hat zahlreiche Fälle dokumentiert, in denen tierisches Verhalten am einfachsten mit der Annahme zu erklären ist, daß Tiere mit inneren Bildern umgehen und Denkoperationen leisten, die man bei einem Menschen als rational bezeichnen würde. Ohne eine solche Annahme wäre das beobachtete Verhalten kaum zu erklären. Hier zwei von Griffins vielen Beispielen:

Krebs und seine Kollegen untersuchten, wie Kohlmeisen mit dem Problem fertig werden, verstecktes Futter aufzufinden. Sie legten Mehlwürmer in Behälter verschiedener Typen und verschlossen sie mit Klebeband. Die Vögel lernten schnell, daß sie in manchen Typen dieser Behälter Mehlwürmer fanden, wenn sie mit dem Schnabel das Klebeband durchstießen. Wenn eine Meise herausgefunden hatte, daß ein Behälter eines bestimmten Typs manchmal Mehlwürmer enthielt, suchte sie zielstrebig nach ähnlichen Behältern. Auch die anderen Vögel begannen dann, nach ähnlichen Verstecken zu suchen – sie lernten also durch Beobachtung, wo Futter zu finden war.

Viele von denen, die sich mit dem Lernvermögen der Tiere befassen, so schreibt Griffin, stellen fest, daß Tiere sich häufig so verhalten, als erwarteten sie etwas. Er zitiert ein Beispiel:

Eines der eindringlichsten Beispiele hat O. L. Tinklepaugh beschrieben. Ein Affe mußte hinter einem Gitter zuschauen, wie der Experimentator ein bevorzugtes Futter, zum Beispiel ein Stück Banane, unter eine von zwei umgedrehten Tassen legte. Nach einiger

Bewußtsein

Zeit wurde die Absperrung weggenommen, so daß der Affe nunmehr die Tassen erreichen konnte. Zweck des Experiments war festzustellen, wie lange sich das Tier daran erinnern konnte, unter welcher Tasse das Bananenstück versteckt war. Im Anschluß an dieses mehrfach wiederholte Experiment legte der Experimentator vor den Augen des ausgesperrten Affen ein Stück Banane unter eine Tasse wie bisher, tauschte dann aber während der Wartezeit, und zwar so, daß der Affe es nicht sehen konnte, die Banane gegen Salat – ein weniger beliebtes Futter – aus. Wie Tinklepaugh lebhaft beschreibt, eilt dann der Affe zur richtigen Tasse und hebt sie auf. Er streckt seine Hand aus, um das Futter zu ergreifen. Aber seine Hand fällt zu Boden, ohne es zu berühren. Er betrachtet den Salat, rührt ihn aber nicht an – vorausgesetzt, daß er nicht gerade sehr hungrig ist. Er schaut rund um die Tasse, steht auf und schaut unter und um sich. Er hebt die Tasse hoch und prüft sie gründlich von innen und außen. Gelegentlich wendet er sich auch gegen die Beobachter und schreit sie in offensichtlichem Ärger an.[1]

Wenn man sich Griffins viele Beispiele vergegenwärtigt hat, die über einen Zeitraum von mehr als fünfzig Jahren von zahlreichen Beobachtern erarbeitet wurden, dann kann man es nur noch menschliche Überheblichkeit nennen, wenn bestritten wird, daß auch Tiere so etwas wie bewußtes geistiges Leben kennen. Die behavioristischen Psychologen sind gescheitert mit ihrem Versuch, menschliches Verhalten ohne den Rückgriff auf geistige Abbilder zu erkären. Erstens wissen wir alle, daß wir solche geistigen Bilder haben, und zweitens sind weite Bereiche des menschlichen Verhaltens, aus der Perspektive des Beobachters gesehen, ganz einfach nicht zu verstehen, wenn wir nicht ein geistiges Leben voraussetzen.

Heute erhalten wir immer mehr Berichte von ganz ähnlichen Verhaltensweisen bei Tieren, die von ersichtlichem Wert für die Art sind und für die es nur eine vernünftige Erklärung gibt, nämlich daß Tiere, genau wie wir, bewußte geistige Bilder haben. Das Operieren mit geistigen Bildern bedeutet für diese Tiere ganz einfach eine optimale Anpassung an ihre Lebensbedingungen: Es ist sowohl für die Meisen als auch für die Affen von Vorteil, Futter dort zu erwarten – also eine Vorstellung davon zu haben –, wo sie es bei früheren Gelegenheiten fanden. Es gibt andere Beispiele, in denen Tiere lernen, Jägern aus-

160

zuweichen, bei der Jagd klug in Gruppen zusammenzuarbeiten oder durch gemeinsame Aktionen Raubtieren zu entkommen.

In einer breitangelegten und detaillierten Studie über die biologischen Grundlagen der Evolution menschlichen Bewußtseins hat der Verhaltensforscher John Crook aufgezeigt, daß Primatengesellschaften komplexe Verhaltens- und Kommunikationsmuster, aber auch regelrechte Gesellschaftsordnungen mit Hierarchien, Dominanzbeziehungen und so weiter entwickeln, die entsprechenden Strukturen in menschlichen Gesellschaften ähnlich sind. Überdies, so schreibt er, findet man in primitiven Gesellschaften Korrelationen zwischen den gesellschaftlichen Strukturen, dem Verhalten und den ökologischen Bedingungen, die darauf schließen lassen, daß ein Anpassungsprozeß stattfindet. Das bedeutet, daß das Auftreten solcher gesellschaftlicher Strukturen als natürlicher Koevolutionsprozeß der Gruppe und ihrer Umwelt aufgefaßt werden kann.

Wenn man die Muster des sozialen Wandels in einer Gruppe verfolgt, kann man sehen, wie die soziale Organisation selbst, aber auch ihre Legitimierung durch die Kultur, von ökologischen Chancen und den Herausforderungen des Konkurrenzkampfs abhängig ist. Komplexe soziale Strukturen sind nicht einfach plötzlich da, sondern entwickeln sich allmählich aufgrund der «strukturellen Koppelung» zwischen der Gruppe und ihrer Umwelt. Man kann das Prinzip des «natürlichen Driftens» also nicht nur auf die Evolution der Arten anwenden, sondern in ähnlicher Weise auch auf die Entstehung sozialer Strukturen. Wichtig ist hier vor allem, daß Crook und andere Soziobiologen durch genaues Nachzeichnen der historischen Entwicklung plausibel gemacht haben, daß solche Strukturen sich auf ganz natürliche Weise bilden können.[2]

Das heißt nicht, daß wir uns die allzu gewagten Behauptungen einiger Soziobiologen zu eigen machen wollen. Crook will hier einfach nur sagen, daß Übereinstimmungen zu erkennen sind zwischen den Organisationsstrukturen menschlicher Gesellschaften und denen der Gesellschaften anderer Primaten; daß die Grundstrukturen menschlicher Gesellschaften auf der ganzen Welt Kennzeichen tragen, die aufgrund dieser Übereinstimmungen zu verstehen sind und eine biologische Basis haben.

Und in der Evolution solcher Züge primitiver Gesellschaften hat das Bewußtsein ganz gewiß seinen Platz. Der Verhaltensforscher Nicholas Humphrey schreibt, das Bewußtsein der eigenen Empfindungen und

Emotionen erlaube uns, die Empfindungen und Emotionen anderer zu verstehen und daher deren Verhalten vorauszusehen. Er fährt fort: «Für den Menschen und für Tiere, die in komplexen sozialen Gruppen leben, ist Wirklichkeit weitgehend ‹soziale Wirklichkeit›. Keine andere Klasse von Umweltobjekten ist für ein soziales Tier von auch nur annähernd gleicher biologischer Bedeutung wie jene Lebewesen, die ihm Lebens- und Spielgefährten, Rivalen, Lehrer und Feinde sind. Im Rahmen der sozialen Gruppe ist die Vorbildwirkung für das Verhalten der einzelnen von überragender Bedeutung für das Überleben.»[3] Evolution hat natürlich nicht nur mit dem Überleben des Individuums zu tun, sondern auch damit, daß soziale Gruppierungen von Organismen durch Kooperation und Austausch begünstigt werden. Die Fähigkeit, das Verhalten anderer imaginativ nachzubilden, könnte ein wichtiger Faktor für kooperatives Verhalten unter den Tieren sein und damit die Grundlage einer einheitlichen Organisation innerhalb größerer Gruppen.

All das spricht dafür, daß bewußtes Bild-Erleben ein natürliches Produkt der Evolution sein könnte und durchaus nicht ein Ich als Subjekt des Bewußtseins voraussetzt. Solches Bewußtsein, das noch nicht Selbstbewußtsein oder gespaltenes Bewußtsein ist, kann weder als Ding noch als Substanz betrachtet werden; es ist der natürliche Kommunikationsprozeß, der Tieren und Menschen gemeinsam ist.

Das Bild des eigenen Ich

Ob es ein Selbstbewußtsein – also die Erfahrung des eigenen Organismus als eine vom Umfeld gesonderte, erkennbare Einheit – auch bei Tieren gibt, konnte bisher noch nicht hinreichend geklärt werden. Vielleicht ist das Selbstbewußtsein dem Menschen vorbehalten und hängt mit der Entwicklung seiner Sprechfähigkeit zusammen. Kein Zweifel, daß der menschliche Organismus mit der Neigung, Bilder seiner selbst – also Ich-Bilder – zu formen, geboren wird. Das Ich-Bild des Organismus, in dem neben den bildlichen Anteilen auch affektive Strukturen und Körperhaltungen eine Rolle spielen, ist die geistige Repräsentation seiner selbst in seinen Interaktionen mit anderen, in seinen Zukunftsplanungen und in seinen imaginativen Versuchen, die Vergangenheit aufzuarbeiten.

Das Bild des eigenen Ich

Der Psychologe und Psychiater Jack Engler hat die Sicht des Ego in der psychoanalytischen Theorie der Objektbeziehungen und im Theravāda-Buddhismus verglichen. Er beschreibt die Übereinstimmungen so:

Es mag überraschend erscheinen, daß die buddhistische Psychologie und die psychoanalytische Theorie der Objektbeziehungen, obwohl sie die Ego-Entwicklung verschieden bewerten, *die Essenz des Ego ähnlich definieren*: als einen Prozeß von Synthese und Anpassung zwischen innerem Leben und äußerer Realität, der ein Gefühl persönlicher Kontinuität und Gleichheit in der gefühlten Erfahrung erzeugt, ein «Ich» zu sein, ein Gefühl des Daseins und des Fortbestehens der Existenz. Die Theorie der Objektbeziehungen erkärt diese Erfahrung persönlicher Kontinuität und «Ichheit» als Ergebnis der allmählichen Differenzierung innerer Bilder von einem «Ich» als unterschieden von verinnerlichten Bildern von Objekten und der schließlichen Konsolidierung dieser Bilder in einem zusammengesetzten Schema oder einer Selbstrepräsentation...
In beiden Psychologien wird also das Gefühl des «Ichseins», der personalen Einheit und Kontinuität – das Gefühl, in der Zeit, im Raum und in verschiedenen Bewußtseinsstadien dasselbe «Ich» zu sein –, als etwas aufgefaßt, was der Persönlichkeit nicht angeboren ist, unserer psychologischen und spirituellen Ausstattung nicht innewohnt, sondern sich *aus unserer Erfahrung von Objekten und den Arten von Interaktionen, die wir mit ihnen haben, entwickelt*. Mit anderen Worten, das «Ich» wird buchstäblich aus unserer Erfahrung mit der Objektwelt heraus *konstruiert*. Dieses «Ich», mit dem wir uns identifizieren und das sich für uns so präsent und real anfühlt, ist in Wirklichkeit ein verinnerlichtes Bild, eine zusammengesetzte Darstellung oder Repräsentation, konstruiert durch ein auswählendes und imaginatives «Erinnern» vergangener Begegnungen mit signifikanten Objekten in unserer Welt.
Tatsächlich wird das Ich in beiden Psychologien als Repräsentation angesehen, die *in der Gegenwart von einem Augenblick zum anderen von neuem konstruiert wird*.[4]

Es gehört zur Natur des Menschen, daß er sozial und kulturell ist. Ohne menschliche Kultur sind wir nicht menschlich, und menschliche

Bewußtsein

Kultur ist sowohl das Produkt als auch das Mittel menschlicher Evolution. Damit der menschliche Organismus die Attribute des Menschseins annehmen kann, muß ein starkes, reaktionsfähiges und kohärentes Ich-Bild vorhanden sein. Dieses Ich-Bild entwickelt sich – wie andere kognitive Fähigkeiten – teils durch die Entfaltung angeborener kognitiver und affektiver Strukturen und teils durch seine beständig wechselnden Interaktionen mit anderen. Wie der Organismus und seine Umwelt sich wandeln, so wandelt sich auch das Ich-Bild. Der Verlauf dieser Entwicklung ist bei verschiedenen Menschen in groben Zügen ähnlich und ist vielfach und in aller Ausführlichkeit von Autoren wie Piaget und Erikson dargestellt worden. Der Organismus macht ständig wechselnde Erfahrungen, die er in der von Piaget beschriebenen Weise aufnimmt und einem Ich-Bild eingliedert, das sich zwar stetig, aber doch mit erkennbaren Stadien verändert. Thomas McCarthy schreibt dazu:

[Das Stadienmodell spezifiziert] eine invariante Abfolge von deutlich unterschiedenen und zunehmend komplexen Entwicklungsstadien, wobei kein Stadium übersprungen werden kann und jedes höhere Stadium die vorhergehenden impliziert oder voraussetzt. Das schließt Regressionen, Überschneidungen, Entwicklungsstillstände und dergleichen nicht aus. Stadien sind konstruierte Ganzheiten, die sich qualitativ voneinander unterscheiden...; keine spätere Phase kann [stabil] erreicht werden, ehe die früheren durchlaufen wurden, und Elemente früherer Phasen werden beibehalten, umgewandelt und in die späteren reintegriert.[5]

Ken Wilber sagt dazu: «Diese Auffassung von den Entwicklungsstadien wurde fruchtbringend auf psychosexuelle, kognitive, das Ego betreffende, moralische, Objektbeziehungs- und linguistische Entwicklungsbahnen angewandt... Allgemein [wird] eingeräumt, daß die meisten der von der konventionellen Psychologie und Psychiatrie vorgelegten Stadienmodelle sich für invariant und kulturübergreifend erklären... Innerhalb weit gesteckter Grenzen haben die meisten von ihnen auch genügend Nachweise angeführt, um ihre Behauptungen plausibel zu machen.»[6]

Die eingefleischte Tendenz des Denkens, in «Dingen» zu denken, ist jedoch im Fall des Ich-Bildes nicht weniger offenkundig. Der ständig wechselnde Strom der geistigen Bilder, Affekte und Wahrnehmungen, aus denen das Ich-Bild sich zusammenfügt, wird unter dem Namen «Ich» subsumiert. Wir machen unbewußt die Annahme, daß «Ich» sich auf *ein* gleichbleibendes Ding bezieht, dem wir nur gleichsam anhängen, was jeweils gerade Inhalt des Bewußtseins ist. Und so sagen wir: «Ich habe Hunger», oder «Ich bin voller Zweifel», oder «Ich bin traurig», oder «Ich denke, also bin ich».

Es besteht eine ständige Spannung zwischen der konservativen Neigung des Ich-Bildes, so zu bleiben, wie es ist, und dem wechselnden Strom innerer und äußerer Wahrnehmungen, die Moment für Moment assimiliert werden müssen. Diese Spannung ist ein natürlicher Zug offener Systeme, doch das «Ich» des Augenblicks, das sein Ich-Bild wahren möchte, erfährt sie als Angst. Solange die von den äußeren Umständen geforderten Anpassungsschritte relativ klein sind, bleibt auch die Spannung so gering, daß sie nicht bewußt wird. Sobald es aber um spürbare Veränderungen geht, brechen Angst-, Schmerz-, Frustrations- und Zorngefühle auf. In den Begriffen von Mandlers Erregungstheorie könnten wir sagen, daß ein «Bruch» im gerade bestehenden Ich-Bild wohl die «Diskrepanz» ist, die für den menschlichen Organismus die größte Bedeutung hat.

Wenn das Ich-Bild sich zu bestimmten Mustern aus geistigen Bildern, sprachlichen Repräsentationen und affektiven Strukturen verfestigt, die mit starken Energien besetzt sind, so kommt es zu Neurosen, denn aufgrund dieser Verfestigungen nimmt die Anpassungsfähigkeit immer mehr ab. Die Bildung solcher neurotischer Fixierungen ist in den vergangenen fünfzig Jahren mit ungeheurer Präzision dokumentiert worden – angefangen mit den Einsichten Freuds und Jungs, die beide bis zu einem gewissen Grad versucht haben, ihre Neurosetheorien auf die Biologie des Menschen zu gründen, soweit sie sich in der Dynamik geistiger Prozesse manifestiert. Besonders starke Fixierungen bilden sich häufig an den Wendepunkten der psychischen Entwicklung, die McCarthy und Wilber «Stadien» nennen; sie geben dann Anlaß zu den Verhaltensmustern, die «neurotisch» genannt werden. Das sind jedoch nur herausragende Punkte. Tatsächlich ist die Selbstbewahrungs- und damit Fixierungstendenz des Ich-Bildes ständig wirksam, und die Spannung zwischen dieser Tendenz und dem stetig wechselnden Strom von Wahrnehmungen und inneren Repräsentationen läßt diese namenlose Grund-Angst entstehen, die manchmal «Existenzangst» genannt wird. Und so kommen wir schließlich zu dieser Antwort auf unsere ursprüngliche Frage: Das Selbstbewußtsein, also das Bewußtsein eines geistigen Ich-Bildes, und seine Verhärtungs- oder Fixierungstendenz sind keineswegs der Beweis für die reale Existenz eines «Ich», und es ist die primäre Ursache der Grund-Angst im menschlichen Leben.

Sprache und das Ich-Bild

Es ist sehr wahrscheinlich, daß der Evolutionsprozeß, aus dem ein Organismus hervorging, der sich eines Ich-Bildes bewußt werden, also Selbstbewußtsein erlangen konnte, sehr eng verknüpft ist mit jenem Evolutionsprozeß, aus dem ein sprachbegabter Organismus hervorging. Die Wissenschaft liefert uns hier zwar noch kein zusammenhängendes Bild, aber die Wissenschaftler scheinen trotzdem ziemlich einhellig dieser Meinung zu sein. Die wissenschaftliche Erforschung der Sprache steckt eigentlich noch in den Kinderschuhen. Der interessanteste und «menschlichste» Aspekt der Sprache ist die Bedeutung, und Bedeutung ist immer Bedeutung *für* ein erfahrenes Subjekt. Und da die Wissenschaft das erfahrende Subjekt bisher aus ihren Untersuchungen ausgeschlossen hat, tut sie sich sehr schwer mit der Sprache. Es gibt aber trotzdem einige Möglichkeiten, von wissenschaftlichen Forschungsansätzen her indirekt Einblick zu bekommen in die Beziehung zwischen Sprache und Selbstbewußtsein.

Es gibt heute eine Menge Forschungsmaterial, aus dem hervorgeht, daß es bei den verschiedensten Tierarten vielschichtige nichtverbale Kommunikationssysteme gibt. Offenbar verdanken Tiergesellschaften jeder Art ihren inneren Zusammenhalt solchen Systemen der Kommunikation über Raubtiere, Futterplätze, Paarung, Nestbau, Migration und Spiel. Hier soll es uns nun aber um die verbale Sprache gehen. Die ersten sprachlichen Äußerungen waren vermutlich lautmalerische Hinweise auf Objekte oder Absichten, etwa «Futter!» oder «Gefahr!» oder «Lauf!» Diese Laute bezogen ihre Bedeutung aus der Umweltsituation und aus der nichtverbalen Kommunikation, in die sie eingebettet waren. Wie ich im vorigen Kapitel erwähnt habe, sagen Maturana und Varela, daß Sprache auf allen Stufen der Evolution nicht als Attribut des individuellen Organismus anzusehen ist, sondern als zugehörig zu einer Geschichte von Interaktionen in einer Gruppe von Organismen, die einer gemeinsamen sensorischen Domäne angehören und untereinander und mit ihrer Umwelt gekoppelt sind. Eine gesprochene Sprache ohne solch ein Umfeld wäre ohne Sinn und Bedeutung.

Der Linguist John Lyons schreibt dazu: «Wenn die paralinguistischen Elemente [z. B. Tonmodulation, Lautstärke, Dauer, Augenbewegungen, Kopfnicken, Gesichtsausdruck, Gestik, Körperhaltung] weggelassen werden, zeigt sich bei den Gesprächsteilnehmern bald Verwirrung, Nervosität und Ärger; sie verlieren den Faden, ihre Rede wird unzusammenhängend und widersprüchlich, und mitunter verstummen sie ganz.»[7] George Lakoff und Mark Johnson haben darüber hinaus gezeigt, daß Bedeutung und Wahrheitsgehalt einer Aussage in Relation zu einer bestimmten Person und einer bestimmten Situation zu sehen sind und von einem Kategorisierungsprozeß abhängen, der weniger auf den Eigenschaften der Objekte selbst beruht als vielmehr auf Interaktionsparametern, die nur in ihrem jeweiligen menschlichen Umfeld einen Sinn haben.[8] Lakoff und Johnson erläutern das an einem sehr einfachen Beispiel: Was als Sitzgelegenheit anerkannt wird, hängt von der jeweiligen Situation ab. Ein Bohnensack etwa erfüllt – zumindest in Kalifornien – für ein Gespräch nach dem Essen durchaus die Kriterien, aber nicht einmal dort würde man ihn für ein festliches Dinner in Erwägung ziehen.

In ihrem Buch *Metaphors We Live By* zeigen Lakoff und Johnson, daß unsere Sprach- und Denkprozesse sehr weitgehend, vermutlich zu über 90 Prozent, metaphorisch sind. Hier einige der vielen Beispiele, die sie anführen: Streit ist Krieg; Emotionen sind räumlich; Theorien sind Gebäude; Ideen sind Nahrung. Solche Metaphern entstehen aus der Erfahrung der Interaktion unseres Körpers mit der Umwelt und dem sozialen Umfeld. Metaphern bilden komplexe Geflechte oder kohärente Strukturen, und diese Geflechte sind die kulturelle Vorgabe, in die alle unsere Erfahrungen eingebettet sind. Verstehen vollzieht sich als begriffliche Umgestaltung ganzer Domänen der Erfahrung zu strukturierten Ganzheiten. Wenn wir uns erst einmal solche begrifflichen Repräsentationen unserer Erfahrungen geschaffen haben, werden dadurch etliche weitere Schritte möglich: Wir können aus unseren Erfahrungen das herauslösen, was für uns wichtig ist, wir können die Erfahrungen kategorisieren, verstehen und erinnern und bei der Einschätzung künftiger Erfahrungen auf sie zurückgreifen.

Bewußtsein

Wie entstehen diese Kategorisierungen und Geflechte von Kategorisierungen? Jahrzehntelang haben Psychologen, die nach dem behavioristischen Modell arbeiteten, versucht, ihre Theorien der Kategorienbildung auf die Annahme zu gründen, daß ein Kind «bei Null» anfängt. Dabei wird angenommen, daß das Kind Muster in seiner Umgebung erkennt und sich vorsprachliche Begriffe davon formt, die schließlich Namen erhalten, wenn das Kind Erwachsene über die betreffenden Dinge sprechen hört. So sieht der Begriffsbildungsprozeß seit Thomas Locke für die Empiristen aus. Begriffe sind durch nichts anderes als eine Liste ihrer Attribute definiert: Ein Hund ist ein vierbeiniges, behaartes Tier, das bellt; ein Mensch ist ein Zweibeiner ohne Gefieder. Jeder Begriff ist klar und deutlich, das heißt, irgendein Ding kann dieser Klasse nur angehören oder nicht angehören, aber nicht mehr oder weniger angehören. Es gibt keine hierarchischen Beziehungen zwischen den Begriffen, keiner ist natürlicher oder bedeutungsvoller als ein anderer. Fragen wie: «Ist ein Pinguin ein Vogel?», oder «Ist dies Liebe?» müssen mit «ja» oder «nein» zu beantworten sein. Obwohl der Leser diese Mentalität gewiß kennt, wird er wohl auch empfinden, daß sie mit den wirklichen oder natürlichen Bewußtseinsabläufen nicht viel zu tun hat.

Und so erwies sich auch dieser Ansatz – wie überhaupt die behavioristische Theorie der Spracherlernung insgesamt – weitgehend als Fehlschlag. Das Bemühen der Kognitionswissenschaftler, eine Begriffswelt ganz auf säuberliche, ordentliche und geradlinige Logik zu gründen, schlug fehl. Eleanor Rosch schreibt dazu:

> Als «reifes abendländisches Bewußtsein» ließ man nur ein solches gelten, das aus den Besonderheiten der alltäglichen Erfahrung durch Anwendung der aristotelischen Logik Erkenntnis abstrahiert. Auf Kategorien angewendet, hieß das: Eine Kategorie zu erkennen bedeutete, daß man klare, notwendige und zureichende abstrakte Kriterien der Zugehörigkeit zu ihr besaß. Sofern andere Denkformen – bildhaftes Denken, anschauliche Definitionen, Analogien zu bestimmten Einzelerscheinungen oder der Gebrauch von Metaphern – überhaupt in Betracht gezogen wurden, brachte man sie für gewöhnlich eher mit weniger hochstehenden Wesen wie Frauen, Kindern, primitiven Völkern oder gar Tieren in Verbindung.[9]

Sprache und das Ich-Bild

Nach heutigem Wissensstand muß man davon ausgehen, daß ein Kind mit der Anlage zur Welt kommt, in Übereinstimmung mit hierarchisch organisierten natürlichen Kategorien Begriffe zu bilden. Die bekanntesten Untersuchungen zu diesem Thema stammen von Eleanor Rosch, die aufgezeigt hat, daß es in allen Kategorien eine begriffliche Grundebene gibt, die am leichtesten zu erkennen, zu benennen und zu erinnern ist und daher die erste, die ein Kind lernt. Von den Begriffen der Grundebene leiten sich *übergeordnete*, das heißt allgemeinere, und *untergeordnete*, das heißt speziellere Begriffe ab.[10] «Hund» und «Vogel» beispielsweise sind Begriffe der Grundebene, «Tier» oder «Wirbeltier» sind übergeordnete, «Pekinese» und «Rotkehlchen» untergeordnete Begriffe. Kleinkinder lernen die Grundbegriffe zuerst und bevorzugen sie natürlich, so daß etwa alle vierbeinigen Haustiere zunächst «Hund» genannt werden. Aber auch Erwachsene benutzen Grundbegriffe, wo immer das möglich ist.

Bei der Wahrnehmung eines Objekts, so glaubt Eleanor Rosch, erkennen wir zunächst die Züge, die seinem Grundbegriff entsprechen, und dann erst die über- und untergeordneten Kategorien. Dies wird, wie wir noch sehen werden, von den Forschungen zum Thema der Stadien des Wahrnehmungsprozesses bestätigt. Es sieht so aus, als hätte unser Begriffsgeflecht Knotenpunkte wie ein Fischnetz, bei dem viele Stränge von bestimmten Hauptknotenpunkten ausgehen und dann untereinander mit kleineren Knoten verknüpft sind; oder wie ein Gebilde aus vielen Spinnennetzen, bei dem die Zentren der einzelnen Netze die Knotenpunkte bilden, also die Grundbegriffe darstellen.

Wie es bei solchen auf die Kognitionswissenschaft gegründeten Überlegungen üblich ist, wird die Rolle des Wahrnehmenden und Kategorisierenden nicht berücksichtigt. Zu den ersten Begriffen, die ein Kind bildet, gehören – entsprechenden Forschungen zufolge – die Unterscheidungen von «ich» und «anderes», von «Bedrohung» und «Geborgenheit» und von «mag» und «mag nicht». Das geschieht zwischen dem fünfzehnten und vierundzwanzigsten Monat, also in der Zeit, in der die Spracherlernung beginnt. Von hier aus entwickeln sich das Geflecht der Begriffe und das Ich-Gefühl. John Crook beschreibt diesen Prozeß so:

Das sich herausbildende Ich-Gefühl des Kindes ist abhängig von der Entwicklung seiner kognitiven Kategorisierungsfähigkeit, von der

> Erfahrung der Wechselseitigkeit und der eigenen Urheberschaft in
> den Interaktionen mit den engsten Bezugspersonen und von der
> Erfahrung der emotionalen Qualität seiner eigenen bewußten Zu-
> stände. Der Mensch ist bestens ausgestattet mit den Grundkräften,
> sich einen Begriff vom eigenen Ich als dem Handelnden oder Urhe-
> ber zu bilden, ein kognitives Konstrukt, das für das Funktionieren
> des Ich-Prozesses und die Kommunikation zwischen dem Ich und
> dem anderen eine grundlegende Voraussetzung darstellt... «Identi-
> tät» ist keine unwandelbare Eigenschaft der Art, sondern häufig ein
> unter Schmerzen aufgebautes Gefüge von Begriffsbildungen und
> den zugehörigen Gefühlen, die den einzelnen zu seiner flüchtigen
> Erfahrung der Welt in Beziehung setzen.[11]

Wir können also annehmen, daß die primäre Teilung im Sprachge-
webe durch die beiden großen Knoten «ich» und «anderes» zustande
kommt. Wie wir bei der Erörterung des Wahrnehmungsprozesses
noch sehen werden, scheint das Erkennen eines vagen, allgemeinen
Gefühls von «anderem» als entweder feindlich oder freundlich, lust-
oder schmerzbringend dem Objekterkennen vorauszugehen.

Bei unseren Überlegungen zur Frage der Beziehung zwischen dem
Ich und der Sprache müssen wir nun zum Schluß noch auf die «Ge-
hirnspaltungs»-Forschung zu sprechen kommen.[12] Patienten, die an
bestimmten Formen der Epilepsie leiden, kann manchmal geholfen
werden, indem man die Verbindung zwischen den beiden Hälften der
Großhirnrinde durchtrennt. Nach der Genesungszeit, die ein Jahr
dauern kann, scheinen solche Patienten sich ganz normal zu verhalten
– jedenfalls haben sie selbst und andere diesen Eindruck. Die Patienten empfinden nichts Merkwürdiges an ihrer Wahrnehmung oder Be-
wußtseinserfahrung. Eine sorgfältige Untersuchung ihrer Wahrnehmungsprozesse offenbart jedoch einige bemerkenswerte und bedeut-
same Fakten.

Für die linke Hälfte des Gesichtsfeldes ist die rechte Hälfte der
Großhirnrinde zuständig und umgekehrt. Daher können wir die Ar-
beitsweisen der beiden Hälften auseinanderhalten, indem wir entweder nur der linken oder der rechten Gesichtsfeldhälfte Bilder vorlegen. Wenn ein nichtoperierter Mensch auf die Mitte einer Druckzeile
blickt, sieht er die ganze Zeile. Die linke Hälfte wird von der rechten
Hemisphäre verarbeitet und umgekehrt. Irgendwie werden diese Ver-

arbeitungsprozesse koordiniert, so daß wir die ganze Zeile sehen und uns dessen auch bewußt sind. Ein «gehirngespaltener» Patient sieht nur die rechte Hälfte der Zeile. Die linke Hälfte sieht er nicht einmal als leer, sondern erfährt einfach nichts dort und weiß nicht, daß er nichts erfährt. Für den Patienten selbst fühlt seine Erfahrung sich vollständig an, ohne Lücken. Hier könnte man sich fragen: Was für Lücken mögen wohl in der scheinbar so lückenlosen Erfahrung von uns übrigen klaffen?

Präsentiert man der linken Hälfte des visuellen Feldes ein Bild, so vermag der gehirngespaltene Mensch nicht zu sagen, was da ist, ja, er behauptet sogar, daß da nichts ist. Was auch immer dort sein mag, er hat kein Bewußtsein davon. Fordert man ihn aber auf, das dort Vorgelegte mit der linken Hand nachzuzeichnen, so vermag er das Bild zu kopieren. Fordert man ihn auf, mit der linken Hand ein ähnliches Ding unter anderen auszuwählen, so kann er auch das. Legt man in der linken und rechten Gesichtsfeldhälfte gleichzeitig verschiedene Dinge vor, etwa ein Dollarzeichen in der linken und ein Fragezeichen in der rechten, dann zeichnet der Patient ein Dollarzeichen und sagt dazu, daß er ein Fragezeichen sieht. Läßt man auf der linken Seite ein Wort wie «Radiergummi» aufblitzen, so sucht der Patient aus einem ganzen Haufen von Dingen einen Radiergummi heraus, obwohl er von dem aufblitzenden Wort nichts weiß. Das rechte Gehirn kann also Wörter verstehen, obwohl der Mensch sich dieses Verstehens nicht bewußt ist und auch das Wort nicht sagen kann. Er reagiert emotional auf Bilder, die dem linken Gesichtsfeld vorgelegt werden, und weiß nicht, warum. Bei einem Versuch dieser Art wurde auf diese Art eine Serie neutraler Bilder präsentiert und dazwischen plötzlich ohne Vorwarnung das Bild einer nackten Frau. Die Versuchspersonen liefen rot an oder stammelten, ohne einen Grund dafür zu wissen.

Eines scheint man aus diesen Phänomenen ableiten zu können: Zum Bewußtwerden dessen, was man erkennt, gehört die Fähigkeit, sagen zu können, daß man es erkennt. Auf unseren Gegenstand angewendet, heißt das: Selbstbewußtsein und Sprache sind eng miteinander verknüpft. So schreibt auch der Neurologe Oliver Sacks:

Jeder von uns hat eine Lebensgeschichte, eine Art innerer Erzählung, deren Gehalt und Kontinuität unser Leben *ist*. Man könnte sagen, daß jeder von uns eine «Geschichte» konstruiert und lebt. Diese Geschichte sind wir selbst, sie ist unsere Identität.

Bewußtsein

> Wenn wir etwas über jemanden erfahren wollen, fragen wir: «Wie lautet seine Geschichte, seine wirkliche, innerste Geschichte?» Denn jeder von uns *ist* eine Biographie, eine Geschichte. Jeder Mensch *ist* eine einzigartige Erzählung, die fortwährend und unbewußt durch ihn und in ihm entsteht – durch seine Wahrnehmungen, seine Gefühle, seine Gedanken, seine Handlungen und nicht zuletzt durch das, was er sagt, durch seine in Worte gefaßte Geschichte.[13]

Nichts von dem, was hier dargestellt wurde, ist von endgültiger Beweiskraft, aber es scheint alles in eine Richtung zu weisen: daß nämlich das Ding, das wir «Ich» nennen, das wir abtrennen und zum abstrakten Subjekt unserer Erfahrung machen, ein Produkt der Sprache, ein Knoten im Sprachgeflecht ist und in jener Metaphernwelt lebt, die Lakoff und Johnson aufgedeckt haben. Wo keine Sprache ist, die diese Metaphernwelt beschreibt, da ist auch kein Selbstbewußtsein. Auch in der buddhistischen Theorie der Wahrnehmung ist davon die Rede, daß das Netz der Sprache die bewußte Erfahrung mitbestimmt; darüber wird später noch einiges zu sagen sein.

Es könnte an diesem Punkt nützlich sein, einmal die verschiedenen Anwendungsarten des Ausdrucks «Bewußtsein» zu betrachten. Wir können hier drei sehr verschiedene Bedeutungen ausmachen. Zunächst ist da das Bewußtsein der Tiere. Dessen genaue Natur muß zwar spekulativ bleiben, doch wir können annehmen, daß es auf das Überleben des Organismus ausgerichtet und in diesem Sinne «selbstzentriert» ist. Es scheint hier aber kein Bewußtsein eines von der Welt getrennten Ich zu geben, und daher ist das Bewußtsein nicht gespalten – es ist kein «Selbstbewußtsein». Zweitens: Selbstbewußtsein, das Bewußtsein des normalen Wachzustandes beim Menschen. Dazu gehört ein Bewußtsein des «Ich» und der «Außenwelt», aber ohne daß der Wahrnehmungsprozeß selbst oder das gemeinsame Entstehen von Ich und Welt beziehungsweise die Spaltung zwischen ihnen bewußt wird. Dies kommt auch in dem Sanskritbegriff *vijñāna* zum Ausdruck, mit dem im Buddhismus der fünfte Skandha, *Bewußtsein*, bezeichnet wird: *Vi* bedeutet «geteilt» und *jñāna* «Erkennen», zusammen also «geteiltes Erkennen».

Mit der dritten Bedeutungsvariante dieses Begriffs ist das nicht an Sprache gebundene Bewußtsein gemeint. Die Buddhisten sagen, durch die Praxis der Meditation könne der gesamte Wahrnehmungs-

Sprache und das Ich-Bild

prozeß, auch der Augenblick, in dem das «Ich» sich von der «Welt» abspaltet, erfahrbar gemacht werden. Das Bewußtsein, das diesen Prozeß und den Grund, von dem er ausgeht, wahrnimmt, ist nicht an Sprache gebunden und nicht auf das Ich ausgerichtet; daher wird es «bezugsfreie Bewußtheit» genannt. Darüber wird später noch mehr zu sagen sein. Hier kommt es im Augenblick nur auf den Hinweis an, daß durchaus nicht alles, was wir im Westen mit «Bewußtsein» oder «Bewußtheit» oder «Gewahrsein» bezeichnen, unbedingt an Sprache gebunden sein muß.

Auch ohne Meditation kommen wir dieser letzten Bewußtseinsart manchmal nahe in Augenblicken, in denen uns «unverhoffte Einsichten» zuteil werden oder wir «Geistesblitze» haben. Jeder weiß, daß es Umstände gibt – etwa in Träumen und Halluzinationen –, in denen Ideen in uns aufsteigen, ohne daß sie durch entsprechende Kontakte mit der Umwelt ausgelöst werden. In vielen Fällen mögen diese Bilder durch inneres Sprechen ausgelöst sein und sind damit letzten Endes doch auf den beschriebenen Sprachprozeß zurückzuführen. Es gibt jedoch schöpferische Eingebungen und plötzliche Einsichten, die man kaum auf diese Weise erklären kann. In Berichten von solchen Augenblicken hört man oft, daß dann kein Gefühl des Getrenntseins von der Welt erfahren wird, sondern ein Gefühl des Verbundenseins mit dem «anderen» im Vordergrund steht. Einsichten, die uns auf diese Weise zufallen, sind offenbar nicht durch Sprache vermittelt; die Sprache kommt erst später ins Spiel, wenn wir versuchen, unsere Einsicht mitzuteilen.

Für Einstein kam die Einsicht in die relativistische Natur der Gravitation urplötzlich, und zwar in Form von vagen visuellen und taktilen Empfindungen. Er brauchte dann noch Jahre, um die richtige Sprache für diese Einsicht zu finden – die Sprache der Tensoranalyse. Mozart erzählte, daß ihm neue Kompositionen in ihrer ganzen Komplexität als Ganzheit zufielen und er sie dann nur noch in die lineare Sprache der musikalischen Notierung umformulieren mußte. Und viele Menschen, die auf ihre Erfahrungen achten, erleben ähnliche Blitze auch in eher alltäglichen Bereichen. Wir erleben manchmal Lücken im normalen Fluß unseres gespaltenen diskursiven Bewußtseins, etwa plötzliche Anflüge von Gefühlen und Bildern, die wir nicht benennen können, weil sie so vollkommen frisch und neu sind und weil sie so selten vorkommen, daß wir keine Namen für sie gelernt haben. Solche

Bewußtsein

«Anomalien» brauchen offenbar ganz andere Erklärungen, und wir sollten sie im Auge behalten, während wir unsere Untersuchung fortsetzen.

Buddhistische Gelehrte haben diese Bewußtseinsebene dadurch zu beleuchten versucht, daß sie die Beziehung zwischen Negation und Bedeutung und die Wirkungsweise der Negation im Bewußtsein aufklärten. Wenn beispielsweise jemand das Wort «Hund» zu Ihnen sagt, werden Sie vielleicht ein klares und deutliches Bild von einem Hund haben. Zugleich ist da aber eine ganz undeutliche «Nicht-Hund»-Empfindung, die den Hintergrund für das klare und deutliche Bild des Hundes bildet. Um es noch einmal anders zu sagen: Wenn jemand sagt: «Das ist ein Hund», so wird Ihr Bewußtsein sich auf etwas ausrichten, das in der Tat ein Hund zu sein scheint. Das bedeutet eine Einengung Ihres Bewußtseins insofern, als anderes dadurch weitgehend ausgeschlossen wird. Sagt jedoch jemand: «Das ist kein Hund», so öffnet sich ein ganzer Fächer von vagen, flüchtigen Bildern, von Möglichkeiten dessen, was es sein könnte. Es findet eine Weitung und Öffnung statt, vielleicht stellt sich eine Ahnung von unermeßlicher Potentialität ein, die nicht dadurch auszuschöpfen ist, daß man die Liste aller möglicher Namen für dieses Ding, das kein Hund ist, durchgeht.

Wörter stehen nicht monolithisch für sich allein, sondern sind in einen Bedeutungs-Hintergrund eingebunden, zu dem auch immer der Schatten ihres Gegenteils gehört. Und dieser Schatten-Hintergrund, mag er auch kein klarer und deutlicher Inhalt unseres Bewußtseins sein, ist uns doch irgendwie gegenwärtig. Diese Anschauung, daß ein Begriff immer den Keim seines Gegenteils in sich trägt, findet im taoistischen Yin-Yang-Symbol seinen bildhaften Ausdruck und bildet einen wichtigen Bestandteil von C. G. Jungs Theorie von der Evolution des menschlichen Bewußtseins. Wir wissen, daß auch Niels Bohr das Yin-Yang-Symbol liebte, und die darin verkörperte Idee scheint ihn bei der Formulierung seiner Deutung der Quantenmechanik beeinflußt zu haben. Wir werden auch darauf noch zurückkommen.

Das Ich ist unauffindbar

In den letzten fünf Kapiteln habe ich einigermaßen ausführlich die Forschungsergebnisse erörtert, die uns von den Disziplinen der Kognitionswissenschaft bereitgestellt werden. Ich habe dieses Material zu den psychologischen Konstituentien der Erfahrung in Beziehung gesetzt, die von den frühen buddhistischen Schulen erarbeitet wurden: sensorischer Input, Empfindung, emotionale und mentale Prozesse und Bewußtsein. An keiner Stelle war ein Ich erforderlich, um die Phänomene zu erkären; man kann nicht einmal sagen, daß die Annahme eines Ich das Erklären vereinfacht. Wie ich am Anfang des 6. Kapitels sagte, kann man die Nichtexistenz von etwas nicht direkt beweisen; man kann nur eifrig und ausdauernd danach suchen und schließlich zu der Überzeugung gelangen, daß es nicht existiert. Das ist die Methode des Abhidharma, und dieser Methode habe ich in der bisherigen Darstellung zu folgen versucht. Wenn wir das im letzten Abschnitt dargestellte Prinzip anwenden, könnten wir sagen, daß «Ich» ein Begriff ist, mit dem unweigerlich ein Hintergrund von Nicht-Ich verbunden ist. Und von diesem Hintergrund wird unsere Aufmerksamkeit angezogen, wenn wir nach etwas suchen, was dem *Begriff* des Ich entspricht.

Wie wir im 12. Kapitel sehen werden, übt die Idee des Ich unbewußte Einflüsse auf die Wahrnehmung aus, und zwar im Sinne einer Verzerrung, so daß unsere Sicht dessen, was *ist*, ständig von dieser Idee gefärbt und damit getäuscht wird. Nach buddhistischer Auffassung ist das Erfassen dieser Tatsache – und nicht bloß auf der oberflächlich rationalen Ebene, sondern auch in den Tiefenschichten, die der Rationalität unzugänglich sind – eine Vorbedingung für das Erwachen aus der Selbsttäuschung zur Wahrnehmung der Dinge, wie sie wirklich sind.

11. Wo ist der Geist?

Im vorigen Kapitel kamen wir zu dem Ergebnis, daß Selbstbewußtsein – das geteilte Bewußtsein, das ein Ich und eine Außenwelt wahrnimmt – einerseits biologische Wurzeln hat und zum anderen eng mit dem Prozeß der Spracherlernung verknüpft ist. Wenn wir die «Außenwelt» und das «Ich», das diese Außenwelt angeblich wahrnimmt, als Erzeugnisse des Wahrnehmungsprozesses bezeichnen, so könnte dies den Leser zu dem Irrtum verleiten, wir hätten uns der Meinung angeschlossen, daß der Wahrnehmungsprozeß irgendwie der «Innenwelt» angehört.

Diese Meinung ist in den Denkgewohnheiten der heutigen Gesellschaft ebenso tief eingewurzelt wie die Annahme, daß es eine reale Außenwelt gibt. Wir nehmen für selbstverständlich, daß es wirklich eine innere Welt des Geistes gibt, den für sich allein bestehenden privaten Geist jedes einzelnen. Und ebenso selbstverständlich nehmen wir an, daß dieser Geist irgendwie die «Außenwelt» repräsentiert, daß er ein «Spiegel der Natur» ist. Selbst wenn wir akzeptieren, daß die Außenwelt und das bewußte Ich-Bild selbst hergestellt sind, eine Erfindung, könnten wir immer noch geneigt sein zu denken, daß diese Erfindung in unserem kleinen Geist gespiegelt wird und wir sie auf diese Weise erkennen. Auch wenn wir also die Ausführungen über das Selbstbewußtsein verstanden haben, glauben wir vielleicht doch, daß da irgendwo etwas nicht Erfundenes und nicht Hergestelltes sein muß, das der Ort des Ich sein könnte. Vielleicht ist mein individueller kleiner Geist, der wie ein Spiegel sieht, das Ich.

Ich möchte dem Leser in diesem Kapitel nahebringen, daß auch dieser kleine Spiegel eine Erfindung ist und erst ein paar Jahrhunderte alt. Seine Erfinder sind vor allem René Descartes und John Locke. Um dies aufzeigen zu können, werden wir einen kleinen Exkurs in die

Geschichte der Idee des Geistes machen müssen, doch nur gerade weit genug, um einige der Fäden zu sehen, die in der Erfindung des individuellen Geistes zusammenlaufen.

Der Geist im Mittelalter

Im sogenannten «finsteren Mittelalter» war die zivilisatorische Wirkung der griechischen und römischen Kultur außerhalb der Klöster verblaßt, das Wissen verlorengegangen.[1] Das Leben in den kleinen, durch dichte Wälder getrennten Siedlungsgemeinschaften, zwischen denen es kaum einen Austausch gab, war eher barbarisch zu nennen. Man nimmt an, daß in manchen Gegenden Europas sogar das Wissen vom Rad verlorenging. Lebendig erhalten wurden die Fäden der Zivilisation in den christlichen Klöstern von einer Religion des inbrünstigen Glaubens und der Weltverneinung. In diesem Glauben verbanden sich drei Grundelemente: die Erlösungsidee des Christentums, die platonische Idee einer unsterblichen Seele, die vom Körper gänzlich verschieden ist, und der Manichäismus, eine Lehre, die die Welt als das Schlachtfeld von Gut und Böse betrachtet, wobei der Körper die Schöpfung des Bösen ist und die Seele die Schöpfung des Guten. Wenn also die Seele Erlösung finden sollte, mußte der Körper verneint werden. Und mit dem Körper fiel auch die ganze diesseitige Welt der Verneinung anheim.

In diesem Zusammenhang möchte ich auf den etwas kuriosen Umstand hinweisen, daß der Buddhismus von westlichen Autoren häufig als «weltverneinende Religion» bezeichnet wird. Tatsächlich gehen die Lehren dieser Religion aber auf einen Mann zurück, der ein langes, heiteres Leben geführt zu haben scheint, der unter Freunden einen friedvollen Tod starb und der vor seiner vollen Erleuchtung herausgefunden hatte, daß weder Askese noch Wohlleben zum Ziel führt, sondern der «Mittlere Weg». Das Wort von der «weltverneinenden Religion» zeugt wohl eher für Projektionen christlicher Anschauung durch Gelehrte des achtzehnten und neunzehnten Jahrhunderts[2] und für die unkritische Übernahme von deren Ideen durch heutige Autoren. Die ganze Idee der Weltverneinung – und die Furcht davor – dürfte überhaupt viel mehr der westlichen Tradition als der des Buddhismus angehören.

Wo ist der Geist?

Im zehnten Jahrhundert erwachte Europa allmählich aus seinem tiefen Schlummer, und im elften Jahrhundert, als die europäischen Christen durch arabische Übersetzungen wieder auf die Schriften Aristoteles' aufmerksam wurden, wurde die logisch-empirische Methode neu entdeckt. Die Welt der Sinne wurde wieder interessant, denn es hieß nun, daß wahre Erkenntnis zu erlangen sei durch die Verknüpfung von Beobachtung und Logik. Innerhalb der Kirche entbrannte – für Jahrhunderte – ein bitterer Streit zwischen den Verfechtern des Glaubens und denen der Vernunft. Neben der alten Auffassung von der Finsternis und Verdorbenheit der diesseitigen Welt zeigte sich eine wachsende und gar nicht mehr so pessimistische Neugier, die wissen wollte, was es mit dieser Welt wirklich auf sich hat. In den kirchlichen Schulen, in den neu gegründeten Universitäten und unter wandernden Lehrern verbreitete sich eine neue Begeisterung für die Welt, die Zuversicht, daß sie doch zu erobern und zu gestalten sei. Der Glaube an die auf die Sinne und die aristotelische Logik gegründete Vernunfterkenntnis der Welt wurde zu einer Bedrohung für den kirchlichen Glauben.

Für diesen Streit steht stellvertretend der Kampf zwischen dem heiligen Bernhard, Abt des großen Klosters von Clairvaux, und Abälard, dem freien Lehrer und Feuerkopf, der die bildungs- und erfahrungshungrige Jugend seiner Zeit so mitriß.[3] Bernhard rang um ein neues und tieferes Verständnis von Liebe und Glauben als den einzigen Zugangswegen zur wahren Erkenntnis. Abälard, der ebenso leidenschaftlich war in seinem Eintreten für Klarheit und Vernunft, der unsterblich wurde durch seine tragische Liebe zu Heloise, entfachte eine wahre Feuersbrunst in der etablierten Kirche, indem er die aristotelische Logik auf die heiligen Schriften anwendete und auf die so aufgedeckten Widersprüche hinwies. Der Historiker Friedrich Heer schreibt dazu: «Europa erwacht. Eine junge Intelligenzija erwacht und sucht sich Lehrer, Seelenführer, Meister des inneren Lebens, Meister des geistigen Lebens, des Denkens. Vielleicht ist der schauerliche Kampf, in dem Bernhard von Clairvaux Abälard niederkämpft, nur von hierher zu verstehen: Eros steht hier gegen Eros.» Über diesen Kampf schreibt Heer:

> Das stärkste und leidenschaftlichste Herz in der ersten Hälfte des 12. Jahrhunderts, Bernhard von Clairvaux, kämpft für den Primat

des Herzens. Der überragendste Kopf dieser Zeit, Abälard, ficht für den Primat der Vernunft. Im Zusammenstoß dieser beiden Männer wird eine Kluft sichtbar, die viele spätere Jahrhunderte hindurch Theologen und Philosophen ebensosehr zu erweitern wie zu überbrücken, ja zu verdecken bemüht sind. Europäisches Denken ist von diesem Punkt an unverständlich ohne das Wissen um diese dialektischen Anstrengungen: Glaube und Wissen, Raison des Herzens und Verstand der Wissenschaft zu vereinen und zu trennen; sie zuletzt als absolute Gegensätze darzustellen, so daß dem Gläubigen der Wissenschaftler als berufsmäßig Ungläubiger entgegentritt.

Da Heer die wesentlichen Gesichtspunkte so treffend zusammenfaßt, will ich ihn hier noch etwas ausführlicher zitieren:

Ist [Abälards] Theologie nicht – wie es ihm Bernhard später vorwirft – «Stultologie»: wissensstolzes, im letzten verantwortungsloses Gerede, ein Zerreden der Geheimnisse des Glaubens? Ist Abälard nicht der gewandteste und gefährlichste Verführer der europäischen Jugend? Das ist das ernsteste Motiv, das ungeistige Mönche, sehr anständige konservative Theologen und Männer wie Bernhard gegen Abälard zusammenführt. Erinnern wir uns: Sokrates war bereits als Verführer der Jugend zur Gottlosigkeit angeklagt worden... Allen um Bernhard erscheint dieser kleine Mann, Abälard, der zudem durch eine skandalöse Liebesgeschichte mit Heloise, der Nichte eines einflußreichen Pariser Domherren, kompromittiert ist, als das Ärgernis schlechthin, als ein destruktiver Geist, ein bösartiger «Aufklärer», der sich eine Lust daraus macht, Europas junge Intelligenzija zu verwirren, ihren Glauben zu zerstören, indem er eitel mit Vernünfteleien die Sicherheit des für alle Zeit fixierten Glaubensgutes hinwegspielt.
Abälard ist jedoch anders als dieses Schreckbild, das man von ihm malt. Hinter seiner Ironie, seiner Schärfe verbirgt sich eine zarte, sensible Seele, die klarsehen will, die ein reines Wissen und einen gereinigten Glauben sucht. Eine Seele, die Gott nicht als schreckliche, ständig drohende Majestät schauen will, als Herr des Schreckens, der den Menschen versklavt, sondern als reinen Geist in der Feuermacht des Heiligen Geistes...
Der vielverfolgte, auf den Konzilen von Sens und Soissons abgeur-

teilte Mann... ist ein Vater der Scholastik, des wissenschaftlichen Denkens, der Methode rationaler Erhellung der Wahrheit. Betrachtet man Theologie als Wissenschaft, so sieht man, daß Thomas von Aquin und die ganze Universitätswissenschaft des hohen und späten Mittelalters auf den Schultern Abälards ruhen. Er baut auf Aristoteles und einige Kanonisten kurz vor ihm und bildet so *die* wissenschaftliche Methode aus: Wahrheitsforschung und Wahrheitsfindung durch rationales Fragen, das viele bedingte Ja und Nein, *sic et non*, einander gegenüberstellt, um mit Hilfe des methodischen Zweifels ein Problem zu lösen. Nüchtern, intellektuell redlich kann ein Problem nur gesehen werden, wenn Glaube und Wissen zunächst sauber getrennt werden. Der Glaube, vielfach verwirrt durch emotionale Regungen, soll nicht ständig der Vernunft den Weg versperren; die Vernunft ihrerseits soll nicht den Verstand benützen, um durch ihn letzte, für sie unfaßbare Glaubensgeheimnisse zu zersetzen. Bernhards Angriff geht im letzten an Abälard vorbei...[4]

Während all dies geschah, gelangte noch ein weiterer Strom des Denkens über die arabischen Länder nach Europa. Die alten heidnischen und magischen Traditionen waren bis ins Frühmittelalter weitgehend erhalten geblieben, und nun entdeckte Europa ausgeklügelte Systeme der Astrologie, Alchemie und Magie. Verstärkt wurden diese Tendenzen im fünfzehnten Jahrhundert durch die Wiederentdeckung der hermetischen Tradition, des kabbalistischen und pythagoreischen Glaubenssystems sowie anderer Systeme und Praktiken, die der geistigen Transformation des Menschen dienten. Dazu gehörte auch das Studium der Sympathiebeziehungen zwischen den verschiedenen hierarchisch geordneten Ebenen des Kosmos: zwischen dem Sonnensystem und Teilen des menschlichen Körpers, Metallen, Pflanzen und so weiter. Diese Ebenen dachte man sich als innig miteinander verbunden und jede einzelne als ein Abbild des ganzen Kosmos, was in dem bekannten hermetischen Diktum «Wie oben, so auch unten» zum Ausdruck kommt. Durch Kontemplation der vielfältigen Beziehungen in der natürlichen Welt wollte man zur direkten Erkenntnis der Beziehungen auf anderen Ebenen gelangen. Es gab in diesen Traditionen kontemplative Praktiken, vor allem solche, die mit Visualisation, Gedächtniskunst und Alchemie im Zusammenhang standen.[5] Carolly Erickson schreibt dazu:

Kennzeichnend für die Wahrnehmung im Mittelalter war ein allumfassendes Gewahrsein gleichzeitiger Wirklichkeiten. Die Grenzen des Wirklichen wurden um das Unsichtbare zusammengebogen, das so auch einen Ort erhielt, und alle Wahrnehmung wurde von einer konsensuellen Weltsicht bestimmt, deren Bestehen und deren Logik in den religiösen Wahrheiten gründeten. Diese Wahrnehmung, die da, wo sie dem modernen Bewußtsein fremd ist, etwas von Verzauberung hat, ging aus von dem Glauben an nichtkörperliche Wesen und ihre Kräfte, an die Lebendigkeit der unbelebten Schöpfung und an die Bedeutung der visionären Schau als einer schöpferischen Kraft und einer dem Menschen eigentümlichen Erkenntnisweise. Die Menschen des Mittelalters lebten in einem Wahrnehmungs-Klima, in dem nichtkörperliche Wesen eine vertraute und in gewissem Umfang handhabbare Kraft darstellten, die nicht nur im allgemeinen kulturellen Rahmen, sondern auch von der Theologie anerkannt war.

Und gerade die Praktiken der visionären Imagination bestätigten und verstärkten, wie Erickson fortfährt, diese Sicht der Wirklichkeit: «Visionen ließen die Trennungslinie zwischen dem Bekannten und dem Unerkennbaren, zwischen dem Aufdeckbaren und dem Geoffenbarten verschwinden. Sie flochten diese gleichzeitigen Wirklichkeiten ineinander, machten das Unsichtbare sichtbar, ließen die verborgene Gestalt der Wahrheit zutage treten.»[6]

Morris Berman schreibt in seinem Buch *Wiederverzauberung der Welt*, daß im Bewußtsein des Spätmittelalters zwei Weisen der weltlichen Erkenntnis, die aber beide letztlich griechischen Ursprungs sind, nebeneinander bestanden: die partizipierende Erkenntnis, die sich aus der aktiven emotionalen Identifikation mit der Bilderwelt vor allem der Dichter (die «mimetische» Tradition) und der heidnischen religiösen Rituale herleitet; und die neuere platonische Tradition, «die viel mehr danach strebte, Ereignisse zu analysieren und zu klassifizieren, als sie ‹nur› zu erfahren oder sie nachzuahmen». Berman macht deutlich, welche Folgen dieser neue Ansatz schon in der Antike hatte: «In zunehmendem Maße sah sich der griechische Mensch als autonomes Wesen abgetrennt von seinen Taten und Handlungen, nicht mehr als eine Abfolge von Zuständen und Stimmungen, sondern als ein vereinzeltes Bewußtsein.» Im Mittelalter jedoch gewann keine dieser beiden Weisen der Erkenntnis die Oberhand, denn das gesamte Mittelalter hindurch empfanden die Menschen die Welt in erster Linie als ein feines Gewebe, das sie auf dem Leib trugen, und nicht als eine Ansammlung disparater Objekte, denen sie distanziert gegenüberstanden. Doch schon seit der Zeit Platons hatte die mimetische Tradition Einbußen erlitten, weil seit dieser Zeit so etwas wie Objektivität in der Luft lag. Es waren im wesentlichen die Magie und die Alchemie, die es sich zur Aufgabe gemacht hatten nachzuweisen, wie beschränkt dieser Begriff von Objektivität war. Die «hermetische Weisheit», wie sie genannt worden ist, hatte sich der Vorstellung verschrieben, daß wahre Erkenntnis nur in der Vereinigung von Subjekt und Objekt zu erlangen sei, in einem Akt der Identifikation von Gefühl und Seele mit einer Welt der Bilder, und nicht in einer rein intellektuellen Untersuchung von Begriffen und Vorstellungen.[7]

Der kennzeichnende Zug dieses Bewußtseins besteht in dem Forschen nach Übereinstimmungen und Entsprechungen zwischen den Dingen aufgrund der Annahme, daß zwischen allen Dingen Sympathie- und Antipathiebeziehungen bestehen. Diese Sicht der Wirklichkeit, in der nicht unbedingt zwischen geistigen und materiellen Dingen unterschieden wird, ist auch die Grundlage der Alchemie. Und was in einem alchemistischen Labor vorgegangen sein mag, können wir nur insoweit verstehen, als wir selbst das partizipierende Bewußtsein nachvollziehen können. Aber wir können die Phänomene nicht mehr wahrnehmen, die damals wahrgenommen wurden, denn wir haben das partizipierende Bewußtsein verloren.

Im Mittelalter vollzog sich die endgültige Spaltung zwischen dem rationalen Empirismus des Intellekts und der direkten partizipierenden Erkenntnis der Intuition. Intuition war im christlichen Glaubensbegriff, aber auch in den magischen Praktiken und Glaubenssystemen impliziert. Die Kirche verkündete das Primat des Glaubens, ließ jedoch den Intellekt als Zugang zum Glauben und als Bestätigung des Glaubens gelten. Allein der Glaube brachte den Menschen Gott näher und sicherte ihm das Himmelreich, dem gegenüber die Erde ein unbedeutender und verachtenswerter Ort war. Die Alchemisten jedoch setzten ihre Suche nach jenem Verwandlungswissen fort, welches das Königreich Gottes auf Erden verwirklichen sollte. Und eine neue Art von Menschen, die sich abseits der kirchlichen Lehreinrichtungen und der von der Kirche beherrschten Universitäten als weltliche Lehrer etablierten, proklamierte das Primat des Intellekts und verbreitete den Glauben, die neue Vernunft werde Wissen über die Welt und damit Macht mit sich bringen. Für eine Weile konnten diese drei Weisen des Erkennens gleichrangig nebeneinander bestehen.

Als Newton im siebzehnten Jahrhundert die Bewegungsgesetze entdeckte, die für die Planeten ebenso galten wie für alle unbelebten Dinge auf der Erde, war der Weg geebnet für den Triumph des schlußfolgernden intellektuellen Erkennens über die direkte partizipierende Erkenntnis der Intuition. Wie ein Lauffeuer verbreitete sich innerhalb eines Jahrhunderts der Glaube, daß *alles* als die nach festen mechanischen Gesetzen ablaufende Bewegung von isolierten, leblosen Materieklümpchen im leeren Raum zu erklären sein müsse. Geist war nicht erforderlich für das Funktionieren dieser mechanischen Welt. Geist konnte man allenfalls dem passiven Beobachter und dem Denker zusprechen. Und da geistlose Materieklümpchen unmöglich Sympathiebeziehungen zueinander haben können, wurden die Prinzipien der Magie für «übernatürlich» erklärt – nicht zur Natur gehörig. Nun war die Welt also geistlose Materie in geistlosem Raum, und man mußte sich überlegen, welchen Ort der Geist überhaupt noch in der Welt hatte und in welcher Beziehung er zu ihr stand.[8]

Descartes – die Trennung von Geist und Körper

Descartes und Locke werden im allgemeinen als die Begründer der beiden großen Strömungen des Denkens nach Newton – Rationalismus und Empirismus – genannt. Descartes setzte mit seinem Erkenntnisprozeß, der zum wohl bekanntesten Diktum der Philosophie führte – «Ich denke, also bin ich» –, beim Zweifel an. In allen Wahrnehmungen, in allen Erinnerungen und in allem, was man gelernt hat, so argumentierte er, kann man sich irren. Man kann sogar bezweifeln, daß man einen Körper hat, denn von ihm weiß man durch die Sinneswahrnehmung, und die kann trügerisch sein. Das einzige, woran für Descartes nicht zu zweifeln ist, ist schließlich der Zweifel selbst, also das Denken.

Wenn der Körper anzuzweifeln war, das Denken aber nicht, dann mußte das Denken wohl als wesenhafter Ausdruck des Menschseins

Wo ist der Geist?

angesehen werden, während der Körper zweitrangig war. Daher schloß Descartes, daß Geist und Körper Dinge von vollkommen verschiedener Substantialität seien. Der Geist ist denkende Substanz ohne räumliche Ausdehnung. Der Körper ist materielle Substanz, ausgedehnt, aber nicht denkend. Und so sagte er:

> Wir müssen zu dem endgültigen Schluß kommen, daß dieser Satz: «Ich bin, ich existiere», notwendigerweise wahr ist, sooft ich ihn ausspreche oder denke... Ich lasse nun nichts mehr zu, was nicht notwendig wahr ist: genau gesagt, bin ich nicht mehr als ein Ding, das denkt, will sagen, ein Geist oder eine Seele oder ein Verstand oder eine Vernunft... Ich bin jedoch ein wirkliches Ding und existiere wirklich; doch was für ein Ding? Ich habe geantwortet: ein Ding, welches denkt.

Und dieses «Ich», vermöge dessen «ich bin, was ich bin», ist nach Descartes gänzlich vom Körper verschieden und kann ohne ihn existieren.[9]

Descartes war fasziniert von den Automatenmenschen in den Gärten von Versailles. Von einem hydraulischen System angetrieben, konnten sie sich bewegen, und Descartes war überzeugt, daß man alle Körperbewegungen auf diese Weise erklären könne. Er entwickelte eine Theorie – ähnlich der frühen Reflexbogentheorie des Zusammenwirkens von Nerven- und Muskelsystem –, die alles körperliche Geschehen auf einfache Komponenten wie etwa den Kniescheibenreflex zurückführt. Der Geist war daran nicht beteiligt, ebensowenig wie an den Bewegungen der übrigen materiellen Welt – er war nur passiver Beobachter des Geschehens. In Descartes' Theorie der visuellen Wahrnehmung war die Zirbeldrüse der Punkt, an dem der Geist und die mechanischen Impulse aus dem visuellen System zusammentreffen. Hier war also die Verbindungsstelle zwischen dem passiv wahrnehmenden Geist und dem Körper.

Alle Ideen jedoch, auch die Ideen der Dinge, entsprangen für Descartes dem Geist selbst, sie waren ihm eingeboren: «Ich kann nicht bezweifeln, daß in mir eine gewisse passive Fähigkeit des Wahrnehmens ist, das heißt eine Fähigkeit, die Ideen wahrnehmbarer Dinge zu empfangen und zu erkennen; doch sie wäre wertlos für mich, und ich könnte sie in keiner Weise benutzen, wäre da nicht gleichfalls in mir oder in etwas anderem eine weitere und aktive Fähigkeit, diese Ideen zu bilden und hervorzubringen.»[10] Er glaubte, daß unsere Erfahrungen in der Welt lediglich dazu da sind, die im Geist immer schon existierenden Ideen der Dinge anklingen zu lassen. Wir erkennen die Welt überhaupt nicht direkt, sondern nur ihre Widerspiegelung in den eingeborenen Ideen, die durch Erfahrung wachgerufen werden. Dieses Wachrufen der Ideen durch Wahrnehmung geschieht in der Zirbeldrüse; ansonsten jedoch ist der Geist vollkommen getrennt vom Körper.

Locke und das bewußte Ich

John Locke schien eine vollkommen gegensätzliche Position zu beziehen. Descartes erwiderte er, daß wir von der Existenz anderer Dinge nur durch Sinneseindrücke wissen können. Auf ihn geht der bekannte Vergleich des Geistes mit einem leeren Blatt Papier zurück.

> Wir wollen annehmen, der Geist sei, wie wir zu sagen pflegen, weißes Papier, bar aller Schriftzeichen und ohne irgendwelche Ideen; wie wird er nun damit versehen? Wie kommt er zu dieser ungeheuren Fülle, welche die rege und grenzenlose Phantasie des Menschen in schier endloser Vielfältigkeit auf ihm malte? Woher hat er all die Materialien der Vernunft und Erkenntnis? Darauf antworte ich mit einem Wort: aus der *Erfahrung*, in der alle Erkenntnis gegründet ist und aus der er selbst sich letztlich ableitet.

Wie komplexe Gedanken aus den einfachen Ideen entstehen, die durch Erfahrung in den ursprünglich leeren Geist gelangen, erklärt Locke so: Es gibt zwar keine eingeborenen Ideen, aber der Geist besitzt die natürliche Fähigkeit, mit den einfachen Ideen, die ihm in der Erfahrung gegeben sind, umzugehen und sie zu neuen Ideen zu kombinieren. So gelangt er schließlich zu einem Menschen oder einem Ich, das diese Ideen erkennen kann – «ein denkendes, intelligentes Wesen, das Vernunft und Reflexion besitzt und sich selbst als sich selbst betrachten kann, als dasselbe denkende Ding zu verschiedenen Zeiten und an verschiedenen Orten».[11] Dies ist die moderne Version vom fünften Skandha des Ego – Bewußtsein. Der wesentliche Aspekt des Ich war für Locke das Selbstbewußtsein, das also, was wahrnimmt, daß es wahrnimmt, und erkennt, daß es erkennt – ansonsten aber leer ist.

So gelangen also Descartes und Locke gleichermaßen schließlich zu einem von der materiellen Welt gesonderten Geist, einem Geist, der diese Welt wahrnimmt, ohne sie dabei zu beeinflussen, und der der Ort der persönlichen Identität ist. Obgleich die beiden sehr verschiedene Anschauungen von der Natur der Wahrnehmung und dem Ursprung der Welterkenntnis haben, gelangen sie in ihren Gedankengängen doch schließlich zu einem denkenden, vernunftgemäß urteilenden und nichtpartizipierenden Ich, das in allen Fluktuationen der Erfahrung sich selbst gleich bleibt. Für Descartes und Locke und fast alle, die ihnen folgten, waren bewußte, klare und deutliche Ideen, die durch logische Operationen manipuliert werden können, die einzige Basis der Gewißheit. Die undeutlichen, aber tiefen Einsichten, die das Fühlen und das Körperempfinden vermitteln, die «Antworten des Herzens», hatten ihren Stellenwert als Grundlage wahrer Erkenntnis nun endgültig eingebüßt, sie wurden verbannt oder verdrängt – eine neue Version des alten Bestrebens, die direkte intuitive Erkenntnis zu leugnen, eine Erkenntnis, die aus der Verkörperung des Geistes erwächst, aus der Verbundenheit von Geist, Körper und Welt.

Morris Berman zeichnet die Unterdrückung des Körpers in der damaligen Zeit nach; sie hatte zum Ziel, den rationalen, bewußten, vernünftigen Geist von der Gefahr zu befreien, daß der Körper mit seinen irrationalen Intuitionen sich einmischte. Man gelangte zu der Auffassung, daß die Kindheit eine ganz eigene Daseinsart sei und man die Kinder körperlich züchtigen, ihnen Scham vor dem Körper und seiner Sexualität einimpfen müsse, damit sie ihn als fremdes materielles Gebilde empfinden lernen, über das der Geist zu herrschen hat. Berman zitiert Quellen, nach denen Newton selbst von beinahe psychotischer Persönlichkeit gewesen zu sein scheint; dennoch wurde er von der Gesellschaft seiner Zeit und von den folgenden Generationen geradezu vergöttert. Frank Manuel, den Berman in diesem Zusammenhang ausführlich zitiert, schreibt dazu:

> Die Welt in solch absolutistischer Art und Weise zu strukturieren, daß jegliches Ereignis, das heißt sowohl das naheliegendste als auch das entfernteste, fein säuberlich in das erdachte System paßt, ist als

Zeichen von Krankheit bezeichnet worden, vor allem, wenn sich andere weigern, sich diesem zwanghaften System anzuschließen. Es war Newtons Glück, daß die Gesellschaft Europas einen großen Teil seines gesamten Systems als ein perfektes Abbild der Wirklichkeit akzeptierte, so daß sich sein Name aufs engste mit seinem Zeitalter verband.[12]

Die Annahmen, daß jeder von uns einen individuellen Geist besitzt, der die äußere Welt so passiv beobachtet, wie ein Spiegel sie spiegelt, und daß dieser Geist entweder im Gehirn sitzt oder durch das Gehirn mit dem Körper in Verbindung steht, sind Ideen, die zu einer Zeit gebildet wurden, in der ein überwältigender Drang bestand, alle Naturphänomene auf Klümpchen geistloser und im leeren Raum schwebender Materie zurückzuführen. Nur wenige glauben heute noch, daß dies ausreicht, um die Natur in allen ihren Erscheinungen zu erkären. Es scheint sich sogar die Einsicht durchzusetzen, daß dieser Ansatz sehr wenig mit der wirklichen Natur zu tun hat. Woran wir aber nach wie vor festhalten, das ist dieser individuelle, gesonderte, gleichsam «atomare» Geist, der seinen Sitz im Gehirn hat. Diese Idee ist uns geradezu eine Selbstverständlichkeit, die kein vernünftiger Mensch – höchstens irgendein Fanatiker – anzweifeln kann.

Aber natürlich blieb der Glaube – und es ist nicht mehr als ein Glaube auf der Basis von Mutmaßungen –, daß der Geist die Natur in den einzelnen Köpfen passiv widerspiegelt, nicht unangefochten. Etwa dreißig Jahre nach Descartes und Locke stellte David Hume nüchtern fest, daß Lockes «persönliches Ich» nicht aufzufinden sei:

Was mich angeht, wenn ich mich ganz in das versenke, was ich mein Ich nenne, so stoße ich stets auf irgendeine bestimmte Wahrnehmung von Wärme oder Kälte, Licht oder Schatten, Liebe oder Haß, Schmerz oder Behagen. Ich treffe mich niemals ohne eine Wahrnehmung an, und niemals kann ich etwas anderes beobachten als die Wahrnehmung.[13]

Mit anderen Worten, ein Ich ist nicht zu beobachten und daher auch nicht nachzuweisen. Wir sind, so lautet Humes Schlußfolgerung, nichts weiter als Bündel von Wahrnehmungen und Empfindungen, die eine unvorstellbar rasche Abfolge bilden und sich in beständigem Fluß befinden. Auf ähnliche Weise gelangte Hume auch zu einer neuen Einschätzung des Kausalitätsprinzips. Alles, was wir von der Welt wissen, besteht aus Bündeln von Empfindungen, und nichts erlaubt uns anzunehmen, daß zwei häufig aufeinander folgende Empfindungen – etwa das Sehen einer Flamme und die Empfindung von Wärme – auf eine reale Beziehung zwischen diesen beiden Dingen in der Außenwelt hindeuten. Wenn wir etwa einen Stein sehen und dann wegschauen, so ist in der Wahrnehmung des Steins nichts, was uns garantiert, daß wir ihn beim erneuten Hinschauen wieder sehen werden. Daß wir an solche Kontinuität und an das Kausalitätsprinzip glauben, ist nichts weiter als animalischer Glaube.

Diese Argumentation erinnert uns an die frühen buddhistischen Schulen, und wir erkennen jetzt, welche Schwierigkeit sie mit sich bringt: Wie erklären wir die scheinbare Logik und Kontinuität im Strom der Gedanken und Wahrnehmungen, wenn dieser Strom nur aus diskreten «atomaren» Entitäten besteht, die hintereinander aufgereiht werden? Worauf werden sie aufgereiht? Hume gab zu, daß er dieses Problem nicht lösen konnte, doch er blieb dabei, daß weder ein persönliches Ich noch ein Kausalitätsprinzip zu finden sei und man daher beiden gegenüber skeptisch bleiben müsse. Er ließ jedoch vorsichtig durchblicken, daß man der unsterblichen Seele wohl nur aufgrund von göttlicher Offenbarung sicher sein könne. Das allerdings half ihm nicht weiter, da er selbst gegen die Existenz Gottes argumentierte.

Humes Ideen bildeten kein wirkliches Gegengewicht zu der herrschenden Denkströmung seiner Zeit, nämlich dem Bemühen, eine empirische Basis der Erkenntnis zu finden: Man glaubte weiterhin an eine reale Außenwelt der durch Kausalität verknüpften Dinge und an einen individuellen Geist, der die Sinneseindrücke bewußt, aber passiv beobachtet und logisch analysiert.

Kants Weltkonstruktion

Eine tiefgreifende Kritik der empiristischen Anschauung von der Passivität des Geistes legte im ausgehenden achtzehnten Jahrhundert Immanuel Kant vor.[14] Kants Ideen, die den Ursprung des deutschen Idealismus bilden, wurden von der Wissenschaft im großen und ganzen zurückgewiesen, doch in den letzten Jahrzehnten sehen nun die Kognitionspsychologen manches darin, was ihre eigenen «konstruktivistischen» Anschauungen vorwegnimmt. Kant glaubte, die tiefen Differenzen zwischen Descartes und Locke endgültig überwunden zu haben – also zwischen der Ansicht, daß alle Erkenntnis dem Geist als «eingeborene Ideen» innewohnt und einfach durch Anregung der Sinne wachgerufen wird, und der Auffassung, daß der Geist im Grunde leer ist und die Erkenntnis komplexer Dinge durch die Manipulation der rohen Sinneseindrücke zustande kommt.

Kant sah eine «kopernikanische Wende» in seinem Verständnis des Geistes: Während der Empirismus bis dahin davon ausgegangen war, daß unsere Erkenntnis mit der Natur der objektiven Welt übereinstimmen müsse, wollte er nun darlegen, daß die Welt der Objekte mit unserer Erkenntnis übereinstimmen müsse. Kants Ansatz besteht darin, daß er einerseits eine Welt der «Dinge an sich» annimmt, die der menschliche Geist niemals erkennen kann, und auf der anderen Seite einen individuellen subjektiven menschlichen Geist. Kant akzeptiert Humes Kritik der Kausalität, die besagt, daß der Eindruck der Kausalität nicht in der Außenwelt begründet ist. Wie erkennen wir dann eine kohärente, funktionstüchtige Welt? Seine Antwort lautet, daß es Kategorien der Erkenntnis (wie Einheit, Vielheit, Negation, Kausalität und Möglichkeit) beziehungsweise apriorische Bedingungen der Erfahrung (wie Raum und Zeit) gibt, die in der Struktur des Geistes liegen und die der Geist auf die «Dinge an sich» projiziert, die also nicht in diesen selbst liegen. Der Geist verfügt darüber hinaus nach Kant über vermittelnde Begriffe, sogenannte Schemata, die aufgrund ihrer Anschaulichkeit zwischen den abstrakten Kategorien und der Sinnlichkeit in der Weise vermitteln, daß Eindrücke zu erkennbaren Objekten koordiniert werden können. Diese «Schemata» haben manches mit den Repräsentationen der Kognitivisten gemein, denen wir im achten Kapitel begegneten.

Owen Flanagan schreibt in einem Kommentar zur Kantschen Erkenntnistheorie:

Die Begriffe «Logik», «Kausalität», «Substantialität», «Raum» und «Zeit» sind natürlich subjektiv. Andere Wesen, zum Beispiel Pantoffeltierchen, konstruieren ihre Welt vermutlich nicht nach diesen Begriffen und Kategorien. Dennoch sind diese geistigen Strukturen

Wo ist der Geist?

in einem durchaus gesunden Sinne subjektiv. Sie sind eine universale, für die ganze Spezies gültige Weise, die Wirklichkeit zu organisieren. Ohne diese Strukturen, die ein System von Erwartungen gegenüber der Welt bilden, die also die Erfahrung vorwegnehmen, wären wir niemals fähig, uns schon in sehr jungen Jahren ein so unglaublich komplexes, anpassungsfähiges und von Regeln beherrschtes Bild der Welt zu verschaffen.[15]

Für Kant gab es zwei menschliche Grundvermögen: Das intuitive oder «sensible» Vermögen vermittelt uns eine Vielfalt von in Raum und Zeit ausgebreiteten Eigenschaften, die wir als die Phänomene interpretieren. Das Verstandes- oder «intelligible» Vermögen stellt Beziehungen zwischen diesen vielfältigen Einzelerscheinungen her und gibt ihnen einen Sinn für das «Ich». Beide Vermögen sind Projektionen des Subjekts der Erfahrung, des «Ich». Dieses «Ich» und die Projektionstätigkeit seiner beiden Vermögen sind für Kant die Grundlage der Erkenntnis. Doch wenn man ein «Ich» annimmt, muß man auch eine Welt außerhalb dieses «Ich» annehmen, die Welt der «Dinge an sich». Das ist eine Welt, die das «Ich» niemals erkennen kann, die ihr Sein jedoch in der Universalität ihrer Konstrukte bekundet. Das «Ich» gibt sich nicht direkt zu erkennen, sondern indem es eine objektive Wirklichkeit konstituiert und projiziert. Für Kant ist das Ich als solches unmöglich zu erkennen, und daher kann es auch keine «Wissenschaft» des Geistes geben. Der Mensch ist für immer in die Welt seiner Projektionen gebannt, und die Hoffnung, eine Welt jenseits dieser Projektionen zu erkennen, wird sich nicht erfüllen.

Kant beschreibt hier das, was die Buddhisten «Ego» genannt haben. In die Welt seines eigenen Projizierens eingesperrt, ist das «Ich», das Kant in Anlehnung an Descartes auch das *Cogito* oder das «ich denke» nennt, gänzlich unfähig, sich selbst oder die Welt der «Dinge an sich» zu erkennen. Das «Ich» und die Welt der «Dinge an sich» sind für Kant primäre Gegebenheiten, und seine Theorie dreht sich eigentlich um die Frage, wie die Welt, in der wir zu leben glauben, aus der Interaktion zwischen diesen beiden unerkennbaren Gegebenheiten konstruiert wird. Er gedachte alle spekulative Metaphysik ein für allemal auszuräumen, doch tatsächlich beruhen seine Überlegungen auf der spekulativen Annahme dieser beiden nicht erkennbaren Gegebenheiten. Diese Schwierigkeit konnte nicht ausbleiben, weil er wie

Descartes und Locke annahm, daß es einen individuellen «atomaren» Geist gibt und dieser Geist der Ort des primären Faktums ist, daß es ein Gewahrsein von etwas gibt.

Vom Standpunkt der Nichtdualität aus wäre hier kritisch einzuwenden, daß es keine guten Gründe gibt, diese beiden nicht erkennbaren Entitäten für die primären Fakten zu halten. Das «Ich» und die «Dinge an sich» entstehen gemeinsam im Prozeß des Projizierens. Sie erzeugen sich gegenseitig, und keines von beiden ist das Primäre; sie besitzen nicht einmal ein absolutes Sein außerhalb des Projektions- und Erzeugungsprozesses. Wie wir noch sehen werden, besteht die Einsicht, die aus der Meditationspraxis erwächst, einfach darin, daß der Projektionsprozeß sich selbst erkennt – und das ist alles. Es steckt nichts dahinter, kein atomarer Geist und keine nicht erkennbaren Dinge an sich. Das deutet Flanagan mit dem Verweis auf das Pantoffeltierchen an, doch die Kognitionspsychologen bleiben dieser Einsicht nicht immer so ganz treu. Auch sie nehmen die vom menschlichen Wahrnehmungssystem projizierte Welt immer wieder als eine Welt der Körper in Raum und Zeit, als besäße sie jenseits dieser Projektion noch eine eigenständige Wirklichkeit.

Fassen wir zusammen. Die meisten von uns in der modernen Welt verbinden mit dem Begriff «Geist» viele unbewußte Annahmen: daß der Geist im Kopf (beziehungsweise im Nervensystem) lokalisiert sei, daß er die Dinge passiv wiedergebe wie ein Spiegel oder eine Kamera, daß «klare und deutliche» Ideen, also bewußte Ideen, die der Intellekt manipuliert, die einzige Möglichkeit des Geistes seien, zu wirklicher Erkenntnis zu gelangen. Diese Annahmen stehen hinter dem Glauben, daß Computer irgendwann alle Prozesse des menschlichen Geistes simulieren können, aber auch hinter der wachsenden Neigung «Information» mit Erkenntnis gleichzusetzen.

All das mag tatsächlich auch zum Ablauf mentaler Prozesse gehören, doch daß damit alle Erkenntnis erklärt sei – oder auch nur ihre wichtigsten Aspekte –, ist ein Glaube, der im siebzehnten Jahrhundert entstand. Es ist eine Erfindung, abgeleitet aus dem Erfolg von Newtons mechanischen Erklärungen für physikalische Bewegungen, die diese Erklärungen vervollständigen und für den Geist das leisten sollte, was Newton für die materielle Welt geleistet hatte. Newtons Ideen wurden inzwischen als äußerst beschränkt erkannt, und die aus ihnen abgeleitete Theorie des Geistes kann natürlich ebenfalls nur äußerst beschränkt sein. Wir haben nichts, was den Glauben rechtfertigt, daß solch ein Geist tatsächlich existiert oder daß wir solch einen Geist besitzen und dieser Geist der Ort eines tatsächlich existierenden Ich ist. Im 13. Kapitel werden wir sehen, daß diese Vorstellung vom individuellen Geist nun doch ihre inneren Widersprüche zu offenbaren beginnt und in den Grenzbereichen verschwimmt. Im nächsten Kapitel wollen wir alle Elemente der Erfahrung wieder zusammenziehen, um zu beschreiben, wie diese Elemente im Augenblick einer Erfahrung zusammengefügt werden.

12. Der Wahrnehmungsprozeß

In diesem Kapitel möchte ich darlegen, daß Buddhismus und Wissenschaft einander auf der Ebene der Aussagen über die Wahrnehmung begegnen. Der Leser wird inzwischen erkannt haben, daß ich unter «Wahrnehmung» mehr verstehe als das bloße Aufnehmen von «Information» über die «Außenwelt». Ich werde den Wahrnehmungsprozeß zunächst aus buddhistischer Sicht beschreiben und dann wissenschaftliche Experimente darstellen, die diese Sicht zu bestätigen scheinen. Wir müssen hier sehr vorsichtig sein, denn was das Bewußtsein zu erfahren glaubt, muß nicht identisch sein mit dem, was der Organismus als Ganzes tatsächlich erfährt. Das heißt natürlich nicht, daß das Bewußtsein nicht erfährt, was es zu erfahren scheint. Es heißt aber, daß die Schlußfolgerungen, zu denen das Bewußtsein gelangt, falsch sein können: Vielleicht halluziniere ich oder täusche mich selbst oder deute einfach falsch. Deshalb ist es so wichtig, Methoden zu entwickeln, die das Bewußtsein in gewissem Maße umgehen, und genau diesem Zweck dienen die Methoden der Kognitionswissenschaft und der Übung von Achtsamkeit und Gewahrsein.

Die fünf Skandhas im Wahrnehmungsprozeß

Die buddhistische Beschreibung beruht auf der *Dharma*-Analyse, die wir im fünften Kapitel kennengelernt haben. Die *Dharma*-Analyse der Erfahrung löst jeden Erfahrungs-Augenblick in seine *Dharma*-Komponenten auf. Als nächstes wäre es natürlich wünschenswert zu wissen, wie die *Dharmas* sich zur scheinbaren Einheit des Augenblicks kombinieren. Ein Erfahrungs-Augenblick ist nicht urplötzlich da, sondern entwickelt sich über eine sehr kurze Zeitspanne. Während dieser

Zeit gehen die *Dharmas* in einer bestimmten Abfolge, die den fünf Skandhas entspricht, in die Kombination ein, bis dieser Vorgang schließlich in einer bewußten Erfahrung kulminiert. Die Dauer eines Erfahrungs-Augenblicks wird von Buddhisten verschieden eingeschätzt, aber ein relativ häufig vorkommender Wert ist 1/75 Sekunde oder etwa 13 Millisekunden.[1] Dieser Wert stimmt einigermaßen mit den Schätzungen der experimentellen Psychologie überein, wenn er auch vielleicht ein wenig niedrig ist.[2] Indem die *Dharmas* sich in einem natürlichen, automatischen und kausalen Prozeß zusammenfügen, für einen Augenblick in dieser Fügung verweilen und dann wieder auseinanderstreben, lassen sie für uns mit diesem ständigen Gewimmel die Erscheinung der uns bekannten Welt entstehen.

Gehen wir hier noch einmal kurz die fünf Skandhas durch, diesmal jedoch weniger unter dem Gesichtspunkt einer allgemeinen Analyse der Erfahrung, als vielmehr um der direkten Wahrnehmung des Entstehens und Vergehens jedes Augenblicks, wie es uns von den Meditationsmeistern geschildert wird, auf die Spur zu kommen. Diese Art, die Skandha-Klassifikation anzuwenden, geht vor allem auf die Vajrayāna-Tradition des tibetischen Buddhismus zurück.[3]

Die *Dharmas* entspringen jenem «Zwischenraum», in dem es kein Ichgefühl und kein Gefühl des Getrenntseins von der Nichtdualität gibt. Zu diesem Bereich gibt es natürlich für dualistische Wissenschaft und dualistisches Beobachten keinen Zugang. Er ist aber – wie wir noch sehen werden, wenn wir die Details der Achtsamkeits-Gewahrseins-Praxis erörtern – der direkten Erfahrung zugänglich. Er wird als weit, offen und unermeßlich erfahren, als friedvoll und strahlend. In dieser Offenheit ist ursprüngliche, nichtduale, intelligente Einsicht, für die der Sanskrit-Begriff *vidyā* steht; seine tibetische Entsprechung lautet *rigpa*. *Avidyā*, die Ur-Unwissenheit oder Ur-Verblendung, ist das Gegenteil der intelligenten Einsicht am Grund der Wahrnehmung, bevor die Skandhas ins Spiel kommen.

Funken oder Blitze von Ur-Intelligenz bilden sich beständig von Augenblick zu Augenblick. Solch ein Funke mag die nichtduale Offenheit erkennen, der er entsprang, und in sie zurücksinken. Es kann aber auch zu einer Verhaftung an das Gefühl der gesonderten Existenz kommen, die eine Panik auslöst. Mit dieser Panik verfestigt die Energie sich zu einer ersten primitiven Unterscheidung zwischen dem Ich und dem anderen. Hier setzt der erste Skandha ein, der Skandha der *Form*. Dieses erste Stadium mag für den Leser ein wenig schwer zu verstehen sein, solange wir nicht begriffen haben, daß es Wahrnehmung schon *vor* der Unterscheidung zwischen Außenwelt und Innenwelt gibt. Wahrnehmung entsteht also in dem Gesamtfeld, das ein außenstehender Beobachter in Organismus und Umwelt unterteilen würde – sie entspringt nicht ausschließlich dem Organismus.

Mit der *Form* geht eine erste Aktivierung der fünf Sinne und der sechs Bewußtseinsarten einher. Dies ist ein sehr primitives Stadium, keineswegs «bewußt» im normalen Sinn des Wortes. Wir begegnen hier einem vorbewußten Erkennen oder «Apperzipieren» von Strukturen. Hier finden wir noch keine Interpretationen außer der Unterscheidung von «außen» und «innen» oder von «das» und «dies». Das sechste Sinnesbewußtsein, Geist, wird als «dies» oder «innen» empfunden. Die in den fünf übrigen Arten von Sinnesbewußtsein durch den ersten Kontakt zwischen Sinnesorganen und Sinnesfeldern gebildeten Muster werden als «außen» empfunden. Das schließt auch den propriozeptiven Sinn, also den inneren Körpersinn, ein. Für den «Geist» ist sogar der Körper, durch diesen inneren Sinn wahrgenommen, «anderes» und «Äußeres».

Das Grundcharakteristikum der *Form* ist Unwissenheit oder Verwirrung oder Verblendung, denn *Form* entsteht dadurch, daß wir nicht bemerken, daß es zu einer ersten Spaltung – der von innen und außen – gekommen ist. Dieses Nicht-Bemerken oder Nicht-Wissen ist Avidyā. Jeder der aufeinanderfolgenden Erfahrungsaugenblicke ist bedingt durch die Konstellation der *Dharmas* im unmittelbar vorausgehenden Augenblick. So entsteht der Eindruck der Kontinuität – einer kontinuierlich bestehenden «Außenwelt» und eines kontinuierlich bestehenden «Ich». Damit entstehen weitere Ebenen des Nicht-Wissens: Die grundsätzliche Wandelbarkeit der Erfahrung wird nicht bemerkt und ebensowenig die Angst, die aus dem Glauben an die Beständigkeit der «Objekte» und des «Subjekts» der Erfahrung erwächst. Diese Verunsicherung und Angst geht in der Tat tief, denn dem Glauben an Beständigkeit steht immer die Wirklichkeit des Wandels gegenüber.

Diese Angst ist normalerweise tief unbewußt. Doch gerade weil wir nicht um sie wissen, sind wir als einzelne und als Gesellschaft von ihr getrieben, wie jeder Psychiater weiß. Angst, sagt man, ist die Geißel der modernen Welt. Doch alle Versuche, uns ihr zu entziehen – indem wir das Ego mit «Therapien» aufpäppeln, auf der individuellen oder nationalen Ebene um mehr Selbstwertgefühl ringen oder die Sache mit Valium zudecken –, vertiefen diese Wunde nur. Wir wissen jetzt, daß diese Wunde schon auf der Grundebene der Wahrnehmung entsteht. Sie kann nur aufgrund einer präzisen und in die feinsten Einzelheiten gehenden Erkenntnis des Wahrnehmungsprozesses geheilt werden. Ohne dieses Wissen erzeugen Philosophien, Wissenschaften, Paradigmen, Religionen und soziale Aktionen, seien sie neu oder alt, nur immer weitere Verblendung und immer tiefere Angst. Der buddhistische Gelehrte David Kalupahana schreibt dazu:

Unwissenheit, so heißt es, bestimmt die Anlagen des Menschen: Wo echtes Wissen über die Natur und Bestimmung des Individuums fehlt, werden seine Anlagen so geformt, daß sie seiner Zukunft abträglich sind. Diese Anlagen bestimmen unser Bewußtsein, und von diesem wiederum hängt unsere gegenwärtige psychophysische Persönlichkeit ab.[4]

Das zweite Stadium der Wahrnehmung ist der Skandha *Empfindung*. Nach der Ur-Spaltung zwischen «innen» und «außen» setzt ein vorbewußtes Erkennen von sensorischen Strukturen im «außen» ein, und auf diese reagiert die *Empfindung*. Empfindungen sind auf das Überleben des rudimentären Ich-Gefühls bezogen, das sich auf der Ebene der Form gebildet hat, und sie bestimmen, welchen sensorischen *Dharmas* Aufmerksamkeit zugewendet wird. Empfindungen können positiv, negativ oder neutral sein, je nachdem, ob die «äußeren» Strukturen als für das Ego zuträglich oder bedrohlich oder als keines von beiden erfahren werden.

Auf der dritten Stufe, dem Skandha *Wahrnehmung*, gewinnen Empfindungen einen Bezug zum Inneren, das sich daraufhin Geltung zu verschaffen sucht und als eine Art zentrale Steuerungseinheit die Kontrolle übernehmen möchte. Dies ist das erste Bewußtwerden eines Gefühls von gesonderter Ichheit, das erste Erkennen, daß eine Wahrnehmung eines bestimmten Objekts mit bestimmten Merkmalen stattfindet, das erste «Ergreifen» eines Objekts als Träger einer Bedeutung. Auf dieser Ebene gibt es bereits primitive Beurteilungen: nah oder fern, groß oder klein, fremd oder vertraut, auftauchend oder weichend, furchteinflößend oder beruhigend. Alle diese Urteile haben einen Bezug zum «Innen», das jetzt als gesondertes Ich begriffen wird, und zum «Außen», das als bestimmte «Objekte» oder «Dinge» zum Gegenstand des Ergreifens wird.

Der vierte Skandha ist das Stadium, in welchem mit der Benennung der Dinge und der Interpretation ihrer Bedeutung der Intellekt ins Spiel kommt. Die *Formkräfte* schaffen Komplexe von Begriffen und Affekten, die – mitsamt ihren Namen – in die Außenwelt projiziert werden. Die Dinge werden jetzt als solche erkannt, und zwar in allen ihren Aspekten: Ein Stuhl ist ein Ding, auf dem man sitzen kann; es ist das, worauf wir stolz als kleiner Junge standen, als wir zum erstenmal Geschirr abwuschen; ein Stuhl ist ein Beispiel für «Sitzgelegenheit», etwas, das wir einem Gast anbieten, und so weiter. Ein Gesicht ist das Gesicht meines Freundes Nicholas, mit dem ich zusammen am College studierte und der mir die Bedeutung der Leere nahebrachte. Jene Stimme ist die eines Russen, eines russischen Kommunisten, und so weiter. Alle unsere Glaubenssysteme – philosophische, religiöse, ökonomische, politische, persönliche und andere – werden eingespeichert und stehen bereit, um auf der Ebene der Formkräfte auf eine sich entwickelnde Wahrnehmung angewendet zu werden. Von «Formkräften» wird also deshalb gesprochen, weil die Wahrnehmung auf dieser Ebene zu einer kohärenten, erkennbaren Einheit wird, zu einer Form mit einem Namen.

Auf der Stufe des Skandha *Bewußtsein* sind wir uns eines Gedankens oder einer Wahrnehmung bewußt. Bewußtsein ist eine «Erzählung», eine «Geschichte», die den Formkräften einen Kontext gibt. Es ist wie eine ständig kreisende Radarantenne, die das gesamte Umfeld abtastet und auf seine Kohärenz und Bedeutung untersucht. Das Bewußtsein füllt alle Lücken, die es aufspürt, mit Projektionen auf oder mit Verstandeshypothesen über das, was da ist, damit es gar nicht erst zu Unsicherheiten kommt. Wir wissen, daß wir hier in dieser vertrauten und erkennbaren Welt sind. Was nicht ins Bild paßt, wird auf der Ebene des Bewußtseins ausgeschlossen oder überdeckt. Das Bewußtsein hält gleichsam den Faden der Story dessen, was geschieht, damit von Augenblick zu Augenblick die Kontinuität gewahrt bleibt. Unser bewußtes Leben folgt diesem Faden, solange das irgend möglich ist und solange keine unlösbaren Widersprüche sich einschleichen können. Was wir unser «Wachbewußtsein» oder «Selbstbewußtsein» zu nennen gewohnt sind, ist eine Kombination des vierten und fünften

Skandha. Alle fünf Skandhas sind in jedem Augenblick der Erfahrung gegenwärtig, doch unsere Aufmerksamkeit ist meist so grob, daß wir sie nur als zu einem «kontinuierlichen Bewußtseinsstrom» verklumpt erfahren.

Dies also ist der Wahrnehmungsprozeß mit seinen fünf Stadien, wie er in der Praxis der Achtsamkeits-Gewahrseins-Meditation aufgedeckt wird. Vorstellung ist insofern gegenwärtig, als das sich entwickelnde Ich-Gefühl in allen Stadien, von *Form* bis *Bewußtsein*, Bilder projiziert. Solange die fünf Skandhas nicht gesondert, sondern als *ein* Bewußtseinsstrom erfahren werden, ist diese Erfahrung das Ergebnis einer langen Reihe schlußfolgernder Wahrnehmungen. Als «schlußfolgernd» bezeichnen wir eine Wahrnehmung, wenn sie durch Vorstellung, Bild oder Wort vermittelt ist. Sie ist dann Wahrnehmung eines Symbols, einer Repräsentation der Situation, und nicht Wahrnehmung der Situation selbst. Anders gesagt: Solange unsere Aufmerksamkeit auf den fünften Skandha, *Bewußtsein*, ausgerichtet bleibt, ist das Bewußtsein selbst Gegenstand jedes Wahrnehmungsaugenblicks. *Wir nehmen nur unsere Erzählung über die Welt wahr, niemals aber die Welt selbst, wie sie ist.* Unter solchen Umständen wird selbst die Form schlußfolgernd erfahren, durch Vorstellungen und Begriffe vermittelt. Und wie wir in dem Kapitel über die Form sahen, wird dies von Forschungen der Kognitionswissenschaft zum Thema des ursprünglichen sensorischen Input bestätigt.

Wahrnehmung und Zeit

Wenden wir uns nun noch einmal zurück, um zu sehen, inwieweit die Kognitionswissenschaft mit der buddhistischen Sicht des Wahrnehmungsprozesses übereinstimmt. Es gibt ein paar generelle Merkmale der vorbewußten Wahrnehmung, über die heute weitgehende Einigkeit besteht:

1. Wahrnehmung ist nicht unmittelbar. Es liegt ein endliches Zeitintervall zwischen dem ursprünglichen sensorischen Input und dem Bewußtwerden einer Wahrnehmung.
2. Die vorbewußte Wahrnehmung ist ein schlußfolgernder Prozeß, der eng mit dem Denken verwandt ist.

3. Dieses Schlußfolgern wird durch vorbewußte emotionale Erregung weitaus stärker beeinflußt als durch bewußte Bestrebungen.
4. Emotionale Erregung aus anderen Quellen als der augenblicklichen Wahrnehmung kann diese Wahrnehmung schon vom frühesten sensorischen Stadium an färben.
5. Bewußtsein ist in diesem Prozeß nicht unbedingt erforderlich. Wahrscheinlich tritt in den allermeisten Situationen, in denen der Organismus einen sensorischen Reiz empfängt und sogar reagierend handelt, das Bewußtsein nicht als Vermittler auf. Das Bewußtsein spielt also nur gelegentlich eine relativ kleine Rolle im gesamten Wahrnehmungsleben des Organismus.
6. Die Wahrnehmung vollzieht sich in Stufen wie zum Beispiel: Formenerkennen mit präverbalem Bedeutungsurteil, affektive Reaktion, Erkennen des Objektcharakters und manchmal schließlich bewußtes Gewahrwerden. Wir erkennen hier den ersten, den zweiten, eine Kombination des dritten und vierten und den fünften Skandha.

Daß Wahrnehmung Zeit braucht, hat Benjamin Libet sehr direkt für den Tastsinn demonstriert.[5] Er führte seine Experimente an Menschen durch, die am Gehirn operiert wurden, währenddessen bei Bewußtsein waren und ihre Zustimmung zu den Versuchen gegeben hatten. Hier seine Resultate:

1. Ein einzelner elektrischer Impuls, etwa eine halbe Millisekunde lang, der auf der Körperhaut gegeben wird, kann etwa eine halbe Sekunde später bewußt wahrgenommen werden, wobei der Patient sich jedoch dieser Verzögerung nicht bewußt ist. Derselbe Impuls löst jedoch schon nach einer Hundertstelsekunde eine meßbare elektrische Reaktion in der Großhirnrinde aus.
2. Wird ein einzelner elektrischer Impuls von einer halben Millisekunde direkt auf die bloßgelegte Großhirnrinde geleitet, so wird er nicht bewußt wahrgenommen. Eine Serie solcher Impulse wird jedoch wahrgenommen, wenn sie mindestens eine halbe Sekunde dauert und die einzelnen Impulse in Abständen von $1/_{20}$ Sekunde gegeben werden.
3. Ein einzelner Hautimpuls wurde nicht wahrgenommen, wenn weniger als eine halbe Sekunde später die Serie der direkten Groß-

hirnimpulse einsetzte. Diese Impulserie überdeckte oder maskierte also den Hautreiz; offenbar konnte der Prozeß, der zur Bewußtwerdung des Hautreizes führt, in der Zeit bis zum Einsetzen der Hirnreize nicht abgeschlossen werden.

Ein einzelner Hautreiz erreicht die Großhirnrinde also in weniger als einer Hundertstelsekunde, muß dort aber noch für mindestens eine halbe Sekunde bearbeitet werden, damit der Prozeß, der zum Bewußtwerden führt, abgeschlossen werden kann.

Ähnliche Ergebnisse wurden auf weniger direktem Wege mit Experimenten erzielt, bei denen den Versuchspersonen mit Hilfe eines Tachistoskops Wörter präsentiert wurden, und zwar für so kurze Zeitabschnitte, daß sie nicht bei einer einzigen Darbietung erkannt werden konnten. Norman Dixon, einer der führenden Forscher auf dem Gebiet der vorbewußten Prozesse, schreibt dazu:

> Wiederholte und gleich lange tachistoskopische Präsentation von Wörtern, die bei einmaliger Präsentation subliminal bleiben würden, führt schließlich zur richtigen Benennung der in den Wörtern enthaltenen Buchstaben. Wir haben diesen Effekt bei Expositionen von 15 bis 30 Mikrosekunden festgestellt, bei sinnlosen Wörtern ebenso wie bei sinnvollen, bei bekannten Wörtern ebenso wie bei unbekannten; es spielte keine Rolle, ob der Proband wußte, welches Wort präsentiert werden würde, oder ob andere Reize zwischen die eigentlichen Wiederholungen eingeschoben wurden oder eine Wortfolge benutzt wurde, in der jedes Wort nur einmal auftauchte. Die Ergebnisse dieser Forschungen dürften eine stichhaltige Demonstration der Tatsache sein, daß die bewußte Wahrnehmung visueller Reize das Ergebnis einer Summierung wiederholter subliminaler Präsentationen sein könnte.[6]

Zahlreiche Maskierungsexperimente, bei denen nach dem zu identifizierenden Reiz ein Störreiz, die Maske, gesetzt wird, haben einen ähnlichen Zeitverlauf gezeigt. Wird die Maske innerhalb einer Hundertstelsekunde nach dem Reiz präsentiert, so kommt es zu einer vollständigen Überlagerung des Reizes. Wird die Maske etwas später präsentiert, bis zu einer halben Sekunde nach dem Reiz, so bestehen Schwierigkeiten bei der Identifikation des Reizes. Es gibt noch eine

Reihe anderer Experimente zur Unterscheidung von Reizen, die durch kurze Intervalle getrennt sind. Werden zum Beispiel zwei Lichter gezeigt, die in einem Abstand von weniger als etwa ¹/₁₀ Sekunde aufleuchten, so werden sie – zumindest von unerfahrenen Versuchspersonen – als gleichzeitig wahrgenommen. Bei leicht vergrößertem Abstand nimmt der Proband eine schnelle Bewegung einer Lichtquelle wahr und bei noch etwas größerem Abstand ein deutliches Nacheinander des Aufleuchtens von zwei getrennten Lichtquellen. Wie wir im nächsten Kapitel sehen werden, fallen diese Ergebnisse bei Personen, die meditativ geschult sind, etwas anders aus.

Auch mit nichtvisuellen Phänomenen wurden ähnliche Versuche angestellt, zu denen M. R. Harter zusammenfassend sagt: «Die kritische Zeitdauer, bei der die genannten Phänomene zu beobachten waren, lag bei 50 bis 250 Millisekunden, wobei 100 Millisekunden der häufigste Wert war.»[7] Die Experimente, die Francisco Varela und seine Kollegen durchführten, deuten auf einen Zusammenhang zwischen diesem «Wahrnehmungsrahmen» und dem Alpha-Rhythmus des Gehirns hin, der im Elektroenzephalogramm (EEG) aufgezeichnet werden kann. Die für die Hirnaktivität eines normalen ruhenden Erwachsenen charakteristischen elektrischen Rhythmen haben eine Frequenz von 7 bis 13 Hertz, und das entspricht Zeitintervallen von 150 bis 75 Millisekunden.[8]

Diese und andere Experimente zeigen, daß Wahrnehmung Zeit braucht – eine hochbedeutsame Beobachtung, die noch vor zehn Jahren vielen Experimentalpsychologen unbekannt war. Und nicht nur das: Wir müssen jetzt auch mit dem etwas beunruhigenden Gedanken leben, daß wir in unserem bewußten Leben stets eine zehntel bis eine halbe Sekunde hinter dem zurück sind, was wir als die augenblickliche «Wirklichkeit» erfahren. In diesem Augenblick, den die Wahrnehmung braucht, findet ein komplexer Schöpfungsprozeß statt, zu dem alle die Elemente gehören, die wir in den vorangegangenen Kapiteln unter dem Gesichtspunkt der fünf Skandhas betrachtet haben. Dieser Schöpfungsprozeß läßt Moment für Moment die wahrgenommene Welt und das wahrnehmende Ich entstehen.

Der Wahrnehmungsprozeß
Bewußtheit ist nicht nötig

Betrachten wir nun einige Experimente und Forschungsdaten, bei denen es um die Isolierung der einzelnen Stadien der Wahrnehmung geht. Da sind zunächst zahlreiche Studien zu nennen, die gezeigt haben, daß es auch ohne Bewußtheit ein intelligentes Handeln aufgrund von Wahrnehmungen geben kann – ein Handeln, in dem der Organismus die Bedeutung von Objekten erkannt haben muß, dennoch aber von dieser Bedeutung im kognitiven Sinne nichts weiß. Gehirngeschädigte Menschen, die nach eigenen Angaben blind sind, können einen Ball fangen, der ihnen zugeworfen wird. Wenn sie «erraten» sollen, wo ein bestimmtes Objekt ist, so zeigen sie mit einer viel höheren Treffsicherheit, als der Zufall erlauben würde, in die richtige Richtung. Solche Phänomene nennt man «Blindsichtigkeit».[9] Die im 10. Kapitel beschriebenen Untersuchungen an gehirngespaltenen Patienten ergänzen diese Resultate.

Neben diesen eher künstlichen Situationen gibt es natürlich zahllose andere, in denen ohne bewußtes Verfolgen der einzelnen Schritte komplexe Operationen durchgeführt werden, denken wir etwa ans Radfahren oder an die höhere Mathematik. Und so ist es eigentlich immer: Wir mögen uns des Endresultats eines Wahrnehmungsprozesses bewußt sein oder nicht, der Prozeß selbst jedenfalls läuft unbewußt ab. Der Prozeß selbst, das zeigt sich immer wieder, kommt ganz gut ohne uns zurecht, ja er gerät eher aus dem Takt, wenn wir ihn bewußt verfolgen wollen.

Weitaus wichtiger als das Bewußtwerden sind die vorausgehenden Stadien des Prozesses. Bei der Abgrenzung dieser Stadien besteht, wie John Wilding schreibt, ein Ansatz darin, «den Prozeß anzuhalten oder anzuzapfen, bevor er abgeschlossen ist. In den frühen Experimenten wurde einfach die Inputdauer variiert, und dann fragte man ab. Die verschiedenen Beobachter berichten überraschend übereinstimmend, was erfahren wird, wenn man die Inputdauer vergrößert.»

Vier Stadien scheinen nach Wilding aus den Beobachtungen ableitbar zu sein: «1. Das vage Gewahrsein einer Präsenz oder eines unbestimmten Objekts; 2. Gewahrsein eines generischen Objekts, also einer generellen Objekt-Kategorie; 3. Gewahrsein eines bestimmten Objekts und schließlich 4. Verstehen der Bedeutung.» Auch bei Maskierungsexperimenten ist man zu ganz ähnlichen Resultaten gelangt.

Mit wachsendem Abstand zwischen dem Reiz und der Maske zeigten sich Veränderungen in den Aussagen der Versuchspersonen: Werden zunächst kaum oder gar keine Anzeichen des Zielbuchstabens bemerkt, so wird in einem Zwischenzustand wenigstens die Präsenz von etwas wahrgenommen, bis die Versuchsperson schließlich sagt, daß der Buchstabe deutlich vorhanden und auch klar umrissen erschienen sei; es sei nur schwierig, ihn zu erkennen, bevor er wieder von der Maske überdeckt werde.

Der ursprüngliche Input

Wie wir im sechsten Kapitel sahen, ist dem ursprünglichen Input, dem «vagen Gewahrsein» von etwas, viel Arbeit gewidmet worden. Man hat ausführlich über die Frage debattiert, ob der ursprüngliche sensorische Input zunächst in sehr einfache, uninterpretierte Elemente zerlegt werden muß – etwa in einzelne Lichtpunkte, separate Töne und einfache Grundzüge wie Linien, Kurven, Schatten und so weiter – oder ob es schon in diesem ersten Stadium eine begriffliche, interpretative Komponente gibt. Alles in allem scheint sich die zweite Anschauung durchzusetzen, bei der es allerdings, wie Wilding schreibt, auf differenzierte Betrachtung ankommt:

> Die Annahme, daß komplexe Reize in Komponenten zerlegt werden, hat sich als sehr nützlich erwiesen und uns viele Aspekte der Wahrnehmung klarer gemacht. Deutlich ist aber auch, daß uns hier keine vereinfachende Darstellung weiterhilft, die einfach unabhängige Detektoren postuliert, welche jeweils nach *einem* grob definierten Aspekt des Input fahnden. Wir brauchen hier differenziertere Ansätze, die auch komplexe Züge erfassen und sensibel sind für Aufgabenstellungen, den gegenwärtigen Kontext und bereits vorhandene Erfahrungen mit den Zügen der gegenwärtigen Situation und mit der erreichten Ebene der Identifikation.[10]

Irving Rock meint, daß auch an dieser ersten Ebene der Wahrnehmung, die er «wörtliche Wahrnehmung» nennt, schon kognitive Prozesse beteiligt sein müssen:

Der Wahrnehmungsprozeß

> Die Lichtstrahlen von zwei verschiedenen Punkten eines Objekts haben nicht mehr Verbindung miteinander als die Lichtstrahlen eines dieser Punkte mit den Lichtstrahlen von einem Punkt außerhalb des Objekts. Daher ist zu fragen, weshalb wir alle zu einem Objekt gehörenden Reize zu einer phänomenalen Einheit gruppieren und nicht einige dieser Reize mit anderen aus dem Umfeld der Dinge zusammenbringen – ganz abgesehen von der Frage, wie es überhaupt zu solchen Gruppierungen kommt. Das Problem ist leichter zu erfassen, wenn das Reizmuster mehrdeutig ist in dem Sinne, daß es auf verschiedene Weisen organisiert werden kann. Es verdient aber, hervorgehoben zu werden, daß das Problem logisch gesehen kein anderes ist, wenn das Reizmuster, wie etwa im täglichen Leben, im allgemeinen nicht von dieser Art ist.[11]

Wilding zählt noch weitere Gesichtspunkte auf:

> Die Beschreibung eines bestimmten Input hängt sehr davon ab, wie der Wahrnehmende ihn verarbeitet. Das aber variiert qualitativ in der Art und Weise, wie Information interpretiert wird, und in dem Ausmaß, in dem Information aus dem Gedächtnis einbezogen wird; und es variiert quantitativ in der Anzahl der Einzelheiten, die dem Reiz und der mit ihm assoziierten Information im Gedächtnis entnommen werden.[12]

Wir können also sagen, daß es selbst auf dieser frühen Stufe – im Gewahrsein eines vagen Etwas, das Rock als «wörtliche Wahrnehmung» bezeichnet – eine *selektive* Strukturierung im Grenzbereich von Sinnesorgan und Sinnesfeld gibt. Wohin diese Selektion führt, hängt bis zu einem gewissen Grade von den gegenwärtigen *Intentionen* des Organismus und von der Geschichte seiner Interaktionen mit der Umwelt ab. Dies ist in Übereinstimmung mit dem Skandha der Form.

Das endgültige Bild

Rock ist der Meinung, daß der Prozeß, der von der «wörtlichen Wahrnehmung» zur endgültigen Wahrnehmung einer äußeren Szene und ihrer Bedeutung führt, dem Denken so verwandt ist, daß man ihn durchaus als eine Form des Denkens betrachten könnte. Das Phänomen der optischen Täuschung und die Analyse verschiedener Experimente führten ihn zu folgender Schlußfolgerung:

Die Grundlage der Formwahrnehmung – also der subjektiven Erfahrung einer bestimmten Gestalt oder, anders gesagt, der phänomenalen Übereinstimmungen und Unterschiede zwischen Gestalten – ist eine nichtbewußte, nichtverbale Strukturbeschreibung der Gestalt. Diese Beschreibung gibt das ausführende Organ, das sich außerhalb der sensorischen Domäne befindet [das sechste Bewußtsein?], aufgrund einer Inspektion des vom Objekt ausgehenden [ursprünglichen] Input... Das ist ein hierarchischer Prozeß, bei dem auf höheren Ebenen Eigenschaften hervortreten, die auf tieferen Ebenen keine Realität besitzen. Der letzte Schritt, falls das Objekt bekannt ist, ist eine Beschreibung der Kategorie, der es angehört, und diese Zuordnung kann unter Umständen die Beschreibung der Form beeinflussen.[13]

Das Objekt wird auch als Beschreibung im Gedächtnis gespeichert, damit man später bei neuen Objekten Beschreibung mit Beschreibung vergleichen kann. Rocks Argumente für eine deskriptive Basis dieser Speicherung beruhen auf eingehenden Analysen einer Vielzahl von Wahrnehmungsphänomenen: die Wahrnehmung des Weges, den ein sich bewegender Lichtpunkt nimmt; die Tatsache, daß ein Umriß seine Form ändert, je nachdem, welche Seite man als «oben», «unten» etc. bezeichnet; die Art und Weise, wie etwas Komplexes erinnert wird und welche Rolle die Aufmerksamkeit dabei spielt; das Phänomen der mehrdeutigen Abbildungen.

Ich will hier nicht in die Einzelheiten gehen, doch sie alle deuten darauf hin, daß Wahrnehmung auf einem unbewußten begrifflichen Verarbeitungsprozeß von der Art einer Beschreibung beruht. Die Sprache, in der sich ein Organismus eine Szene selbst beschreibt, kann keine natürliche Sprache sein, denn erstens läuft der Prozeß der

Der Wahrnehmungsprozeß

Wahrnehmung und der Beschreibungsspeicherung gewiß schon bei Kleinkindern ab, die noch keine natürliche Sprache gelernt haben, und zweitens kann man ähnliche Prozesse auch bei Tieren vermuten. Es könnte, wie Rock sagt, eine Sprache sein wie Fodors «Sprache des Denkens», das biologisch verwurzelte sprachähnliche System, das logisch vorauszusetzen ist, damit überhaupt eine natürliche Sprache erlernt werden kann. Und wie wir im 8. Kapitel sahen, gibt es wohl außerdem das Vermögen, Bilder zu speichern und diese gespeicherten Bilder zu manipulieren.

Rock zeigt nun im weiteren, daß der Weg zur endgültigen Form sehr viel Ähnlichkeit mit dem Problemlösen und Schlußfolgern hat. Der Grundgedanke lautet, daß der ursprüngliche «wörtliche» Input nicht ausreicht für eine eindeutige Einschätzung der Szene. Der Wahrnehmungsprozeß vergleicht seine Beschreibung dieses Input mit den gespeicherten Beschreibungen aus früheren Begegnungen mit Objekten, und zwar in einer Weise, die dem Aufstellen und Überprüfen von Hypothesen bei der Suche nach dem «Passendsten» entspricht. Das «Passendste» ist die Objekt-Kategorie, die der Wahrnehmungsprozeß als beste Beschreibung der Szene empfindet. All das läuft auf einer vorbewußten Ebene ab.

Daß Wahrnehmung ein Prozeß des Aufstellens und Überprüfens

Abb. 3

Das endgültige Bild

von Hypothesen ist, sagen auch Richard Gregory und andere, und diese Auffassung findet heute eine recht breite Zustimmung. Gregory hat zahlreiche Beispiele aus dem Bereich der optischen Täuschungen vorgelegt. Bei der alten/jungen Frau in Abbildung 3 etwa können wir uns willentlich eine der beiden Deutungen zu eigen machen, sobald wir beide erkannt haben. Gregory nimmt an, daß dieses Umschalten auf höherer begrifflicher Ebene stattfindet. Bei Abbildung 4, in der wir die schwarzen Punkte von einem weißen Dreieck verbunden «sehen», oder bei Abbildung 5, auf der die meisten Menschen eine gefleckten Hund «sehen» können, reichen die visuellen Daten zur Bestimmung des endgültigen Bildes nicht aus, und wir füllen die Lücken mit unseren Projektionen.[14] Vor dem Hintergrund vieler solcher Beispiele vermuten Gregory und Rock, daß alles, was uns als eindeutige Wahrnehmung erscheint, nach diesem Muster abläuft. Wir bemerken dies jedoch normalerweise nicht, weil es so schnell geschieht.

In gewisser Weise geht diese Sicht der Wahrnehmung zurück auf die von Helmholtz vor über einem Jahrhundert entwickelte und von Wundt um die Jahrhundertwende ausgearbeitete Theorie, daß der Wahrnehmungsprozeß durch unbewußtes Schlußfolgern von einer Empfindung zu einem Urteil gelangt. Rock weist jedoch auf Unterschiede zwischen Wundts Auffassung und der modernen Sicht hin. Vor allem spielte bei Wundt im ersten Stadium das Begriffsbildungsvermögen noch keine Rolle; es war vielmehr eine direkte

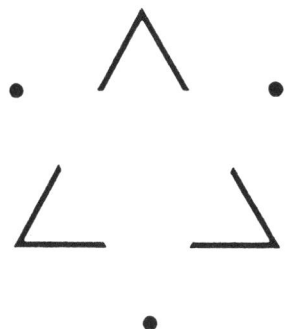

Abb. 4

Der Wahrnehmungsprozeß

Abb. 5

Manifestation der im Nervensystem encodierten Repräsentation des Reizes im Bewußtsein. Und sein letztes Stadium war nicht die Wahrnehmung des endgültigen Bildes, sondern eher eine Art rationales Urteil. Heute nimmt man dagegen an, daß Begriffe oder «Vorstellungen» im Prozeß dessen, was man als Wahrnehmung bezeichnet, schon von den frühesten Stadien an eine signifikante Rolle spielen.

Assoziationsmuster

Wir können annehmen, daß Rocks und Gregorys endgültige Wahrnehmung eine Kombination des vierten und fünften Skandha – *Formkräfte* und *Bewußtsein* – darstellt. Wie wir schon sagten, kann man den fünften Skandha von den ersten vier aufgrund von Phänomenen wie der «Blindsichtigkeit» unterscheiden. Zur Unterscheidung des vierten vom fünften Skandha können wir auch die Aussagen von Freud, Jung und ihren Nachfolgern heranziehen. Worauf es hier ankommt, ist das Vorhandensein komplexer Assoziationsmuster von Begriffen auf einer Ebene, die unterhalb des normalen Bewußtseins liegt.

Diese Assoziationsmuster sind auch experimentell nachgewiesen worden. Hören wir dazu Norman Dixon:

In der Annahme, daß das vorbewußte Denken assoziativen Bahnen folgt, haben Spence und Holland die Hypothese überprüft, daß die Anzahl der durch einen nicht bewußt wahrgenommenen Reiz hervorgerufenen Assoziationen größer ist als die Anzahl der Assoziationen auf den gleichen Reiz hin, wenn er oberhalb der Bewußtseinsschwelle liegt... Spences Schlußfolgerung lautet: Während verbale Reize in den vorbewußten Stadien der Wahrnehmungsentwicklung sich gleichsam auffächern und einen weiten Bereich von Assoziationen aktivieren, wird dieser Bereich drastisch eingeengt, sobald die Person sich des Reizes bewußt wird... Wenn man sich eines Reizes bewußt ist, werden verwandte kognitive Prozesse, die der Reiz hätte auslösen können, eingeschränkt..., [und] es gibt viele andere Phänomene dieser Art, die darauf hindeuten, daß dieser Restriktionseffekt ein generelles Prinzip der Großhirnfunktion sein könnte.[15]

Spences «Auffächerung» zur Aktivierung «eines weiten Bereichs von Assoziationen» ist der vierte Skandha, *Formkräfte*, und hier liegt auch der Anfang der Begriffsvermehrung.

Frühe affektive Reaktionen

Unserer Skandha-Beschreibung folgend, könnten wir nun fragen: Gibt es ein Stadium, dem Skandha *Empfindung* entsprechend, das zwischen die ursprüngliche Wahrnehmung und das endgültige bewußte Bild eingeschaltet ist? Ja, vieles deutet in der Tat darauf hin, daß es in einem frühen Stadium der Wahrnehmung, jedenfalls vor dem Stadium der Benennung mit Worten der natürlichen Sprache (vierter Skandha), zu einer affektiven Reaktion kommt. Dafür spricht schon die Tatsache, daß Tiere und Säuglinge auch ohne verbale Bedeutungsanalyse emotional reagieren können.

Dixon berichtet von Experimenten, bei denen als unangenehm empfundene Wörter wie etwa Tabubegriffe aus der Sexualsphäre subliminal präsentiert wurden. Es kam zu galvanischen Hautreaktionen, Anzeichen für eine emotionale Erregung, die einsetzte, obwohl der Sinn der Wörter nicht bewußt erfaßt wurde. Sinnlose Silben, die durch Konditionierung mit unangenehmen Elektroschocks assoziiert sind, können bei subliminaler Präsentation ebenfalls galvanische Hautreaktionen auslösen.

Bei einer anderen Art von Experiment wurde während einer Filmvorführung in Abständen von 7 Sekunden das Wort «Rindfleisch» für jeweils $1/200$ Sekunde eingeblendet. Nach der Vorführung hatten die Versuchspersonen die Stärke ihres Hungergefühls einzuschätzen, und dann wurden ihnen Sandwiches mit verschiedenen Belägen angeboten. Sie schätzten ihr Hungergefühl signifikant stärker ein als eine Kontrollgruppe. Die Wahl des Brotbelags jedoch war nicht beeinflußt. Die subliminalen Reize beeinflußten also das Hungergefühl generell, nicht aber das Wahlverhalten. Dixon schreibt: «Der Gefühlstonus des Hungers wurde offensichtlich bewußt, doch die vorhandenen Nahrungspräferenzen blieben unbeeinflußt, wohl deshalb, weil die Bedeutung des subliminal präsentierten Wortes nicht bewußt wahrgenommen wurde.» Das Resultat etlicher Experimente stellt er zusammenfassend so dar: «Alles in allem legen diese Befunde den Schluß nahe, daß die Bedeutung eines Reizes, der nicht bewußt erfaßt wird, dennoch unbewußt analysiert wird und so einen bewußt erfahrenen Gefühlstonus evozieren kann... Fehlt eine bewußte Repräsentation der Reizbedeutung, so sind bestimmte Auswirkungen des unbewußt registrierten Reizes auf Verhalten und Körper eingeschränkt, vermutlich deshalb, weil keine Benennung stattgefunden hat.»[16]

Damit auf dieser Ebene emotionale Reaktionen einsetzen können, muß auf einer vorsprachlichen Ebene irgendeine Art von Bedeutungsanalyse stattfinden. Zu dieser Einsicht führen auch andere Experimente. A. J. Marcel ist der Ansicht, daß wir die Bedeutung von Wörtern und die Zugehörigkeit von Dingen früher erkennen als diese Wörter und Dinge selbst.[17] Er und andere haben gezeigt, daß man unter bestimmten Umständen «weiß», zu welcher Kategorie ein bestimmtes Ding gehört (zum Beispiel Mobiliar oder Landschaft), ohne sagen zu können, welches bestimmte Ding man gesehen hat. Selbst nicht identifizierbare Wörter scheinen noch eine Bedeutungsinterpretation zuzulassen. Marcel präsentierte etwa einzelne Wörter und maskierte sie dann so schnell mit einem Zufallsmuster, daß der Proband nicht angeben konnte, ob er ein Wort gesehen hatte oder nicht.[18] Nun hatte er drei Entscheidungen zu fällen, nämlich 1., ob ein Wort vorhanden gewesen war oder nicht, 2., mit welchem von zwei anderen Wörtern das präsentierte Wort die größere visuelle Ähnlichkeit habe und 3., mit welchem von zwei anderen Wörtern es die größere Bedeutungsähnlichkeit habe.

Einige Probanden ließ er weiterraten, während er die Präsentationszeit immer weiter verkürzte. Allmählich fielen die Ergebnisse auf das Niveau der Zufallswahrscheinlichkeit zurück, und zwar zuerst bei Punkt 1, dann bei Punkt 2, dann bei Punkt 3. Das heißt wohl, daß die Bedeutung auf einer niedrigeren Energieebene erfaßt wird als die sichtbare Form. Und zu diesen Ergebnissen kommt man nicht nur bei Wörtern, sondern auch bei der Präsentation von Bildern. Halten wir fest, daß beim Erfassen der Form hier benennbare Form gemeint ist. Die Experimente könnten also bedeuten, daß wir die Bedeutung erfassen und vermutlich auch affektiv auf sie reagieren, bevor wir die Form benennen können.

Die Deutung mancher dieser Ergebnisse ist nicht unumstritten. Es gibt aber, wie Dixon, Mandler und andere deutlich machen, über diese experimentellen Befunde hinaus gute evolutionäre Gründe für die Annahme, daß affektive Reaktionen auch ohne volles bewußtes Erkennen möglich sind. Erstens kann jeder Affekt Begleiterscheinung der verschiedensten bewußten Wahrnehmungserfahrungen sein; zweitens signalisieren Affekte lediglich den Bedrohungsgehalt oder die Bedürfnisbezogenheit eines äußeren Reizes. Sie können daher eine bewußte Erfahrung unterbrechen und eine Alarmreaktion auslösen, wenn deren Ursache noch gar nicht kognitiv analysiert worden ist. Affektive Signale könnten also drei Rollen zugleich spielen: Sie sind Alarmsignal, sie richten die Aufmerksamkeit auf aktuelle Bedürfnisse oder Bedrohungen, und sie bilden den Antrieb zu einem Verhalten, das dem Bedürfnis gerecht wird, also die Unlustspannung vermindert – und all das geschieht ohne bewußte Bedeutungsanalyse.

Buddhismus und Bewußtseinswissenschaft

Ich habe in diesem Kapitel gezeigt, daß es in der experimentalpsychologischen Arbeit manches gibt, was bestimmte Aspekte der durch Meditationspraxis gewonnenen Sicht des Wahrnehmungsprozesses bestätigt: daß Wahrnehmung eine endliche Zeit in Anspruch nimmt und daß sie Stadien aufweist – eine ursprüngliche Wahrnehmung mit einem gewissen begrifflichen Gehalt, eine emotionale Reaktion, eine sprachliche Bedeutungsanalyse und schließlich Bewußtsein. Diese zumindest potentielle Übereinstimmung zwischen den meditativen Einsichten des Buddhismus und der experimentellen Psychologie hängt mit bestimmten Details eines direkt beobachtbaren Prozesses zusammen und gibt Anstöße für weitere Forschungen: der dritte Skandha, *Wahrnehmung*, ist bislang von der experimentellen Psychologie noch gar nicht isoliert worden, wenn auch Emotionstheoretiker wie Magda Arnold die Rolle des Erfassens eines Objekts in der Wahrnehmung erkannt haben.

Im übrigen geht die Bereicherung nicht nur in eine Richtung. Die experimentelle Forschung kann die buddhistische Sicht mit ihrer detaillierten Analyse der an den betrachteten Prozessen beteiligten Kausalmechanismen bereichern. Und schließlich stimmen der Buddhismus und die experimentelle Psychologie darin überein, daß unsere bewußte Wahrnehmung und unser bewußtes Handeln von tief sitzenden Vorurteilen beeinflußt werden, die – wie die Erforschung von Abwehrmechanismen in der Wahrnehmung und von Entscheidungsprozessen gezeigt hat – unserer bewußten Kontrolle entzogen sind. Einhelligkeit besteht auch in der Ansicht, daß das Bewußtsein (der fünfte Skandha) im alltäglichen Wahrnehmen und Handeln eine begrenzte Rolle spielt, ganz gleich, was wir aus religiösen, philosophischen oder politischen Gründen glauben. Die wichtigste Übereinstimmung zwischen Buddhismus und Bewußtseinswissenschaft ist aber die, daß die Wahrnehmung ein aktiver Prozeß ist, in dem das als «Außenwelt» Empfundene ebenso wie das «Ich» eine begriffliche, symbolische Konstruktion ist.

In den Berichten der Wissenschaft wird der Leser jedoch vergeblich nach Hinweisen auf den «nichtbedingten *Dharma*» suchen. Ich habe diesen nichtbedingten *Dharma* im 5. Kapitel erörtert und als kurzzeitige Lücke im Strom der Wahrnehmungsaugenblicke dargestellt, die ein Gefühl der Freiheit von unseren Gewohnheitsmustern mit sich bringt. Daß die Kognitionswissenschaft nach wie vor nichts von dieser Lücke weiß, dürfte mindestens zwei Gründe haben. Die Wissenschaften haben noch nicht erkannt, daß es notwendig ist, das Bewußtsein auf feinere Zeitintervalle zu trainieren, und sie sind sich über die Bedeutung der dann sichtbar werdenden Diskontinuität nicht im klaren. Doch das scheint kein unüberwindliches Problem zu sein. Zweitens kann man auf den nichtbedingten *Dharma* nur hindeuten, ihn aber nicht mit symbolischen Mitteln, also etwa sprachlich, beschreiben. Wir werden diesen Punkt sehr gründlich erörtern, wenn es um die Rolle der Sprache im Prozeß der Welt-Konstruktion geht. Da die objektive Wissenschaft vor allem mit symbolischen Repräsentationen der Phänomene umgeht, ist dies ein äußerst schwerwiegendes Problem. Man kann damit rechnen, daß die Wissenschaft des Bewußtseins in der Lage sein wird, die *Ränder* der Diskontinuität der Wahrnehmung klar aufzuzeigen, vielleicht bis zu dem Punkt, an dem Ich und Welt entspringen, wie es sich in der Arbeit von Maturana und Varela bereits abzeichnet. Daß aber die Kognitionswissenschaft mit ihren gegenwärtigen dualistischen Methoden über diese Ränder hinaus in die Lücke vorstoßen kann, damit ist nicht zu rechnen.

Wir können uns den nichtbedingten *Dharmas*, den Lücken im Wahrnehmungsprozeß, noch aus einer anderen Richtung annähern. Wie wir gesagt haben, wird der Anschein der Kontinuität in unserer alltäglichen Wahrnehmung durch den fünften Skandha, das gespaltene Selbstbewußtsein, erzeugt, das die Lücken ausfüllt. Das Selbstbewußtsein ist, wie wir gesehen haben, im Geflecht der Sprache zu Hause, das bis an die Wurzel unseres dualistischen Seins hinabreicht. Die Kontinuität der Welt der Alltagswahrnehmungen kann auch als Kontinuität des wahrgenommenen Zeitgefühls aufgefaßt werden. Wir könnten uns hier fragen, was es mit dieser wahrgenommenen

Der Wahrnehmungsprozeß

Kontinuität der Zeit auf sich hat. Wenn die Kontinuität der Wahrnehmungswelt fraglich ist, gilt das dann nicht auch für die Kontinuität der wahrgenommenen Zeit? Wir werden diese Frage im nächsten Kapitel aufgreifen.

13. Zeit und Jetzt

Wir wollen nun von einer anderen Warte aus betrachten, was der Glaube an die Kontinuität der «Außenwelt» und der ihr entsprechenden «Innenwelt» uns verdeckt. Eine der Randbedingungen der Welt, wie wir sie normalerweise erfahren, ist die Zeit. Die Zeit scheint uns die Welt zu umranden oder zu umgrenzen, als wäre die Welt in der Zeit enthalten. Wie wir gesehen haben, gibt uns das Festhalten an den begrifflichen Unterscheidungen des gespaltenen Selbstbewußtseins ein Gefühl von Kontinuität in der Gegenwart, aber selbst diese so erfahrene Gegenwart ist ein Produkt von Erinnerungsprojektionen, also ein Produkt der Vergangenheit. Wenn wir aber durch die Achtsamkeits-Praxis oder auf andere Weise dieses ganzen Prozesses bewußt werden, so geht uns auf, daß er in diesem gegenwärtigen Augenblick abläuft, und das kann weder Vergangenheit noch Zukunft, noch *Gegenwart im herkömmlichen Sinne* sein. Dieser Augenblick wird in buddhistischen Traditionen manchmal als der «vierte Augenblick» oder die «Jetztheit» bezeichnet, um ihn von der bloß vorgestellten oder bloß begrifflichen Gegenwart zu unterscheiden, der eingebildeten Gegenwart von «Außenwelt» und «Innenwelt».[1]

Hier müssen wir über die Wissenschaft hinausgehen, für die Zeit eine vom menschlichen Bewußtsein unabhängige abstrakte und universale Gegebenheit ist. Die Wissenschaft spricht nicht davon, was *jetzt* ist, aber sie setzt es in allen ihren Aktivitäten und Theorien voraus. Aus zwei Gründen ist in der gegenwärtigen «normalen» Wissenschaft kein Platz für den vierten Augenblick. Erstens ist jeder Augenblick dieser Art vollkommen einzigartig. Das ist keine philosophische Aussage, sondern liegt auf der Hand: Dieser Augenblick, hier-jetzt, ereignet sich nie wieder. Die Wissenschaft geht jedoch von ihrer ganzen Anlage her nur mit reproduzierbaren Ereignissen um, die allge-

Zeit und Jetzt

meinen Gesetzen und beschreibbaren Mustern folgen. Sie hat es auf die allgemeinen Aspekte von Augenblicken abgesehen, niemals auf die Wirklichkeit *dieses* Augenblicks. Ich kann mich mit Rot im allgemeinen oder mit Aggression im allgemeinen befassen, aber nicht mit dem Rot, das ich jetzt gerade sehe, und nicht mit der Aggression, der ich jetzt gerade Ausdruck gebe. Wenn aber eine Transformation der menschlichen Wahrnehmung möglich ist, dann nur jetzt. Nur dieser bestimmte Augenblick der Aggression kann transformiert werden – nicht irgendeine allgemeine Idee von Ärger, sondern die lebendige Energie dieses besonderen Ärgers, der eben jetzt empfunden wird.

Der zweite Grund, weshalb die Wissenschaft dem vierten Augenblick keinen Platz einräumen kann, besteht darin, daß sie Zeit zwar in allen Beobachtungen zugrunde legt, aber als außerhalb der Beobachtung betrachtet, als Maß für die Bewegung von etwas in Relation zu etwas anderem: die scheinbare Bewegung der Sonne um die Erde, die Bewegung der Erde um die Sonne, das Rieseln des Sandes in einer Sanduhr, das Schwirren der Elektronen um einen Kern in einer Atomuhr. Die Zeit, wie die Wissenschaft sie auffaßt, ist also ein relatives Maß für die Getrenntheit zweier Augenblicke, von denen keiner *jetzt* ist – beide sind schon Vergangenheit, wenn die Wissenschaft sie mißt.

Diese universale, lineare Zeit, die in allen Gleichungen der Physik und Chemie als «t» auftaucht, bildet, so wird angenommen, zusammen mit dem Raum eine Art Rahmen, in dem die Dinge sich ereignen, bleibt aber selbst außerhalb dieser Ereignisse. Diese ein-fältige Zeit beherrscht unser modernes Leben ganz und gar. Wir glauben, daß diese Zeit real ist und existiert, daß sie es ist, was wir an unseren Armbanduhren und die Wissenschaftler an ihren Atomuhren ablesen, daß sie mit Geburt und Tod die Grenzen unserer Existenz absteckt und über diese hinausgeht.

Doch diese abstrakte universale Zeit ist eine Erfindung. In unserer eigenen Kultur, allerdings vor dem Mittelalter, war Zeit Ausdruck der Tatsache, daß Erscheinungen sich wandeln. Sie war nicht getrennt von den wechselnden Erscheinungen. Weder Platon noch Aristoteles, obwohl ihre Ansichten ansonsten in vielen Punkten divergieren, kannte eine Zeit außerhalb des Wandels. Wer wie Platon dafürhielt, daß die wahre Wirklichkeit unwandelbar ist, betrachtete diese wahre Wirklichkeit als außerhalb der Zeit und daher jenseits der Erscheinungen. Aber es gab keine Zeit außerhalb der Phänomene. Und diese Anschauung blieb in allen philosophischen Diskussionen der Antike und des Mittelalters erhalten. Und so wird die Zeit in den meisten der nicht im westlichen Sinne wissenschaftlichen Gesellschaften aufgefaßt, von den großen chinesischen und indischen Zivilisationen bis hin zur indianischen und balinesischen Gesellschaft.

Im Spätmittelalter jedoch verbanden sich, wie der Physiker und Historiker Geza Szamosi darstellt, etliche Faktoren zu einem neuen Zeitbegriff, dem Begriff der mathematischen Zeit außerhalb der sich verändernden Dinge.[2] Diesen Zeitbegriff wendete schon Galilei in seinen Bewegungsexperimenten an, und Newton hat ihn in die Form gebracht, in der er auf uns überkommen ist. Eine der berühmtesten und folgenreichsten Aussagen Newtons lautet: «Die absolute, wahre und mathematische Zeit fließt aus sich selbst und ihrer eigenen Natur nach und ohne Beziehung zu irgend etwas Äußerem gleichförmig.» So nützlich solch ein «Ding» auch für seine Berechnungen gewesen sein mag, es war pure Erfindung. Dennoch ist der Glaube an ein Ding namens Zeit uns inzwischen derart in Fleisch und Blut übergegangen, daß wir ihn mit Zähnen und Klauen verteidigen würden. Und es ist wohl kein Zufall, daß diese abstrakte mathematische Zeit kaum erfunden war, als Descartes auch schon mit einer weiteren glänzenden Erfindung aufwartete: dem individuellen kleinen Geist, der die Natur widerspiegelt. Für Descartes waren Körper oder Materie im Raum ausgebreitet, der Geist aber in der Zeit – und wie diese war er «absolut», bestand «aus sich selbst» heraus und war «ohne Beziehung zu irgend etwas Äußerem».

Drei Ebenen der Zeit

Aber viele nachdenklich gewordene Wissenschaftler wissen heute recht gut, daß diese ein-fältige Sicht der Zeit einfach nicht dem ganzen Reichtum der Natur – also auch des Lebens und des Bewußtseins – gerecht werden kann. In den vergangenen fünfzehn Jahren hat eine Reihe von Konferenzen, die von der International Society for the Study of Time organisiert wurden, allmählich ein wenig Licht in die Vielschichtigkeit jener Phänomene gebracht, die wir unter dem Namen «Zeit» zusammenfassen.[3] Zwei Dinge haben sich herauskristallisiert, die am Anfang aller Überlegungen zum Thema «Zeit» stehen müssen. Erstens kann man von der Zeit nicht sagen, daß sie «existiert». Denn wenn man von etwas sagt, daß es existiert, so heißt das auch gleich, daß es in der Zeit existiert. Es wäre aber einfach unsinnig zu sagen, die Zeit existiere in der Zeit. Ebenso unsinnig ist die Vorstellung, daß Zeit «verstreicht», sich also bewegt, denn in Relation zu was bewegt sie sich? Unser erster Punkt lautet also, daß Zeit weder ein Ding ist noch verstreicht.

Zweitens ist «Zeit» durchaus kein einheitlicher Begriff, der auf *eine* reale Entität verweist, sondern ein vielschichtiger und facettenreicher Begriff. Diese Vielschichtigkeit des Zeitbegriffs hat Kenneth Denbigh, Chemiker und Fellow der Royal Society, sehr klar in seinem Buch *Three Concepts of Time* analysiert.[4] Man kann unter der allgemeinen Überschrift «Zeit» mindestens drei deutlich verschiedene Zeitbegriffe isolieren. Da ist zunächst der von Newton eingeführte abstrakte Zeitbegriff der Physiker, der im wesentlichen auch in der Relativitäts- und Quantentheorie erhalten geblieben ist. Zweitens die Zeit der lebendigen Organismen und biochemischen Prozesse und drittens die Zeit der gewöhnlichen bewußten Erfahrung.

Wenn wir die Rolle der Begrifflichkeit bei der Konstruktion der bewußten Gegenwart ignorieren, sehen wir eine Welt «da draußen», und in dieser Welt sehen wir Wandel. So gelangen wir zur Zeit Platons und Aristoteles', zur Zeit der Biologen, und so kommen wir wohl auch der gewöhnlichen Erfahrung einer sich wandelnden Welt am nächsten. In dieser Welt scheint es Dinge zu geben, und diese Dinge scheinen sich zu verändern – und Veränderungen ereignen sich in der Zeit. Der wichtigste Aspekt jeder Veränderung ist ihre Unumkehrbarkeit, ihre Irreversibilität: Wenn wir ein Ei fallen lassen, zerbricht es; Bäume wachsen aus Samen; das Leben des Menschen hat seinen Verlauf: vorgeburtliche Entwicklung, Geburt, Alter und Tod. Alle diese Veränderungen können nicht den umgekehrten Verlauf nehmen; nie sehen wir einen Baum zum Keimling und schließlich zum Samen werden. Wenn uns ein Film über das normale Leben rückwärts vorgespielt wird, erkennen wir augenblicklich, daß er rückwärts läuft.

Die Irreversibilität aller Naturphänomene ist den Wissenschaftlern seit der Zeit Newtons ein ständiges Ärgernis, denn in der abstrakten Zeit der Physik sind alle physikalischen Prozesse umkehrbar, auch die von der Relativitätstheorie und Quantenmechanik beschriebenen Prozesse. Nur bei einem Film, der nichts als solche physikalische Bewegung zeigt – etwa den Lauf der Planeten oder auf einem Billardtisch umherkollernde Billardkugeln –, würden wir nicht bemerken, daß er rückwärts läuft. Diese Abläufe sind in unserer normalen Erfahrungswelt vielleicht die besten Annäherungen an ein physikalisches System im Sinne der klassischen Auffassung. Und selbst hier, wenn der Film nur lange genug läuft, würden wir irgendwann bemerken, daß die Kugeln langsamer oder schneller werden, der Film also vorwärts oder rückwärts läuft.

In neuerer Zeit haben einige Theoretiker aufzeigen können, daß sich die irreversible Zeit unserer Alltagserfahrung aus der reversiblen Zeit der Physik ableiten läßt. Insbesondere hat Ilya Prigogine bei der Entwicklung der Thermodynamik offener Systeme (darauf komme ich im 17. Kapitel zurück) nachgewiesen, daß jedes System seine eigene Zeit hat und jede dieser Systemzeiten irreversibel ist.[5] Die einzigartige Zeitlinie jedes Systems beschreibt die Bahn, die dieses System bei der Entwicklung wachsender Komplexität und höherer Energieniveaus genommen hat. Das ist auch eine Annäherung an die biologische Zeit, in der jeder Organismus sein eigenes inneres Zeitmaß für seine Befindlichkeit und Geschichte besitzt. Die Bedeutung dieser Einsichten veranlaßte Prigogine, einem seiner Bücher den Titel *The Birth of Time*, «Die Geburt der Zeit», zu geben – und damit meint er natürlich die Möglichkeit, in die Begriffswelt der Wissenschaft endlich ein wirklichkeitsnäheres Zeitverständnis einzuführen.[6] Die Logik der Erfahrung setzt hier an bei der stets sich wandelnden Kreativität des bewußten Augenblicks, von wo aus sie ganz allgemein auf den ständigen Wandel der Erscheinungen schließt, um erst daraus – im Denken – die abstrakte, reversible Zeit der Physik abzuleiten.

Wie wir gesehen haben, treten die bewußte Erfahrung und ihre unbewußten Hilfsprozesse als eine Serie von Augenblicken endlicher Dauer auf. Die Schätzungen für die Dauer eines Erfahrungsaugenblicks reichen von einer Zehntel- bis zu einer Hundertstelsekunde, je nach Art des Versuchs und je nachdem, welcher Sinneskanal untersucht wird. Wir erfahren eine kontinuierliche Welt, weil wir normalerweise nicht auf die Übergänge zwischen den Augenblicken achten und weil jeder Augenblick nicht nur die gegenwärtigen Wahrnehmungen enthält, sondern auch Erinnerungen an Vergangenes und Erwartungen für die Zukunft. Es gibt, anders gesagt, Überlappungen zwischen unseren bewußten gegenwärtigen Augenblicken. Diese Diskontinuität und Überlappung in unserer bewußten Erfahrung ist im Westen seit der Experimentalpsychologie des neunzehnten Jahrhunderts bekannt. William James benutzte den Ausdruck «trügerische Gegenwart» für diesen Erfahrungsaugenblick, weil er glaubte, daß er einfach eine Konstruktion subjektiver neurologischer Prozesse sei, während die «wahre Gegenwart» die der Physik sein müsse. Mit dem Behaviorismus geriet die «trügerische Gegenwart» in Vergessenheit, und erst in den letzten Jahrzehnten ist man durch die Wiederentdeckung der zeitlichen Dauer grundlegender Wahrnehmungsprozesse wieder auf sie aufmerksam geworden. Ich habe im ersten Teil dieses Buches detailliert aufgezeigt, daß der Erfahrungsaugenblick eine begriffliche Konstruktion ist, in der die als «außen» erfahrene Welt und das sie erfahrende «innere» Ich zusammen in der Leere entstehen, bewußt werden und vergehen. Auch diese Zeit also ist wie die beiden anderen, die physikalische und die biologische Zeit, eine begriffliche Konstruktion.

Was wir normalerweise «Zeit» nennen, ist eine wirre Zusammenballung aller drei Zeitbegriffe – der Zeit des Bewußtseins, der Zeit der «äußeren» Phänomene und der abstrakten Zeit der Physik. Es ist, wie Denbigh sagt, eine komplexe und vielschichtige Zeitvorstellung, in der die drei Begriffsebenen von zunehmender Abstraktheit und abnehmendem Erfahrungsgehalt sind. Aus der Zeit der Erscheinungen eliminiert die abstrakte mathematische Zeit physikalischer Prozesse die Erfahrung von Vergangenheit, Gegenwart und Zukunft, vom fortlaufenden und irreversiblen Charakter aller Vorgänge, aber auch den Erfahrenden selbst. Die biologische Zeit ersetzt die Irreversibilität, aber läßt immer noch den Beobachter aus. In dieser nach Abstraktheit und Erfahrungsgehalt gestuften Reihenfolge der drei Zeitbegriffe ist die Zeit des Bewußtseins sowohl logisch als auch für die Erfahrung das Primäre, während die beiden anderen Zeitbegriffe durch sprachliche und andere Symbole konstruiert werden.

Doch selbst unser bewußtes Zeitgefühl ist ein Produkt der Sprache. Das Leben, das ich «innen» wie «außen» an mir vorbeifließen sehe, ist das begriffliche Leben meiner inneren Sprache, mein diskursives Selbstbewußtsein. Ähnlich ist auch die Welt, die von der Wissenschaft beschrieben wird, eine Welt, die in sprachlichen oder anderen symbolischen Repräsentationen an einem imaginären Beobachter vorbeifließt. G. J. Whitrow, Professor für Geschichte und angewandte Mathematik – einer von vielen, die ein Leben lang dem Wesen der Zeit auf der Spur sind –, hat hierzu gesagt: «Unser Zeit-‹Empfinden› ist weder eine notwendige Bedingung der Erfahrung, wie Kant meinte, noch eine einfache Empfindung, wie Mach glaubte, sondern eine intellektuelle Konstruktion. Es ist abhängig von geistigen Organisationsprozessen, die Denken und Handeln vereinigen. Es ist ein spätes Produkt der menschlichen Evolution, aller Wahrscheinlichkeit nach eng mit der Entwicklung der Sprache verknüpft.»[7] Und in der Tat haben manche Untersuchungen gezeigt, daß die allmähliche Aneignung bestimmter Zeitvorstellungen im Kindesalter eng mit der Spracherlernung verknüpft sein könnte.

William James, einer der wenigen amerikanischen Psychologen, die überhaupt etwas zum Verständnis des Bewußtseins beitrugen, bevor der Behaviorismus es verschwinden ließ, schreibt über den linearen Bewußtseinsstrom:

Wie ein Vogelleben scheint [der Bewußtseinsstrom] aus dem Wechsel von Fliegen und Sitzen zu bestehen. Schon der Rhythmus der Sprache bringt es zum Ausdruck: Jeder Gedanke wird in einen Satz gefaßt, und jeder Satz schließt mit einem Punkt. Die Ruheplätze werden für gewöhnlich von irgendwelchen sensorischen Imaginationen eingenommen, deren Eigentümlichkeit darin besteht, daß sie für beliebig lange Zeit vor das innere Auge gehalten und betrachtet werden können; die Flugphasen sind mit Gedanken an statische oder dynamische Beziehungen angefüllt, die in der Regel zwischen den in den Ruhephasen betrachteten Gegenständen bestehen. Wir wollen die Ruhephasen als «substantivische» Teile und die Flugphasen als «transitivische» Teile des Gedankenstroms bezeichnen. Es scheint nun, daß unser Denken jederzeit in der Hauptsache das Ziel verfolgt, von dem substantivischen Teil aus, den wir gerade verlassen haben, zu irgendeinem anderen substantivischen Teil zu gelangen. Und wir können sagen, daß der Hauptzweck der transitivischen Phasen darin besteht, uns von einem substantivischen Teil zum nächsten zu führen.[8]

Interessant sind für uns in diesem Zusammenhang vor allem die Augenblicke des Übergangs zwischen den Gedanken, zwischen und in den substantivischen Teilen und den transitivischen Teilen. Etwas später bringt James in dieser Passage zur Sprache, wie schwer es ist, die transitivischen Teile zu erfassen. Und um wieviel schwerer ist es, zu sehen, was im Augenblick des Wechsels vom substantivischen Teil zum transitivischen Teil oder umgekehrt geschieht. Offenbar hat James nicht bedacht, daß der Geist sich sogar an den «Ruheplätzen» regt: Das «Betrachten» «sensorischer Imaginationen», von dem er spricht, findet seinen Ausdruck in der Sprache. Nur in den Pausen zwischen den Gedanken, die so kurz sind, daß sie der nicht geschulten Aufmerksamkeit entgehen, gibt es Freiheit von der Herrschaft der Sprache und der Bewegung des Denkens.

All dem können wir jetzt schon eines entnehmen: Wenn von *Jetztheit* als einem Gewahrsein außerhalb von Vergangenheit, Gegenwart und Zukunft die Rede ist, so ist damit ein Gewahrsein jenseits der Begrifflichkeit gemeint, jenseits des gespaltenen Selbstbewußtseins. Die abstrakten Zeitbegriffe der Physik und des Verstandes sind in die Zeit der bewußten Erfahrung eingebettet und durch Abstraktion aus ihr abgeleitet.

Die vielen Gesichter der Zeit

Wenn wir davon ausgehen, daß die Zeit der bewußten Erfahrung das Primäre ist, müssen wir, um sie in allen Facetten zu erfassen und um zu sehen, wo die lineare Sicht Lücken hat, alles zur Frage der Zeiterfahrung verfügbare Material sichten; vor allem natürlich all das, was von den Anhängern der eindimensionalen, ein-fältigen Sicht rundweg verworfen wird. Ich denke hier insbesondere an zwei Phänomene, die meist vorschnell als «parapsychologisch» und keiner seriösen Betrachtung würdig abgetan werden: Präkognition, also hellseherische Vorausschau, und Koinzidenz, womit man ein höchst unwahrscheinliches Zusammentreffen verschiedener Ereignisse meint, das dennoch mehr als bloß zufällig zu sein scheint. Natürlich ist auf diesem Gebiet ebensoviel Vorsicht geboten wie auf jedem anderen Forschungsfeld, aber die irrationale und manchmal fanatische Ablehnung der hier gewonnenen Daten spricht wohl dafür, wie sehr die konventionelle Wissenschaft und die landläufigen Anschauungen im Bann des linearen Zeitbegriffs sind. Carl Sargent, der zusammen mit Hans Eysenck, einem hochgeachteten «alten Hasen» der statistischen Psychologie, ein Buch über diese Phänomene schrieb, berichtet, daß einer seiner

Kollegen an der University of London nach der Darstellung seiner Forschungsergebnisse zum Thema «Präkognition» zu ihm sagte: «Die Resultate, die Sie vorgelegt haben, würden mich von allem überzeugen, nur davon nicht. Ich *kann* es einfach nicht glauben, und ich weiß nicht warum.»[9]

Von Präkognition gibt es natürlich zahllose anekdotische Zeugnisse, die größtenteils schwer zu verifizieren sind. Manche jedoch – zum Beispiel im Zusammenhang mit einem Grubenunglück im Aberfan Valley in Wales, 1966 – sind derart gut dokumentiert, daß kein vernünftiger Zweifel mehr möglich ist. Vor etwa zwanzig Jahren kündigte der Schriftsteller J. B. Priestley im BBC-Fernsehen eine Untersuchung ungewöhnlicher Erfahrungen im Zusammenhang mit der Zeit an. Er lud die Zuschauer ein, ihm zu schreiben, und erhielt Tausende von Briefen. Ein Team wissenschaftlich geschulter und bekundetermaßen skeptischer Kräfte wertete das Material aus. Diese Leute hatten die Aufgabe, Fälschungen, offensichtliche Irrtümer und Berichte, die irgendwie «normal» erklärt werden konnten, auszusondern. Am Schluß blieben Priestley etliche Dutzend Berichte von Präkognition, die sich nicht mehr wegerklären ließen.[10]

Psychiater wie C. G. Jung und Alex Comfort haben darauf hingewiesen, daß Präkognition besonders häufig in der psychologischen Beratungssituation erfahren wird, wo die Leute weniger Angst haben, für verrückt gehalten zu werden, und eher bereit sind, auf flüchtige Bilder zu achten.[11] Hunderte solcher Erfahrungen sind dokumentiert worden, und vielleicht gibt es Tausende, die niemand festgehalten hat. Sie stellen sich ohne besonderen Grund plötzlich ein, wir können sie nicht manipulieren, und sie haben keine besondere Bedeutung – und vielleicht sind sie gerade deshalb glaubwürdiger als die eher spektakulären Fälle.

Die frühe experimentelle Erforschung der Präkognition, etwa im Labor von J. B. Rhine, mußte sich den Vorwurf der mangelnden Sorgfalt und der unzureichenden Vorkehrungen gegen Betrug gefallen lassen.[12] In den letzten beiden Jahrzehnten ist jedoch sehr viel sorgfältigere Arbeit geleistet worden, die allen wissenschaftlichen Standards entspricht und deren Ergebnisse überzeugend zu belegen scheinen, daß es Präkognition gibt. Beispielhaft für diese Arbeit kann der Physiker Helmut Schmidt stehen, der in den Boeing-Forschungslabors in Seattle arbeitet. Er baute eine Maschine, die Präkognitions-Tests durchführen kann, ohne daß ein menschlicher Versuchsleiter und Beobachter eingeschaltet werden muß. Sargent und Eysenck berichten darüber in *Explaining the Unexplained*.

Ray Hyman, ein bekannter Kritiker der Parapsychologie, sagt über Schmidts Arbeit:

An fast jedem Maßstab gemessen, ist Schmidts Arbeit die denkbar größte Herausforderung, die man einem Kritiker wie mir bieten kann. Sein Ansatz macht die frühere Kritik an der parapsychologischen Forschung zu einem Großteil obsolet. [Ich bin] überzeugt, daß er ernsthaft und ehrlich gearbeitet hat und so wissenschaftlich, wie es nur möglich ist..., der differenzierteste Parapsychologe, dem ich je begegnet bin. Wenn seine Arbeit Mängel hat, dann sind es jedenfalls keine offensichtlichen und nicht die üblichen.

Sargent und Eysenck schätzen, daß die Zufallswahrscheinlichkeit für Schmidts Ergebnisse ein Zahlenverhältnis wäre, dessen Nenner mehrere Zeilen füllen würde; anders gesagt, die Zufallswahrscheinlichkeit ist unvorstellbar gering. Sie fügen hinzu, daß für Schmidts Ergebnisse nur zwei Erklärungen denkbar sind: Entweder muß es für die Zeit noch ein ganz anderes Verständnis geben, als es der Begriff der linearen Zeit impliziert, oder hier liegt ein eklatanter Fall von Betrug vor.[13] Allerdings hält jeder, der Schmidt kennt, auch Hyman, letzteres für außerordentlich unwahrscheinlich. Im übrigen sind seine Versuche von anderen Forschern wiederholt worden.

Von allen Phänomenen, die über die lineare, einseitige Sicht der Zeit hinausdeuten, dürfte das, was wir Koinzidenz nennen, uns am vertrautesten sein. Eine Koinzidenz besteht aus zwei gleichzeitigen Ereignissen, die miteinander verbunden zu sein scheinen, ohne jedoch eine gemeinsame Ursache zu haben. Viele von uns haben wohl schon einmal eine Situation wie die folgende erlebt: Wir sprechen mit jemandem über einen gemeinsamen Freund, von dem wir beide seit fünf Jahren nichts mehr gehört haben, und just in dem Augenblick läutet das Telephon und eben dieser Freund ist am Apparat. Etliche Autoren haben beschrieben, wie sie verzweifelt und oft stundenlang nach irgendeiner Information oder Textstelle suchten, bis schließlich irgendein Buch sich «zufällig» genau an der richtigen Stelle öffnete. Rebecca West etwa schildert ihre Suche nach Aufzeichnungen über eine bestimmte Begebenheit während der Nürnberger Prozesse:

> Ich suchte mir die Prozeßprotokolle in der Bibliothek heraus und stellte entsetzt fest, daß sie in einer für den Forscher so gut wie unbrauchbaren Form publiziert waren. Es sind Zusammenfassungen und zudem unter willkürlichen Überschriften katalogisiert. Nach stundenlanger Suche ging ich schließlich an den Regalen entlang zu einem der Bibliotheksassistenten und sagte: «Ich kann es nicht finden, es gibt keine Stichwörter; es könnte in jedem dieser Bände sein.» (Sie füllen ganze Regale.) Dabei nahm ich einen Band heraus und öffnete ihn irgendwo. Es war nicht nur der richtige Band, sondern ich hatte ihn auch an der richtigen Stelle aufgeschlagen.[14]

Wenn wir offen sind für eine umfassendere Sicht von Zeit und Kausalität, brauchen wir an solchen Berichten ebensowenig zu zweifeln wie an wissenschaftlichen Forschungsergebnissen. Anders als Präkognition kommen solche Koinzidenzen im Leben vieler Menschen recht häufig vor, und oft scheinen sie uns eine Richtung zu weisen. Als ich 1964 meine Doktorarbeit im Fach Physik abschloß, stand ich vor der Frage, ob ich nun das Forschungsfeld wechseln sollte. Wochenlang überlegte ich, ob ich den großen Sprung von der theoretischen Physik zur experimentellen Biologie wagen sollte, und schließlich kam der Tag, an dem ich mich entscheiden mußte. Auf einer der Straßen, die ich, immer noch unentschlossen, entlangging, hatte sich ein Verkehrsstau gebildet, und da, genau vor mir, war der Bus, der zum biologischen Labor fuhr. Ich stieg ein und teilte dem Laboratoriumsdirektor mit, daß ich gern dort arbeiten würde. So kam es zu einer Entscheidung, die mir – über die Biologie hinaus – eine ungeahnte Fülle neuer Möglichkeiten erschloß. Solche Vorkommnisse sind ganz alltäglich, und viele Leser werden dergleichen schon erlebt haben.

Daß es solche Koinzidenzen gibt, wird im allgemeinen viel bereitwilliger zugegeben als die Existenz von Präkognition – vermutlich deshalb, weil Koinzidenzen sich leichter als «purer Zufall» dem konventionellen Zeitbegriff einfügen lassen. Der wesentliche Gesichts-

Zeit und Jetzt

punkt ist hier jedoch, daß solche Koinzidenzen manchmal einen *Sinn* zu enthalten scheinen. Es ist jedoch keine offensichtliche Kausalität im linearen deterministischen Sinne in ihnen zu erkennen, weshalb sie für die meisten «normalen» Wissenschaftler ganz einfach nicht existieren können. Heute sind nun viele Wissenschaftler nachdenklich geworden und zweifeln am Glaubensbekenntnis des neunzehnten Jahrhunderts zu starrer Kausalität und strikter Determiniertheit aller Ereignisse. Die meisten Wissenschaftstheoretiker nehmen heute einen Standpunkt ein, der ein Gleichgewicht zwischen Determinismus und Indeterminismus, Zufall und Notwendigkeit sucht und damit in die Nähe des buddhistischen Pratītya-Samutpāda rückt, der Lehre vom gemeinsamen Entstehen in Abhängigkeit oder, wie ich es im 5. Kapitel auch genannt habe, der «situativen Strukturierung». Der tibetische Audruck dafür ist *tendrel*, manchmal übersetzt mit «günstige Koinzidenz».

Der Astrophysiker Michael Shallis sagt: Wenn wir Präkognition und Koinzidenz in unserem Verständnis der Zeit unterbringen wollen, müssen wir davon ausgehen, daß auch die Zeit des Bewußtseins mehr als ein Gesicht hat:

Koinzidenz als zeitliches Phänomen ist ein wunderbares Beispiel für die Dualität der Zeit. Wenn die Vorstellung von der dualen Natur des Lichts als Welle und zugleich Teilchen akzeptabel ist..., so dürfte die Koinzidenz uns eine Hilfe sein, den auch nicht abwegigeren Gedanken zu fassen, daß die Zeit ebenso von dualer Natur ist: Sie zeigt uns eine zusammenhängende, lineare und kausale Seite und eine akausale, verbindende Seite. Die von der Koinzidenz vermittelte Zeiterfahrung zeigt uns die Natur von einer sehr viel komplexeren, von einer bestürzenden und staunenswerten Seite, die die... [normale] Wissenschaft in ihren Beschreibungen einer scheinbar erklärbaren und kontrollierbaren Welt übersehen hat.[15]

Dieser andere Aspekt der Zeit war in den alchemistischen und hermetischen Traditionen des Abendlandes bekannt, aber auch im Konfuzianismus und Taoismus, im javanesischen Schattentheater, in den Regentänzen der Indianer und in fast jeder Kultur, die nicht vom Begriff einer objektiven linearen Zeit beherrscht war. Dazu kommt in vielen dieser Traditionen ein Wissen um die Entsprechungen und Verwandtschaftsbeziehungen zwischen den verschiedenen Daseinsbereichen: dem Reich des Unbelebten, dem Pflanzenreich, dem Tierreich, dem Reich des Menschen und dem Himmel. Was uns als «Zufall» erscheint, wenn wir nur einen eng begrenzten Bereich der Erfahrung zulassen, erweist sich als von vielen Faktoren abhängig, wenn wir die Grenzen erweitern. In vielen Traditionen wurden diese größeren Daseinsbereiche symbolisch von Göttern vertreten, die zwar ihren eigenen Angelegenheiten unabhängig von den Menschen nachgingen, aber mitunter in die Belange des Menschen eingriffen – und das waren Umbruchzeiten im Leben der Betroffenen.

Wenn wir davon ausgehen, daß Zeit nur dieses linear Verlaufende ist, das die Uhren messen, dann gibt es in der Natur keinen Platz für Präkognition und Koinzidenz. Es bleiben uns dann nur zwei Möglichkeiten: Entweder wir verwerfen alle Beobachtungen, die auf Präkognition und Koinzidenz hinzudeuten scheinen, oder wir akzeptieren sie und führen sie auf «übernatürliche» oder «paranormale» Einflüsse zurück. Nur wenn wir von dem starren Festhalten an diesem Zeitbegriff abrücken, gibt es eine dritte Möglichkeit: das sorgfältig dokumentierte Forschungsmaterial zu akzeptieren und uns mit dem Gedanken vertraut zu machen, daß unser Zeitbegriff und unsere Vorstellung davon, was «normal» sei, erweitert werden müssen. Mir scheint, daß diese dritte Möglichkeit die «rationalste» ist – und die einzige, die mit der wissenschaftlichen Tradition im Einklang steht. Damit ist aber nicht gesagt, daß die herkömmliche Sicht der Zeit und der Natur falsch ist, sondern nur, daß sie zu enge Grenzen hat.

Es besteht kein Grund, redlich und sorgfältig gesammelte Daten nur deshalb zu verwerfen, weil sie gegen die herrschenden Denkgewohnheiten der Zeit verstoßen. Es gibt aber gute Gründe, nicht länger an einem eng definierten und gänzlich inkohärenten Begriff von Zeit als einem abstrakten, linearen Etwas festzuhalten, das «da draußen» gleichmäßig vorbeifließt. In diesem Sinne faßt auch Shallis seine Untersuchungen zusammen:

Die objektive Zeit ist verschwunden. Sie ist aus der Relativität, der Quantenwelt und der Kosmologie verschwunden, wo Maßstäbe und die Definition der Zeit beliebig sind. Die objektive Zeit ist auch aus dem Paranormalen verschwunden. Nur in der «normalen» Welt, verarmt durch unsere wenig definitiven Definitionen und unsere kaum klärenden Erklärungen, schwingt sie noch das Zepter... Die Zeit, in der wir zu wohnen meinen, ist weder einfach noch linear, noch objektiv. Wir schwimmen in Seen der Zeit und Zeitlosigkeit, in einem Meer von Kausalität und akausalen Verbindungen.[16]

Jetztheit

Doch selbst wenn wir einen beschränkten Zeitbegriff durch einen umfassenderen ersetzen, beeinflußt das noch nicht unsere Zeit-*Erfahrung*: Wir erfahren einen «Bewußtseinsstrom», und darin bekundet sich das gespaltene Selbstbewußtsein, in dem der Erfahrende zwischen sich und dem Erfahrenen eine Trennung sieht. An unserem «Bewußtseinsstrom» können wir Vergangenheit, Gegenwart und Zukunft unterscheiden. Wenn das Bewußtsein aufhört, sich zu teilen, und sei es für einen noch so kurzen Augenblick, hört die Zeit auf. Das ist Jetztheit.

Die Erfahrung der Jetztheit beschreibt Chögyam Trungpa in sehr lebhaften Worten:

Manchmal nehmen wir die Welt ohne jede Beimischung von Sprachen wahr – direkt, spontan, präverbal. Meist läuft unsere Wahrnehmung jedoch so ab, daß wir zuerst ein Wort denken und dann schauen. Im ersten Fall empfinden wir die Welt unmittelbar, im zweiten Fall reden wir uns ein, daß wir sie sehen. Entweder schaut man und sieht die Welt ohne jede Sprachbeimischung – wie zum ersten Mal –, oder man sieht sie durch den Filter der Gedanken – als eine Art Selbstgespräch... Gewinnt man aber das Gefühl, daß man es sich gestatten kann, von all dem loszulassen und die Welt direkt wahrzunehmen, so weitet und vertieft sich das Sehvermögen. Man wird fähig, hier und jetzt wachsam zu schauen. Die Augen öffnen sich, und man sieht plötzlich, wie farbig und frisch die Welt ist – es ist phantastisch, wie gestochen scharf und klar sie ist... Die Sinneswahrnehmung eröffnet uns mit anderen Worten die Möglichkeit einer tieferen Wahrnehmung. Es gibt Wahrnehmungsbereiche einer höheren Ordnung von Klang, Empfindung und so weiter, die jedoch nur durch meditative Praxis erfahrbar werden. Durch diese Praxis klärt sich alles Wirre und Verschwommene, die Wahrneh-

Jetztheit

mung nimmt eine nie gekannte Präzision, Schärfe und Tiefe an – die Jetztheit der Welt tritt hervor... Normalerweise schränken wir den Sinn der Wahrnehmung ein: Etwas Eßbares erinnert uns ans Essen; bei Schmutz denken wir ans Saubermachen... Was immer wir sehen, pressen wir sofort in eine vertraute Schablone. Zu jedem Ding haben wir eine ein für allemal festgelegte Interpretation und verbannen damit die Möglichkeiten tieferer Wahrnehmung aus unserem Herzen. Es ist aber möglich, persönliche Interpretationen zu überwinden und die Weite der Welt durch das Medium der Wahrnehmung in unser Herz zu lassen. Wir haben stets die Wahl, unsere Wahrnehmung einzuschränken und die Weite auszuschließen oder uns von ihr berühren zu lassen.[17]

Krishnamurti, in seiner Jugend zum lange erwarteten großen spirituellen Lehrer der Welt ausgerufen, stieß alle seine Anhänger durch eine Absage an alle Traditionen, Autoritäten und «-ismen» vor den Kopf und bereiste bis zu seinem Tod im Jahre 1986 unermüdlich die Welt, um auf allen Kontinenten über die «Freiheit vom Bekannten» zu sprechen. Die Erfahrung der Jetztheit, der «Freiheit vom Denken», beschreibt er so:

Wörter und Theorien werden erstaunlich wichtig... Gehirn und Denken operieren auf einer sehr oberflächlichen Ebene, wie tief das Denken auch gedrungen zu sein hofft. Das Hirn und sein Tun sind ein Bruchstück des Lebens-Ganzen; das Bruchstück ist sich selbst ungeheuer wichtig geworden... Das Denken kann niemals das Ganze des Lebens formulieren. Nur wenn das Gehirn und sein Denken vollkommen still sind, weder eingeschlafen noch durch Disziplin, Zwang oder Hypnose betäubt, nur dann gibt es ein Gewahrsein des Ganzen... Die vollkommene Stille des Gehirns ist etwas Außerordentliches; es ist höchst empfänglich, energiegeladen, lebendig, jeder äußeren Bewegung gewahr, aber vollkommen still. Es ist ebenso still wie rückhaltlos offen, ohne Behinderung, ohne irgendwelche heimlichen Wünsche und Absichten. Es ist sogar ohne ein Zentrum, ohne eine Grenze.[18]

Immer wieder betont Krishnamurti in seinen Gesprächen, daß das Gewahrsein jenseits des Denkens weder dumpf noch inaktiv ist, sondern ganz und gar lebendig:

Zeit und Jetzt

Wenn die ganze Struktur, wenn dieses ganze Gefüge [von Beobachter und Beobachtetem] verstanden ist, sind Streit und Kampf zu Ende; der Geist – denn der Geist *ist* dieses Gewahrsein – ist außerordentlich sensibel, höchst intelligent geworden. In diesem Gewahrsein, da es alles mit vollkommener Deutlichkeit offengelegt hat..., ist Klarheit. Und diese Klarheit ist Aufmerksamkeit. Wo diese Aufmerksamkeit ist, in der es keinen Beobachter und kein Beobachtetes gibt, da ist sie Intelligenz... Und diese Aufmerksamkeit hat ihr ganz eigenes Wirken. Es gibt also ein Wirken, das nicht im Beobachter seinen Ursprung hat. Wenn der Beobachter handelt, ist sein Handeln stets etwas Getrenntes. Wir können nicht tiefer in diese Materie eindringen, solange Sie es nicht tatsächlich *tun*. Dann werden Sie sehen, daß Aufmerksamkeit – als Intelligenz – Schönheit und Liebe ist, die der Beobachter, getrennt, wie er ist, zu imitieren versucht; dann hat der Geist keine Grenze.[19]

Weder für den buddhistischen Lehrer Trungpa Rinpoche noch für den traditionsverneinenden Krishnamurti ist Jetztheit gleichbedeutend mit «Weltverneinung». Jetztheit heißt vielmehr, und sei es auch nur für einen Augenblick, ganz in der Welt zu leben, frei von aller Behinderung durch Voreingenommenheit; frei vom «Bekannten», also von Imagination, Erinnerung und Vergangenheit; und frei vom «Unbekannten», von der Zukunft und von der Projektion der Vergangenheit in die Zukunft. Und «Freiheit vom Denken» bedeutet nicht das Aufgeben des Verstandes. Im Gegenteil: der Verstand, da er jetzt klar gesehen wird, ist nicht länger eine Droge, die uns abstumpft gegen die strahlende Klarheit der Wahrnehmung, sondern kann zum Werkzeug werden. Die Wahrnehmung dieser Jetztheit, das sagen sowohl Trungpa als auch Krishnamurti, bringt Frische und ungeheure Energie mit sich. Das ist keine Energie, die man «aufbringen» muß, denn sie ist in den Phänomenen, so, wie sie sind, enthalten, und man kann sich immer tiefer mit ihr verbinden, je weniger das Ich involviert ist. Wir werden auf das Gewahrsein in der Jetztheit in späteren Kapiteln zurückkommen.

Im 15. Kapitel werde ich die Methode vorstellen, nach welcher der Wahrnehmungsprozeß in der buddhistischen Meditationspraxis in zeitliche Stadien aufgeschlüsselt wird, die, wie ich gezeigt habe, von manchen Forschungsergebnissen der modernen Wissenschaft weitgehend bestätigt werden. Zuvor aber wollen wir die Idee des Geistes im nächsten Kapitel noch von einigen anderen Seiten betrachten, so daß wir dann, wenn wir uns der Meditation zuwenden, eine breitere Grundlage haben als die allzu schlichte Idee von dem kleinen Spiegel im Kopf, der für immer von allen und allem getrennt ist. Denn wir stehen immer noch vor der Frage, wie der Wahrnehmungsprozeß, der im Selbstbewußtsein gipfelt, überhaupt erkannt werden kann. Was ist das für ein Gewahrsein, das diesen ganzen Prozeß direkt erkennt? Ist es überhaupt irgend etwas?

14. Die Vereinigung von Intellekt und Intuition

Im 11. Kapitel sagte ich, es sei nicht mehr als ein Akt des Glaubens, zu behaupten, es gebe einen individuellen Geist, der passiv oder aktiv die Natur widerspiegelt, seinen Ort in einem individuellen Körper hat und für alle Zeit von Geistern ähnlicher Art getrennt ist. Heute wird dieser Glaube aus der Wissenschaft selbst heraus in Frage gestellt und nicht mehr nur von den Strömungen des Denkens, die außerhalb der Wissenschaft bestehen. Das Problem bei den Anschauungen, die wir erörtert haben, besteht zum Teil darin, daß sie auf einem mangelnden Gewahrsein der feineren Details unserer Wahrnehmung und demzufolge auf einer Überbewertung der gröberen, dem Denken verwandten Aspekte der Wahrnehmung beruhen. Was wir wahrnehmen, ist eine festgefügte, lückenlose Welt voller Dinge – soviel gilt als sicher. Aber eigentlich ist das nur die Welt des Denkers, des Rationalisten, des Geschäftsmannes und Praktikers, und die Feinheiten der Wahrnehmung, die Frauen, Künstlern und Psychotikern schon immer bekannt gewesen sind, werden weitgehend ignoriert.

Die Rückkehr der Intuition

Es hat jedoch in allen Zeiten Zeugnisse dafür gegeben, daß der Mensch die Nichtgetrenntheit unmittelbar, also nicht über das Denken, erfahren kann. Solche Erfahrungen scheinen sehr unvermittelt einzusetzen und meist sehr kurz zu sein, was in Ausdrücken wie «Geistesblitz» oder «plötzliche Eingebung» oder «schöpferischer Augenblick» deutlich wird. Generationen von Wissenschaftlern, aber auch ein ganzes Erziehungs- und Bildungssystem, das die systematische intellektuelle Analyse als einzig gültige Form der Erkenntnis anerkennt, haben solche Erfahrungen ignoriert oder belächelt oder allenfalls als Randerscheinung beachtet.

Künstlern sind solche Augenblicke nicht fremd, doch Kunst ist kein Mittel der Erkenntnis in einer Gesellschaft, die von der Standardauffassung der Wissenschaft beherrscht wird. Kunst wird eher als Freizeitbeschäftigung angesehen, ein Relikt aus weniger aufgeklärten Zeiten, oder als Therapie. Und natürlich berichten uns die Mystiker von solchen Augenblicken. Aber der dualistische religiöse Kontext, in dem diese Augenblicke sich einstellten, zusammen mit der Sprache, in der sie geschildert wurden, gibt uns häufig den Eindruck, hier sei von «außerweltlichen» Dingen die Rede – obwohl natürlich die Mystiker selbst ihre Erfahrungen ganz und gar nicht so verstanden. Jedenfalls aber sind solche Berichte aufgrund des ewigen Krieges zwischen Wissenschaft und Religion und zwischen offizieller Religion und Mystik ganz und gar unannehmbar.

In neuerer Zeit haben jedoch auch Wissenschaftler immer wieder eingeräumt, daß sogar die Wissenschaft selbst durchaus auf solche Augenblicke angewiesen ist. Eine ganze Reihe von Berichten deutet darauf hin, daß auch Wissenschaftler solche Erfahrungen machen und daß sie von ganz anderer Art sind als ihre gewöhnliche Erfahrung: ein plötzliches Gefühl von umfassender Ganzheit, begleitet von Entdeckungen und Einsichten, die erst im Laufe von Tagen oder gar Jahren in die Sprache des Intellekts übersetzt werden können. Hier einige Fälle, in denen solche Momente der Einsicht zu wissenschaftlichen Durchbrüchen führten: Der Chemiker August Kekulé entdeckte die Ringstruktur des Benzols, während er in ein Feuer blickte; für den Mathematiker Jules Henri Poincaré löste sich ein mathematisches Problem, an dem er monatelang gearbeitet hatte, als er in einen Bus einstieg; Albert Einstein erzählt, die Prinzipien der allgemeinen Relativitätstheorie seien ihm urplötzlich und in ihrer Gesamtheit klargeworden, und dann habe er Jahre gebraucht, um eine geeignete Sprache für diese Einsichten zu entwickeln. In jedem dieser Fälle, und es gibt viele weitere, war ein radikaler und vollkommener Bruch mit konventionellen Denkmustern erforderlich und wurde vollzogen.[1]

Aber auch hier wird nicht unbedingt «das Ganze» erfahren. Und angesichts der Offenheit und des nicht-dingverhafteten Denkens, um die es uns hier geht, wäre da «das Ganze», als Idee, nicht wieder nur eine neue Leimrute? Es kommt nur darauf an, daß alles, was über-

Die Vereinigung von Intellekt und Intuition

haupt erfahren wird, als Ganzes und nicht zerstückelt erfahren wird. Was aber so erfahren wird, nicht in Beobachter und Objekt gespalten, ist so ganz anders als gewöhnliche Wahrnehmung und gewöhnliches Denken, daß es oft sehr schwierig ist, die Erfahrung zu beschreiben. Meist können sogar nur die Nachwirkungen solch eines Augenblicks beschrieben werden, während der Augenblick selbst zu flüchtig war, als daß wir etwas über ihn sagen könnten – ganz abgesehen davon, daß uns dafür keine Sprache zur Verfügung steht. Und da solche Augenblicke unverhofft eintreten und man die Bedingungen ihres Zustandekommens nicht systematisch erfassen kann, ist es natürlich kaum möglich, auf diesem Gebiet Experimente durchzuführen, die wissenschaftlichen Kriterien genügen würden, also standardisierbar und wiederholbar sein müßten.

Diese Fragen sind nicht unwichtig, denn wenn es wirklich einen aktiven Wahrnehmungsprozeß gibt, in dem wir unsere Welt «herstellen», und wenn es einen ungeteilten Grund der Erfahrung gibt, in dem der Unterschied zwischen der Erfahrung und dem Subjekt der Erfahrung nicht besteht, dann wäre es gewiß erstrebenswert, unser Gewahrsein an diesen grundlegenden Aspekt unseres Seins anzuschließen. Die Fragmentierung des Denkens und der Wahrnehmung führt natürlich zu einer Fragmentierung unserer Projektionen, also dessen, was wir für die Inhalte unseres Denkens halten. Und so wird der Geist vom Körper gesondert und jeder von uns von jedem anderen; wir fühlen uns von Natur und Gesellschaft getrennt, und jede Nation besteht für sich. All das ist in erster Linie auf das fragmentierte Denken und Wahrnehmen zurückzuführen, auf das «Ding-Denken». Wenn unser Denken und Wahrnehmen jedoch wirklich im Grunde auf Ungeteiltheit beruht, wie wir aufgrund der bisherigen Darstellung und aufgrund von Augenblicken der Einsicht vermuten müssen, dann könnte diese Fragmentierung heilbar sein, wenn wir Intellekt und Intuition vereinigen, wenn wir also das bewußte, rationale, unterscheidende Denken mit der unmittelbaren Einsicht verbinden, die in der Ungeteiltheit ihren Ursprung hat.

Diese Fragen könnten auch für die Wissenschaft von Bedeutung sein, und zwar über die Tatsache hinaus, daß auch Wissenschaftler erfahrende Menschen sind. Denn wenn der neue Kontext der Wissenschaft einige Gültigkeit besitzt und man verläßliche Mittel seiner Überprüfung finden kann, dann hätte die Wissenschaft die Möglichkeit, ihren Horizont zu erweitern und zu dem gesellschaftlichen Wandel beizutragen, den die Entdeckung – oder besser Wiederentdeckung – der Nichtdualität unweigerlich mit sich bringt. Tut sie dies nicht, so wird sie ein Hindernis für den Wandel sein und schließlich alle Autorität verlieren. Da sie aber in unserer Gesellschaft eine wichtige Wächterfunktion hat, wäre dies gar nicht wünschenswert: Das wachsende Interesse an Intuition und «Ganzheitlichkeit» könnte ohne die Wissenschaft als Kontrollinstanz in blinden Glauben an alles Magische und Okkulte abgleiten, und das wäre ein katastrophaler Rückschritt.

Und die Anfänge sind ja schon zu sehen: In Scharen strömen Menschen nach Südkalifornien zu einer Mittelklasse-Hausfrau, die die Reinkarnation eines 35 000 Jahre alten Mannes zu sein behauptet; junge Menschen lassen sich auf alle möglichen Kulte ein, die das begriffliche Denken eher festigen, als daß sie es befreien, und von denen schwer wieder loszukommen ist; Millionen suchen nach schnellen Lösungen und Heilungen in Seminaren und Workshops, die an einem Wochenende alles zu bereinigen versprechen. Und das könnte durchaus zu einem Großteil auch daran liegen, daß die Wissenschaft sich bisher weitgehend geweigert hat, die intuitive Einsicht und ihre Bedeutung auch nur zur Kenntnis zu nehmen.

Es hat jedoch in neuerer Zeit einige wenige Wissenschaftler gegeben, denen bei grundsätzlichen wissenschaftstheoretischen Erwägungen klar wurde, daß unsere Sicht der Beziehung zwischen Geist und Natur und unsere Auffassung von Wesen und Ursprung der Erkenntnis nicht mehr ausreichen. Ich greife hier drei heraus, die es an Deutlichkeit nicht haben fehlen lassen: den Mathematiker und Philosophen Alfred North Whitehead, den Chemiker Michael Polanyi und den Anthropologen und Biologen Gregory Bateson.

Whiteheads kausale Wirksamkeit

Alfred North Whitehead begann seine Laufbahn als Mathematiker und Logiker; zusammen mit Bertrand Russell schrieb er ein bahnbrechendes Werk über die Grundlagen der Mathematik. In seiner Lebensmitte entstanden Werke über die Grundlagen der Physik. In den letzten zwanzig Jahren seines Lebens entwickelte Whitehead die «Prozeß-Philosophie», die von vielen als das tiefgründigste und weit-

Die Vereinigung von Intellekt und Intuition

reichendste System seit Platon angesehen wird. Fügen wir jedoch hinzu, daß die Behavioristen und die analytischen Philosophen diesen Ansatz als ausgesprochen wirrköpfig empfanden.

Die Prozeß-Philosophie geht von der Nichtdualität aus, erklärt aber sehr eingehend, wie aus diesem nichtdualen Grund dualistische Phänomene – vor allem im wissenschaftlichen Bereich – hervorgehen. Obgleich Whitehead nur sehr wenig vom Buddhismus wußte, wird die Prozeßphilosophie vielfach als dem Buddhismus eng verwandt angesehen. Insbesondere ist seine Sicht der Wahrnehmung dem sehr ähnlich, was ich hier auf der Grundlage buddhistischer Einsichten und der neueren psychologischen Forschung entwickelt habe. Auch Whitehead erkannte, daß die Wahrnehmung zeitliche Stadien aufweist und die vorbewußten Stadien – insbesondere die Rolle der Empfindung und Bewertung in den frühesten Stadien – von entscheidender Bedeutung sind.

Für Whitehead war der bewußte Wahrnehmungsprozeß – die von Descartes, Locke und Hume isolierte «Sinneswahrnehmung», die die empirische Basis der Wissenschaft bildet – nur ein Aspekt der Wahrnehmung, den er «anschauliche Unmittelbarkeit» nannte – «unsere unmittelbare Wahrnehmung der gleichzeitigen äußeren Welt, die als konstituierendes Element unserer Erfahrung in Erscheinung tritt. In diesem Erscheinen zeigt sich die Welt als ein Miteinander wirklicher Dinge, die in demselben Sinne wirklich sind wie wir selbst.»[2] In der reinen anschaulichen Unmittelbarkeit gibt es kein Kausalitätsempfinden, keine Verbindung zu vorausgehenden Erfahrungsaugenblicken und daher auch keine Symbolik und keine Bedeutung. Das ist in der Tat das Problem, auf das auch David Hume und mit ihm alle behavioristischen Philosophen und Linguisten der Gegenwart stießen: Wenn Wahrnehmung nicht mehr als das bloße Aufnehmen «roher Sinnesdaten» ist, wo kommt dann Bedeutung her, und wie ist die Entdeckung kausaler Beziehungen möglich?

Whitehead spricht daher von einer zweiten Weise der Wahrnehmung, die er «kausale Wirksamkeit» nennt – das Gefühl einer Beziehung zwischen dem gegenwärtigen Augenblick und dem gerade vergangenen Augenblick, also das Gefühl der Kontinuität unserer Wahrnehmungswelt. Das kausale «Gewicht» der Welt teilt sich dem gegenwärtigen Augenblick mit, so daß er bis zu einem gewissen Grad mit dem vergangenen Augenblick übereinstimmt. Im Unterschied zur anschaulichen Unmittelbarkeit, die es nur bei höheren Organismen gibt, finden wir die kausale Wirksamkeit bei allen empfindungsfähigen Wesen. Bei allen Organismen ist sie die erfahrene Präsenz des Körpers als Grundlage des Empfindens. Whitehead führt aus,

> daß die Sinneswahrnehmung der gleichzeitigen Welt von der Wahrnehmung des «Dabeiseins» des Körpers begleitet ist. Genau dieses Dabeisein macht den Körper zum Ausgangspunkt für unsere Erkenntnis der umgebenden Welt. Hier finden wir unsere direkte Erkenntnis der kausalen Wirksamkeit. Hume und Descartes ließen dieses Dabeisein des Körpers in ihrer Theorie der direkten Wahrnehmungserkenntnis aus und schränkten die Wahrnehmung so auf die anschauliche Unmittelbarkeit ein.

Die anschauliche Unmittelbarkeit ist klar und deutlich, sie besteht aus den Elementen der Erfahrung, die wir bewußt aussondern können, und ist relativ trivial. Kausale Wirksamkeit ist vage und undeutlich, die Verknüpfung der unmittelbar wahrgenommenen Gegenwart mit der empfundenen Totalität des unmittelbar vorausgehenden Augenblicks. Whitehead fährt fort: «Ganz offensichtlich ist die ‹Wahrnehmung in der Weise der kausalen Wirksamkeit› nicht die, welche in der philosophischen Tradition die Hauptaufmerksamkeit auf sich gezogen hat. Die Philosophen haben die Information über das Universum, die sie über ihre inneren Empfindungen erhielten, geringgeschätzt und sich auf ihre visuellen Empfindungen konzentriert.»[3]

Sinn oder Bedeutung entsteht für Whitehead nicht aus den Beziehungen zwischen sprachlichen Symbolen, sondern aus der Verbindung dieser beiden Weisen des Wahrnehmens. In jedem Augenblick sind zwangsläufig beide Weisen vorhanden, aber wir haben die kausale Wirksamkeit fast ganz aus den Augen verloren, seit in unseren Theorien der Wahrnehmung so viel von der anschaulichen Unmittelbarkeit die Rede ist.

Polanyi und das «stille Erkennen»

Michael Polanyi unterscheidet auf ganz ähnliche Art zwei Weisen des Erkennens, die er «fokale (ausgerichtete) Bewußtheit» und «stille» oder «subsidiäre (Neben- oder Hilfs-)Bewußtheit» nennt. Die fokale Bewußtheit ist das voll bewußte Gewahrsein des Aufmerksamkeitsbrennpunktes. Stille Bewußtheit entsteht aus Nebenumständen, die für den Aufmerksamkeitsbrennpunkt von Bedeutung sind. «In der funktionellen Struktur des Objekt-Erkennens verbindet sich ein subsidiäres ‹von› mit einem fokalen ‹zu›. Diese beiden fügen sich jedoch nicht aus eigenem Antrieb zusammen. Die Beziehung zwischen einem Nebenumstand und einem Brennpunkt besteht vielmehr darin, daß ein Mensch sie *aktiv* zusammenfügt. Und die Von-zu-Beziehung besteht nur so lange, wie die Person, der Erkennende, diese Verknüpfung aufrechterhält.»[4] Er nennt hier als Beispiel das Einschlagen eines Nagels. Die fokale Bewußtheit verfolgt die Schläge des Hammers auf den Nagelkopf. Das Gefühl des Hammerstiels in der Hand ist ein Neben- oder Hilfsumstand; wir nehmen es nicht direkt wahr, aber es ist doch unerläßlich, wenn das Werk gelingen soll.

«Still» bedeutet natürlich «stillschweigend angenommen» oder «vorausgesetzt». Und Polanyis Argumentation zielt natürlich darauf ab, daß jedes fokale Erkennen ein stilles Begleitwissen voraussetzt, das vom subliminal Bewußten bis zu den normalerweise unbewußten inneren Körpervorgängen reicht. Stilles Wissen kann durchaus zunächst bewußt erlernt worden sein; alles, was wir beispielsweise lernen müssen, um ein Auto fahren zu können, ist uns später nicht mehr bewußt gegenwärtig, so daß wir uns beim Fahren sogar unterhalten können. Auch die im ersten Kapitel zitierte Geschichte des Medizinstudenten, der Röntgenbilder zu interpretieren lernt, gehört hierher. Stilles Wissen kann aber auch angeboren sein und etwa dem visuellen System ermöglichen, relative Entfernungen zu schätzen. Schließlich sind das fokale Erkennen und das stille Erkennen stets durch eine Person miteinander verbunden: das stille Erkennen gibt dem Brennpunkt seine Bedeutung. Und die stille Komponente gibt unserem Erkennen auch seinen *persönlichen* Charakter, der für Polanyi über der Dichotomie von Subjektivität und Objektivität steht:

Ich glaube, wir können unterscheiden zwischen dem Persönlichen in uns, das aktiv in unsere Engagements eingeht, und unseren subjektiven Zuständen, in denen wir nur passiv unsere Gefühle erfahren. Diese Unterscheidung stellt das Persönliche als weder subjektiv noch objektiv heraus. Indem das Persönliche sich Bedingungen unterwirft, die es als von sich selbst verschieden erkennt, ist es nicht subjektiv; andererseits ist es dort, wo es subjektiven Leidenschaften folgt, nicht objektiv. Es transzendiert die Trennung von Subjektivem und Objektivem.[5]

Bateson und die «Schaltkreise» des Geistes

Gregory Bateson betrachtet geistige Prozesse als Schaltkreise, die vom Organismus zum Gegenstand der Aufmerksamkeit und von dort zum Organismus zurückgehen. Er nennt das Beispiel eines Mannes, der mit einer Axt einen Baum fällt. Seine Aufmerksamkeit ist zwar dem Baum zugewandt, aber eigentlich bildet der geistige Prozeß hier eine geschlossene Schleife: vom Axtstiel über Hände und Arme, Muskel- und Nervensystem zu den Augen und von dort zum Kopf der Axt, wie er ins Holz dringt. Es hat keinen Sinn, die Bewußtheit an irgendeiner Stelle dieser Schleife zu lokalisieren, in einer bestimmten Hirnregion, und den Rest auszuschließen: «die gesamte selbstregulierende Einheit, die Information verarbeitet oder, wie ich sage, ‹denkt›, ‹handelt› und ‹entscheidet›, ist ein System, dessen Grenzen keineswegs mit den Grenzen des Körpers oder dessen, was man gewöhnlich als ‹Ich› oder ‹Bewußtsein› bezeichnet, zusammenfallen; und es ist wichtig, darauf zu achten, daß es *vielfältige* Unterschiede zwischen dem denkenden System und dem ‹Ich› gibt, wie es gemeinhin gefaßt wird.»[6] Der individuelle Geist, so fährt Bateson fort, ist immanent, aber nicht nur dem Körper immanent, sondern auch den Bahnen und Botschaften außerhalb des Körpers; und er ist nur Subsystem eines größeren Geistes, welcher dem sozialen System und der planetaren Ökologie in ihrer durchgängigen Verflochtenheit immanent ist.

Wie Whitehead und Polanyi stellt Bateson also die Bedeutung der Verbindungen im Feld des Gewahrseins heraus, die nicht Brennpunkt der Aufmerksamkeit sind und vielleicht nicht einmal bewußt werden können. Für alle drei Autoren ist die Verkörperung des Gewahrseins in der Natur jener Faktor, den wir bei unserer einseitigen Ausrichtung auf die bewußte Wahrnehmung vergessen haben. Das führt uns nun zurück zum Begriff des partizipierenden Bewußtseins.

Morris Berman beschreibt in *Wiederverzauberung der Welt* die «Entzauberung der Welt», die mit der Verbreitung des Newtonschen

Die Vereinigung von Intellekt und Intuition

Weltbildes einherging: Das partizipierende Bewußtsein wurde endgültig verdrängt. Aber mit dieser Abspaltung des Geistes von der Natur fiel noch weitaus mehr der Verdrängung zum Opfer: Körperempfinden, Sexualität und die «irrationalen» Aspekte des Denkens, also alles Denken, das nicht der eindimensionalen aristotelischen Logik folgte. Und so resümiert Berman:

> Moderne Wissenschaft und Technologie basieren nicht nur auf einer Haltung der Feindseligkeit gegenüber der Umwelt, sondern auch auf der Unterdrückung des Körpers und des Unbewußten; und falls es nicht gelingt, diese erneut zu beleben, und falls das partizipierende Bewußtsein nicht auf eine Art wiederhergestellt werden kann, die wissenschaftlich (oder zumindest verstandesmäßig) glaubwürdig ist und nicht nur einen Rückfall in den naiven Animismus bedeutet, dann wird uns die Bedeutung dessen verlorengehen, was es heißt, ein menschliches Wesen zu sein.[7]

Alle Autoren, die hier zu Wort kamen, haben jeder auf seine Weise auf jene Art der Erkenntnis hingewiesen, die unmittelbar die Verbundenheit aller Dinge gewahrt und in der Totalität gründet, in die jede einzelne bewußte Unterscheidung eingebettet ist. Sie haben auch gesagt, daß diese intuitive Einsicht mit dem analytischen Unterscheidungsvermögen des Intellekts vereinigt werden muß.

Im 11. Kapitel habe ich dargestellt, wie die Idee entstand, daß «der Geist» diskursiver Intellekt sei, der mit Gedanken als Symbolen der Welt umgeht, und wie dieser Intellekt sich vom direkten intuitiven Erkennen abspaltete und lossagte, um zum einzigen gültigen Mittel der Erkenntnis zu werden. In gewissem Sinne schließt sich für uns heute ein Kreis: Es begann mit dem Rückzug des Geistes aus der Natur und mit der Entdeckung – oder vielleicht besser Erfindung – des individuellen Geistes und der von ihm gesonderten geistlosen Natur; nun sehen wir, daß es diesem individuellen Geist an Substanz mangelt, daß er keine eigenständige Existenz hat, und wie die Natur, die er angeblich widerspiegelt, im Grunde nur eine begriffliche Vorstellung ist, die unsere Welt bis heute beherrscht hat. Jetzt kommt es auf die Wiederentdeckung des partizipierenden, intuitiven Erkennens und seine Vereinigung mit dem analytischen Erkennen des Intellekts an.

Intellekt und Intuition

In den buddhistischen Traditionen gibt es verschiedene Ansätze, die Dynamik der Skandhas anhand der Art und Weise zu erklären, wie wir Erkenntnis über die Welt unserer Projektionen, die «Außenwelt», erlangen. Die tibetische Tradition bedient sich hierbei der Begriffe *shepa* (Skrt. *jñāna*) und *rikpa* (Skrt. *vidyā*), die wir mit «Intellekt» und «intuitive Einsicht» übersetzen können.

Shepa wird auch mit «Erkennen» oder «Begreifen» übersetzt. Shepa ist der intelligente und kenntnisreiche Umgang mit der Welt, das Wissen um die Regeln und Kausalbeziehungen, die in und zwischen den Dingen wirksam sind, ob es sich nun um Automechanik, Hauswirtschaft, musikalische Harmonien oder Politik handelt. Shepa ist die Funktion des Geistes, die zwischen den Dingen unterscheidet, und zugleich das Wissen um die bewußten Unterscheidungen in der Sinneswahrnehmung.

Rikpa bedeutet, «von einer Situation berührbar zu sein», und ist das unmittelbare innere Gespür für die qualitative Beschaffenheit einer Situation. Wenn beispielsweise jemand das Sprechzimmer eines Arztes betritt, so erkennt dieser Arzt vielleicht sofort, daß dieser Mensch krank ist, und weiß auch gleich, wo das Problem liegt. Dieses intuitive Erkennen ist Rikpa. Nun wird der Arzt den Patienten genau untersuchen, sich die Symptome vergegenwärtigen und seinen ganzen Wissensschatz auf die Befunde anwenden. Dies wäre die Anwendung von Shepa.[8]

Um das Zusammenwirken der beiden an einem einfachen Beispiel zu verdeutlichen, nehmen wir an, daß Sie an einem Wintertag zu irgendeiner Besorgung mit dem Auto fahren müssen. Shepa weiß, wohin Sie fahren müssen und weshalb und wie lange es dauern wird; Shepa liest die Straßenkarte und achtet auf Straßenschilder. Rikpa steuert den Wagen «mit untrüglichem Gespür», weiß, wie schnell eine Kurve zu nehmen ist, wie man Glatteisstellen meistert und so weiter. Wenn Sie von einem Polizisten angehalten werden, dann versteht Shepa (oder eben nicht), weshalb das geschieht, mit welchen Folgen Sie zu rechnen haben, welche Ausreden angebracht sind und so weiter; Rikpa hingegen weiß, wie man sich in solch einer Situation gibt, ohne Panik und mit ganz normaler Höflichkeit und mit einem Lächeln oder einem «Herr Wachtmeister» zum rechten Zeitpunkt. Vielleicht

Die Vereinigung von Intellekt und Intuition

sehen wir Ähnlichkeiten zwischen Whiteheads, Polanyis und Batesons beiden Weisen des Erkennens einerseits und Shepa und Rikpa andererseits. Jeder dieser Pioniere mußte eine neue Sprache entwickeln, um seine Einsichten vermitteln zu können, und diese Einsichten ergaben sich in verschiedenen Kontexten. Dennoch ist da ein gemeinsamer Nenner: Durch die Überbetonung der Klarheit und Deutlichkeit der Wahrnehmung und des Denkens kann das Wissen um die Verbundenheit verlorengehen, die auf andere Weise, nämlich intuitiv, erkannt wird.

Wie der gesamte Wahrnehmungsprozeß normalerweise auf das Ego gegründet und auf die Erhaltung des Ichgefühls ausgerichtet ist, diese Ausrichtung aber nicht beibehalten muß, wenn die Ich-Illusion einmal durchschaut ist, so können wir auch an Shepa und Rikpa ego-orientierte Aspekte erkennen und solche, die das Ego transzendieren. Bei entsprechender Schulung sind diese transzendenten Aspekte auch in der alltäglichen Welt zu erkennen. Der transzendente Aspekt von Shepa ist Sherap. Das Suffix *-rap* bedeutet «höchst» oder «best». Sherap ist also «höchste Erkenntnis». Bekannter ist der entsprechende Sanskrit-Begriff: *prajñā*. Wir werden auf diese Aspekte von Intellekt und Intuition in späteren Kapiteln zurückkommen, nachdem wir die Natur der Nichtdualität eingehender betrachtet haben.

Der wichtigste Gesichtspunkt, aus buddhistischer Sicht, besteht hier darin, daß es einen Schulungsprozeß gibt, durch den Sherap (oder Prajñā) und Rikpa realisiert und vereinigt werden können. Der Ausdruck, der in der Tradition des tibetischen Buddhismus für «Erziehung» oder «Bildung» verwendet wird, lautet *sherik*, und das ist eine Kombination aus Shepa und Rikpa, die andeutet, daß Erziehung die Vereinigung von Intellekt und Intuition *ist*. Eines der wichtigsten Elemente in der Schulung von Intellekt und Intuition ist die Praxis der Achtsamkeits- und Gewahrseinsmeditation, die ich im nächsten Kapitel beschreiben werde. Durch die Übung der Achtsamkeit erfährt man – wenn auch zunächst nur als flüchtiges Aufblitzen – ein tiefes Gefühl von Frieden und Nichtgetrenntheit, aus dem unterscheidende Gedanken hervorgehen. Dieses Aufblitzen ist Rikpa, und wenn wir es zur Kenntnis nehmen, anstatt es zu übergehen, wie es im täglichen Leben meist der Fall ist, dann kann Rikpa sich in uns entfalten. Durch die Schulung des Gewahrseins wird die unterscheidende Einsicht von Shepa geschärft. Begriffliche Unterscheidungen werden klarer gese-

Intellekt und Intuition

hen, und immer tiefere Schichten begrifflicher Grundannahmen werden aufgedeckt, bis der gesamte Projektionsprozeß der Wahrnehmung direkt durchschaut werden kann. Die Vereinigung von Achtsamkeit und Gewahrsein in der meditativen Übung führt zur Vereinigung von Rikpa und Shepa, Intuition und Intellekt.

Wenn Intellekt und Intuition vereinigt sind, dann befinden sich, um Whiteheads Ausdrücke zu gebrauchen, die Repräsentationen der anschaulichen Unmittelbarkeit und die Verbundenheit der kausalen Wirksamkeit in Harmonie. Das Symbol, das «äußere Objekt», ist nicht gesondert von der Ganzheit, in der es als Symbol Gestalt annimmt, und daher wird ihm kein eigenes, unabhängiges, isoliertes Sein beigemessen. Das Symbol ist nicht verschieden von dem, was ihm Bedeutung gibt – es ist authentisch. In Polanyis Begriffen würden wir sagen: Der Brennpunkt der Erkenntnis wird als nicht gesondert vom grenzenlosen Feld des stillen Erkennens erfahren, das ihm Bedeutung gibt. Damit ist das Erkennen etwas Persönliches, und «die persönliche Teilnahme des Erkennenden an der Erkenntnis, die er zu besitzen glaubt, ist in den Strom des Fühlens eingebunden: Wir erkennen die intellektuelle Schönheit als Leitprinzip des Entdeckens und als Kennzeichen der Wahrheit.»[9] Und mit Bateson würden wir vielleicht so formulieren: Der bewußte Ich-Prozeß erfährt sich als nicht getrennt von den größeren Schaltkreisen geistiger Prozesse, von denen er ein Teil ist und die selbst wiederum Bestandteil größerer Schaltkreise im beständig sich weitenden Horizont der Geist-Körper-Einheit sind.

Hier bleibt aber hervorzuheben, daß dies keineswegs den Verlust des rationalen Denkens oder der dualistischen Wahrnehmung und die Rückkehr zu einem vagen «ozeanischen Gefühl» bedeutet. Die Furcht vor eben diesem Verlust, zusammen mit falschen Vorstellungen von Nichtdualität, hält viele Menschen davon ab, sich einer meditativen Schulung zuzuwenden. Nein, das dualistische Denken und Wahrnehmen geht weiter, ist aber jetzt in den Kontext der Nichtdualität eingebettet und verliert seine Macht über uns, weil wir nicht mehr glauben, daß die von diesem Denken und dieser Wahrnehmung projizierte Welt von *letzter* Wirklichkeit ist.

Ken Wilber hat hier eine sehr nützliche Unterscheidung zwischen «prärationalem» und «transrationalem» Erkennen und Verstehen getroffen. Er sagt: «Der entscheidende Punkt ist einfach der, daß dem ungeschulten Auge zum Beispiel das *Prä*rationale und das *Trans*ratio-

Die Vereinigung von Intellekt und Intuition

nale, weil sie auf ihre je eigene Weise *nicht*rational sind, als ziemlich ähnlich oder sogar identisch erscheinen.»[10] Wilber erläutert dies anhand dessen, was er das «Spektrum des Bewußtseins» nennt, eine Auffächerung des aus allen möglichen Vorstellungen wahllos zusammengewürfelten und damit praktisch gesichtslosen Bewußtseinsbegriffs in seine verschiedenen Bedeutungsebenen. Behalten wir also stets im Auge, daß der Begriff «Bewußtsein» überall dort, wo er nicht spezifisch definiert wird, sich aus verschiedenen Bedeutungsebenen zusammensetzt, die wir nicht miteinander verwechseln oder vermischen dürfen. Aus dieser Vermischung nämlich entsteht der abwegige Gedanke, daß jede Einsicht, die sich nicht eins-zu-eins in Worte umsetzen läßt, ein Produkt des prärationalen Geistes oder des kindlichen Bewußtseins sein muß. Diesen Trugschluß hat Wilber «Prä/Trans-Verwechslung» genannt. In unserem Zusammenhang bedeutet dies ganz einfach, daß wir den Seinszustand, in dem Intellekt und Intuition vereinigt sind, nicht mit einem Leugnen des Intellekts und der Rückkehr zum Wunschdenken und zu verschwommenen Anschauungen – die häufig «Intuition» genannt werden – verwechseln dürfen. Im Gegenteil: Gerade weil der Intellekt aufs äußerste geschärft ist, brauchen wir uns nicht mehr auf ungeprüfte Überzeugungen zu stützen, und dadurch wird echte Intuition möglich.

15. Achtsamkeit und Gewahrsein

Wenden wir uns nun der Methode zu, die im Buddhismus angewendet wird, um Einsicht in die Natur der Wahrnehmung zu gewinnen – der Meditationspraxis. In der buddhistischen Tradition hat diese Praxis nichts mit Weltflucht durch Eintritt in Trancezustände oder «veränderte Bewußtseinszustände» zu tun. Es geht im Gegenteil um die Vereinigung von Geist und Körper, Gewahrsein und Wahrnehmung, damit wir ganz *in* dieser Welt sind. Es gibt in den ursprünglichen Sprachen des Buddhismus kein Wort, das unserem Begriff «Meditation» ganz entspräche. Der Sanskritbegriff *bhāvanā* und der tibetische Begriff *samten*, die häufig mit «Meditation» übersetzt werden, bedeuten eigentlich «aufmerken» oder «das Erkennen ausbilden». Ein weiterer verwandter Begriff, *darshana*, kann mit «sehen» übersetzt werden. Die «Praxis der Meditation» ist also eigentlich eher «der Pfad des Aufmerkens, der Ausbildung des Erkennens und des Sehens».[1]

Diese Praxis hat zwei Aspekte, die «Achtsamkeit» und «Gewahrsein» genannt werden.[2] Achtsamkeit bedeutet das genaue Achthaben auf Körperempfindungen, Gefühle, Wahrnehmungen, Gedanken und die generelle Geistesverfassung, also die «Stimmung» oder den «Bewußtseinszustand». Gewahrsein ist das Achthaben auf das Umfeld dieser Details, den sie umgebenden Raum, ihre Abhängigkeitsbeziehungen, ihr Entstehen, Andauern und Aufhören. Dieses Achthaben geschieht ohne Vorstellungen dessen, was zu erwarten ist, und ohne Beurteilung dessen, was man dann wirklich findet. Deshalb wird der Achtsamkeitsaspekt der Praxis manchmal auch «reine Aufmerksamkeit» genannt, während der Gewahrseinsaspekt auch als «Einsicht» bezeichnet wird, weil er einen unmittelbaren Einblick in die kausale Natur von Denken, Emotion, Wahrnehmung und Umfeld darstellt.

Die Methode der Vereinigung von Achtsamkeit und Gewahrsein

Achtsamkeit und Gewahrsein können zwar in jedem Augenblick des Lebens geübt werden, doch um diese Fähigkeit zu entwickeln, schafft man sich zunächst eine Situation, in der Leben und Umwelt vorübergehend vereinfacht werden. Man übt an einem Ort, der relativ ruhig ist, zu einer festgelegten Zeit und für eine bestimmte Dauer. Man sitzt in einer stabilen aufrechten Haltung, etwa mit verschränkten Beinen, auf dem Boden oder auch auf einem Hocker oder Stuhl, jedenfalls ohne sich anzulehnen. Der ausströmende Atem ist ein Brennpunkt oder Anker der Aufmerksamkeit, mit dem man den Geist immer wieder zurückholen kann, wenn er, seiner Neigung folgend, sich immer wieder in Gedanken, Gefühle und Phantasien verliert. Man nimmt einfach zur Kenntnis, was sich im Bewußtsein regt, jedoch ohne sich darauf einzulassen und ohne es unterdrücken oder wegschieben zu wollen. So weicht allmählich alle Spannung aus dem Bewußtsein, und man wird identisch mit den geistigen Prozessen, die jeweils gerade ablaufen.

Achtsamkeit ist jener Zustand, bei dem der Geist in allem, was wir gerade tun, völlig präsent ist – ob wir eine Blume in die Vase stellen, eine Teeschale auswischen, das Auto waschen oder einen Computer programmieren. Sie bedeutet Aufmerksamkeit und Sorgfalt jeder Einzelheit gegenüber. Sie ist völlige Identität mit dem Körper, dem Denken und Handeln, so daß kein Rest bleibt, kein Selbstbewußtsein, kein Beobachter, kein gespaltener Geist. In der Achtsamkeit beobachten wir nicht, was wir tun, sondern *sind* ganz und gar das, was wir tun, denken und fühlen, und zwar bis ins kleinste und scheinbar unbedeutendste Detail. Achtsamkeit ist also etwas ganz anderes als die frühen introspektiven Methoden von Wundt und anderen. Man hält nicht Ausschau *nach* etwas, man interessiert sich nicht einmal sonderlich für das, was sich im Bewußtsein einstellt. Man schließt die Kluft zwischen den geistigen Inhalten und dem Erkennen dieser Inhalte und vertieft sie nicht, wie es bei der Introspektion nur allzu leicht geschieht.

Gewahrsein ist das Erkennen plötzlicher Augenblicke der Offenheit, die sich einstellen, wenn wir vollkommen gegenwärtig sind. Es ist ein unverhoffter neuer Ausblick, ein Aufblitzen von Frische und sich weitenden Grenzen. Wir können nicht sehen, woher es kommt, wir können es nicht festhalten und nicht mit künstlichen Mitteln wiederherstellen. Weil diese Offenheit nicht unserem Wahrnehmungsprozeß und seinen begrifflichen Projektionen entspringt, erzeugt sie eine Art Wißbegierde, einen Forschungsdrang, ein ganz neues Interesse an der Welt, in der sich unser Denken und Handeln vollzieht. Von diesen kurzen Einblicken her weitet sich das Gewahrsein und erfaßt die Assoziationen und kausalen Verknüpfungen, in die selbst die kleinsten Gedanken und Wahrnehmungen eingebunden sind, und deckt die Details und kausalen Prozesse des Denkens und der Wahrnehmung selbst auf.

Dieses Aufdecken der kausalen Prozesse bezeichnet man als die sechs besonderen Entdeckungen.[3] Die erste Entdeckung ist die der «Bedeutung»; wir werden fähig, zwischen der Bedeutung einer Wahrnehmung und ihrem Namen zu unterscheiden. Dadurch werden wir frei von der Verstrickung in Wörter und Sprache, gewinnen eine präzise Beziehung zu den Wörtern und können sie nun sehr wirksam einsetzen, um Geschwätz und Unwissenheit zu durchschneiden. Als zweite folgt die Entdeckung von «Objekt». Wir fangen an zu sehen, welche Strukturen wir auf unsere Wahrnehmungen projizieren, und lernen Wahrnehmungen, die wirklich in unseren Interaktionen mit der Welt sind, von solchen zu unterscheiden, die nur den Status von Phantasien oder geistigen Schöpfungen haben. Die dritte ist die Entdeckung von «Natur» oder «Zeichen». Hier sehen wir, wie unsere erste schiere Wahrnehmung sich durch Kategorisierung und durch Vermehrung der Begriffe zur Welt unserer Projektionen ausweitet.

Die vierte Entdeckung ist die von «Richtung» oder «Seiten», die uns erkennen läßt, wann dieser Prozeß der Vermehrung zu größerem Gewahrsein hin- oder davon wegführt. Sie läßt uns erkennen, was im Hinblick auf die Schulung des Gewahrseins zu tun und was zu unterlassen ist. An fünfter Stelle steht die Entdeckung von «Zeit»; wir sehen, wie Begriffe als Erinnerungen an die Vergangenheit oder Erwartungen für die Zukunft in jeden Augenblick der Wahrnehmung eingehen; wir wissen, was wir eben jetzt erfahren, und sehen deutlich, wie Vergangenheit und Zukunft in diese augenblickliche Erfahrung eingehen. Die sechste Entdeckung schließlich ist die Entdeckung von «Einsicht»; wir erkennen den an jedem Wahrnehmungsaugenblick beteiligten tiefen begrifflichen Bezugsrahmen (den ich im 1. Kapitel

«Glaubenssystem» genannt habe) und sind deshalb nicht mehr unbedingt Gefangene dieses Bezugsrahmens. Wir beginnen zu sehen, daß jeder Erfahrungsaugenblick in irgendeinem relativen Bezugsrahmen wurzelt, den wir so lange fraglos voraussetzen und annehmen, bis wir ihn einmal gesehen haben. Wir sehen, wie jeder Augenblick zum nächsten führt und dessen Entstehungsursache ist. Wir sehen Ursache und Wirkung unmittelbar und können verfolgen, wie gegenwärtiges Handeln zu künftigen Resultaten führt. Es heißt, daß wir zu diesen sechs Entdeckungen gelangen, wenn wir es schon recht weit gebracht haben im Achthaben auf die feinsten Gedankenfluktuationen und ihr Bedeutungsumfeld.

Achtsamkeit, als das Identischwerden mit Denken und Wahrnehmen, führt zum direkten Erkennen des Friedvollen und Heilen, das allem Denken zugrunde liegt, zu jenem direkten Erkennen, das wir Vidyā oder intuitive Einsicht nennen. Gewahrsein entwickelt die Schärfe des Intellekts und führt zum Verständnis der kausalen Beziehungen und relativen Bezugspunkte. In vielen kontemplativen Traditionen gibt es Aufmerksamkeitsübungen, die der Achtsamkeits-Praxis ähnlich sind. Auch der Buddha widmete sich in seinen asketischen Jahren diesen Praktiken, die in den indischen Traditionen der Weltverneinung und der Suche nach einem dauerhaften Wahren Selbst geübt wurden. Was der Buddha nach seiner Erleuchtung lehrte, war vor allem eine Antwort auf diese Lehren und ging über sie hinaus. Die besondere Einsicht des Buddha war die Entdeckung der Gewahrseins-Praxis und von dort aus die Entdeckung von Kausalität und Diskontinuität. In den frühesten buddhistischen Schulen wird zunächst die Achtsamkeit so weit wie möglich entwickelt, bevor die Gewahrseins-Übung hinzukommt und mit der Achtsamkeit verknüpft wird. In den Mahāyāna-Schulen wird von Anfang an beides zugleich geübt.

In beiden Fällen gilt aber die Vereinigung von Achtsamkeit und Gewahrsein als das Allerwichtigste, denn hier erst eröffnet sich die Welt der Schönheit, Harmonie und Klarheit der Wahrnehmung, die jenseits des Ego existiert. Die Wandlung der Wahrnehmung ist und offenbart das, was in der buddhistischen Tradition als heilig angesehen wird. Es gibt keine «andere Welt» als diese, aber diese ist unermeßlich viel mehr als unsere *Ideen* von ihr. Die Wandlung der Wahrnehmung besteht darin, daß wir nicht mehr an dem vorbeisehen, was uns am allernächsten ist. Daher sagt man auch: «Eine Kuh schmeckt ihre eigene Zunge nicht.» Das so entdeckte Heilige ist nichts, was man anbeten müßte, aber wert, gefeiert zu werden. Wenn die Wahrnehmung weniger ichbezogen ist, dann schaut die Welt uns ebenso an wie wir sie.

Die meditative und die wissenschaftliche Methode

Meditation ist nicht dasselbe wie das, was man herkömmlich unter Introspektion versteht. Meditation unterscheidet sich darin von Introspektion, daß der Meditierende nicht nach «innen» schaut auf etwas, das er für «meinen Geist» hält, und sich nicht eigens für «Bewußtsein» interessiert. Man läßt den Geist einfach seinen eigenen Weg gehen und bleibt seines Kommens und Gehens unmittelbar gewahr. Das ist wie bei einem Naturfreund, der irgendwo stunden- oder tagelang den Murmeltieren zuschaut, wie sie aus ihren Löchern kommen und wieder darin verschwinden, bis er so vertraut ist mit ihrem Treiben, daß er alles Gefühl der Getrenntheit vergißt. An diesem Punkt kommt er vielleicht zu einer direkten Einsicht in die Murmeltierhaftigkeit dieser Wesen. Im Falle der Achtsamkeitsübung identifiziert man sich so lange mit den Prozessen des eigenen Geistes, bis man den Beobachter vergißt, und damit verschwindet das Gefühl der Getrenntheit vom eigenen Geist. An diesem Punkt wird die Natur der geistigen Prozesse unmittelbar erfahren.

Die Achtsamkeits-Gewahrseins-Meditation ist nicht «bloß subjektiv» – allerdings muß man hinzufügen, daß hier auch gar nicht, wie in der Wissenschaft, eine künstliche und letztlich unhaltbare Unterscheidung von Subjekt und Objekt getroffen wird. Sie ist nicht «objektiv», aber doch intersubjektiv überprüfbar. Sie ist eine Methode, die immer und immer wieder angewendet wurde und zu wiederholbaren Resultaten führt. Die Anweisungen sind denen zu vergleichen, die man einem Kind gibt, damit es lesen lernen kann. Meist müssen wir das Kind nur mit den Buchstaben und ihrem Lautwert vertraut machen, und darüber hinaus bedarf es nur noch ganz weniger Hilfen. Es ist fast wie ein Wunder, aber man kann sich in der Regel darauf verlassen, daß es ungefähr so ablaufen wird. Natürlich sind Kinder verschieden, so daß man keinen starren Zeitplan für bestimmte Lernschritte vorgeben kann, aber der generelle Ablauf des Prozesses ist doch von Kind zu

Kind sehr ähnlich. Und so ist es auch in der Achtsamkeits-Praxis: Mit den richtigen Anweisungen und einfühlsamer Betreuung am Anfang nimmt sie einen weitgehend vorhersehbaren und wiederholbaren Verlauf.

Da allerdings in diesem Fall unser eigener Geist das Experimentiermaterial ist und uns durchaus nicht alles, was wir finden, gefällt (vor allem, wenn wir der Struktur des Ego immer deutlicher gewahr werden), ist hier die Gefahr der Selbsttäuschung groß. Deshalb ist für die Achtsamkeitsübung wichtig, daß sie in einer Gemeinschaft von Übenden und unter Anleitung eines Menschen stattfindet, der den Weg der Entdeckung von Ego und Egolosigkeit schon weit genug gegangen ist. Ohne solch eine Gemeinschaft und solch einen Führer ist die Achtsamkeitsübung wegen dieser Gefahr der Selbsttäuschung eher ein Herumprobieren aufs Geratewohl, bei dem man sehr leicht völlig in die Irre geht.

Diese intersubjektive Kontrollfunktion der Gemeinschaft, die verhindern soll, daß die Achtsamkeitsübung zu bloßer Introspektion oder gefährlicher Phantasterei verkommt, ist fast identisch mit den Kontrollmechanismen der Wissenschaft. Wissenschaftliche Arbeit wird in einer Gemeinschaft von Wissenschaftlern geleistet, die sich einem für alle gültigen Glaubenssystem hinsichtlich der Natur der Dinge und der rechten Weise ihrer Betrachtung verpflichtet fühlen. Um in die Wissenschaft «einsteigen» zu können, muß ein junger Mensch nach seinem Schulabschluß eine etliche Jahre dauernde Hochschulausbildung absolvieren, während der er nicht nur die Sprache der wissenschaftlichen Gemeinschaft erlernt, sondern auch die gemeinschaftlichen Überzeugungen annimmt und gemäß diesen Überzeugungen sehen lernt. Was dann von der Arbeit dieses Menschen zu halten ist, entscheidet die Gemeinschaft im Kontext des gemeinsamen Glaubenssystems.

Ein Wissenschaftler muß sein Forschungsobjekt – etwa ein Elektron oder ein Gen in einer lebendigen Zelle – nicht unbedingt sehen, aber die Resultate seines Forschens manifestieren sich doch auf äußerlich sichtbare Weise. Ähnliches geschieht bei der Achtsamkeitsübung: Obgleich weder die Gemeinschaft noch der Leiter die geistigen Inhalte eines Übenden direkt sehen kann, manifestiert sich die Entwicklung der meditativen Einsicht doch nach außen hin, wenn auch sehr subtil und möglicherweise für Außenstehende nicht zu erkennen. Die Gemeinschaft ist dem einzelnen also Stütze und Spiegel. Man könnte beinah sagen, die Achtsamkeitsübung sei eine Art wissenschaftliche Methode. Jedenfalls aber genügt die Achtsamkeits-Gewahrseins-Praxis den Anforderungen, die an eine Methode zu stellen sind, welche nicht nur Einblick in die geistigen Prozesse ermöglicht, sondern uns auch den ungeteilten Grund von Sein und Nichtsein entdecken läßt.

Ken Wilber beleuchtet vor dem Hintergrund der gegenwärtigen «Physik-und-Mystik»-Mode die Beziehung zwischen Wissenschaft und Religion. Das wichtigste Argument in Wilbers Ausführungen lautet, daß man, um Wissenschaft und Religion zu vergleichen, zunächst zwischen *Methode* und *Domäne* (Geltungsbereich, Inhalte) unterscheiden müsse. «Was die Methode angeht», so schreibt er, «scheint in den wissenschaftlichen Texten weitgehende Einmütigkeit zu herrschen: eine Methode der Erkenntnisgewinnung anhand derer *Hypothesen* durch Bezugnahme auf *Erfahrung* («Daten») instrumentell oder experimentell überprüft werden; diese Erfahrung muß potentiell *öffentlich* sein, sie muß von anderen Wissenschaftlern *wiederholt* und bestätigt oder verneint werden können. Ganz auf das Wesentliche verknappt, bedeutet dies, daß die wissenschaftliche Methode auf solche Aussagen anzuwenden ist, die durch *Erfahrung* erhärtet oder widerlegt werden können.» Wilber weist darauf hin, daß diese Definition der Methode nichts über Inhalte sagt; die Methode kann also auf *jeden* Inhalt angewendet werden, den sie zu erfassen in der Lage ist. Aus diesem Grund, so fährt er an einer späteren Stelle fort, gibt es überhaupt keinen Konflikt zwischen Wissenschaft und Religion. «Der einzige wirkliche Konflikt ist der zwischen echter Wissenschaft und Scheinwissenschaft und zwischen echter Religion und Scheinreligion (‹echt› bedeutet ‹durch Erfahrung zu bestätigen oder zu widerlegen›; ‹Schein-› bedeutet ‹dogmatisch, nicht auf Erfahrung gegründet, nicht zu verifizieren oder zu widerlegen›). Schein- oder Pseudowissenschaft gibt es ebenso wie Schein- oder Pseudoreligion.»[4]

Meditation und Wissenschaft

Es gibt in der «objektiven» Wissenschaft Ansätze zur Erforschung der Meditationspraxis. Bekannt wurden vor allem die Versuche, die Gehirnstromkurven (EEG) von Meditierenden mit denen von Nichtmeditierenden zu vergleichen. Es gibt jedoch in diesen Studien eine solche Fülle von kaum zu kontrollierenden Variablen – etwa den Typ der betrachteten Meditationspraxis, den Entwicklungsgrad des Praktizierenden, den philosophischen Standpunkt des Experimentators und die vielen physiologischen Variablen –, daß es schwer ist, allgemeingültige Schlüsse zu ziehen. Klar scheint aber zu sein, wenn man die Literatur unvoreingenommen genug liest, *daß* zwischen den im EEG aufgezeichneten physiologischen Zuständen des Probanden und seinen meditativen Zuständen eine Korrelation besteht.

Kasamatsu und Hirai beispielsweise haben umfangreiche Untersuchungen mit achtundvierzig Schülern aus der Tradition des japanischen Zen-Buddhismus durchgeführt. Sie stellten fest, daß kurze Zeit nach dem Beginn des Zazen («Übung des Zen im Sitzen») die Alphawellen in der EEG-Aufzeichnung überwogen, während bei Kontrollpersonen, die nicht meditierten, keine vergleichbare Veränderung zu bemerken war; der Alpha-Rhythmus blieb auch bei geöffneten Augen erhalten; es gab keine EEG-Übereinstimmung zwischen hypnotischen Trancezuständen und dem meditativen Zustand; während und nach der Meditation zeigte sich bei den Zen-Schülern keine Gewöhnung an ein klickendes Geräusch, das zwanzigmal hintereinander ertönte; die Einschätzung des meditativen Entwicklungsstandes eines Schülers durch den Meister entsprach direkt der Alphawellenaktivität im EEG.[5]

Über die simplen Entsprechungen zwischen Gehirnaktivität und Meditation hinaus bestätigen solche Untersuchungen offenbar zwei Aussagen, die von Meditierenden gemacht werden. Die Alpha-Aktivität war bei geöffneten und geschlossenen Augen die gleiche. Tatsächlich wird die buddhistische Achtsamkeits-Gewahrseins-Meditation für gewöhnlich mit geöffneten Augen geübt, denn es geht ja nicht um Trancezustände, in denen man von der Welt abgeschnitten ist, sondern die Sinne sollen geschärft und geklärt werden. In diese Richtung weist auch die Tatsache, daß keine Gewöhnung an Sinnesreize eintritt. Bei nicht meditativ geschulten Menschen ist diese Gewöhnung durchaus zu beobachten – ein tropfender Wasserhahn stört uns zunächst, doch nach einer Weile bemerken wir ihn nicht mehr; Stadtbewohnern fällt der Verkehrslärm, den ein Besucher von außerhalb als sehr störend empfindet, kaum noch auf. Das Ausbleiben einer Gewöhnung während und nach der Zazen-Übung bestätigt die Aussage von Zen-Schülern, daß ihre Schulung sie eher empfänglicher für ihre sensorische Umgebung macht.

Eine ausführliche und wertvolle Untersuchung ist die von Daniel Brown, der zwölf Jahre lang die Meditationspraxis dreier verschiedener Traditionen verglichen hat: der buddhistischen Theravāda-Tradition, der Mahāmudrā-Tradition des Vajrayāna-Buddhismus und der auf Patañjali zurückgehenden hinduistischen Yoga-Tradition. Letztere ist, vom buddhistischen Standpunkt aus betrachtet, eine reine Achtsamkeits-Praxis, die aber, wie Brown anmerkt, auch Stufen aufweist, die in etwa den buddhistischen Einsichts-Stadien entsprechen. Brown ist nun der Meinung, man könne den meditativen Weg in allen drei Traditionen in achtzehn Stadien einteilen, und dann seien in den jedes dieser Stadien begleitenden Wahrnehmungsprozessen signifikante Parallelen zu erkennen. Er zeigt überdies auf, daß man die ganz frühen Stadien in allen drei Traditionen gemäß den von der kognitiven Psychologie umrissenen Stadien des Wahrnehmungsprozesses interpretieren kann.

Wie Brown weiterhin ausführt, sind zwar die auf jeder Stufe mitgeteilten Wahrnehmungsänderungen in allen drei Traditionen ähnlich, aber wie sie erfahren werden, hängt von den philosophischen Voraussetzungen der jeweiligen Tradition ab. Unterschiedlich sind insbesondere die Positionen gegenüber dem Grundproblem von Kontinuität und Diskontinuität. Alle drei Traditionen bekräftigen die wesenhafte Diskontinuität von Gewahrsein und Manifestation. Die Theravāda-Tradition sieht jedoch nur am tiefsten Grund der Wahrnehmung Diskontinuität und erkennt absolut nichts zwischen den Augenblicken. Die Yoga-Tradition, aufgrund ihrer aeternalistischen, dualistischen Voraussetzungen, betrachtet Diskontinuität als Fluktuationen eines dauerhaften «Geist-Stoffs»: «Für den Hindu sind die Wechselfälle mentaler Geschehnisse sämtlich Manifestationen des ‹gleichen Stoffs› oder der ‹einen Wirklichkeit›. Für den Buddhisten ist jedes einzeln beobachtbare Geschehnis in der sich entfaltenden Abfolge von mentalen Ereignissen ‹momentan›. Während beide Traditionen darin übereinstimmen, daß mentale Ereignisse unablässigem Wandel unterliegen, kann die Natur des Wandels verschieden erlebt werden: Für den Hindu-Yogi entfalten sich mentale Ereignisse auf kontinuierliche Weise, für den buddhistischen Meditierenden auf diskontinuierliche.» Allerdings bezieht Brown sich hier eher auf die frühen Abhidharma-Schulen des Buddhismus.

Wie wir noch sehen werden, erkannte die tantrische oder Vajrayāna-Schule die Kontinuität des Gewahrseins von Augenblick zu Augenblick, betrachtete es aber nicht, wie die Hindus, als gesonderten «Stoff». Tantra bedeutet ja sogar «Faden», also «Kontinuität». Dieser Faden der Kontinuität ist nicht verschieden vom Gewahrsein der Diskontinuität – er ist bezugloses Gewahrsein des Gesamtprozesses *als* Prozeß. Wir könnten auch sagen: Die Lücke zwischen den Erfahrungsaugenblicken, die Nichtdualität, in der diese Augenblicke entstehen und von der sie nicht verschieden sind, ist sowohl leer als auch voll. Für diese Vajrayāna-Mahāyāna-Schulen ist die Nichtdualität leer von aller Begrifflichkeit, und dennoch gibt es eine Ur-Intelligenz, «die aus der Leere geborene Weisheit». Daher sagten diese späteren Schulen, sie hätten einen mittleren Weg zwischen dem Aeternalismus der Hindu und dem Nihilismus, den sie bei den Abhidharma-Schulen sahen, gefunden. Wir werden diese Behauptung in späteren Kapiteln näher betrachten.

Brown beschreibt die kognitiven Stufen, die in der formellen Achtsamkeitspraxis durchlaufen werden: Zuerst hört das unterscheidende objektbezogene Denken auf, die Meditation unterbricht den kategorisierenden Geist und läßt ihn zu den tatsächlich physischen Zügen des Wahrnehmungsgegenstandes zurückkehren. Ein Stock etwa wird als seine Farbe und Form gesehen, bleibt aber ohne die angeheftete Bedeutung «Stock». Im zweiten Stadium werden dramatische Größenveränderungen erlebt; das Wahrnehmungsphänomen der «Größenkonstanz» scheint aufgehoben zu sein. Wenn Sie beispielsweise den hochgestreckten Daumen auf sich zu bewegen, scheint er seine Größe beizubehalten. Dieses wichtige Element des primitiven Erkennens von Mustern als definitive Objekte wird in diesem Stadium fallengelassen.

Als nächstes beobachtet der Meditierende die Umkehrung der primären Musterbildung. Die Kognitionspsychologie beschreibt die gewöhnliche Wahrnehmung aufgrund neurologischer Tatsachen so, daß dem primären Mustererkennen, dem ersten Skandha, eine Synthese der Sinne vorausgeht. In diesem Stadium der Meditation kehrt sich dies um, so daß zuerst das primäre Muster verlorengeht und dann die sensorische Synthese. An diesem Punkt hat der Meditierende die grobe Wahrnehmungswelt gänzlich demontiert. Wie wir gesehen haben, wurden alle diese Stadien auch von den kognitiven Wissenschaftlern beschrieben – eine ausgezeichnete «objektive» Bestätigung der Meditationsmethode.

Die fortgeschrittenen Stadien der Achtsamkeits-Gewahrseins-Meditation führen zum Loslassen von subtilen Gedanken und Verhaftungen an die Ich-Konstruktion und an die Raum-Zeit-Matrix. Das Gewahrsein ruht in strahlender Energie und Klarheit, frei von begrifflichen Vorstellungen wie «Ich» oder «Raum» oder «Zeit». Aus diesem nichtdualen Zustand wieder auftauchend, erlebt der Meditierende die Rückkehr der Wahrnehmungswelt von Raum und Zeit, der Dualität von Subjekt und Objekt; und er erlebt den Wiederaufbau der groben Wahrnehmung einer «Außenwelt» mit erkennbaren «Objekten».[6]

Browns Arbeit ist nur ein grober Abriß des Reichtums an Einzelheiten über den Wahrnehmungsprozeß und seine Aufschlüsselung, die wir in den Grundtexten dieser alten meditativen Wege finden können. Das Erfüllungsstadium dieser Wege, das von Brown beschriebene Ruhen des Geistes in der Nichtdualität, wird meist erst nach langer Vorbereitung realisiert, und in vollkommener Weise wohl nur von den begabtesten Schülern. Aber Einstein wird ja auch nur von wenigen Wissenschaftlern verstanden, und wie viele gibt es, die ihm gleichen?

Brown hat zusammen mit Jack Engler interessante praktische Versuche unternommen, einige dieser Beschreibungen «objektiv» zu untermauern. Bei einer ausgedehnten Testreihe unterzogen Meditierende verschiedener Schulungsphasen (die Einstufung wurde von Meditationsmeistern vorgenommen) sich einem Rorschach-Test. Brown reiste sogar nach Asien, um etlichen Meditationsmeistern ähnliche Tests vorzulegen. Die Resultate zeigten eine deutliche Korrelation mit einigen der von Brown beschriebenen Stadien.

Bei einer anderen Testreihe benutzte Brown das (im 12. Kapitel beschriebene) Tachistoskop, mit dem man extrem kurze, unter normalen Umständen nicht wahrnehmbare «subliminale» optische Reize setzen kann. Brown arbeitete mit Menschen, die an einer intensiven dreimonatigen Schulung in Einsichts-Meditation teilgenommen hatten. Diese Schulung scheint bei den Meditierenden eine Sensibilisierung der Wahrnehmung bewirkt zu haben. Bei einem Versuch wurde zum Beispiel mit Lichtblitzen gearbeitet, die nur Sekundenbruchteile dauerten und mitunter so kurz waren, daß sie normalerweise nicht hätten gesehen werden können. Manche der Teilnehmer konnten jetzt viel kürzere Blitze wahrnehmen als vor Beginn der intensiven Schulungsphase. Auch Vergleichspersonen, die nicht an der Schulung teilgenommen hatten, schnitten viel schlechter ab.

Darüber hinaus stellte Brown fest, daß einige Schüler, die als «Meditations-Adepten» eingestuft wurden, subtile Details der Wahrnehmung beschreiben konnten, die normalerweise unbemerkt bleiben. Ließ man etwa zwei Lichter so schnell hintereinander aufblitzen, daß für einen Nichtmeditierenden nur ein einziger Blitz zu sehen war, so nahmen diese geschulten Versuchspersonen den Beginn des Blitzes, den Blitz selbst, das Ende des Blitzes und das kurze Intervall bis zum Beginn des nächsten als gesonderte Augenblicke wahr.[7]

Wenn jemand die Aussagen von Meditierenden selbst verifizieren möchte, sind natürlich solche Forschungsberichte kein Ersatz für eigene Praxis. Kein noch so langes Anstarren des Mondes durch ein Fernrohr vermittelt uns das Gefühl, tatsächlich auf dem Mond zu stehen. Doch in Galileis Tagen konnte das Teleskop die Skeptiker zumindest davon überzeugen, daß der Mond so real ist wie die Erde. Wenn die kognitiven Wissenschaftler erkennen, wie wertvoll die Achtsamkeits-Gewahrseins-Methode für die Aufklärung der Wahrnehmungsphänomene sein kann – vielleicht wird diese Methode dann zu einem wichtigen Werkzeug für die Erforschung des geistigen Raums.

Das Durchschauen der Begriffsvermehrung

Durch die Meditationspraxis wird die Aufmerksamkeit so geschärft, daß sie immer feinere Zeitintervalle erfassen kann. Von einem bestimmten Punkt an wird es möglich, das Aufgehen jeder Wahrnehmung und jedes Gedankens in nichts und das Hervortreten des nächsten Gedankens aus nichts zu verfolgen. Das Gewahrsein ruht in den Lücken zwischen den Wahrnehmungen, und der Meditierende erlebt die Wahrnehmungen in ihrem Entstehen, durchsichtig wie Regenbogen am Himmel. Von den Wahrnehmungen sagt man, sie seien durchsichtig, weil es ihre Natur ist, aus nichts zu entstehen und in nichts aufzugehen. Man erkennt sie als aus Anhäufungen von *Dharmas* gefügt wie Patchwork oder eine Sandburg, und man erlebt sie eher als etwas selbst Hergestelltes denn als Abbilder einer feststehenden Welt.

Aber wenn man einen Regenbogen als bloße Erscheinung am klaren blauen Himmel sieht, so heißt das nicht, daß man den Regenbogen nicht mehr sieht. Und wenn man Ursprung und Natur der Wahrnehmung durchschaut, so heißt das nicht, daß man seine Wahrnehmungen nicht mehr erfährt. Aber man ist jetzt nicht mehr gezwungen, sie für letzte Wirklichkeit zu nehmen, und das kann sehr erleichternd sein: Wenn wir den Ursprung der ersten Spaltung zwischen «Ich» und «anderem» erkennen, sind wir erlöst von dem Zwang, an «mich», «mein Leben», «meine Pläne» und an eine «Außenwelt» als davon gesonderte Wirklichkeit zu glauben. Aus dieser Erleichterung erwächst eine neue Wärme und Freundlichkeit uns selbst und anderen gegenüber. Wir können es uns erlauben, von natürlicher Freundlichkeit zu sein, weil wir die alte Lüge vom «Überlebenskampf» nicht mehr brauchen, vom ewigen Kampf einsam für sich stehender Wesen gegeneinander.

Aber weshalb ist es so schwer, die Natur der Wahrnehmungsprozesse zu durchschauen und die Transparenz der äußeren und inneren Welt zu erkennen? Was hindert uns, solche simplen Einsichten zu gewinnen? Wenn wir fragen, wodurch die erste Spaltung verursacht ist, dann geben uns die meditativen Traditionen nur eine Antwort – daß wir das durch unmittelbare Erfahrung in der meditativen Praxis selbst herausfinden müssen. Wenn wir fragen, was uns in den endlosen Kreisläufen eines Bewußtseins festhält, das seinen Ursprung nicht sieht, so geben uns die früheren buddhistischen Traditionen die Antwort: weil das Bewußtsein einen Hang zur Begriffsvermehrung hat.

Jeder von uns hat gewiß schon einmal eine Erfahrung wie die folgende gemacht: Sie sitzen an einem Sommermorgen im Garten. Eine Stunde haben Sie noch Zeit, bis sie sich den Dingen des Tages widmen müssen, und jetzt im Moment geht gar nichts Besonderes in Ihnen vor. Sie sitzen da und hören den Vögeln zu, fühlen die ersten weichen Sonnenstrahlen, die frische Morgenbrise, empfinden die offene Weite des Himmels und unter sich die Festigkeit der Erde, Gedanken an Familie oder Beruf ziehen einfach so durch Ihr Bewußtsein, leicht und ohne Spuren zu hinterlassen. Sie sind von einem tiefen inneren Beha-

gen erfüllt. Das erinnert Sie nun aber an einen Augenblick vor zwei
Jahren – oder waren es zweieinhalb Jahre? –, als Sie so wie jetzt mit
Ihrer Sekretärin dasaßen, die dann ausschied, weil sie ein Kind bekam.
Wie es ihrem Jungen wohl gehen mag? Wie sie ihn wohl erziehen wird?
Das erinnert Sie an Ihre eigenen Kinder, die jetzt auf dem College
sind, und dabei fallen Ihnen die gegenwärtigen Probleme der Hochschulen ein, die Fragen der Reform der Lehrpläne und die Beschneidung der öffentlichen Mittel, was zu Gedanken an die gegenwärtige
Regierung überleitet, zu anderen demokratischen Regierungen der
Welt und der weltweiten ökonomischen und politischen Instabilität.
Wie sicher ist eigentlich Ihr eigener Job? In letzter Zeit hat es Schwierigkeiten mit der Geschäftsleitung gegeben, und Sie würden doch gern
ein neues Haus kaufen. Das erinnert Sie an eine Frage, die in letzter
Zeit manchmal in Ihnen umgeht, ob Sie sich nämlich nach einer neuen
Stellung umsehen sollten, was natürlich in so unsicheren Zeiten und
bei Ihrem Alter ein Risiko wäre, aber Ihr gegenwärtiger Job befriedigt
Sie einfach nicht so richtig... Sie fühlen eine wachsende Enge und
Ruhelosigkeit in sich, Sie schauen auf die Uhr, und die Stunde ist um,
und Sie müssen zur Arbeit. Vom ersten Augenblick abgesehen, waren
Sie die ganze Zeit gar nicht in Ihrem frühmorgendlichen Garten.

Das ist ein sehr anschauliches Beispiel für die Vervielfältigung von
Begriffen, aber dergleichen kann auch in jeder anderen Situation vorkommen, bei einer Versammlung, während eines Vortrags, beim
Holzhacken. Nach buddhistischer Auffassung geschieht es ständig,
weil es einfach die Natur des Bewußtseins (im Sinne des fünften
Skandha) ist. Jeden Augenblick weitet sich irgendeine kleine Wahrnehmung, ein Augenblick der direkten Wahrnehmung, dessen wir selten gewahr sind, zu einer ganzen Sturzflut von Begriffen aus, und dies
liegt in der Natur des Bewußtseins. Diese Ausweitung ist ein energetisches Phänomen, hinter dem die Grundaffekte des Ego stehen, Leidenschaft und Aggression, die Grundenergien des Fühlens.

Der gesamte Skandha-Prozeß, der in den Hang zur Begriffsvermehrung einmündet, wird in der folgenden Passage aus einem Text der
Theravāda-Tradition besonders sinnfällig:

Das Seh-Bewußtsein, Brüder, entsteht aufgrund von Auge und
stofflichen Formen; das Zusammenwirken dieser drei ist sinnliche
Einwirkung; aufgrund von sinnlicher Einwirkung entsteht Empfin-

dung; was man empfindet, nimmt man wahr; was man wahrnimmt, darüber macht man sich Gedanken; worüber man sich Gedanken macht, das vermehrt man auf begriffliche Weise. Daher dringen Begriffe, denen dieser Vermehrungshang anhaftet, auf ihn ein hinsichtlich der dem Auge erkennbaren stofflichen Formen, die Vergangenheit, Zukunft und Gegenwart angehören. Und, Brüder, Hör-Bewußtsein entsteht aufgrund von Ohr und Lauten... [und so weiter bis:] geistiges Bewußtsein entsteht aufgrund von Geist und geistigen Gegenständen..., die Vergangenheit, Zukunft und Gegenwart angehören.[8]

Der Übersetzer dieses Textes, Bikkhu Nanānanda, weist auf den interessanten Umstand hin, daß diese Passage zunächst unpersönlich gehalten ist, beim Skandha «Empfindung» dann persönlich wird und bis «dringen Begriffe... auf ihn ein» so bleibt. Die Ich-Idee kommt auf der Ebene der Empfindung ins Spiel und zieht sich bis zur Ebene des Bewußtseins durch, wo das Ich dann hilflos der auf es «eindringenden» Welt preisgegeben ist. Dieses von der «Außenwelt» der eigenen Projektionen Bedrängt- und Überwältigtsein, gegen diese Welt ankämpfen zu müssen, das ist die typische Ich-Angst. Das Ich identifiziert sich mit dem Bewußtsein und verliert sich in dieses Bewußtsein, fortgeschwemmt von dessen Hang zur Begriffsvermehrung. Im 10. Kapitel sahen wir, daß das Bewußtsein des «Ich» und seiner «Welt» nach wissenschaftlicher Auffassung im sich selbst spinnenden oder vermehrenden Netz der Sprache anzusiedeln ist. Vielleicht ist zwischen den einzelnen Erfahrungsaugenblicken, die selbst nichts weiter als Skandha-Anhäufungen sind, eine Lücke, in der die Subjekt-Objekt-Dualität erlischt, um dann einen Sekundenbruchteil später erneuert zu werden.

Noch einmal möchte ich betonen, daß diese Überlegungen nicht zum Nihilismus führen müssen. Hier wird nicht das Gewahrsein als solches und auch nicht das Streben nach größtmöglicher Tiefe und Weite des Gewahrseins in Frage gestellt. Fraglich ist vielmehr die Neigung, das Gewahrsein auf einen bloß in der Vorstellung bestehenden festen, bestimmten, unwandelbaren Aspekt unseres Seins zu beschränken – sei es der bewußte «rationale» Intellekt, die emotionalen Reaktionen der «Seele», tiefe, eher unbewußte Fixierungen oder das sogenannte «höhere Selbst». Diese, falls sie überhaupt existieren, sind allenfalls zweitrangige, oberflächliche Anteile des gesamten, von jeher intelligenten Seins von Geist, Herz und Körper, das sich unablässig wandelt und daher von keiner Definition erfaßt werden kann.

Intelligenz, die der Dualität vorausgeht und sie transzendiert, existiert nach buddhistischer Auffassung in jedem Augenblick unserer Erfahrung und durchzieht diese Erfahrung. Wenn die Aufmerksamkeit genügend geschult ist, können wir ihr in der Lücke zwischen den Wahrnehmungsaugenblicken unmittelbar begegnen. Dazu aber bedarf es keiner spektakulären spirituellen Klimmzüge – wir brauchen uns nur uns selbst zuzuwenden und der Ich-Illusion ins Gesicht zu blicken. Darin liegt eine gewisse Ironie: Das Ich, das sich aufmacht zu dieser Erkundung, wird irgenwann unterwegs auf der Strecke bleiben. Vielleicht wird der Buddha deshalb so häufig mit einem milden Lächeln abgebildet: Das Ego betrachtet man am besten mit einer gewissen Belustigung.

16. Die Leerheit von Begriffen

Wir müssen uns nun einem Problem zuwenden, das die ganze Zeit schon im Hintergrund lauert und dem Leser hier und da vielleicht ein gewisses Unbehagen bereitet hat. Es manifestiert sich in der buddhistischen *Dharma*-Analyse der frühen Schulen ebenso wie in den Entdeckungen der Kognitionswissenschaft, die wir zur Analyse der Erfahrung herangezogen haben. Wir haben konstatieren müssen, daß ein Ich nirgendwo zu finden ist und es daher keinen Grund gibt, an seine Existenz zu glauben. Dann aber mußten wir ebenfalls konstatieren, daß die «Außenwelt» – in der Form jedenfalls, wie wir uns ihrer bewußt sind – ein Erzeugnis desselben Prozesses ist, der auch die Ich-Vorstellung erzeugt. Was aber *existiert* dann? Und wenn wir die Frage, unseren herkömmlichen Begriff von «Existenz» voraussetzend, in buddhistischen Ausdrücken stellen, so lautet sie: Ist es der Fall, daß *Dharmas* existieren oder nicht? Denn nach unserer gewohnten Logik kann nur *einer* dieser beiden Sätze – «Dharmas existieren» oder «Dharmas existieren nicht» – richtig sein, und einer von beiden *muß* richtig sein. Ähnlich könnten wir auch hinsichtlich vieler anderer Begriffe fragen, die wir im Laufe unserer Untersuchung kennengelernt haben: geistige Repräsentationen, wörtliche und endgültige Wahrnehmungen, Affekte und Bewußtsein, aber auch Körper und Geist. Sind das reale Dinge, die wirklich existieren? Oder führen wir uns selbst in die Irre, indem wir Substantive verwenden, wo in Wirklichkeit nichts anderes ist als flüchtige Strukturen und Muster?

Wir müssen hier einen weiteren Schritt in die Tiefe tun. In der wissenschaftlichen Tradition ist dies der Punkt, an dem die Psychologie und Philosophie des Geistes sich wieder zusammenschließen müssen – und dies geschieht ja bereits. Manchen Philosophen geht allmählich auf, daß das jahrhundertealte Gezänk um «Geist» und «Materie» zu einem Großteil dadurch zu bereinigen wäre, daß man sich anschaut, was die Psychologen und Neurophysiologen über die mentalen Prozesse und die Physiker über die Materie herausgefunden haben. Kognitionswissenschaftlern geht allmählich auf, daß die Aussagen der Philosophen doch relevant sind für die wissenschaftliche Erforschung des Geistes; sie wenden sich jetzt den alten Werken zu – Platon und Aristoteles, Descartes, Locke, Kant und vielen anderen – und sehen darin ebensosehr Psychologie wie Philosophie. Im Buddhismus führte dieser Schritt in die Tiefe im ersten nachchristlichen Jahrhundert zur Bildung ganz neuer Inhalte und Ausdrucksformen in jener Schule, die Mahāyāna genannt wird, das «Große Fahrzeug».

Shūnyatā

Einer der wichtigsten Züge, durch die das Mahāyāna sich von den früheren buddhistischen Schulen unterscheidet, ist das unmittelbare Gewahrsein von etwas, das mit dem Sanskritwort *shūnyatā* zum Ausdruck gebracht wird. Das Wort *shūnya* wird für gewöhnlich mit «leer», «inhaltlos», «nichts» oder «offen» übersetzt. Das Suffix *-ta* ist als «-heit» oder «-keit» übersetzt worden. Damit hätten wir als direkte Übersetzung für Shūnyatā: Leerheit (oder Leere), Inhaltlosigkeit, Nichtsheit (oder Nicht-Ding-heit) und Offenheit. Allerdings ist bei Ausdrücken dieser Art immer besondere Vorsicht angebracht. «Leer», «nichts» und «inhaltlos» vermitteln uns den Eindruck, hier sei von einem absoluten Vakuum die Rede. «Leer» und «inhaltlos» stehen im Gegensatz zu «voll», «nichts» steht im Gegensatz zu «etwas». Damit sind wir wieder dem «Ding-Denken» aufgesessen. Solche Ausdrücke vermitteln uns das Gefühl, daß da statt Dingen, Objekten oder Wahrnehmungen ein Vakuum ist. Solche Entgegensetzungen sind jedoch mit dem Wort *shūnya* nicht gemeint. Die Frage: «Leer von was?» führt uns auf die richtige Spur. Die Antwort könnte folgenden Wortlaut haben: leer von Begriffen, geistigen Konstruktionen oder Projektionen. Shūnyatā bedeutet also Leerheit von geistigen Konstruktionen. Leerheit ist nicht nichts, sondern das, was *ist*, nur frei von Begriffen.

Der Begriff, der allen anderen zugrunde liegt und die tiefste und folgenreichste Zuschreibung darstellt, die wir machen, ist der Begriff

Shūnyatā

der «Dingheit» oder «inhärenten Existenz»: Wir sehen die Welt als Ansammlung gesonderter Dinge, die alle ihr eigenes unabhängiges Sein haben. Begriffe schaffen Unterscheidungen und ziehen damit Grenzen zwischen einem Ding und einem anderen. Aufgrund ihrer Ausschließungstendenz schaffen sie unüberwindliche Barrieren zwischen den Dingen: Wenn ein Ding «A» ist, kann es der herkömmlichen Logik zufolge nicht «Nicht-A» sein. Dinge, die ich «A» nenne, trenne ich durch diese Zuschreibung, den Begriff «A», von Dingen, die ich «Nicht-A» nenne.

Wenn der Himmel blau ist, kann er nicht nicht-blau sein. Wenn ein Kind böse ist, kann es nicht nicht-böse, also gut, sein. Wenn ein Teenager ein Punk ist (böse), kann er nicht ein anständiger Bürger (nichtböse) sein. Wenn ich existiere, kann ich nicht nicht-existieren. «Shūnyatā» sagt aber, daß das, was wirklich *ist*, von diesen Ausschließungen nicht berührt wird. Die Übersetzung «Offenheit» vermittelt diesen Sinn vielleicht am besten. In der Welt, wie sie ist, frei von Begriffen, gibt es keine gesonderten Dinge mit einem aus sich selbst bestehenden Sein, das von nichts anderem abhängt. Nichts in unserer Erfahrung ist wirklich so.[1]

So schreibt auch der buddhistische Gelehrte Jeffrey Hopkins:

Die Phänomene sind leer von einer bestimmten Seinsweise, die «inhärente» oder «objektive» oder «natürliche» Existenz genannt wird. «Inhärente Existenz» ist kein aufgrund von philosophischer Analyse nachträglich aufgesetzter Begriff, sondern bezeichnet unser gewöhnliches Empfinden vom Sein der Dinge – so als existierten sie konkret in und aus sich selbst. Phänomene sind die Dinge, die leer von inhärenter Existenz sind; inhärente Existenz ist das, wovon die Dinge leer sind.[2]

Und «Phänomene» meint hier *Dharmas*, Affekte, geistige Repräsentationen, Bewußtsein, Geist und Körper. Es meint auch Sie und mich und alle unsere Freunde, wer sie auch sein mögen. Das Fehlen von inhärenter Existenz bedeutet, daß nichts aus eigener Kraft ins Sein tritt und daß nichts in seinem Erscheinungsbild und in seiner Substanz unwandelbar ist.

Leerheit ist eine sehr einfache Wahrheit, die aber nur der unmittelbaren Erfahrung zugänglich ist und sofort kompliziert wird, wenn wir

Die Leerheit von Begriffen

versuchen, sie in Worten zu erklären. Wenn ein Kind schreiend aus einem Traum erwacht und glaubt, im Zimmer sei ein Ungeheuer, können wir nicht direkt auf die Nichtexistenz des Ungeheuers zeigen; wir können das Kind nur auffordern, sich im ganzen Zimmer umzusehen. Wenn dann nichts zu finden ist, heitert sich die Miene in großer Erleichterung wieder auf. Ebenso ist auch das Nichtvorhandensein von inhärenter Existenz etwas, worauf man nicht direkt zeigen kann. Wir können sie nur überall suchen, bis wir schließlich überzeugt sind, daß es sie nicht gibt.

Leerheit ist also kein abgetrennter Bereich, keine für sich bestehende Substanz, nichts, was als solches existiert und seine eigene objektive Natur besitzt. Sie ist das Kennzeichen jedes Phänomens und der Grund aller Phänomene. Wo Phänomene sind, da ist Leerheit, und wo Leerheit ist, da sind Phänomene. Das Erfassen der Leerheit ist zugleich das Durchschauen des Irrtums, daß die Dinge des Denkens ein eigenständiges Sein haben. Gewiß, «inhärente Existenz ist kein aufgrund von philosophischer Analyse nachträglich aufgesetzter Begriff», aber die Philosophen haben wenig zur Überwindung dieses irrigen Denkens beigetragen, sondern sich eher um seine Verfestigung bemüht. Gewiß gilt das von der klassischen Naturwissenschaft, aber auch von vielen Religionen – und selbst der Buddhismus ist keineswegs erhaben über diesen fundamentalen Irrtum.

Der wichtigste Shūnyatā-Lehrer nach dem Buddha war Nāgārjuna, der im 2./3.Jahrhundert wirkte, zu einer Zeit, als man den *Dharmas* und ihrem Ursache-Wirkung-Gefüge Selbst-Natur und Beständigkeit beimaß. Nāgārjuna erkannte, daß die ursprüngliche Lehre von der Vergänglichkeit sich ganz allmählich in ihr Gegenteil verkehrte. Die Dharma-Analyse hatte ja ursprünglich den Sinn gehabt, den Meditierenden die Egolosigkeit und die Vergänglichkeit aller Dinge realisieren zu lassen. Nun aber galten die *Dharmas* selbst als reale Dinge mit inhärenter Existenz und waren zum Gegenstand ganzer philosophischer Systeme geworden. Um zu verhindern, daß dies auch mit Shūnyatā geschah, sagte Nāgārjuna: «Shūnyatā ist als Heilmittel für alle dogmatischen Anschauungen gelehrt worden [insbesondere für den Glauben an die inhärente Existenz von irgend etwas], doch unheilbar sind die, die an Shūnyatā haften und Shūnyatā selbst wiederum in eine Anschauung verkehren.»[3]

Shūnyatā

Shūnyatā selbst ist *shūnya*: Auch die Leerheit ist leer von inhärenter Selbst-Natur; Nicht-Ding-heit ist nicht ein Ding.

Die Leerheit ist zu entdecken und zu erfahren, wenn wir Objekte zu finden versuchen, die inhärente Existenz haben. Das beginnt mit der Einsicht, daß wir alles, was wir wahrnehmen, tatsächlich so wahrnehmen, als besäße es inhärente Existenz, als wäre es real und substanzhaft und bestünde unabhängig vom Wahrnehmungsprozeß. Haben wir erst einmal erkannt, daß die Dinge uns tatsächlich so erscheinen, so können wir, wie Hopkins schreibt, «den Versuch machen, diese Objekte zu finden, die sich uns so selbst-existierend darstellen; der Geist ist völlig gefangen von diesem Bestreben, ein Objekt zu finden – unter seinen Teilen oder als Gefüge dieser Teile oder als gesondert von diesen Teilen und so weiter. Wird dieses Forschen mit vollem Einsatz betrieben, so wird das Nicht-Auffinden eines Objekts von die Grundfesten erschütternder Bedeutung sein.»[4] Besonders erschütternd wird dieses Nicht-Auffinden wohl dann sein, wenn das gesuchte Objekt der eigene Geist war.

Was hier geschieht, verdeutlicht der tibetische Lama Thrangu Rinpoche an einem «Objekt» der alltäglichen Erfahrung: «Wir können sehen, daß ein Karren ein sehr nützliches Ding ist, ein nützliches weltliches Objekt. Er hat eine bestimmte Funktion, über die wir alle einer Meinung sind: Man gebraucht ihn, um Dinge von hier nach dort zu schaffen. Untersuchen wir jedoch einen Karren, so sehen wir, daß ‹Karren› lediglich eine Bezeichnung ist, ein Aufkleber, praktisch und bequem für den Geist. Da ist kein wahrhaft existierender Karren.» Nun analysiert Thrangu Rinpoche den Karren nach einer traditionellen Methode, die «Sieben angemessene Sichtweisen» genannt wird:

1. Ein Ding in seiner Gesamtheit besitzt keine essentielle Wirklichkeit, so wie auch der Karren in seiner Gesamtheit keine essentielle Wirklichkeit besitzt.
2. Es gibt keine von der Summe der zusammengefügten Teile verschiedene Wirklichkeit.
3. Das Ganze ist nicht wirklich im Besitz seiner Teile, die Teile sind nicht wirklich im Besitz eines eingebildeten Ganzen. Auch die «Karrenheit», die nicht wahrhaft existiert, kann keine Teile besitzen oder umgekehrt.
4. Es gibt keine Wirklichkeit, von der die Teile abhängen.

5. Es gibt keine Wirklichkeit, die von den Teilen abhängt.
6. Es gibt keine wahre Selbstheit in der bloßen Ansammlung von Teilen, wie auch die Teile eines Karrens, wenn sie zufällig zusammengefügt sind, keinen Karren bilden.
7. Es liegt keine Wirklichkeit in der Gestalt eines Objekts, wenn seine Teile richtig zusammengefügt sind, wie es auch in der Gestalt eines Karrens keine von den Teilen, die seine Gestalt bilden, verschiedene Karrenheit gibt.[5]

Diese Anwendung der Sieben angemessenen Sichtweisen ist ein kontemplativer Prozeß, keine philosophische Analyse. Die Sieben angemessenen Sichtweisen lassen sich auf jedes Objekt anwenden, auch auf das vermeintliche Ich und seine Beziehung zu den Skandhas. Man kann nun jeden beliebigen Gegenstand daraufhin untersuchen, ob man einen einzigartigen Ursprung für ihn finden kann, ob es irgend etwas anderes gibt, das man wahrhaft als durch ihn verursacht betrachten kann, was seine essentiellen Merkmale sind und in welcher Weise er mit anderen zusammenhängt. Unweigerlich legt diese Methode am Ende die logischen Widersprüche und Absurditäten bloß, mit denen jeder Glaube an die inhärente Existenz von Dingen und Ereignissen und deren Ursachen und Auswirkungen behaftet ist.

Inhärente Existenz ist eine Zuschreibung

Daß alle Phänomene inhärente Existenz zu haben scheinen, liegt an den Zuschreibungen oder Projektionen des dualistischen Selbstbewußtseins. Denken wir etwa an eine Perlenkette. Wir sagen etwa zu einer Freundin: «Was für eine schöne Perlenkette!» Tatsächlich sind da aber nur Perlen, die von einer Schnur zusammengehalten werden. Es ist einfacher und auch ganz natürlich, diesen aufgereihten Perlen einen Namen zu geben, um davon sprechen zu können, aber eine Halskette ist da eigentlich nicht. Die «Halskettenheit» wird von uns lediglich auf dieses Gebilde aus aufgereihten Perlen projiziert.

Ein Baum besteht aus einer ungeheuren Menge von Zellen. Manche dieser Zellen bilden die Rinde, andere das Holz, wieder andere die Wurzeln und die Blätter. Manchmal fällt ein Blatt ab, und dann betrachten wir eine Gruppe von Zellen, die wir bis dahin dem Baum zurechneten, als ein gesondertes Blatt, das zu Boden fällt. Ein Ast des Baums ist abgeknickt, und manche seiner Blätter sind schon vertrocknet, während andere noch leben. Längst abgefallene Blätter liegen um den Baum verstreut und verrotten und werden die Nahrung für eine weitere Generation von Blättern. Könnten wir den Baum mit mikroskopischem Blick betrachten, so würden wir einen ununterbrochenen Gas- und Stoffaustausch mit der Atmosphäre, der Erde und zahllosen anderen Organismen beobachten. Diese vielschichtige Verkettung nennen wir einfach «Baum» und sind gänzlich überzeugt, daß er existiert. Jedes «physische Objekt», das uns begegnet, kann so analysiert werden.

«Nichtdualität», «Nichtgetrenntheit» oder «Leerheit von inhärenter Existenz» – das sind alles Ausdrücke für die wechselseitige Verbundenheit der Phänomene in einem allumfassenden, ungeteilten kausalen Netz. Jedes Ding ist in seinem Entstehen und Bestehen von Ursachen und Bedingungen abhängig. Alle natürlichen Dinge wie Bäume, Steine und Flüsse sind be-dingt, hängen von anderen Dingen ab, seien es die geophysikalischen Gegebenheiten ihrer Umgebung oder die Atome, aus denen sie bestehen. Ein Baum ist abhängig von der Erde, in der er wurzelt, von Regen, Sonnenschein und Luft, die ihn ernähren, und von den Nachbarbäumen, die ihm Schutz bieten. Wir können nicht *ein* Elektron oder Gen entdecken, dessen Sosein nicht von der Art unseres Experiments, von unseren Theorien und von seinem Milieu abhinge.

Beziehungen wie «Bruderliebe» oder «Verliebtheit» oder «Nationalstolz» hängen von den Menschen ab, die dahinterstehen, vom kulturellen und sozialen Umfeld, in das diese Beziehungen eingebettet sind, von persönlichen Umständen, die den Beziehungen ihren besonderen Ausdruck geben. Ein Bewußtseinszustand ist durch die gerade aktuellen Gedanken, Gefühle, Stimmungen, Wahrnehmungen und Umwelteinflüsse bedingt. Und unser Gefühl der «Ich-heit», in diesem Augenblick – ob wir uns klein und unbedeutend fühlen oder uns wichtig tun – hängt von unserem Geisteszustand ab, von unseren Emotionen, von unseren Körperempfindungen, von dem, was gerade gesagt wurde und von unseren Anschauungen darüber, wie man reagieren soll. Wenn wir unsere Erfahrung so betrachten, stellen wir fest, daß es nichts, gar nichts gibt, was aus sich selbst heraus entsteht und besteht.

Die Leerheit von Begriffen

Ähnlich kann man auch den individuellen Geist als Produkt von Zuschreibungen und Projektionen auffassen. Dieser Geist ist einfach ein Strom von Gedanken, Gefühlen, Wahrnehmungen und Empfindungen, die von einem Identitätsgefühl zusammengehalten werden und dem wir dann durch Projektion ein inhärentes Sein zuschreiben. Darauf hat im sechsten vorchristlichen Jahrhundert der Buddha aufmerksam gemacht, im zweiten nachchristlichen Jahrhundert war es Nāgārjuna, im siebzehnten Jahrhundert David Hume, und in unserer Zeit wären William James, Bertrand Russell, Gilbert Ryle und viele andere zu nennen. Ryle nannte den Geist ein «Gespenst in der Maschine», und für ihn war die Geist-Idee ebenso sinnlos wie die Frage eines Oxford-Besuchers, der alle Colleges, Verwaltungsgebäude und Museen besichtigt und dann, nachdem er auch noch die Professoren kennengelernt hat, die Frage stellt: «Aber wo ist die Universität?» Die Universität ist kein bestimmtes Gebäude, keine bestimmte Lokalität, keine bestimmte Gruppe von Menschen: Sie ist all das und hat doch keinen Ort und keine Substanz. Auch der Geist ist alles, was ein Mensch denkt, fühlt und wahrnimmt, besitzt aber selbst keine eigene Substanz – der «Geist» ist kein «Ding».[6]

Und die *Dharmas* schließlich besitzen ebenfalls keine inhärente Existenz. *Form*, der ursprüngliche sensorische Input, *Empfindung*, die erste primitive Reaktion, *Wahrnehmung*, das erste Unterscheiden eines «Objekts» und eines «Ich», die *Formkräfte* der Emotionen- und Gedankenkomplexe, und das *Bewußtsein* mit seiner Begriffsvermehrung – sie alle bilden sich jeden Augenblick in gemeinsamer Abhängigkeit von vielfältig verflochtenen Ursachen und Bedingungen. Sie sind flüchtig, substanzlos und ohne inhärentes Sein. Was das bestimmende Element etwa der Wahrnehmung ist, haben wir ja schon bei unserer Betrachtung des Wahrnehmungsprozesses gesehen: Begriffe oder begriffliche Repräsentationen, also das Einsetzen von Worten oder anderen Symbolen für etwas anderes. Selbst wenn wir sagen, daß Wahrnehmung in einer Serie von «Wahrnehmungs-Augenblicken» stattfindet, ist das eine begriffliche Anschauung, die entsteht, weil es im gegenwärtigen Augenblick Erinnerung und Erwartung gibt.

Diese Analyse wird so lange beharrlich fortgesetzt, bis man intellektuell davon überzeugt ist, daß ein inhärentes Sein unauffindbar bleibt. Und die Praxis der Achtsamkeits-Gewahrseins-Meditation läßt diese intellektuelle Einsicht auch auf der intuitiven Ebene aufscheinen. Sie geht auf der tiefsten Ebene in unseren Wahrnehmungsprozeß ein, so daß wir unsere Welt jetzt als Projektionen der Leere erfahren und keine inhärente Existenz mehr auf sie projizieren.

Die Leere kann uns urplötzlich, aber auch ganz allmählich aufgehen. Die vorausgehenden Entdeckungen aber können zunächst Furcht und Zorn erregen, insbesondere in einem Geist, der seine Identität aus dem Ding-Denken bezieht und den wir für das besondere Kennzeichen des Menschseins halten. Aber auch Traurigkeit und Einsamkeit mögen uns aus diesen Entdeckungen erwachsen. Es ist wie von zu Hause weggehen in dem Wissen, daß man nie wiederkehren wird, und im Umdrehen ein letztes Mal unser Haus sehen, bevor es hinter der Kurve verschwindet. Die Ding-Welt, die uns so vertraut war, ständiger Begleiter in so vielen Jahren, entgleitet uns. Dennoch empfinden wir diesen Augenblick intensiver Traurigkeit zugleich auch so, als würde uns eine ungeheure Last abgenommen. Dieser Augenblick, sagt man, bringt große Freude mit sich, die Erfahrung der Nichtgetrenntheit oder Nichtdualität.

Wenn wir zu sehen beginnen, daß wir den Dingen nur Existenz *zuschreiben*, um unser ganzes Denken und Handeln dann auf diese bloß projizierte Existenz auszurichten, bekommen wir eine Ahnung von dem, was mit Leere gemeint ist. Leere ist der unbedingte, ungeteilte, nichtbegriffliche Grund der Wahrnehmung und ihrer Welt- und Ich-Erzeugung. «Leere» bezeichnet nicht einfach die Tatsache, daß wir ständig den Fehler machen, inhärente Existenz zu sehen, wo keine ist. Leere ist auch das, was wir sehen, wenn wir diesen Irrtum nicht mehr begehen. Sie ist das, was *ist*, bevor wir einen Existenzbegriff darauf projizieren können.

Letzte Wahrheit und konventionelle Wahrheit

Wir dürfen hier aber nicht den Fehler des Nihilismus begehen und annehmen, daß überhaupt nichts existiert. Was nicht existiert, ist vielmehr die *gesonderte Existenz* der Dinge. «Leere» besagt nicht, daß die Welt gar nichts ist oder daß sie eine Illusion ist, hinter der die wirkliche Welt liegt. Illusorisch und nichtig ist vielmehr die inhärente und gesonderte Existenz der Dinge, die wir auf die Welt projizieren, und wenn wir diese Illusion als solche erkennen, sehen wir die Welt, wie sie

Die Leerheit von Begriffen

ist. Die Welt als Illusion zu betrachten wäre die Projektion eines weiteren Begriffs auf sie und würde die Illusion vertiefen.

Diese beiden Anschauungen – daß die Welt eine Illusion ist, hinter der etwas Reales steht, und daß die Welt eine Illusion ist und es überhaupt nichts Reales gibt – sind gegenüber dem, was Leere wirklich bedeutet, die Irrtümer des Aeternalismus und des Nihilismus. Da das Denken sich von seiner Ding-Verhaftung nur schwer lösen kann, pendelt es mit vielem «Ja, aber...» zwischen Aeternalismus und Nihilismus hin und her. Es ist schwierig und wird als sehr unbefriedigend empfunden, sich nicht auf eine der beiden Seiten festzulegen, ähnlich wie es bei Abbildung 3 schwierig war, die Wahrnehmung nicht *entweder* auf die alte Frau *oder* auf die junge Frau festzulegen. Unser Geist verlangt Eindeutigkeit, ohne Eindeutigkeit fühlt er sich verunsichert. Selbst die Eindeutigkeit des Nihilismus ist besser als die Ungewißheit der Offenheit. Aeternalismus und Nihilismus kommen allein dadurch zustande, daß wir der Welt etwas zuschreiben – Gott, das Eine, das Ganze, das Licht, das Universum und so weiter und auf der anderen Seite Leere, Nichts, Zufall und Tod. In dieser Reihe von Substantiven dokumentiert sich das Ding-Denken mit schlagender Deutlichkeit. Im Englisch der Viktorianischen Zeit, wie heute noch im Deutschen, wurden Substantive groß geschrieben, wie um dem Leser eindringlich zu versichern, daß alle Dinge wirklich EXISTIEREN.

Um zu klären, in welchem Verhältnis die Leere und die Alltagserfahrung zueinander stehen, sprach Nāgārjuna von zwei Wahrheiten, der letzten (absoluten) Wahrheit und der konventionellen (relativen) Wahrheit. Letzte Wahrheit ist Shūnyatā, konventionelle Wahrheit ist die Welt unserer normalen Erfahrung, und dazu gehört auch der Geist, der inhärente Existenz auf die Dinge projiziert. Die letzte Wahrheit ist jedoch nicht von der konventionellen Wahrheit getrennt. Wenn Wahrnehmungen und Gedanken, Elektronen, Emotionen und Bäume sich aus der Leere heraus manifestieren, sind sie nicht tatsächlich von der Leere abgesondert, sondern die Leere bleibt ihre Natur. Sie erscheinen uns als von der Leere gesondert, weil der Geist, der nichts von seinem Projizieren weiß, ihnen eine gesonderte Existenz zuschreibt. Wenn wir sagen, daß die Phänomene nicht von der Leere getrennt sind, so heißt das auch, daß relative und absolute Wahrheit nicht voneinander getrennt sind.

Dies wird deutlich im wohl bekanntesten aller Mahāyāna-Texte, dem sogenannten *Herz-Sūtra* (genauer dem «Herzstück des großen Sūtra der transzendenten Weisheit»), in dem es heißt: «Form ist Leere, Leere ist Form. Form ist nicht verschieden von Leere, Leere ist nicht verschieden von Form. Ebenso sind auch Empfindung, Wahrnehmung, Formkräfte und Bewußtsein Leere. Daher also sind alle Dharmas Leere.»[7] «Form [Empfindung usw.] ist Leere» bezieht sich auf die absolute Wahrheit, daß alle *Dharmas* ohne inhärente Existenz sind. «Leere ist Form» bezieht sich auf die relative Wahrheit, daß es dennoch Form, Empfindung und so weiter gibt. «Leere» besagt nicht, daß die Erscheinung eines Phänomens geleugnet wird.

«Form ist nicht verschieden von Leere» besagt, daß Form, Empfindung und so weiter keine höhere, grundlegendere, substantiellere oder dauerhaftere Wirklichkeit besitzen. «Leere ist nicht verschieden von Form» bedeutet, daß «Leere» weder ein philosophischer oder religiöser Begriff ist, der auf die Form projiziert werden kann, um sie besser, realer oder wahrer zu machen, noch ein abgetrennter Bereich, der ganz für sich existiert. Wie Chögyam Trungpa sagt:

> Indem wir nach Schönheit oder einer philosophischen Bedeutung des Lebens Ausschau halten, versuchen wir nur, uns selbst zu rechtfertigen, und möchten sagen können, daß die Dinge doch nicht so schlimm sind, wie wir meinen. Doch sie *sind* so schlimm, wie wir meinen. Form ist Form, Leere ist Leere – die Dinge sind einfach das, was sie sind, und wir brauchen uns nicht zu bemühen, sie im Licht von etwas besonders Tiefgründigem zu sehen... Shūnyatā ist hier das vollkommene Fehlen von Begriffen oder Filtern jeglicher Art, auch das Fehlen der Begriffsgebilde «Form ist leer» und «Leere ist Form».[8]

Weisheit und Erbarmen

Die Shūnyatā-Erfahrung kann nicht schlußfolgernd oder analytisch nachvollzogen werden. Es gibt keine letztgültige Beschreibung von Shūnyatā, die wir mit sogenannten objektiven Beobachtungen vergleichen könnten, um ihre Wahrheit aufgrund von «Korrespondenz» zu erweisen. Aber wie ich schon sagte, kann der Wahrnehmungsprozeß durch die Schulung von Achtsamkeit und Gewahrsein aufgeschlüsselt oder durchschaut werden, und dann wird Shūnyatā direkt erfahrbar.

Die Leerheit von Begriffen

Das Vermögen, mit dem Shūnyatā erkannt werden kann, wird *prajñā* genannt. Dieses Sanskritwort bedeutet «beste Erkenntnis» oder «transzendente Erkenntnis» oder «Weisheit». Bildlich wird Prajñā häufig als zweischneidiges Schwert dargestellt, dessen eine Schneide unaufhörlich alle Begriffsfixierungen durchtrennt, während die andere sich selbst schneidet. Wir trachten immer danach, zu irgendeinem Begriff zu gelangen, und bilden uns dann ein, wir hätten etwas «gelöst». Das gilt auf der akademischen Ebene genauso wie im alltäglichen Bereich, wo wir etwa den Motiven unserer Freunde auf die Spur zu kommen versuchen. Wir bemerken bestimmte Seiten an unseren Freunden und sagen uns dann, so seien sie nun mal; zeigen sich später neue Züge, die nicht in dieses fixierte Bild passen, so nehmen wir sie gar nicht erst zur Kenntnis oder können sie nicht akzeptieren. Auf der akademischen Ebene gelangen wir zu einem philosophischen, politischen oder ökonomischen Weltbild und weigern uns, die Analyse fortzusetzen oder die weiterführenden Analysen anderer zu akzeptieren. Natürlich ist unsere eigene Analyse dann bald obsolet, und wenn wir uns jetzt immer noch nicht bewegen, bleiben wir stecken und werden zu starren Dogmatikern. Prajñā dagegen bietet uns keine festen Bezugspunkte, keine Schlußfolgerungen, keine Sicherheit der Begriffe – kein Plätzchen zum Ausruhen. Prajñā ist das Wissen um die Relativität alles Begrifflichen, der höchste Entwicklungsstand, den der «Intellekt» erreichen kann (vgl. Kap. 14).

Prajñā ist nicht einfach ein Begriff neben anderen und steht auch nicht für ein philosophisches System. Eine Definition für Prajñā lautet: «Die natürliche Schärfe des Gewahrseins, das sieht und unterscheidet, aber auch alle begrifflichen Unterscheidungen durchschaut.» Prajñā wird erweckt und entwickelt in einem Schulungsprozeß, der analytisches Studium mit meditativer Praxis verbindet. Auf der höchsten Stufe ist Prajñā «das Gewahrsein, daß die Gesamtheit des Wirklichen ohne Ursprung und Grund ist».[9] Prajñā gibt sich nicht mit aeternalistischen oder nihilistischen Deutungen der Wirklichkeit ab und transzendiert sogar die Unterscheidung zwischen dem Verharren in der Verblendung und dem Erwachen zur Freiheit.

Machen wir uns ganz deutlich, daß Shūnyatā Ausdruck eines tiefgreifenden Wandels der Wahrnehmung und nicht Ergebnis eines abstrakten Erkenntnisprozesses ist. Es heißt, die veränderte Wahrnehmung, die uns Shūnyatā erschließt, sei wie das Erwachen aus einem Traum. Den Irrtum zu erkennen, den man ein Leben lang begangen hat – nämlich allem ein eigenständiges Sein zuzuschreiben –, kann, wie Hopkins sagt, eine «die Grundfesten erschütternde» Erfahrung sein. Es sollen aber auch große Freude und Erleichterung damit einhergehen, so als würde uns eine unvorstellbare Last abgenommen; und es soll der Zugang zu einer neuen Art von Leben sein.

Die Einsicht, daß alle Dinge *shūnya* sind, leer von Selbst-Natur, ist zugleich die Einsicht in die Verbundenheit aller Dinge, und aus dieser Einsicht erwächst uns die treibende Kraft für die neue Art zu leben. Denn wenn wir die Wahrheit vom Entstehen in Abhängigkeit realisiert haben und wissen, daß kein Ding ein gesondertes Dasein führt, dann wissen wir, daß etwa die Angst anderer unsere eigene Angst ist. Wir werden einfühlsamer gegenüber anderen, die in der Angst leben und noch nicht die Wahrheit von Shūnyatā entdeckt haben. Der Keim dieses tätigen Mitgefühls oder Erbarmens ist in allen Lebewesen angelegt und wird *bodhichitta* genannt, das erweckte Herz. Dieses Erwachen beginnt mit einem Gefühl der Wärme und der wechselseitigen Abhängigkeit zwischen einem selbst und seinesgleichen, wie es uns beispielhaft in der Mutterliebe bei Mensch und Tier entgegentritt. Das tätige Mitgefühl ist ein natürliches Verhalten, das aus der unmittelbaren Erkenntnis von Shūnyatā erwächst; es entspringt keiner abstrakten Ethik, sei sie philosophischer oder religiöser Art. Es stellt sich ein, wenn wir durchschaut haben, wie wir allen Dingen und Lebewesen ständig ein vermeintliches inhärentes Sein zuschreiben. Das tätige Mitgefühl geht also Hand in Hand mit der Prajñā-Einsicht, daß es weder «das Ich» noch «das andere» gibt.

Was hier über Shūnyatā gesagt wurde, wollen wir nun zum Ausgangspunkt für die weitere Vertiefung unserer Wahrnehmungs-Analyse machen. Weder die fünf Skandhas noch die von der Kognitionswissenschaft ermittelten Komponenten der Erfahrung besitzen in sich selbst ein eigenständiges Sein. Sie sind lediglich nützliche begriffliche Werkzeuge, mit deren Hilfe sich die Natur der Erfahrung klarer darstellen läßt als mit den Begriffen unseres gewöhnlichen Denkens. Und wir müssen noch einmal auf zwei sehr grundlegende Begriffe zurückkommen, die wir noch nicht eingehend genug erörtert haben –

Die Leerheit von Begriffen

«Geist» und «Körper». Zuvor aber müssen wir fragen, wie Shūnyatā, die Wirklichkeit aller Dinge, überhaupt unserem Blick entschwinden kann und dann mühsam wiederentdeckt werden muß, und das ist, wie sich zeigen wird, noch einmal die Frage nach der Rolle der Sprache in diesem Geschehen.

17. Die Leere – kein bloßes Nichts

Für manche Mahāyāna-Schulen ist die Shūnyatā-Lehre das letzte Wort: Samsāra und Nirvāna sind nicht verschieden, sind gleichermaßen von der Natur der Leere, und darüber hinaus kann und sollte nichts gesagt werden. Diese Lehre weist uns in die Richtung der direkten intuitiven Erfahrung, sagt aber nichts über sie aus. Es ging diesen Schulen darum, die Unstimmigkeit aller spekulativen Philosophie und aller philosophischen Begriffssysteme, aber auch die Untauglichkeit der Begriffe und konfusen Überzeugungen, an denen wir uns im Alltagsleben orientieren, zu erweisen. Es ging darum, daß man sich von all dem abwenden muß, um zur direkten Erfahrung dessen, was ist, zu gelangen. Wollte man versuchen, von dem zu reden, was alle Begriffe übersteigt, so würde man sich zwangsläufig in immer weitere Selbsttäuschungen verstricken. Daher wird auch der *Glaube* an Shūnyatā als «goldene Fessel» bezeichnet, und Nāgārjuna bezeichnet den, der an Shūnyatā glaubt, als unheilbar.

Ganz entschieden wurde dieser Standpunkt von der Prāsangika-Schule des Buddhismus vertreten. Khenpo Tsultrim Gyatso schreibt darüber:

Die Prāsangikas sagen, der Leere mit Vernunftgründen Geltung verschaffen zu wollen, sei der heimliche Versuch, das eigentliche Wesen mit dem begrifflichen Geist zu erfassen. Dabei zeigt doch die Vernunft, daß der begriffliche Geist stets im Irrtum ist; er bringt nie etwas anderes zustande, als einen verzerrten und bei näherem Hinsehen widersprüchlichen Abklatsch der Erfahrung, während die Wirklichkeit selbst ihm verschlossen bleibt. Daher lehnen es die Prāsangikas ab, das schlußfolgernde Denken anzuwenden, um die wahre Natur der Phänomene darzulegen. Denn, so sagen sie, da auch der subtilste Begriff diese wahre Natur nicht erfassen kann, ist jeder Versuch, sie mit Begriffen oder Beschreibungen darzustellen oder gar zu beweisen, eine Irreführung. Diese Methode hat etwas sehr Tiefgründiges. Sie ist kompromißlos in ihrer systematischen Zurückweisung aller begrifflichen Versuche, die Natur des Absoluten zu erfassen.[1]

Die Gelugpa-Schule des tibetischen Buddhismus versteht sich als diesem Grundsatz verpflichtet und beschränkt sich demzufolge auf Aussagen über die relative Natur der Wirklichkeit. Auch im Zen-Buddhismus hält man sich an diese Einsichten.

In diesem Sinne hatten die Präsangikas ähnliche Absichten wie jene modernen Philosophen, die Richard Rorty «erbauend» nennt im Gegensatz zu den «systematischen» Philosophen. Rorty beschreibt, worin sich diese beiden Arten von Philosophen unterscheiden:

Große systematische Philosophen sind konstruktiv und bieten Argumente. Große erbauende Philosophen sind reaktiv und bieten Satiren, Parodien und Aphorismen. Sie wissen, daß ihre Arbeit gegenstandslos wird, wenn die Zeitumstände, gegen die ihre Reaktion sich richtet, nicht mehr existieren... Große systematische Philosophen wie auch große Wissenschaftler bauen für die Ewigkeit. Große erbauende Philosophen zerstören zum Wohl ihrer eigenen Generation. Systematische Philosophen wollen das, worum es ihnen geht, auf den sicheren Weg der Wissenschaft gebracht wissen. Erbauende Philosophen wollen Raum lassen für das Staunen, das Dichter manchmal auslösen können – Staunen darüber, daß es doch noch Neues gibt, etwas, das nicht nur akkurate Repräsentation von bereits Vorhandenem ist, sondern (zumindest einstweilen) noch unerklärlich, ja kaum beschreibbar.[2]

Alle diese erbauenden Philosophen haben die inneren Widersprüche in jedem Begriff aufgedeckt, um auf das hinter den Begriffen Liegende hinzudeuten, um die imaginäre Welt der Projektionen zu durchbrechen und zu sehen, was dahinter ist. Dennoch, auch ein scheinbar so reiner Ansatz hat seine Tücken. Man kann nämlich die imaginäre Welt auch zerstören und zu dem Schluß kommen, daß absolut nichts dahinter ist. Das geschah mit der analytischen Philosophie nach Wittgenstein, und es war gewiß nicht Wittgensteins Absicht. Und es geschah auch hier und da im Buddhismus. Dieser Weg führt in den extremen Nihilismus. Und wenn wir – auf der Gesprächsebene, der auch das vorliegende Buch angehört – dieses Extrem vermeiden wollen, bleibt uns nichts anderes übrig, als doch etwas über die «Inhalte» von Shūnyatā zu sagen.

Um das tun zu können, muß man die Wahrheit von Shūnyatā aussprechen und sich zugleich der relativen Natur aller Sprache bewußt sein. Man muß wissen, daß man Sprache auf zweierlei Weise verwenden kann: um etwas zu *beschreiben* und um auf etwas *hinzudeuten*. Für die systematischen Philosophen – und dazu gehören, zumindest bis in die sechziger Jahre, auch die meisten Wissenschaftstheoretiker – liegt der höchste Ausdruck der Sprache darin, daß sie beschreiben und falsifizierbare Aussagen über die Welt machen kann. Karl Popper, der große alte Mann der Wissenschaftstheorie, der in seinem bahnbrechenden Werk *Objektive Erkenntnis* die Theorie der Falsifizierbarkeit wissenschaftlicher Theorien entwickelte, betont gerade diesen Aspekt immer wieder.[3] Doch für «erbauende» Philosophen, Dichter und alle, die um die spirituelle Dimension des Menschen wissen, besteht der wichtigste Aspekt der Sprache in der Fähigkeit, über sich selbst hinauszudeuten. Indem wir von der relativen Natur der Sprache ausgehen und von der Unmöglichkeit, direkt über das zu sprechen, was jenseits der Begriffe ist, wollen wir anzudeuten versuchen, inwiefern Shūnyatā mehr ist als bloße Leere.

Die Drei Naturen

Daß Shūnyatā etwas anderes ist als ein reines Nichts oder bloßes Nichtsein, macht Masao Abe in folgender Passage deutlich:

> Leere, die vollständig ohne Form ist, ist frei von Sein und Nichtsein, denn «Nichtsein» ist immer noch eine Form, unterschieden von «Sein»... Leere ist nicht schiere Leere im Gegensatz zu Fülle. Leere, als Shūnyatā, transzendiert und umfaßt sowohl Leere als auch Fülle. Sie ist eigentlich formlos in dem Sinne, daß sie sowohl von «Form» als auch von «Formlosigkeit» befreit ist. In Shūnyatā ist Leere als solche erfüllt, und Fülle als solche leer; Formlosigkeit

als solche ist Form, und Form als solche ist formlos. Das ist der Grund, weshalb wahre Leere für Nāgārjuna wunderbares Sein ist.[4]

Was ist mit der «Fülle» von Shūnyatā gemeint? Eines ist klar: Da sie jenseits der Begriffe ist, können wir sie nicht direkt beschreiben, sondern nur auf sie hindeuten. Dies kann beispielsweise so geschehen, wie es Asanga im vierten Jahrhundert mit seiner Lehre von den «Drei Naturen» tat.[5] Diese bilden eine Art Brücke zwischen der letzten Wahrheit von Shūnyatā und der konventionellen weltlichen Wahrheit. Die Unterscheidung von letzter Wahrheit und konventioneller Wahrheit hat etwas Unbefriedigendes an sich. Wenn wir alle erscheinenden Phänomene unter «konventionelle Wahrheit» subsumieren, scheint kein Raum zu bleiben für die Unterscheidung zwischen direkter Wahrnehmung dessen, «was ist», und den imaginären Ding-Formen, die wir ihm zuschreiben. Das ist vor allem für jene frustrierend, die an wissenschaftlicher Forschung interessiert sind, denn nach allem, was wir bisher gesagt haben, wäre zu fragen: Ist überhaupt noch etwas übrig, wenn die Gedankenprojektionen durchschaut sind, und wenn ja, wie können wir davon sprechen? Nāgārjuna vermied diese Unterscheidung, um direkt auf die Leere hindeuten zu können: «Schau Leere. Solange du das nicht kannst, ist alles wertlose Spekulation.» Das ist wie mit jemandem, der vor seinem ersten Fallschirmabsprung steht und erst einmal wissen möchte, wie ein Flugzeug Menschen hoch in die Luft befördern kann und wieso diese dann nicht selbst fliegen können, sondern einen Fallschirm brauchen. Der Ausbilder wird dann wohl sagen: «Spring halt.»

Aber nach Nāgārjuna schlich sich der Fehler des Unterscheidens wieder ein. Das Höchste oder Letzte wurde vom Gewöhnlichen gesondert und als das Realere betrachtet. Dies führt unweigerlich in den Nihilismus einerseits und in den Aeternalismus andererseits: in den Nihilismus für jene, die alle Phänomene nur noch als leer zu betrachten vermochten, und in den Aeternalismus für jene, die in der Leere ein Etwas zu sehen versuchten.

Dann formulierte Asanga im vierten Jahrhundert die «Drei Naturen», um zu verdeutlichen, was mit dem «Letzten» und dem «Gewöhnlichen» gemeint ist und was mit der Leugnung der Selbst-Natur oder inhärenten Natur eigentlich gemeint ist. Die Drei Naturen sind 1. falsche Vorstellungen, 2. abhängige Wahrheit und 3. absolute Vollendung. Mit *falschen Vorstellungen* sind die irrigen Zuschreibungen gemeint, die auf den Hang zur Begriffsvermehrung zurückzuführen sind. *Abhängige Wahrheit* ist das, was ist, wenn die falsche Zuschreibung einer inhärenten Existenz von den Dingen abgezogen wird. Es ist das beständige Gewahrsein, daß das Ich und die von ihm projizierte Welt von Augenblick zu Augenblick neu entstehen; es wird «abhängig» genannt in Anlehnung an die wechselseitige Abhängigkeit von Subjekt und Objekt. *Absolute Vollendung* ist Shūnyatā in ihrer Leere und Fülle.

Versuchen wir, uns diese Drei Naturen anschaulich zu machen. Nehmen wir an, Sie gingen eines Abends durch Ihren Garten und stießen plötzlich auf eine Schlange, die eingerollt vor Ihnen im Gras liegt. Sie springen erschrocken zurück und schleichen dann ganz vorsichtig wieder näher, um zu sehen, was für eine Art von Schlange es ist. Erst als Sie schon ziemlich dicht dran sind, geht Ihnen plötzlich auf, daß da nur ein Gartenschlauch liegt, und Sie lachen erleichtert. Die plötzliche Einsicht, daß die «Schlangenhaftigkeit» des wahrgenommenen Gegenstandes nichts weiter als eine Zuschreibung, also Einbildung war, zusammen mit der Tatsache, daß das Bewußtsein sich urplötzlich dieser Einsicht öffnen konnte, entspricht hier dem, was wir absolute Vollendung genannt haben. Der Schlauch, zusammen mit Ihrer Erleichterung, wenn Sie ihn als Schlauch erkennen, entspricht der abhängigen Wahrheit. Die Schlange, die außerhalb Ihrer Einbildung gar nicht existierte, entspricht den falschen Vorstellungen.

Noch ein Beispiel: Die Wachsfiguren der Madame Tussaud sind derart lebensecht, daß man manchmal gar nicht glauben kann, daß sie nicht lebendig sind. Als Junge war ich mal im Wachsfigurenkabinett und ging auf einen am Fuß der Treppe stehenden uniformierten Wärter zu, um mich nach etwas zu erkundigen. Als ich näher kam, wurde mir etwas unbehaglich zumute, weil er einerseits weder lächelte noch Hilfsbereitschaft bekundete, andererseits aber auch nicht so streng und gebieterisch wirkte, wie man es von einem Wächter erwartet. Erst als ich ihn fast erreicht hatte, bemerkte ich, daß er aus Wachs war. Ich war völlig verdattert, und es gruselte mich beim Gefühl der Nicht-Menschlichkeit dieser Gestalt. Ich konnte es kaum fassen, daß ich mich so hatte narren lassen, war aber auch froh, daß mein Unbehagen nun eine Erklärung gefunden hatte. In diesem Beispiel wäre «lebendiger Wärter» die falsche Vorstellung, die Wachsfigur zusammen mit

Die Leere – kein bloßes Nichts

meinem Erkennen ihrer Wächsernheit wäre die abhängige Natur und das Nichtvorhandensein eines lebendigen Menschen die Natur der Leere. Dieses Beispiel kommt vielleicht mehr in die Nähe des Gemeinten, denn eine Ahnung von Shūnyatā kann man tatsächlich bekommen in solch einem unheimlichen Augenblick, wo die vertraute Welt existierender «Dinge» plötzlich ein Loch hat. Die volle Shūnyatā-Erfahrung ist jedoch eine Erfahrung von «großer Freude», denn mit dem Realisieren der Leerheit aller Vorstellungen geht ein Gewahrsein vollkommener Freiheit einher.

Es kommt darauf an zu verstehen, daß derartiges *ständig* geschieht. Nehmen wir etwa zwei Leute, die vor einem Rosenstrauch stehen (ein Haufen frischer Pferdeäpfel täte es auch). Der eine zeigt auf eine Blüte und sagt zum anderen: «Sieh nur diese Rose.» Diese Szene ist auf ein ganzes Geflecht miteinander verbundener Ursachen zurückzuführen: Daß diese beiden Menschen vor dem Rosenstrauch zusammenkamen, hat seinen Grund im Geschlechtsverkehr ihrer Eltern und in ihrer Lebensgeschichte bis zu diesem Punkt; ihre Fähigkeit, die Rose wahrzunehmen, zu erkennen und zu benennen, ist auf Evolution und Bildung zurückzuführen; die Rose ist da, weil ein Gärtner sie gepflanzt und gepflegt hat, weil all die Jahre die Sonne geschienen hat und Regen gefallen ist und so weiter. Aber wenn einer zum anderen «Rose» sagt, dann benutzt er ein Symbol, das nicht nur für diese besondere Rosenblüte, sondern für alle Rosen gilt, unabhängig von Zeit und Ort – er benutzt das Symbol als Begriff, um einem anderen etwas zu vermitteln. Das Wort «Rose» wird nun immer mehr als das Ding selbst aufgefaßt. Wir fangen an, die wirkliche Rose als gesondertes Ding zu nehmen, und ignorieren ihre Verbundenheit mit dem Strauch, der Erde *und dem Wahrnehmenden* – so wie auch das Wort «Rose» getrennt und verschieden ist von allen anderen Wörtern. Nun assoziieren wir, bewußt oder unbewußt, alle möglichen Eigenschaften mit dem Begriff «Rose», die nicht aus unserer Wahrnehmung dieser besonderen Rose stammen, sondern aus einem *Wortfeld*, dem das Wort «Rose» mitsamt seinen Konnotationen angehört.

Begriffsbildung, Unterscheidung und Vorstellung – diese Funktionen unseres Denkapparats erzeugen die gesonderten, isolierten Dinge und schreiben ihnen ein reales, unabhängiges Dasein zu, um erst dann auch ihre gelegentliche Verbundenheit zu berücksichtigen. Daher nennt man diese Sicht der Rose «falsche Vorstellung». Wenn wir diesen Vorstellungsprozeß als das sehen, was er ist, und damit durchschauen, dann erkennen wir die durchgängige Verbundenheit der gesamten phänomenalen Welt. Das heißt, wir sehen die relative, abhängige Natur. Dann glauben wir nicht mehr an die letzte Wirklichkeit des Objekts als reales äußeres Ding – die falsche Vorstellung. Dafür erkennen wir, daß die reale Existenz eines Subjekts, meiner selbst, und die reale Existenz eines äußeren Objekts nichts weiter sind als Projektionen des vorstellenden und Begriffe bildenden Geistes auf das, was ist. Subjekt und Objekt entstehen in jeder Situation gemeinsam und in Abhängigkeit voneinander, und dies ist die relative, abhängige Natur.

Nun der springende Punkt: Wenn die falsche Vorstellung durchschaut und damit abgelegt wird, kann die abhängige Natur als das gesehen werden, was sie ist, und es zeigt sich, daß sie nicht verschieden ist von der eigentlichen oder höchsten Natur, der Leere. Die abhängige Natur ist Inhalt, Fülle und Interdependenzstruktur in der Leere. Auf dem Interdependenzcharakter der Phänomene in der abhängigen Natur beruht die unterscheidende Wahrnehmung und auch der Prozeß der Zuordnung von Lauten als Namen und daher letztlich auch die falsche Vorstellung. Die abhängige Natur als solche und der Prozeß des Benennens, der nur ein Aspekt der abhängigen Natur ist, sind nicht das Problem. Wenn man die abhängige Natur wahrnimmt, nimmt man die Bildung der Subjekt-Objekt-Spaltung und den Projektionsprozeß des Geistes bei dieser Spaltung wahr. Wenn man die Natur der falschen Vorstellung wahrnimmt, vergißt man diesen Prozeß und nimmt so wahr, als existierten die Dinge wirklich, wie wir glauben, «da draußen».

Namen für die Wirklichkeit nehmen

Das Problem mit unserem Haften an der Welt unserer falschen Vorstellungen besteht darin, daß wir uns einbilden, Namen könnten das dynamische Beziehungsgeflecht der Wirklichkeit vertreten, so als sei das Bild einer schäumenden Stromschnelle dem äquivalent, was dort tatsächlich geschieht. Wir nehmen dann nämlich wahr und handeln, als wären die Eigenschaften des Benannten auch im Namen enthalten. Dies ist ein schwerer und folgenschwerer Irrtum, denn künftig geht all das, was wir in den Namen hineingelesen haben, auf alles und jeden über, dem wir diesen Namen geben. Wenn beispielsweise jemand in der UdSSR geboren ist, nennen wir ihn einen «Russen». Augenblicklich schreiben wir dieser Person all das zu, was wir oder unsere Gesellschaft diesem Namen angehängt oder aufgeladen haben. Vielleicht fürchten oder hassen wir diesen Menschen dann, noch bevor wir ihn kennengelernt haben. Und ebenso wie mit diesem armen «Russen» verfahren wir mit «Stuhl», «Katze», «Tasse Tee» und «bester Freund».

Wenn Wut, Haß, Leidenschaft, Begierde oder ein Überlegenheitsgefühl in uns aufkommt, dann nicht als Reaktion auf die gerade bestehende Situation, die frisch und nie erlebt ist, sondern aufgrund unserer vorgefaßten und ziemlich unverrückbaren Vorstellung davon, wie unser Gegenüber «nun mal» ist. Wir verhalten uns so, als lebte in jedem Menschen ein einheitlicher und gleichbleibender Handelnder namens «Bernd», «Joseph», «Monika», «Vater», der in jedem Augenblick für ihr oder sein Verhalten verantwortlich ist. In Wirklichkeit gibt es einen solchen Handelnden nicht. Solch ein Glaube ist eine falsche Vorstellung, die nur in unserer sprachorientierten Welt existieren kann.

Damit sind wir wieder beim Problem der Sprache. Diana Paul schreibt in ihrer Arbeit über die Bedeutung der Sprache in der von Asanga begründeten Yogācāra-Schule des Buddhismus:

> Die Sprache erfüllt eine nützliche soziale und zwischenmenschliche Funktion, indem sie uns erlaubt, miteinander zu kommunizieren, Beziehungen zu knüpfen und die gegenseitige Verständigung innerhalb unserer Gesellschaft zu fördern. Die Wirklichkeit jedoch muß ganz persönlich und direkt erfahren werden und nicht durch das Medium der Sprache. Geistiger Austausch, der unter dem Einfluß der Sprache steht, ist nicht die unmittelbare, persönliche Art der Erkenntnis, von der die Mahayanisten sprechen. Ein vorsprachliches [Gewahrsein] der Wirklichkeit ist frei von Gedankengängen, die auf Ideen beruhen und durch falsche Unterscheidungen geprägt sind. Dieses unmittelbare Erkennen läßt uns die Welt außerhalb des verzerrenden Mediums Sprache wahrnehmen... Die Aussagen der Yogācārin über die Sprache konzentrieren sich auf die kommunikative Funktion der Sprache, vor allem auf die Willkürlichkeit der Wortbildung, die Intentionalität des Verweisungscharakters der

Sprache und den Einfluß der Sprache auf unsere Einstellung und unser Verhalten.[6]

Mit «Intentionalität» ist hier gemeint, daß Wörter nicht auf «äußere Objekte» verweisen können, da diese, wie wir wissen, durch den Wahrnehmungs- und Benennungsprozeß erst erschaffen werden. Wörter werden vielmehr vom menschlichen Geist konstruiert, um Bewußtseinsakte zum Ausdruck zu bringen, die ein Objekt «meinen» oder sich auf es «beziehen», ob es nun existiert oder nicht. Wenn wir sagen: «Ich habe vor, einen Spaziergang zu machen», dann meinen wir, daß wir «einen Spaziergang machen» in unsere gegenwärtige Welt bringen werden. Und wenn wir sagen: «Ich sehe einen Stuhl», geschieht etwas ganz Ähnliches. Wir meinen, daß unser Wahrnehmungsprozeß den Stuhl durch die Benennung in unsere gegenwärtige Welt gebracht hat. Deshalb spricht Diana Paul hier vom «intentionalen Verweisungscharakter» der Sprache.

Wenn wir etwa zu jemandem sagen: «Du bist Ausländer, ich mag dich nicht», so übersehen wir die Bedeutung unserer eigenen Wahrnehmung für dieses Nichtmögen. Wir glauben, wir meinen *diesen realen Ausländer*, und kümmern uns nicht darum, ob er «wirklich» existiert. Und selbst wenn wir verstehen, daß der «Ausländer» letztlich kein inhärentes Sein hat, benutzen wir die Worte doch in der herkömmlichen Weise. Und dies gilt nicht nur für eher unscharfe Begriffe wie «Ausländer», sondern auch für scheinbar so konkrete Dinge wie Autos, Bäume, Körper und so weiter. «Ausländer», «Baum», «Auto», «Körper» beziehen sich dann auf einen Geisteszustand, der ein wiederkehrendes Wahrnehmungsmuster *intendiert* (oder auf es hindeutet), welches von einer bestimmten Gruppe per Konvention «Ausländer», «Auto» und so weiter genannt wird.

Dieses Intendieren der Dinge ist der wesentliche Grundzug der gewöhnlichen Sprache, während die angebliche Fähigkeit, die Wahrheit über die Dinge zu sagen, keiner ihrer Wesenszüge ist. Irgend etwas zu benennen verleitet den Benennenden lediglich zu der Annahme, daß es ein dem Namen entsprechendes Ding gibt. Diana Paul sagt dazu: «Der gewöhnliche Mensch haftet am Namen und diskriminiert die Natur des intendierten Objekts mit der Aussage, der Name sei das gleiche wie das intendierte Objekt. Das ist unlogisches Denken.»

Der Repräsentationscharakter der Sprache führt uns zwangsläufig in den Glauben an eine Welt, die aus Subjekten und Objekten als realen Entitäten besteht – die Sprache selbst zeichnet dieses Weltbild vor. Die Natur der Welt läßt sich jedoch nicht aus der Natur der Sprache ableiten, aber wir versuchen es trotzdem. Noch einmal Diana Paul: «Wenn wir uns die Struktur des Bewußtseins vergegenwärtigen, können wir gewahr werden, daß das Bewußtsein Objekte *gegenüber* Subjekten zu intendieren vermag. Diese Akte des Intendierens werden von unseren [verbalen] Unterscheidungen beeinflußt. Auf diese Weise läßt sich verstehen, wie die Sprache die dualistische Sicht der Welt verstärkt, einer Welt der Subjekte, die im Gegensatz zu den Objekten stehen.»[7] Dies ist die Idee der «falschen Vorstellungen» und eine Wiederkehr der Idee von der «Vermehrungstendenz der Begriffe», der wir bei der *Dharma*-Analyse der Wahrnehmung durch die frühen Abhidharma-Schulen des Buddhismus begegneten. Diese Aussagen gelten nicht nur für natürliche Sprachen, sondern für alle Symbolsysteme, in denen Wörter, Bilder oder Zeichen etwas repräsentieren oder intendieren, also für etwas anderes als sich selbst stehen. Dieses Repräsentieren und Intendieren ist das Wesen der Sprache, sei sie natürlich oder anderer Art, und es spielt im Wahrnehmungsprozeß von Anfang an eine Rolle, also schon beim ersten Kontakt zwischen Sinnesorgan und Sinnesfeld, dem Skandha *Form*.

Die Drei Naturen aus heutiger Sicht

Die Rolle der Sprache für die Erzeugung der ersten Natur, falsche Vorstellungen, wird auch von westlichen Philosophen der neueren Zeit klar durchschaut – wenn auch weitgehend nur auf der theoretischen Ebene. So lesen wir bei Rorty:

> An der Peripherie der Geschichte der modernen Philosophie finden wir Gestalten, die – ohne eine «Tradition» zu bilden – übereinstimmen in ihrem Mißtrauen gegenüber der Ansicht, das Wesen des Menschen bestehe darin, ein Erkennender von Wesenhaftem [inhärenter Existenz] zu sein. Goethe, Kierkegaard, Santayana, William James, Dewey, der späte Wittgenstein und der späte Heidegger sind Gestalten dieser Art. Sie werden häufig des Relativismus und Zy-

nismus bezichtigt. Sie haben häufig ihre Zweifel am Fortschritt geäußert, insbesondere an dem immer wieder neu erhobenen Anspruch, diese oder jene Disziplin habe endlich die Natur der menschlichen Erkenntnis so gründlich aufgeklärt, daß sich die Vernunft nun über alle anderen Tätigkeitsbereiche des Menschen ausbreiten werde. Diese Autoren haben den Gedanken lebendig gehalten, daß wir selbst dann, wenn wir gegenüber allen Dingen, die wir wissen wollen, den erwiesenermaßen rechten Glauben hegen, vielleicht nichts weiter erreicht haben als Konformität mit den jeweils gerade gültigen Normen. Sie haben zwei Einwände des relativistischen Historismus lebendig erhalten: Was in diesem Jahrhundert als «Aberglaube» gilt, war im vorigen Jahrhundert der «Sieg der Vernunft»; und das neueste Vokabular, den neuesten wissenschaftlichen Errungenschaften entlehnt, muß nicht unbedingt Ausdruck einer besonders treffenden Repräsentation des Wesentlichen sein, sondern ist vielleicht nur eine von unzähligen möglichen Terminologien, in denen die Welt beschrieben werden kann.[8]

In Wittgensteins späten Schriften erkennen wir, daß er sich des Ausmaßes der *falschen Vorstellungen* wohl bewußt war; er wußte, welche Macht sie über uns haben und daß sie Schöpfungen der Sprache sind. Ein Großteil seiner *Philosophischen Untersuchungen* befaßt sich mit den verschiedenen «Sprachspielen», die der einzelne und die Gesellschaft spielen, und mit den Welten, die darin erschaffen werden. Offenbar meinte Wittgenstein aber nicht, daß damit «alles» gesagt sei, sondern verstand sein Werk als Heilmittel für den irrigen Gedanken, daß «alles» präzise zu sagen sei. Insbesondere ist es ein Heilmittel für jene Probleme der Philosophie (die auch die Probleme der «objektiven» Wissenschaft sind), die daraus entstehen, daß man «alles» zu sagen bestrebt ist oder zumindest glaubt, es müsse möglich sein, «alles» zu sagen. Er sagt zum Beispiel: «Philosophie läßt die Welt so, wie sie ist», oder: «Meine Haltung ihm gegenüber ist eine Haltung gegenüber einer Seele. Ich bin nicht der *Meinung*, daß er eine Seele hat.»[9] Aussagen wie die letztere findet man selten bei Wittgenstein, aber diese deutet darauf hin, daß ihm deutlich bewußt war, welch ein großer Unterschied besteht zwischen unserem Denken, unserer «Meinung» von einem Menschen, und unserem Handeln, unserer «Einstellung» ihm gegenüber.

Die Leere – kein bloßes Nichts

In jüngeren Jahren scheint Wittgenstein sich eines Bereichs jenseits der Sprache bewußt gewesen zu sein. Sein 1921 erschienener *Tractatus logico-philosophicus* endet mit dem Satz: «Wovon man nicht sprechen kann, darüber muß man schweigen.»[10] Manche seiner Biographen meinen, diese Sicht sei ihm bei seiner späteren geradezu besessenen Beschäftigung mit den Grenzen der Sprache verlorengegangen. Jedenfalls haben die analytischen Sprachphilosophen nach Wittgenstein das philosophische Denken unserer Zeit in eine tiefe nihilistische Krise gestürzt. Er selbst hat es, wie die Präsangika- und Zen-Buddhisten, meist vorgezogen, über diesen Bereich zu schweigen. Denn was außerhalb unserer Sprachspiele liegt, darüber ist nichts zu sagen, und wenn wir es doch versuchen, wenn wir es in unser Sprachspiel hineinzerren, töten wir es.

Der Philosoph Nelson Goodman spricht davon, daß Wörter und Symbole die Fähigkeit besitzen, Welten zu erzeugen. All die verschiedenen Welten der Wissenschaftler und Künstler und aller übrigen Menschen sind nichts als «Versionen», die man anhand innerer Kriterien oder durch den Vergleich verschiedener Versionen als «richtig» oder «falsch» bewerten kann. Keine dieser Versionen läßt sich jedoch durch den Vergleich mit einer zugrundeliegenden «wirklichen» Welt als «wahr» erweisen, denn es gibt keine absolut wirkliche Welt, nur unsere Versionen. «Die Rede vom unstrukturierten Inhalt oder von einem nicht begrifflich erfaßten Gegebenen oder von einem Substratum ohne Eigenschaften widerlegt sich selbst, denn alles Reden strukturiert, schafft Begriffe, schreibt Eigenschaften zu.» Er fährt fort:

Die vielen Stoffe – Materie, Energie, Wellen, Phänomene –, aus denen Welten gemacht sind, werden zusammen mit diesen Welten gemacht. Aber woraus? Nicht aus nichts natürlich, sondern *aus anderen Welten*. Das Weltbauen, wie wir es kennen, geht stets von schon vorhandenen Welten aus: Das Bauen ist ein Umbauen. Anthropologie und Entwicklungspsychologie mögen die gesellschaftliche und individuelle Geschichte solcher Weltbauprojekte studieren – die Suche nach einem universalen oder notwendigen Anfang überlassen wir besser der Theologie... Nachdem alle trügerischen Hoffnungen auf ein festes Fundament sich zerschlagen haben, nachdem *die* Welt verdrängt worden ist durch Welten, die nichts als Versionen sind, nachdem nicht mehr zu übersehen ist, daß das Ge-

Die Drei Naturen aus heutiger Sicht

gebene Genommenes ist, stehen wir vor der Frage, wie Welten gemacht, beurteilt und erkannt werden.

Buddhisten würden dieser Passage in allen Punkten zustimmen und hinzufügen, daß die theologische Suche endlos sein wird, das sie auch nur eine «Version» ist, solange sie begrifflich bleibt. Alle diese Aussagen müssen durch wirkliche tiefe Einsicht aufgrund von meditativer Praxis persönlich realisiert werden, und dann wird es zu einer tiefgreifenden positiven Veränderung in unserer Beziehung zu unserer Welt kommen. Solange man ihnen nur intellektuell zustimmt, werden der Nihilismus und die mit ihm verbundene Selbstbezogenheit nur verstärkt.

Goodman möchte in seinem Buch *Ways of Worldmaking* aufzeigen, wie Welt-Versionen mit Hilfe von Wörtern und anderen Symbolen, auch denen der bildenden Kunst und der Musik, «gemacht» werden. Er hat mit seiner Darstellung der «Versionen» die *Natur der falschen Vorstellungen* beschrieben, damit aber nur eine Seite von Shūnyatā erfaßt. Mit den Prāsangikas sagt er, daß die Rede vom unstrukturierten Inhalt sich selbst widerlegt, weil alle Rede begriffliche Strukturen schafft. Er sieht auch, daß eine richtige Einschätzung der Weltbau-Funktion von Symbolsystemen große praktische Konsequenzen für die Künste, die Wissenschaften und die Erziehung haben könnte.

Aber es ist ein Unterschied, ob man über die Leere spricht oder ob man sie durch die Praxis der Achtsamkeits-Gewahrseins-Meditation tatsächlich *erfährt*. Wie viele andere moderne Philosophen, die immerhin zu einem begrifflichen Erfassen der Leere gelangt sind, scheint Goodman dieser Möglichkeit nicht sehr zugeneigt zu sein, da er die Frage, was jenseits der Versionen ist, der Theologie überlassen möchte, die auch nur eine Version ist. Wenn er sagt: «Begriffe ohne Wahrnehmung sind bloß *leer*, aber Wahrnehmung ohne Begriffe ist blind»,[11] so bringt er damit, sofern er von der dualistischen Wahrnehmung einer «Außenwelt» durch einen die Natur widerspiegelnden Geist spricht, die Resultate unserer gesamten Wahrnehmungsanalyse auf den Punkt. Auch im Buddhismus gibt es diese Kritik der «blinden» Wahrnehmung, aber die Beteiligung der Begriffe an der Wahrnehmung und der Grund, aus dem diese dualistische Wahrnehmung hervorgeht, kann nach buddhistischer Auffassung unmittelbar *gesehen* und *erfahren* werden. Das Gewahrsein, das diesen Prozeß sieht, ist nicht blind. Das ist der Grund der *absoluten Vollendung*, der erfahrbar und zugleich jenseits der Begriffe ist.

Die Gleichsetzung dessen, was die Sprache hervorbringt, mit *falscher Vorstellung* finden wir auch beim späten Heidegger. Unsere Ideen von dem, was ist, und unsere Fähigkeit, diese Ideen in Sprache zu fassen, haben uns immer weiter entfernt von dem, was ist. Es ist für Heidegger ein Kennzeichen des nicht authentischen Daseins, daß es sich in Beschreibungen verfängt und sie für das nimmt, was ist. Der offene Geist ist im Laufe der Generationen verdunkelt worden durch technisches Wissen, durch «normale» Wissenschaft, durch immer weiteres Aufdecken und Erklären dessen, was ist, und schließlich durch unser Verharren in sprachlichen Beschreibungen.

Durch das Eintauchen in Wissenschaft und Technik, so Heidegger, hat das spekulative Denken als systembauende Philosophie sein Ende erreicht. Heidegger möchte uns nun «vor eine Möglichkeit bringen, mit der Sprache eine Erfahrung zu machen»,[12] und nicht bloß in ihr zu verweilen. Damit scheint er zu meinen, daß wir aufgerufen sind, die Sprache so zu erleben, wie sie ist, ihren Weltbau-Charakter zu erkennen, anstatt uns darin zu verlieren, und uns so den Weg zurück zu einer Warte zu bahnen, von der aus wir sehen können, was da wirklich *ist*. Dieses Bahnen eines Rückwegs führt uns zum «Warten» – aber nicht zum «Warten auf» etwas, sondern zu einem Warten in Offenheit, damit das, was ist, uns jenseits der Worte erreichen kann.

Indem Heidegger das Denken ausrichtet auf das, was jenseits der Worte, also «ungesprochen» ist, will er es behutsam zurückwenden in den Bereich jenes nicht-diskursiven Vermögens, das wir «Einsicht» nennen: «Denken ist erst Denken, wenn es das *eon* [ein griechisches Wort, welches das ‹Sein des Seienden› oder, wie Heidegger sagt, das ‹Anwesen des Anwesenden› oder einfach das, ‹was ist›, bezeichnet] *an*-denkt, Jenes, was dieses Wort eigentlich und das heißt unausgesprochen nennt.» Anders als Goodman thematisiert Heidegger also das, was jenseits unserer Beschreibungs-Welten ist. Einem berühmten Satz des Parmenides, der normalerweise so übersetzt wird: «Nötig ist zu sagen und zu denken, daß das Seiende ist», gibt er eine neue Fassung, die er in minuziöser Kleinarbeit über viele Seiten hin entwickelt: «Es brauchet das Vorliegenlassen so (das) In-die-Acht-nehmen auch: Seiendes seiend.» Wenn dieser Satz uns auch ohne Heideggers Erläuterungen unverständlich bleiben muß, so vermittelt er doch etwas vom Hervorscheinen («Vorliegenlassen») der *abhängigen Natur* («Seiendes») in der *absoluten Vollendung* («Sein») und von ihrer Abhängigkeit vom Beobachter («In-die-Acht-Nehmen»).[13]

Die Rolle der Sprache

Die Sprache spielt eine entscheidende Rolle für die Herstellung unserer Welt, und wo dies übersehen wird, etwa im psychotherapeutischen Bereich, können daraus schwerwiegende Konsequenzen erwachsen. Fast alle modernen therapeutischen Systeme berücksichtigen nicht in ausreichendem Maße, wie sehr die Sprache dazu beiträgt, daß falsche Vorstellungen entstehen und beibehalten werden. Meist wird dem Patienten nur zu einem neuen inneren Dialog und damit zu einer neuen imaginären Welt verholfen, anstatt daß man versucht, den inneren Dialog überhaupt zu durchbrechen. Und so werden denn die imaginäre Welt und die zu ihr gehörige Ich-Vorstellung immer wieder so zurechtgebogen, daß sie sich ein wenig besser anfühlen, aber das Grundproblem der auf Sprache beruhenden falschen Vorstellungen bleibt unberührt. Wirkliche Heilung und Gesundheit ist nur möglich, wenn wir die Natur der falschen Vorstellung durchschauen, so daß der ungebrochene Grund der absoluten Vollendung sichtbar wird, dem sie entspringen. Das aber ist nicht möglich in einer Therapie, die dem Patienten lediglich zu einer relativen Zufriedenheit in der Verhaftung an ein «besseres Ich-Bild» verhelfen will und dabei sein eigentliches Anliegen, nämlich seine Sehnsucht nach Ich-Transzendenz, nicht zur Kenntnis nimmt oder sogar unterdrückt. Manche, aber nur sehr wenige, haben dies erkannt und eingeräumt, etwa Viktor Frankl, Jacques Lacan und Ronald D. Laing.

Wir haben gesehen, daß die Fülle von Shūnyatā darin besteht, daß sie alle Phänomene entstehen lassen kann, da Subjekt und Objekt in wechselseitiger Abhängigkeit entstehen. Wir haben gesehen, wie Irrtum entsteht, wenn die Subjekt-Objekt-Spaltung ignoriert oder nicht erkannt wird und wir eine «objektive» Welt der «Dinge» zusammen mit einer «subjektiven» Welt des «Ich» projizieren. Und wir haben gesehen, welche Rolle die Sprache und andere Symbolsysteme auf einer sehr tiefen Ebene für diese Projektionen spielen. Im nächsten Kapitel werden wir näher auf diese Tendenz des Denkens eingehen, eine statische Welt der Dinge wahrzunehmen, anstatt sich selbst als Bestandteil einer Welt ständig wechselnder Strukturierungsprozesse zu betrachten.

Die grundlegende methodische Aussage zu den Drei Naturen lautet: Wenn *falsche Vorstellung* als solche erkannt wird, dann wird die *abhängige Wahrheit* in Shūnyatā, der *absoluten Vollendung*, gesehen. In Shūnyatā liegt also das Potential, alle Erscheinungen zu manifestieren. Während falsche Vorstellung keinerlei Realität besitzt, kommt der abhängigen Natur eine relative Wirklichkeit zu. Aus Shūnyatā gehen Formen hervor, doch wenn der Wahrnehmende die wechselseitige Bedingtheit zwischen seiner Wahrnehmung und den Formen erkennt, verlieren diese alle stumpfe, konkrete Festigkeit und zeigen, daß sie leer sind von inhärentem Sein. Sie nehmen ein Leuchten an, das alles Begriffsvermögen übersteigt, und das ist die Fülle von Shūnyatā.

18. Gibt es Dinge?

Der am tiefsten eingewurzelte Zug des menschlichen Denkens besteht in der Grundannahme, daß die Welt aus gesonderten Dingen besteht, die alle ihr eigenes Dasein führen und ihre eigene Identität besitzen und nur gelegentlich zu anderen Dingen in Beziehung stehen. Wir können das den «Irrtum der gesonderten Existenz» nennen. Alfred North Whitehead, der letzte große systembauende Philosoph unseres Jahrhunderts und einer der Wegbereiter eines prozeßhaften Weltbildes, bezeichnete diesen Irrtum als «Irrtum der Konkretheit am falschen Ort». Damit meinte er die Verwechslung von abstrakten Ideen mit konkreten Wirklichkeiten, insbesondere die Überzeugung der meisten Wissenschaftler seit dem siebzehnten Jahrhundert – und sie ist unser aller Überzeugung geworden –, daß es wirklich Materiestücke mit «einfacher Lokalisierung» gibt, für die ein bestimmter Raumpunkt und ein bestimmter Zeitpunkt angegeben werden können.

«Diese Idee liegt dem gesamten Naturschema des siebzehnten Jahrhunderts zugrunde. Ohne sie hat das Schema keine Aussagekraft. Meine Argumentation geht dahin, daß es unter den primären Elementen der Natur, wie wir sie in unserer unmittelbaren Erfahrung auffassen, kein einziges gibt, das diese Eigenschaft der einfachen Lokalisierung aufweist.» Was wir direkt sehen, hören, riechen, schmecken oder berühren, sind nicht Materiestücke, die an bestimmten Punkten in Raum und Zeit lokalisiert sind. Gegeben ist in unserer unmittelbaren Erfahrung vielmehr ein komplexes Gewebe aus Farben, Formen, Lauten, Gerüchen und so weiter, das sich von Augenblick zu Augenblick verändert und dessen Konstituentien nur in Relation zur Struktur unserer Wahrnehmungsprozesse entstehen.

Um diese Erfahrung meßbar zu machen und sich über die Resultate solcher Messungen verständigen zu können, sprachen Galilei und

Gibt es Dinge?

Newton von Materiestücken in Raum und Zeit. Newtons Anschauungen von Raum und Zeit – absolut leerer Raum, der keinerlei Einfluß auf seine Inhalte ausübt, und absolute Zeit, die unabhängig von allem Geschehen im Universum fließt – waren Abstraktionen, wie wir inzwischen erkannt haben. In unserer tatsächlichen augenblicklichen Erfahrung gibt es keinen solchen Raum und keine solche Zeit, und so kann es in unserer Erfahrung auch keine Materiestücke geben, die sich in diesem Raum und dieser Zeit bewegen.

Das heißt aber nicht, daß die mechanistische Naturwissenschaft seit Newton sich ganz und gar im Irrtum befand, denn die Abstraktion erwies sich als nützlich und war nicht gänzlich ohne Bezug zur Erfahrung. Dennoch, die Kluft zwischen Abstraktion und konkreter Wirklichkeit bleibt bestehen. Auch Whitehead fährt nach dem oben angeführten Zitat fort: «Daraus folgt jedoch nicht, daß die Wissenschaft des siebzehnten Jahrhunderts einfach falsch war. Ich sage, daß wir durch einen konstruktiven Abstraktionsprozeß zu Abstraktionen gelangen können, welche den einfach lokalisierten Materiestücken entsprechen, aber auch zu anderen Abstraktionen, die das sind, was das wissenschaftliche Schema als Geist einbezieht. Der tatsächliche Irrtum ist also ein Beispiel für den *Irrtum der Konkretheit am falschen Ort.*»[1]

Wenn ich vom Irrtum der gesonderten Existenz spreche, dehne ich nur Whiteheads Problem der einfachen Lokalisierung auf die generelle Tendenz des Denkens aus, unter fast allen Umständen in «Dingen» zu denken. Die ersten Erklärungsversuche für Feuer und Wärme sprachen von «Feuerstoff» und «Wärmestoff». Wärmestoff dachte man sich als eine fließende Substanz, die von wärmeren zu kälteren Dingen fließt. Die Wärmestofftheorie war lange Zeit gültig, bis die Physiker darauf kamen, daß Wärme Ausdruck der Bewegungsintensität von Molekülen ist. Für die Bewegung der elektromagnetischen Wellen nahm man zunächst den Äther, also ein Material, das sich wellt, wie das Wasser der Meere, als Medium an. Erst später kam man darauf, daß es sich dabei lediglich um Energiewellen handelt, die keine stoffliche Grundlage brauchen. Für die Erklärung des Lebens hatten wir die Lebenskraft, für die Naturkräfte die Götter.

Heute haben wir nun Elementarteilchen als Grundbausteine der Materie, DNS als Grundlage des Lebens, Gene als Einheiten der Vererbung, Organismen als Einheiten des Lebendigen, den individuellen Geist als Computer und das Universum als alles. Alle diese Abstraktionen sind mehr oder weniger brauchbar, aber sie sind alle Abstraktionen, und dies mag der Leser bedenken, wenn er den ersten Teil dieser Aufzählung belächelt hat und der zweite Teil ihn vielleicht leise beunruhigt. Alle genannten Beispiele sind Zeugnisse des «Ding-Denkens». Wir denken nur zu gern, daß alle Irrtümer überwundene Torheiten der Vergangenheit sind, aber doch nicht unsere eigenen.

Von der Ordnung zum Chaos

Der Irrtum der gesonderten Existenz brachte die Wissenschaftler des vorigen Jahrhunderts zu der Auffassung, daß das Universum aus geschlossenen, isolierten Systemen besteht, und diese Auffassung führte auf direktem Wege zur Theorie der Entropie, die das Maß für die Ordnungs-Auflösung oder das Chaos in solch einem System darstellt. Der Grundgedanke des Entropiegesetzes besagt, daß die Auflösung der Ordnung oder Strukturierung in geschlossenen Systemen unaufhaltsam zunimmt. Nehmen wir etwa an, wir träufelten blaue Tinte kreisförmig in ein Gefäß mit Wasser. Der Tintenring stellt zunächst den geordneten oder strukturierten Zustand unseres Systems dar. Nach einer Weile jedoch löst sich der Ring durch Diffusion auf, und wir haben dann nur noch gleichförmig bläuliches Wasser. Ordnung ist dem Chaos gewichen. Nichts berechtigt uns zu der Erwartung, die Tinte könnte sich aus ihrer diffusen Verteilung wieder zu einem erkennbaren Ring zusammenziehen. Wenn das geschähe, müßten wir entweder von «übernatürlichen» Kräften sprechen oder annehmen, daß das System eben doch nicht geschlossen war und irgendwelche natürlichen äußeren Einwirkungen für die Strukturbildung verantwortlich seien. Die Farbe könnte etwa aus eisenhaltigen Partikeln bestehen, die von einem unsichtbar unter dem Gefäß angebrachten Ringmagneten zusammengezogen werden. Das System aus Wasser und Tinte wäre dann kein geschlossenes System mehr.

Das Entropiegesetz besagt also, daß geschlossene Systeme sich – insgesamt – stets in Richtung einer Abnahme der Ordnung bewegen. Lange Zeit glaubte man, daß dieses Gesetz für *alle* Systeme, die wir in der Natur beobachten, gültig ist. Geordnete Zustände – Blumen, Vögel, Schneekristalle und Kathedralen – behaupten sich nur vorübergehend gegenüber dem Entropiegesetz, müssen ihm aber schließlich

Gibt es Dinge?

doch unterliegen: Alles ist letztlich im Niedergang begriffen; alles bewegt sich von höheren Ordnungszuständen zu niedrigeren Ordnungszuständen, und am Ende wird alles sich in vollkommene Unordnung, vollkommenes Chaos auflösen. Das ist der Gang der Natur, und aller Anschein von Ordnung ist nur ein flüchtiger Zustand im Sog des Chaos.

Eine Schlußfolgerung aus dem Entropiegesetz, daß nämlich das Universum seinem «Wärmetod», einem Zustand von absoluter Ordnungslosigkeit, also absolutem Chaos entgegenstrebt, geht allerdings davon aus, daß dieses Universum ein geschlossenes System darstellt. Und diese Annahme scheint nicht besonders sinnvoll zu sein, denn wir können nirgendwo tatsächlich geschlossene Systeme beobachten: Die Erde ist ein offenes System, da von der Sonne her und durch die kosmische Strahlung ständig Energie einströmt; das Sonnensystem ist ein offenes System, unsere Galaxis, die Milchstraße, ist ein offenes System, ebenso wie alle anderen Galaxen und Galaxengruppen. Nichts, was wir in der Natur finden, Lebendiges wie Unbelebtes, existiert derart abgegrenzt, daß wir es als geschlossenes System betrachten könnten.

Die Idee vom unausweichlichen Verfall bezieht sich also nur auf geschlossene Systeme, auf Systeme, die von allem anderen im Universum vollkommen isoliert sind. Wir kennen in unserem Universum allerdings kein solches System – gäbe es eins, so wüßten wir nichts davon und könnten nichts davon wissen, denn jede Kommunikation zwischen uns und ihm würde ja bedeuten, daß es nicht geschlossen ist. Dennoch sind solche Überlegungen nicht gänzlich sinnlos, denn es gibt in der Tat Systeme, die relativ geschlossen sind und bei denen sich die äußeren Einwirkungen kalkulieren lassen. So läßt sich etwa die Erde unter dem Gesichtspunkt ihrer mechanischen Bewegung um die Sonne als weitgehend isoliert betrachten, und wir können ihre Kreisbahn berechnen; wir können ebenfalls erfassen und in unsere Berechnung einbeziehen, inwieweit sie nicht isoliert, sondern den Gravitationskräften der übrigen Planeten ausgesetzt ist. Ein Gas in einem hermetisch geschlossenen Behälter ist so weitgehend von der übrigen Welt isoliert, daß Außeneinflüsse für unsere Berechnungen ohne praktische Bedeutung sind und wir es daher als geschlossenes System betrachten können.

Daß die Physiker ihre Berechnungen auf geschlossene Systeme hin konzipierten, war durchaus verständlich und vernünftig, denn offene Systeme entziehen sich jeder Berechnung. Nicht vernünftig war es hingegen, diese aus praktischen Gründen notwendige Vereinfachung zum Prinzip einer Theorie zu machen, die angeblich die Wirklichkeit erfaßt. Daß es zu diesem schwerwiegenden Fehler kommen konnte, liegt vor allem an dem, was wir den Irrtum der gesonderten Existenz genannt haben. Wenn wir davon ausgehen, daß die Dinge im Grunde als gesonderte Entitäten existieren und in erster Linie durch ihre Eigen-schaften, nicht durch ihre Interaktion mit anderen Dingen definiert sind, liegt es natürlich nahe, in geschlossenen Systemen zu denken. Ein geschlossenes System kann durch seine inneren Eigenschaften definiert werden, und Interaktionen sind hier nur Nebenerscheinung, Sonderfälle, die durch die inneren Eigenschaften bedingt sind. Für offene Systeme sind jedoch Interaktionen ein Wesensmerkmal und daher wichtiger Bestandteil ihrer Definition.

Ordnung aus dem Chaos

In den letzten zwanzig Jahren hat sich im Denken über Ordnung und Chaos in offenen Systemen eine Revolution vollzogen. Der führende Kopf dieser Revolution war und ist Ilya Prigogine, Nobelpreisträger für Chemie.[2] Diese Revolution wird unser Denken in ähnlicher Weise aus seinen alten Bahnen werfen, wie es die von Einstein eingeleitete Revolution tat. Dank Einstein konnten wir uns von den einengenden Vorstellungen von Raum und Zeit befreien. Dank Prigogine und seinen Kollegen haben wir etwas in der Hand, womit wir uns vom Irrtum der gesonderten Existenz befreien können – von der Illusion, daß irgend etwas als isoliertes «Ding» existiert.

Prigogine hat bestätigt, daß geschlossene Systeme unweigerlich zum Zustand der geringsten Ordnung absinken, aber zugleich zeigte er auf, daß in offenen Systemen ein Entwicklungspotential zu höheren Komplexheits- und Ordnungszuständen angelegt ist. Wir wissen mit anderen Worten jetzt, daß die Naturgesetze auch das Entstehen von Ordnung zulassen und wir dazu keine übernatürlichen Einwirkungen bemühen müssen. Das erfordert aber, daß wir alle Systeme, die Ordnung erkennen lassen, als wesenhaft offen und wesenhaft mit ihrer Umwelt verbunden betrachten. Ein System, das in irgendeiner Weise im Austausch mit anderen steht, ein kommunikatives System, ist beileibe nicht dem Verfall preisgegeben, sondern kann zu immer höheren Ebenen der Ordnung und Energie aufsteigen. Am Beispiel der chemischen Reaktionen hat Prigogine eine detaillierte Thermodynamik offener Systeme erarbeitet, die so allgemein gehalten ist, daß sie sich überall dort anwenden läßt, wo wir in komplexen Systemen Ordnung vorfinden: in der Bewegung von Wasserstrudeln, im Bau eines Termitenhügels, in den Strukturen des Lernens und der Intelligenzentwicklung bei Kindern, in der Organisation einer Stadt.

Und wie Prigogine zeigte, ist es nicht nur möglich, sondern ganz natürlich und sogar wahrscheinlich, daß offene Systeme sich von niedrigen Zuständen der energetischen Ordnung zu höheren entwickeln. Hier gilt ein allgemeines Prinzip, das sich etwa so formulieren läßt: Der energetische Zustand eines offenen Systems bleibt relativ stabil, solange die Input-Energie sich nur geringfügig ändert, wird jedoch unter größeren Veränderungen instabil. Wenn wir etwa einen Wasserhahn so weit aufdrehen, daß das Wasser in einem sanft wirbelnden Strahl strömt, so bleibt das Fließmuster des Strahls auch dann erhalten, wenn wir den Hahn ein wenig weiter öffnen oder ein wenig zudrehen.

Wenn wir den Wasserstrahl jedoch erheblich verstärken, wird der Strahl entweder zu einem völlig chaotischen Spritzen oder er stabilisiert sich auf einer höheren «Schwingungsebene» zu einem neuen Fließmuster. Und das ist für alle offenen Systeme charakteristisch: Wenn sie sich auf einem stabilen Energieniveau (oberhalb des Null-Zustands) befinden und einem erheblichen Wechsel der Input-Energie ausgesetzt werden, kollabieren sie entweder zu einem viel tieferen Niveau oder steigen zu einem höheren Niveau der Ordnung und Energie auf, das dann wiederum stabil ist. Wir sehen dieses Prinzip überall in der Natur am Werk: in der Art und Weise, wie ein Bienenstaat auf Störungen reagiert, in der Lernkurve eines Kindes, in der Reaktion einzelner oder einer ganzen Nation auf plötzlichen Reichtum oder ökonomischen Zusammenbruch. Überall die Tendenz, bei einem plötzlichen Energieschock entweder zu einem viel tieferen Niveau abzusinken, ins Chaos, oder zu einer höheren Ordnungsebene aufzusteigen.

All das entspricht unserem tatsächlichen Erleben viel mehr als die Prognose des allmählichen, aber unaufhaltsamen Verfalls. Und alle diese Gedanken haben die Idee der offenen Systeme und ihrer Verbundenheit zur Grundlage. Anwendbar sind sie in allen Bereichen und Größenordnungen: Elementarteilchen erfüllen alle Anforderungen an offene, dynamische Systeme ebenso wie Organismen, Planeten oder Galaxen. Prigogine nennt solche Systeme «dissipative Strukturen». «Struktur» bezeichnet den Umstand, daß das System eine innere Organisation aufweist; «dissipativ» meint das Umwandeln von Entropie (Chaos) zu höheren Energieniveaus und mehr Selbstorganisation.

Das Denken in offenen Systemen erschließt uns eine ganz neue Sicht des Lebens. Anstatt das Leben auf bestimmte dinghafte Vorstellungen wie Lebenskraft oder DNS zurückzuführen, wäre es sinnvoller, es als ein Gefüge zu definieren. So schreiben etwa Feinberg und Shapiro: «Leben ist das, was in einer Biosphäre geschieht. Eine Biosphäre ist ein geordnetes und durchstrukturiertes System von Materie und Energie mit komplexen Zyklen, die die Ordnung des Systems durch Energieaustausch mit der Umwelt erhalten oder den Ordnungsprozeß langsam fortsetzen.»[3] Schon an einer einfachen Zelle können wir erkennen, daß der Pattern-Aspekt für die Definition des Lebens wichtiger ist als jede Substanz-Vorstellung. Wir können etwa die äußere Membran, die die Zelle als organisierte Einheit zusammenhält, so behutsam öffnen, daß keine der inneren Strukturen verletzt wird; dennoch wird die Zelle dann nicht mehr die Merkmale dessen aufweisen, was wir «lebendig» nennen. Insbesondere wird sie sich nicht mehr teilen und vermehren können. Ist ihr Organisationsgefüge zerstört, so lebt sie nicht mehr.

Wir haben im 9. Kapitel verfolgt, wie Maturana und Varela die Idee vom Selbstorganisationscharakter des Lebens im Detail ausgearbeitet haben. Nach dieser Anschauung ließe sich auch der ganze Planet Erde als lebendiges System, also als Organismus, betrachten. James Lovelock kam aufgrund seiner Betrachtung der Zusammensetzung der Erdatmosphäre zu dieser Überzeugung, denn diese Zusammensetzung ist so eigentümlich, daß sie nur von einem globalen Mechanismus aufrechterhalten werden kann. Nach Lovelocks Auffassung bildet alles biologische Leben auf der Erde – von den Walen bis zu den Viren, von der Eiche bis zur Alge – eine einzige lebendige Wesenheit, die nicht nur für eine ihren Bedürfnissen entsprechende Zusammensetzung der Erdatmosphäre sorgt, sondern auch über Fähigkeiten und

Gibt es Dinge?

Kräfte verfügt, die weit über die Fähigkeiten und Kräfte aller Teile ihres Gesamtorganismus hinausgehen.[4] Auch die Milchstraße ist ein komplexes geordnetes System, das im Energieaustausch mit seiner Umgebung steht. Wir können anhand unseres gegenwärtigen Erkenntnisstandes nicht beurteilen, ob man auch eine Galaxis als Lebewesen betrachten kann, aber nichts spricht gegen die Annahme, daß eine Galaxis ein selbstorganisierendes System sein könnte.

Auch «Körper» und «Geist» werden als spezielle Gefüge unterschieden, an denen ein inhärentes Sein zu erkennen ist. Aber, so schreibt Owen Flanagan, «... der Haken an den herkömmlichen Formulierungen des Geist-Körper-Problems besteht in dem Glauben, wir müßten zu einer Lösung gelangen, in der das bewußte geistige Leben als ein Ding ausgewiesen wird, am liebsten als *das* Ding. Daß das nie funktioniert, ist nicht überraschend. Geistige Zustände sind funktionelle Zustände, funktionelle Eigenschaften unseres komplexen Austauschs mit der Außenwelt.»[5] Leider hat Flanagan «Außenwelt» nicht in Anführungszeichen gesetzt; und damit begeht er eben den Fehler, den er der herkömmlichen Anschauung anlastet: Er betrachtet die «Außenwelt» als ein Ding, vielleicht sogar als *das* Ding.

Als Beispiel für das, was hier «funktioneller Zustand» genannt wird, könnten wir an das Gehen denken. Wir können die Beine eines Gehenden und seinen ganzen Körper mit allen Knochen und Muskeln, mit seinem Blut, seinen Nerven und so weiter bis in alle Einzelheiten beschreiben, damit haben wir noch nicht gesagt, was Gehen ist. Gehen ist so real wie die Beine, aber es ist kein Ding. Oder nehmen wir die Uhr als ein Instrument, das Zeit mißt. Alle möglichen Dinge können diesen Zweck erfüllen: Sonnenuhren, Kerzen, Sanduhren, Wasseruhren, Pendeluhren, Federuhren, Quarzuhren. Manche dieser Instrumente haben keinerlei Ähnlichkeit miteinander, eine Kerze etwa und eine Quarzuhr. Alle erfüllen jedoch die Funktion des Zeitmessens. Die Beziehung zwischen der Strukturierungsebene, die wir «Materie» nennen, und manchem von dem, was wir als «geistig» bezeichnen, vor allem den Gedanken und Emotionen, ist der Beziehung zwischen Beinen und Gehen oder zwischen Uhr und Zeitmessung analog. Beide Seiten dieser Beziehungen sind real, aber sie liegen auf verschiedenen Ebenen der Pattern-Bildung.

Zudem läßt sich die Theorie der offenen Systeme auch auf die Organisation des Denkens anwenden. Gegenwärtig beherrscht die

Idee des statischen geschlossenen Systems unser Denken, und daher
suchen wir nach statischen, geschlossenen und vollständigen Beschreibungen des Universums. Ein anderer Denkansatz würde uns zeigen,
daß auch unsere Denksysteme unvollständig sind und evolvieren und
Offenheit brauchen, um höhere Ebenen der Organisation erreichen zu
können.

Das Universum, ein Gefüge von Energiemustern

Solch einem Denken würde sich das Universum als ein Gefüge von
Energiemustern darstellen, das sich beständig zu immer mehr Ordnung hin entwickelt. Halten wir die herkömmliche Anschauung vom
Universum dagegen: aus statischen Materieklumpen aufgebaut, die im
Grunde unabhängig bestehen, aber aufgrund zufälliger Bewegungen
gelegentlich zusammenstoßen und in ihrer Gesamtheit langsam einem
Zustand vollkommener Ordnungslosigkeit entgegenstreben. Wir wissen heute, daß diese letztere Anschauung weder endgültig noch vollständig ist. «Atome sind keine Dinge», sagte der Quantenphysiker
Werner Heisenberg.[6] Auch das Universum ist kein Ding, und nichts,
was zwischen diesen beiden Extremen liegt, ist ein Ding. Unser Körper ist kein Ding, und unser Geist ist kein Ding.

Es scheint heute vernünftiger, sich die natürliche Welt als interagierende Domänen offener Systeme zu denken, wobei jede Domäne
durch andere Prinzipien definiert ist. Es gibt etwa die Domäne der
Elementarteilchen der Physik, die Domäne der komplexen Moleküle,
also der Chemie, die Domäne lebendiger Systeme, also der Biologie,
und die Domäne intelligenter Systeme, also der Psychologie. Diese
Sicht der Wirklichkeit wird von manchen Autoren, allen voran Ken
Wilber, auch auf die Aussagen der Religionen und der Mystiker ausgedehnt. Hinter dem Bereich der mentalen Prozesse liegen weitere,
die in den Schriften fast aller Religionen genannt werden und die wir
beispielsweise als «Seele» und «GEIST» bezeichnen können.[7]

Diese Domänen können gemäß ihren charakteristischen Prinzipien
zu Hierarchien angeordnet werden, wobei jede höhere Ebene die darunterliegende einbezieht, aber transzendiert; das charakteristische
Prinzip der höheren Ebene ist in den darunterliegenden Ebenen nicht
zu beobachten. Wir könnten also die Atome als die unterste Ebene

Gibt es Dinge?

betrachten. Moleküle sind dann komplexe Atomkombinationen, aber sie leben nicht; Bakterien leben, aber empfinden nicht; Hunde empfinden, besitzen jedoch kein Selbstbewußtsein; Menschen besitzen Selbstbewußtsein, sind jedoch in der Regel nicht erleuchtet. Aber wir könnten unsere Hierarchie auch ganz anders aufbauen. Wir könnten, mit Whitehead, einen Erfahrungsaugenblick als die primäre Ebene nehmen. So würden wir zu einer Hierarchie begrifflicher Abstraktionen gelangen, in der Atome keineswegs elementar sind, sondern Abstraktionen einer sehr hohen Ebene. Wie also Domänen zu Hierarchien angeordnet werden, hängt vom jeweiligen Standpunkt ab.

Wenn wir nun fragen, wie diese verschiedenen Domänen der Phänomene zu ihrem jeweiligen Erscheinungsbild kommen, so wäre eine mögliche Antwort: Alle diese Eigenschaften sind irgendwie «in» den Elementarteilchen «enthalten», wie man sich die Form eines Organismus «im» genetischen Material «enthalten» denkt. Es läge demnach in der Natur der Elementarteilchen, daß sie solche Strukturen bilden können, wobei die jeweilige tatsächliche Ausprägung auf zufällige Umstände zurückzuführen ist. Wir finden aber an den Elektronen, Photonen, Hadronen oder Gravitonen nichts, was auf eine derart komplexe innere Natur schließen läßt. Wir haben es hier zwar mit den logischen Konsequenzen eines strikt reduktionistischen Materialismus zu tun, aber sie sind mindestens genauso «okkult» wie die Schriften der Mystiker und Okkultisten.

Einer anderen Auffassung zufolge sind die Domäne der einfachen Materie, die der lebendigen Organismen und die der geistigen Prozesse vollkommen getrennte Bereiche, die auf verschiedene Ursprünge zurückgehen und verschiedenen Gesetzen unterliegen: Die Materie unterliegt den Gesetzen der Physik und Chemie, das biologische Leben den Gesetzen der Biologie und der Bereich der mentalen Ereignisse den Gesetzen der Psychologie; darüber können noch «höhere» oder «spirituelle» Bereiche angenommen werden, die den Gesetzen «Gottes» unterliegen. Alle diese Bereiche gelten als «real», das heißt, es wird ihnen ein substanzhaftes Sein zugesprochen.

Nach dieser Anschauung haben die Prinzipien der «höheren» Bereiche ihren ganz eigenen Ursprung und entstehen nicht aus denen der niederen Bereiche. Selbst wenn wir also über den Ursprung der Organisationsprinzipien der Materie Bescheid wüßten, könnten wir daraus nicht ableiten, woher die Organisationsprinzipien des Lebendigen kommen. Tatsache ist aber, daß wir auch über den Ursprung der Organisationsprinzipien der Materie absolut nichts wissen. Es ist zwar die Rede von einer «totalen Symmetrie» vor dem «Urknall» und der rapiden Aufsplitterung dieser Symmetrie, die die verschiedenen Arten von Feldern und Elementarteilchen entstehen ließ; doch durch solche Überlegungen wird die Frage nach dem Ursprung nur immer weiter nach rückwärts verschoben, ohne daß auch im mindesten klar würde, wie etwas aus nichts entstehen konnte. Nach der «Getrennte-Bereiche-Anschauung» ist es nicht weniger rätselhaft, daß wir nichts über den Ursprung der Organisationsprinzipien von «Leben» und «Geist» wissen. Selbst wenn man «Leben» demselben Bereich zuordnete wie «Materie», hätten der Geist und seine Gesetze nach dieser dualistischen Auffassung einen ganz eigenen, gesonderten Ursprung.

Aber dieses Weltbild der gesonderten Bereiche mit gesonderten Ursprüngen fragmentiert das Universum auf eine Weise, die vielen Menschen nicht einleuchtet. Die Entstehung des Ganzen ist mysteriös genug. Es auch noch in zwei Universen – das der Materie und das des Geistes – zu zerlegen, um dann nach einem Bindeglied zu forschen, wirkt recht überflüssig. Tatsächlich liegt dieses Weltbild denen, die es vertreten, häufig so schwer im Magen, daß sie einen außerhalb stehenden Gott erfinden, der das Ganze zusammenhält.

Eine Hierarchie offener Systeme

Wir könnten die verschiedenen Domänen auch als offene, selbstorganisierende Systeme betrachten. Diese Systemanschauung ist in jüngster Zeit von Autoren wie Ervin Laszlo und Erich Jantsch erarbeitet worden. Die Grundlagen einer allgemeinen Systemtheorie wurden in den dreißiger Jahren von Ludwig von Bertalanffy geschaffen.[8] In den ersten Jahrzehnten ihrer Entwicklung brachte die Systemtheorie kaum mehr hervor als einige sehr allgemeine Prinzipien, die für alle Arten von Systemen galten und sich nicht für spezielle Anwendungen eigneten. Sie wurde daher von der Wissenschaft nicht allzu ernst genommen. Mit Prigogines Theorie offener Systeme sind wir nun jedoch in der Lage, den allgemeinen Prinzipien detaillierte Analysen zur Seite zu stellen, aus denen sich verifizierbare und falsifizierbare Voraussagen ableiten lassen. Dieser Ansatz erweist sich als besonders

Gibt es Dinge?

nützlich und fruchtbar, wenn es um die Psychobiologie der Geist-Körper-Interaktion und des Heilens im komplexen System des menschlichen Körpers geht.[9]

Einer der wichtigsten Gedanken für die Bestimmung einer Hierarchie offener Systeme ist die Idee der «Neubildung». Wenn wir uns Systeme von wachsender Komplexität und Organisation anschauen – Molekül, lebendige Zelle, Organismus, Gehirn –, so stellen wir fest, daß auf jeder Ebene Eigenschaften neu gebildet werden, die ein inneres Merkmal dieser Komplexität darstellen. Sie können also nicht auf tieferen Ebenen auftauchen und sind auch nicht aus den Eigenschaften dieser tieferen Ebenen abzuleiten.

Andererseits können die höheren Ebenen auf die darunterliegenden einwirken. Insbesondere können von der Ebene der mentalen Prozesse kausale Einflüsse auf die Ebene des biologischen Organismus ausgehen. Damit würden dann zugleich die psychosomatischen Krankheiten, denen das medizinische Establishment sich nur ungern zuwendet, salonfähig und ein legitimer Forschungsgegenstand.

Sobald erkannt wird, daß von höheren Ebenen kausale Einflüsse auf tiefere ausgehen können, braucht man nicht mehr daran festzuhalten, daß die höheren aus den tieferen hervorgehen oder umgekehrt. Es gibt dann auch keinen Grund mehr zu sagen, daß höhere Ebenen grundsätzlich von tieferen getrennt seien. Diese Ansicht vertritt beispielsweise der Neuropsychologe Roger Sperry, der für seine Arbeiten über die verschiedenen Funktionen der beiden Gehirnhemisphären den Nobelpreis erhielt. Er schreibt:

Hier geht es um eine grundsätzliche Revision von Kausalitätsvorstellungen; das Ganze ist nicht nur «etwas anderes und mehr als die Summe seiner Teile», sondern bestimmt auch das Schicksal der Teile... Für die Physik ist die Welt nicht mehr etwas, das sich auf Quantenmechanik oder irgendein einheitliches Grundprinzip – ein Ultra-Element oder eine Feldkraft – zurückführen läßt. Die holistischen Eigenschaften auf allen verschiedenen Ebenen gewinnen in ihrer eigenen Form eine kausale Wirklichkeit und müssen in die kausale Bilanz einbezogen werden.

Für die mentale Ebene bedeutet dies:

Bewußtseins- oder mentale Phänomene sind dynamische, sich neu bildende Pattern-(oder Konfigurations-)Eigenschaften des lebendigen Gehirns in Aktion. Dies wird von vielen akzeptiert, sogar von manchen eher materialistisch ausgerichteten Gehirnforschern... Meine Schlußfolgerung geht hier jedoch einen entscheidenden Schritt weiter zu der Behauptung, daß diese sich neu bildenden Pattern-Eigenschaften im Gehirn – wie überall sonst im Universum – kausale Steuerungskraft besitzen.[10]

Damit sagt Sperry, daß die alte Anschauung von der Kausalität als «Einbahnstraße» – nämlich von der physikalischen Ebene aus aufwärts zur biologischen und mentalen Ebene – nicht mehr haltbar ist. Nach der alten reduktionistischen Anschauung würde man etwa sagen, daß eine körperliche Krankheit eine Depression auslösen kann, aber nicht umgekehrt. Wenn ich erkältet und gleichzeitig deprimiert bin, darf ich demnach denken, daß meine Erkältung Ursache meiner Depression ist, aber nicht, daß die Niedergeschlagenheit eine Erkältung verursacht. Nach Sperrys Aussagen könnte ich aber richtig liegen mit dem intuitiven Gefühl, daß ich in deprimierter Verfassung anfälliger für Erkältungskrankheiten bin. Das würde bedeuten, daß meine mentale Verfassung einen kausalen Einfluß auf meinen Körper ausübt.

Wir können uns Interaktionen zwischen der «mentalen» und der «physikalischen» Domäne vorstellen, weil wir sie jetzt nicht mehr als gänzlich verschiedene Arten von Substanz betrachten müssen, sondern als offene interagierende Systeme sehen können. Das ist natürlich noch keine Widerlegung des Materialismus. All die verschiedenen Systeme und Ebenen der Komplexheit, von denen hier die Rede war, könnten immer noch auf Materie beruhen – wenn wir nur wüßten, was das ist. Ob alle «Bewußtseins- oder mentalen Phänomene... dynamische, sich neu bildende Pattern-Eigenschaften des lebendigen Gehirns» – also von Materie – sind, wollen wir hier als eine Frage stehen lassen, die wir erst im nächsten Kapitel aufgreifen. Hier genügt es, wenn wir sagen, daß das «lebendige Gehirn» selbst eine Pattern-Eigenschaft des Wahrnehmungsprozesses ist – womit eine deutliche Zirkularität offenbar wird: Die mentalen Charakteristika der Wahrnehmung scheinen aus den Eigenschaften des lebendigen Gehirns hervorzutreten, das selbst wiederum eine Erscheinung im Feld unserer

Gibt es Dinge?

Wahrnehmung ist, welche wir ja als einen dynamischen Prozeß der Herstellung von Strukturen beschrieben haben.

Die Wissenschaftler, das war das Thema dieses Kapitels, fangen an, den Irrtum der gesonderten Existenz und damit das eingefleischte Ding-Denken zu durchschauen. Sobald wir nicht mehr in statischen geschlossenen, sondern in selbstorganisierenden offenen Systemen denken, läßt sich das Geistige ebenso wie das Stoffliche als Patterning betrachten, und damit beginnt die irrige Trennung von Geist und Stoff sich aufzulösen. *Worin* freilich diese Patterns sich bilden, wissen wir noch nicht.

Wir dürfen uns nicht einbilden, diese neue Beschreibung, in der von hierarchischen Ebenen, Systemen und sich neu bildenden Eigenschaften die Rede ist, werde nun zum endgültig richtigen Weltbild führen. Aber diese Begriffe sind an neue Denkansätze gebunden, die einer größeren Zahl erfahrbarer Phänomene Rechnung tragen als etwa Newtons mechanisches Universum der toten Materieteilchen, dem ein in sich selbst eingeschlossener Geist beziehungslos gegenübersteht. Ein und dasselbe Begriffsschema erfaßt nun nicht mehr nur das Verhalten materieller Atome, sondern auch das Verhalten biologischer Organismen und sogar die Gedanken und Affekte.

Das wichtigste an diesem Schema ist aber, daß es uns die Möglichkeit bietet, unsere Abhängigkeit vom Ding-Denken allmählich abzulegen. Wir können uns die Welt als offene, dynamisch evolvierende und selbstorganisierende dissipative Struktur denken. Und die verschiedenen offenen selbstorganisierenden Systeme, die wir betrachtet haben, vom Atom bis zum Menschen, sind dynamisch evolvierende Subsysteme dieser einen Welt. Doch wie gesagt, auch dieser begriffliche Rahmen kann nicht endgültig sein. Jedenfalls aber sind dynamische Offenheit und Verbundenheit hier die grundlegenden Prinzipien, während in der Welt der Dinge statische Geschlossenheit und Isolation herrschen. Der Leser wird gewiß ohne weiteres erkennen, daß diese Art des Denkens besser mit dem Shūnyatā-Prinzip übereinstimmt. Und die Buddhisten sagen, daß die Welt nicht nur so *gedacht*, sondern auch *gesehen* und *erlebt* wird, wenn man dem Pfad der Achtsamkeits-Gewahrseins-Meditation folgt.

Die Theorie der offenen Systeme soll hier nicht zu einer neuen begrifflichen Version der Letzten Wahrheit aufgebaut werden. Es geht vielmehr darum, die Auflösung des Ding-Denkens herbeizuführen und zu zeigen, daß es für die Erfahrung auch Deutungen gibt, die nicht auf die Projektion von inhärentem Sein hinauslaufen. Im nächsten Kapitel werden wir uns die Begriffe «Körper», «Materie» und «Elementarteilchen» vornehmen, die für das Ding-Denken die substantielle Grund-Wirklichkeit sind. Wir werden zu dem Schluß gelangen, daß «Elementarteilchen» und «Körper» ganz einfach begriffliche Patternings ohne eigene Substanz sind, und wir werden uns fragen müssen: Worin bilden sich denn diese Patterns?

19. Die Vereinigung von Geist und Körper

Analysieren wir die Wahrnehmung, so kommen wir zu dem Schluß, daß die «Außenwelt» ebenso wie das ihr gegenüberstehende «Ich» Erzeugnisse eines dynamischen Wahrnehmungsprozesses sind. Allerdings setzen wir selbst bei dieser Anschauung noch stillschweigend voraus, daß diese Erzeugung in einem Körper stattfindet und von einem Geist erfahren wird. Tatsächlich ist aber das uralte Problem der dualistischen Philosophie, worin nämlich die Beziehung zwischen Geist und Körper bestehe, noch keineswegs gelöst. Ist eine der beiden Seiten, Geist oder Körper, die «eigentlich wirkliche» und die andere nur etwas Abgeleitetes? Vom Shūnyatā-Standpunkt aus würden wir sagen, daß «Geist» und «Körper» nur Begriffe sind, denen keine inhärente Existenz zukommt. Aber wir wollen das Geist-Körper-Problem hier zunächst gleichsam von innen her betrachten. Unter «Geist» verstehen wir die Komplexe aus Repräsentationen, Bildern, Affekten, Bewußtsein und Selbstbewußtsein, von denen bereits die Rede war. Wir finden hier kein übergreifendes Prinzip, das «der Geist» heißen könnte. Und was meinen wir mit «Körper»? Man mag denken, das liege doch wohl auf der Hand, aber schon eine oberflächliche Betrachtung zeigt, daß «Körper» keineswegs ein einheitlicher, klar definierter Begriff ist.

Was unseren eigenen Körper angeht, so meinen wir zunächst seine äußere Wahrnehmung: das visuelle Bild unserer sich bewegenden Hände, des Umrisses unseres Gesichts, der Hüften, Füße und so weiter. Zweitens meinen wir ein inneres Empfinden von Wärme und Schwere, von der Spannung der Muskeln und vom Strömen des Atems. Dies alles entspricht dem ersten Skandha, *Form*, und der physischen Seite des zweiten Skandha, *Empfindung*. Sodann meinen wir unsere Wahrnehmung anderer Körper. Und für diese Wahrnehmungen gelten natürlich all die schwerwiegenden Fragen, die wir hinsichtlich der Beziehung zwischen der Wahrnehmung und der «Welt» haben.

Und schließlich meinen wir, in bezug auf unseren eigenen und fremde Körper, ein Bild, das wir vom ganzen Körper haben, das Bild einer relativ dauerhaften Einheit, die wir «biologischer Organismus» nennen. Dies ist auf der theoretischen Ebene ein abstrakter Begriff und auf der Wahrnehmungsebene ein «Wahrnehmungs-Begriff», also eine Vorstellung. Das Bild unseres eigenen Körpers ist integraler Bestandteil aller bewußt erfahrenen Situationen, an die wir uns erinnern. Wenn Sie sich jetzt, während Sie lesen, Ihren Körper vergegenwärtigen, werden Sie zunächst auf das einheitliche Bild Ihres sitzenden Körpers stoßen. Dann bemerken Sie vielleicht das visuelle Bild Ihrer Hände, die das Buch halten, das taktile Bild Ihres Rückens an der Lehne und so weiter. Wenn Sie sich an das heutige Frühstück erinnern, wird Ihnen zuerst das Bild Ihres essenden Körpers gegenwärtig, dann vielleicht der Geschmack von Müsli. Letzteres mag schwieriger zu erinnern sein als das Bild Ihres Körpers als Ganzheit.

Was also meinen wir, wenn wir fragen: Was ist die Verbindung zwischen Geist und Körper? Bei näherer Überlegung denken wir vielleicht an all die angesprochenen Dinge, aber für gewöhnlich meinen wir einfach: Was ist die Verbindung zwischen dem *Begriff* (der Vorstellung) eines individuellen einheitlichen Geistes und dem *Begriff* des einheitlichen Körpers? Die Psychologen und Biologen umgehen dieses Problem weitgehend, indem sie diese Frage gar nicht erst in bezug auf ihren eigenen Geist/Körper stellen, sondern nur ganz allgemein – und dann hoffen, die Antwort werde auch für sie selbst gültig sein. Damit reduzieren sie die oben beschriebene vielfältige Bedeutung von «Körper» natürlich auf die letzte, also auf die Vorstellung des Gesamtorganismus. Heute geht man generell davon aus, daß das, was wir «Geist» nennen, im Nervensystem lokalisiert ist, insbesondere im Gehirn. Die Frage lautet dann: Worin besteht die Beziehung zwischen den Begriffen «Geist» und «Gehirn»?

Die Erklärungen, die die Naturwissenschaft auf der Basis des Materiebegriffs für physikalische, chemische und biologische Phänomene gegeben hat, haben sich in vieler Hinsicht als erfolgreich erwiesen, und so liegt es nahe, daß man sich Hoffnungen macht, auch die geistigen Phänomene auf diese Weise erklären zu können. Es wird also nach Erklärungsmodellen geforscht, die ohne ein nichtmaterielles Prinzip auskommen – ähnlich wie etwa die Biologen das Leben zu erklären versuchen, ohne etwas von atomarer Materie gänzlich Verschiedenes wie etwa «Lebenskraft» einführen zu müssen. Dieser Ansatz schien bislang auch der plausibelste zu sein, aber wir sehen jetzt, daß eine Erklärung des Lebendigen aufgrund irgendeines materiellen Prinzips längst nicht so weit reicht wie das Modell des dynamischen selbstorganisierenden Pattern.

In der Gehirn/Geist-Diskussion lautet eine der Hauptfragen: Gibt es hier eine Substanz oder zwei?[1] Wenn es zwei Substanzen gibt, nämlich Materie-Stoff und Geist-Stoff, sind dann Wechselwirkungen zwischen ihnen möglich, und wenn ja, wie laufen sie ab? Gäbe es nur eine Substanz, so wäre es für die Naturwissenschaft gewiß Materie und für die Philosophen vielleicht Geist-Stoff oder irgend etwas ganz anderes. Wenn diese eine Substanz aber Materie ist, wie erzeugt sie dann das, was wir «Geist» nennen? Wir müssen hier natürlich sorgfältig unterscheiden zwischen dem, was uns bei anderen Menschen als geistige Prozesse erscheint, und der unmittelbaren Erfahrung unserer eigenen geistigen Prozesse. Die persönliche Erfahrung zu erklären, das ist das größte Problem des Materialismus.

Dualitätstheorien

Von Dualitätstheorien ausgehend, tut man sich sehr schwer zu erklären, wie der Geist die Materie beeinflussen kann. Wie geht es etwa zu, daß mein Arm sich hebt, wenn ich beschließe, meinen Arm zu heben? Für dieses Geschehen gibt es zwei Arten von Erklärungsmodellen. Bei der einen Art wird versucht, eine Stelle im Körper ausfindig zu machen, wo Geist-Stoff und Materie-Stoff sich treffen. Für Descartes war dies die Zirbeldrüse, für den Neuropsychologen John Eccles ist es eine Region der Großhirnrinde, die er *Liaison-Hirn* nennt.[2]

Die andere Art, Interaktion in der Dualität zu erklären, bedient sich des Begriffs der Parallelität. Theorien dieser Art besagen, daß es zwischen Geist und Materie keine Interaktion im eigentlichen Sinn des Wortes gibt; vielmehr verlaufen sie in ihren absolut getrennten Bereichen in so enger Parallelität, daß ein Anschein von Interaktion entsteht. Daß mein Arm sich auf meinen entsprechenden Wunsch hin hebt, ist eine Illusion, bedingt durch die Tatsache, daß die beiden Ereignisse in ihren getrennten Welten mehr oder weniger gleichzeitig stattfinden. Solche Theorien wirken auf uns heute recht absurd, aber zu einer Zeit, als man sich noch darauf verließ, daß da ein Gott ist, der die beiden Welten im Gleichtakt hält, waren sie durchaus vernünftig.

Dualitätstheorien stehen bei heutigen Psychologen und Philosophen nicht mehr sehr hoch im Kurs, aber es gibt noch Vertreter dieser Denkrichtung, allen voran John Eccles und Karl Popper.[3] Eccles läßt allerdings gewisse Interaktionen zwischen den beiden Bereichen zu. Mentale und materielle Prozesse laufen also nicht einfach parallel ab, sondern es gibt eine Verbindungsstelle, das Liaison-Hirn, über die etwa der Wille auf den physischen Bereich einwirken kann. Wie wir im 2. Kapitel gesehen haben, neigen manche Physiker einer dualistischen Auffassung zu. Doch selbst die etwas differenzierteren Theorien wie etwa jene, die eine Hierarchie von Bereichen postulieren – den Bereich der Materie, der Gegenstand der Physik ist, den Bereich des Lebendigen, der Gegenstand der Biologie ist, und so weiter –, stehen immer wieder vor den gleichen Problemen: Wie will man, solange die Bereiche des Geistigen und des Materiellen als getrennt angesehen werden, erklären, wie der eine auf den anderen einwirkt? Unbeantwortet bleibt auch die Frage, von welcher Art das Bewußtsein ist, das bei diesen Prozessen eine Rolle spielt.

Die heutigen Wissenschaftler neigen in der Mehrzahl der Auffassung zu, daß es nur eine Substanz gibt und diese Substanz Materie ist. Geist muß dann etwas von der Materie Abgeleitetes sein. Wie Geist aus Materie hervorgehen kann, ist eine Frage, die heute kaum noch in dieser allgemeinen Form gestellt wird; man engt sie ein auf die Frage: Wie kann das Gehirn Geist hervorbringen? Das ist jedoch nicht nötig, denn Geist kann aus Materie hervorgehen, ohne daß er unbedingt im Gehirn oder überhaupt im individuellen Organismus lokalisiert sein muß. Das hat mit den Unterschieden zwischen den verschiedenen Bedeutungen von «Bewußtsein» zu tun, von denen im 10. Kapitel die Rede war. Bevor wir diese Gedanken fortsetzen, müssen wir jedoch bestimmen, oder es wenigstens versuchen, was eigentlich mit «Materie» gemeint ist.

Die Vereinigung von Geist und Körper

Materialistische Theorien

Materialistische Theorien lassen sich in mehrere Arten einteilen: epiphänomenalistische, behavioristische und Identitäts-Theorien. Der Epiphänomenalismus, unter den Darwinisten des neunzehnten Jahrhunderts verbreitet, besagt, daß mentale Prozesse einfach Nebenprodukte der materiellen Evolution sind. Sie sind ohne Wert für die Evolution, und von ihnen geht keinerlei kausale Wirkung auf die Materie aus. Der Behaviorismus erklärt das Geistige schlicht und einfach für nichtexistent: Alle Beschreibungen, die sich mentaler Begriffe bedienen, sind falsch und sollten durch rein physikalische Beschreibungen ersetzt werden. Für einen Behavioristen ist es ziemlich unerheblich, ob Sie sich beim Holzsägen Tagträumen über sich und Ihren Lieblingsfilmstar hingeben oder Ihre volle Aufmerksamkeit dem Sägen widmen. Diese Anschauung war in der angloamerikanischen Psychologie und Philosophie lange Zeit vorherrschend, obwohl sie, zu Ende gedacht, in die Absurdität führt.

Die Identitätstheorie, eine Errungenschaft der neueren Zeit, besagt, daß Erfahrung nichts weiter als Neuronenaktivität ist und daß man etwa Aussagen wie «Ich hab Hunger» oder «Vom Eise befreit sind Strom und Bäche durch des Frühlings holden, belebenden Blick» eines Tages durch Aussagen über die gerade herrschende Neuronenaktivität wird ersetzen können. Das wären dann zwei Beschreibungen ein und desselben Ereignisses, so wie «Morgenstern» und «Abendstern» zwei Beschreibungen für die Erfahrung des Planeten Venus sind. Solchen Identitätstheorien zufolge ist die mentale Beschreibung «Ich hab Hunger» die unmittelbare innere Erfahrung der «eigentlichen Dinge», nämlich der «feuernden» Neuronen. Eine Beschreibung anhand der Neuronenaktivität, bislang nur theoretisch möglich, wäre eine Beschreibung derselben Wirklichkeit «von außen».

Eine Übereinstimmung zwischen dieser Auffassung und dem Parallelismus oder Epiphänomenalismus besteht hier darin, daß wir nicht erfahren, wie man sich die Verbindung zwischen der inneren und der äußeren Sichtweise vorzustellen hat. Es ist einfach so. Im übrigen ist schwer zu sagen, wie realistisch die Hoffnungen sind, mit dem Identitäts-Ansatz zum Ziel zu gelangen. Wenn ich sage: «Ich hab Hunger», dann meine ich ja mich und nicht irgendeinen anderen. Die Identitätstheoretiker müssen also Meßinstrumente entwickeln, die *dem For-*

scher selbst sagen, welche seiner Neuronen gerade feuern, während er sagt *und fühlt*: «Ich hab Hunger.» Und natürlich sollten diese Instrumente sein Gehirn unbeschädigt lassen. Es ist also eher ein Glaube als eine begründete Aussicht, daß wir «eines Tages» in allen Beschreibungen von Erfahrung ohne mentale Begriffe auskommen werden.

Und wenn Identitätstheorien wirklich materialistische Theorien des Geistes sein wollen, wenn sie also nachweisen möchten, daß das Universum, geistige Prozesse eingeschlossen, aus komplexen Verbindungen von geistlosen Materiestückchen gefügt ist, können sie nicht bei der Gleichsetzung von geistigen Prozessen und Neuronenaktivität haltmachen. Denn Neuronen sind komplexe Strukturen organischer Moleküle, organische Moleküle sind komplexe Atomstrukturen, und Atome sind komplexe Strukturen von Elementarteilchen. Und was sind Elementarteilchen? Hier verlieren wir die reine geistlose Materie, nach der wir Ausschau hielten, aus dem Auge.

Biologen, Neurophysiologen und Psychologen sind mit den Problemen der Quantenwirklichkeit und der wechselhaften Natur der Elementarteilchen im allgemeinen nicht sonderlich intim vertraut. Ihr Materialismus reicht bis hinunter zu den Atomen, doch alles weitere überlassen sie lieber den Experten – in der völlig unbegründeten Hoffnung, jene würden sie schon nicht im Stich lassen, sondern irgendwann wirklich die Grundform der Materie entdecken, aus der sich ALLES ableiten läßt.

Was ist Materie?

Versuchen wir dennoch, der Logik der Identitätstheorien zu folgen und die «Grund-Materie» zu finden.[4] Was sind die Atome, die wir beobachten? Elektronen um einen Kern, sagt man. Der Kern ist verschwindend klein im Vergleich zur Gesamtgröße des Atoms. Wenn wir ihn uns zur Größe einer Murmel aufgebläht denken, wäre das ganze Atom etwa so groß wie ein großes Fußballstadion. Es ist also in der Hauptsache materiefreier Raum, dessen Gestalt durch die Elektronenwolke bestimmt ist. Alle physikalischen und chemischen Phänomene, die wir beobachten können, das Verhalten von festen Körpern, Flüssigkeiten und Gasen, alle chemischen und biochemischen Reaktionen, gehen auf die Formen der jeweiligen Elektronenwolken um die Kerne zurück, auf die Formen von Oberflächen im Raum.

Die Vereinigung von Geist und Körper

Wie dick sind diese Flächen, das heißt, wie groß sind Elektronen? Hier wartet eine Überraschung auf uns: Wenn die quantentheoretischen Gleichungen für die Elektronenbewegungen funktionieren sollen (und sie funktionieren sehr gut), dann kommen wir nicht an der Annahme vorbei, daß die Größe eines nackten Elektrons *Null* ist. Ein Elektron ist als dimensionsloser Punkt zu betrachten. Aber ist nicht Materie gerade dadurch gekennzeichnet, daß sie Raum einnimmt? Nicht so das Elektron. Die scheinbare Ausgedehntheit des Elektrons ist darauf zurückzuführen, daß es von einer Wolke sogenannter virtueller Teilchen umgeben ist, die offenbar ständig aus dem Raum hervorgehen und in ihn zurück verschwinden. Die von den Elektronen geschaffenen Oberflächen haben also entweder überhaupt keine Dicke oder eine Dicke, die durch die schöpferischen und destruktiven Eigenschaften des *Raums* gegeben ist.

Und wie steht es mit dem Kern? Früher sagte man, er setze sich aus Protonen und Neutronen zusammen, und diese seien die elementaren Partikel. Heute nimmt man an, daß der Atomkern aus mindestens sechs Arten von Partikeln, den «Quarks», zusammengesetzt ist, die als noch elementarer gelten als Protonen und Neutronen (und Hunderte anderer ähnlicher Partikel, die den Physikern Kopfzerbrechen bereiteten, bis man schließlich auf das Quark-Modell kam). Dann gibt es da noch mindestens acht verschiedene Typen von «Gluonen», Klebe-Teilchen, die die Quarks im Kern halten. Eine der verblüffendsten Eigenschaften der Quarks besteht darin, daß man sie höchstwahrscheinlich nie direkt wird beobachten können, weil es in ihrer Natur liegt, daß man sie nicht voneinander trennen kann. Außerdem sind sie sehr klein. Wenn wir uns solch ein Quark als Murmel vorstellen, dann lägen die Ausmaße des Kerns zwischen denen einer Scheune und denen eines Fußballstadions. Die Grenze des Kerns ist definiert durch den Bereich, über den hinaus man sie nicht aus ihrem Verband herauslösen kann.

Sind die Quarks denn nun wirklich elementar? Der Physiker Heinz Pagels sagt dazu: «Alle bislang vorliegenden Beweise sprechen für [die] Ansicht, daß die Quarks der ‹Urgrund› der Materie sind. Allerdings würde kein mir bekannter Physiker darauf wetten.»[5] Manche Physiker finden, es gebe schon zu viele Quarks, als daß sie wahrhaft elementar sein könnten, und sprechen bereits von «Präquarks». Wir dürfen wohl davon ausgehen, daß solche Präquarks sich wiederum als derart winzig erweisen würden, daß man auch die Quarks als größtenteils aus Raum bestehend betrachten müßte. Und so weiter? Es gibt keinen Grund für die Annahme, daß man hier jemals an ein Ende gelangen wird – allenfalls in der Form, daß die Raumzeit selbst sich als diskontinuierlich erweist.

Ich spreche hier nur von Raum und nicht von «leerem» Raum, weil es leeren Raum auf der Quantenebene nicht gibt, selbst da nicht, wo man keine Partikeln beobachten kann. Der Raum ist erfüllt von Teilchen-Antiteilchen-Paaren, die normalerweise virtuell, also unmanifestiert oder, wie Bohm sagt, «implizit» bleiben, aber gelegentlich explizit in Erscheinung treten. Aufgrund der Welle-Teilchen-Dualität könnten wir auch sagen, der Raum sei von Feldern erfüllt, deren Schwingungen Ausdruck der Energie der virtuellen Teilchenpaare sind. Für beide Betrachtungsweisen gilt eine höchst erstaunliche Berechnung: Ein Fingerhut voll Raum birgt in seinem Ozean von virtuellen Teilchen ebensoviel Energie wie alle reale Masse im Universum.

Es scheint also, daß das, was wir «Materie» nennen, auf der atomaren Ebene ein Gefüge von begrifflich definierten Patterns von ineinandergeschachtelten Oberflächen von «Raum» ist und dieser Raum sowohl leer als auch erfüllt ist. Die Definitionen von «Materie» und «Raum» bedingen einander offenbar wechselseitig. Eine solche wechselseitige Bedingung der Definitionen finden wir auch im Gravitationsbegriff der allgemeinen Relativitätstheorie, wenn es sich hier auch um andere Definitionen von Materie und Raum handelt.

Auf der Ebene, auf der diese Gefüge oder Muster existieren, sind die Fragen zum Thema «Geist und Wirklichkeit» relevant, denen wir im 2. Kapitel nachgegangen sind. Wir kamen dort zu dem Schluß, daß alles, was wir vom Quantenuniversum wissen, sich in den Strukturen unserer menschlichen Kommunikation bildet, und zwar in Abhängigkeit von den Fragen, die der Beobachter durch seine Experimentalapparaturen stellt. Dies also ist die Materie, auf der die Identitätstheorie des Geistes beruht. Die Strukturen, die wir «Materie» nennen, sind abhängig von unseren Beobachtungen und unserer Kommunikation.

Und diese Überlegung gilt nicht etwa nur für unsere jetzt gerade aktuellen Theorien der Materie. Die logischen Unstimmigkeiten, die entstehen, wenn man «Materie», «Raum» und «Geist» als gesonderte Entitäten von inhärentem und nicht weiter reduzierbarem Sein definieren will, leiten sich ab aus der Tatsache, daß dieses inhärente, gesonderte Sein in sich selbst logisch widersprüchlich ist. Es genügt nicht zu sagen, die Unstimmigkeiten entstünden nur deshalb, weil wir in normaler Umgangssprache etwas auszudrücken versuchten, was nur in hochabstrakter mathematischer Sprache zu sagen ist. Denn wenn mathematische Gleichungen überhaupt einen Bezug zur Welt jenseits der Theorie haben, muß doch wohl die Frage nach dem *Gegenstand* ihrer Aussagen erlaubt sein. Spätestens dann brechen die logischen Unstimmigkeiten wieder auf, die Unmöglichkeit, etwas als wahrhaft gesondert existierend zu beschreiben.

Hier könnte man versucht sein, das Handtuch zu werfen und zu sagen: «Das ist doch alles überflüssige Gedankenakrobatik. Wir wissen, was Materie ist: dieser feste, flüssige oder gasförmige Stoff, aus dem die Welt gemacht ist. Der Geist entsteht im Gehirn, und das Gehirn besteht aus diesem weichen grauen Stoff.» Dann aber haben wir endgültig anzuerkennen, daß «dieser weiche graue Stoff» im *Wahrnehmungsprozeß* erscheint und daß es dahinter nichts noch Realeres gibt.

Die gemachte Wirklichkeit

Was ein Elektron (ein Quark, ein Molekül, eine Zelle) ist, ist also weitgehend beobachter-abhängig. Nach der naturwissenschaftlichen Auffassung können wir unsere begrifflichen Konstrukte auf der Ebene der Beobachtung an der «Wirklichkeit» überprüfen. Durch Beobachtungen und Tests ermitteln wir, was die objektive nichtgeistige Welt wirklich ist. Aber wie wir im 3. Kapitel bereits sahen, sind Beobachtungen unweigerlich durch die Theorien und Anschauungen des Beobachters gefärbt. Was ein Materialist unter Materie versteht, ist ein Konglomerat aus Daten, die ihm seine Maschinen liefern, und den begrifflichen Konstruktionen der Theoretiker. Der Materiebegriff der ineinandergeschachtelten Oberflächen ist abhängig von den Experimenten, die wir anstellen, und natürlich von den Theorien, die wir den Experimenten vorausschicken und mit denen wir sie interpretieren.

Indem wir nun die Welt aus solchen beobachterabhängigen Strukturen namens «Materie» aufzubauen versuchen, stellen wir fest, daß die Muster und Strukturen, die wir finden, noch auf andere Weise beobachter-abhängig sind, und zwar auf jeder Betrachtungsebene. Das ergibt sich aus dem in vorangegangenen Kapiteln erarbeiteten Verständnis des Wahrnehmungsprozesses.

Beobachtung beruht letztlich auf Wahrnehmung, und wir neigen heute immer noch der naiven Anschauung zu, daß die Wahrnehmung uns wie eine Kamera ein wirklichkeitsgetreues Abbild der Welt liefert – ohne Interpretation, Hinzufügung oder Auslassung. Wie wir gesehen haben, ist diese Auffassung völlig unrealistisch. Selbst ein eher konservativer und materialistischer Neurophysiologe wird uns sagen: Schon die Gehirnforschung läßt keinen Zweifel daran, daß Wahrnehmung Abstraktion ist. Bei Vernon Mountcastle, der von vielen als eine der großen Gestalten der Psychobiologie angesehen wird, hört sich das so an:

> Jeder von uns lebt im Universum – im Gefängnis – seines eigenen Gehirns. Millionen zarter sensorischer Nervenfasern strahlen davon aus in Gruppen, die auf die verschiedenen Energiezustände der Welt spezialisiert sind – Wärme, Licht, Kraft und chemische Zusammensetzung. Das ist alles, was wir direkt über sie erfahren, alles weitere ist logische Schlußfolgerung... Jeder glaubt, daß er direkt in der ihn umgebenden Welt lebt, die Dinge und Ereignisse präzis wahrnimmt und in realer jetziger Zeit lebt. Das sind zweifellos Wahrnehmungtäuschungen. Sinneswahrnehmung ist eine Abstraktion, keine Replikation der realen Welt.[6]

Und nicht nur das, denn Mountcastles «reale Welt» ist ja die Wirklichkeit des neunzehnten Jahrhunderts, die aus «Wärme, Licht, Kraft und chemischer Zusammensetzung» besteht. Auch diese sind nur begriffliche Abstraktionen, Größen in den Theorien der Physiker.

Unsere Wahrnehmungen sind Patterns, die nicht als solche schon sagen, was in der «wirklichen» Welt hinter diesen Patterns ist. Solche Patterns erschaffen uns erst «die Welt, in der wir leben», und Wahrnehmung ist in diesem Zusammenhang ein Mutmaßen darüber, was «da draußen» ist, ein beständiges Suchen nach Patterns, die der Organismus als angemessenste Deutung seiner Erfahrung akzeptieren kann. So wird die Welt als Konglomerat von Dingen und Bedeutungen wahrgenommen, denn das sind die beiden Arten von Patterns, die unserem Wahrnehmungsprozeß als brauchbare Deutungen erscheinen. Um von der «wirklichen materiellen Welt» hinter den Patterns sprechen zu können, sind die Wissenschaftler zu zwei weiteren begrifflichen Abstraktionen gezwungen: Abstraktionen des Wahrnehmungs-Schlußfolgerns und Abstraktionen des theoretischen Schlußfolgerns. Die Idee von der reinen geistlosen Materie, aus der alles aufgebaut ist, weist also eine geschlossene Zirkularität auf: die einzige Möglichkeit, diese Materie zu erkennen, ist die Beobachtung, eine Kombination aus Wahrnehmung und Begriffsbildung, aber Wahrnehmung ist selbst wiederum ein weitgehend durch Begriffe geprägter Prozeß.

Daß die Wahrnehmung sich aufgrund vorgefaßter Begriffe weitgehend selbst erzeugt, ist die primäre Tatsache, und jede Philosophie, Religion oder Wissenschaft, die nicht bei dieser Tatsache ansetzt, ist auf Sand gebaut.

Materie und Geist

Wir könnten demnach die bisher gültige Annahme, daß Geist, Wahrnehmung und Leben Pattern-Bildungen in der Materie seien, auch umkehren und sagen: Materie, Leben und Wahrnehmung sind Pattern-Bildungen im Geist. In der Tat wird es wohl Zeit für das Eingeständnis, daß *sowohl Geist als auch Materie* begriffliche Abstraktionen aus der unmittelbaren Erfahrung sind. Aus der Pattern-Ebene, der Wärme, Licht, Kraft und chemische Zusammensetzung (und schon diese sind begriffliche Abstraktionen) angehören, formt unser Wahrnehmungssystem eine höhere Pattern-Ebene, die wir «die Welt, in der wir leben», nennen. Und eines der Kennzeichen dieser Pattern-Ebene besteht darin, daß wir sie als außerhalb unseres Wahrnehmungssystems erleben und daß wir glauben, sie enthalte «Dinge». Indem wir gewisse Unter-Patterns des Gesamtpattern «Welt, in der wir leben», benennen, schaffen wir Unterscheidungen und gesonderte «Dinge».

Wir schreiben manchen Patterns «Dingheit» oder inhärentes Sein zu, anderen nicht, und das ist abhängig vom Zeit- und Raumempfinden des ungeschulten Bewußtseins. Bäume und Felsen, Menschen und Hunde besitzen für uns ein inhärentes Sein. Auch für Flüsse und Wälder gilt dies, wenn wir auch bei näherer Befragung bereitwillig einräumen, daß Flüsse und Wälder «eigentlich» nicht als unabhängige Entitäten bestehen. Wenn wir die Distanz noch ein wenig vergrößern, finden wir, daß wir auch Regenbogen und Wolken noch als Dinge wahrnehmen, dabei aber sehr wohl wissen, daß es eigentlich keinen «Regenbogen» und keine «Wolken» gibt, sondern nur Wassertröpfchen, die gewisse Phänomene hervorrufen. Und schließlich geben wir einer Spirale unserer Galaxis einen Namen, «Milchstraße», wohl wissend, daß es sich um eine Unzahl von Sonnen handelt, die durch ungeheure Entfernungen voneinander getrennt sind. Auf der anderen Seite schreiben wir auch den Patterns, die wir «Elementarteilchen» nennen, ein inhärentes Sein zu.

Wäre das kleinste Zeitintervall, in dem wir Veränderungen wahrnehmen können, nicht eine Zehntelsekunde, sondern ein Jahr, so würden wir ganz anderen Dingen ein inhärentes Sein zuschreiben. Ein Mensch würde in dieser ungeheuer gerafften Zeitwahrnehmung nur neun «Sekunden» leben – kaum zu bemerken. Wir würden eine Stadt oder eine ganze Gesellschaft als *ein* sich kontinuierlich wandelndes Ding wahrnehmen. Wir würden aus dem Weltraum Wandlungen der Erde sehen, für die wir jetzt blind sind, die uns aber die Erde als einen einheitlichen Organismus vor Augen führen würden. Bei noch stärkerer Zeitraffung würden wir auch Galaxien als Lebewesen in rhythmischem Wandel erleben – wir würden ganz anderen Patterns als jetzt ein inhärentes Sein zuschreiben. Was wir als «Ding» mit inhärentem Sein erkennen, hängt also von der biologisch gegebenen Struktur unserer Wahrnehmung ab.

Vor dem Hintergrund solcher Überlegungen wird wohl auch deutlich, daß es keinen Sinn hat, den Geist »dingfest» machen zu wollen, denn er ist ebensowenig ein Ding wie «Gehen» oder «die Zeit». John Dewey sagt: «Atmen ist ebensosehr eine Sache der Luft wie der Lunge; Verdauung ist ebensosehr eine Sache der Nahrung wie der Gewebe der Verdauungsorgane. Zum Sehen gehört das Licht ebenso wie das Auge und der Sehnerv. Gehen setzt ebenso den Boden voraus wie die Beine; das Sprechen erfordert Luft, ein menschliches Gegenüber und die Sprechorgane.»[7] Wir fügen hinzu: Eine Umgebung wahrnehmen ist eine Sache, die zwischen Umgebung und Organismus stattfindet und für die beide Seiten von gleich großer Bedeutung sind. Wie wir im 14. Kapitel am Beispiel der Überlegungen Whiteheads, Polanyis und Batesons sahen, müssen wir über unsere Körperbezogenheit hinausgehen, wenn wir unsere Stellung in der Welt je verstehen wollen.

«Geistige» und «körperliche» Zustände, wie wir sie an anderen,

Die Vereinigung von Geist und Körper

aber auch an uns selbst konstatieren, sind offenbar einfach verschiedene Typen von Patterns, die wir aufgrund unterschiedlicher Merkmale verschieden benennen. Wenn wir aber fragen: «*Worin* entstehen und bestehen diese Patterns?», so dürfte jetzt klar sein, daß es keinen zugrundeliegenden Stoff namens «Materie» oder «Geist» gibt, in dem sich diese Patterns bilden. Das nächste Kapitel wird uns zu einer ganz anderen Antwort führen: Daß nämlich die Patterns bloße Erscheinungen sind, die aus der Leere hervorgehen; daß das Ich, welches sie wahrnimmt, ebenfalls nur ein Pattern unter anderen ist und mit diesen anderen entsteht; und daß da nichts ist, was all den Patterns zugrunde liegt. Und dann kommt die Frage der unmittelbaren Wahrnehmung auf uns zu: Wenn wir gezwungen sind, die dualistische Auffassung aufzugeben, daß ein Pattern namens «Ich» ein Pattern namens «Welt» wahrnimmt, von welcher Natur ist dann das Gewahrsein der Patternbildung von Ich und Welt eben jetzt? Widmen wir uns also jetzt der Frage, wie Patterns überhaupt entstehen und von welcher Natur das Gewahrsein ist, in dem sie sich bilden.

20. Die Fülle in der Leere

Patterns erscheinen überall da, wo Unterscheidungen getroffen werden. Sie trennen einen Teil des Raums vom anderen ab, sie unterscheiden einen Teil eines Ganzen vom anderen. Die Elektronenwolke sondert einen Teil des Raums – das «Innere» des Atoms – vom anderen, dem «Äußeren». Meine Haut trennt das Innere meines Körpers von seiner Umgebung. Die Haut besteht aus Zellen, deren Membranen den Raum wiederum in Inneres und Äußeres aufteilen. Der Rand einer Wolke scheidet das Himmelsblau vom Grau der Wolke. Die Empfindungen und Gedanken des Mögens und Nichtmögens sondern meine Freunde von meinen Feinden. George Spencer-Brown hat auf den Punkt gebracht, was es mit diesen Unterscheidungen auf sich hat:

> Ein Universum tritt ins Sein, wenn ein Raum geteilt wird. Die Haut eines lebendigen Organismus schneidet ein Außen von einem Innen ab. Das tut auch ein Kreis in einer Ebene. Wenn wir verfolgen, wie wir eine solche Trennung darstellen, können wir mit geradezu unheimlicher Genauigkeit und Vollständigkeit die Grundformen rekonstruieren, auf denen Linguistik, Mathematik, Physik und Biologie aufbauen; und wir erkennen, wie die Gesetze unserer eigenen Erfahrung sich zwangsläufig aus diesem ersten Akt der Trennung ergeben. Dieser Akt bleibt, wenn auch unbewußt, in uns gegenwärtig und wirksam als unser erster Versuch, Dinge zu unterscheiden in einer Welt, in der die Grenzen – zunächst – ganz nach unserem Belieben gezogen werden können. In diesem Stadium ist das Universum nicht zu unterscheiden von der Art und Weise, wie wir auf es einwirken, und die Welt mag uns wie nachgebender Sand unter den Füßen erscheinen.[1]

Die Fülle in der Leere

Patterns – worin?

Versuchen wir nun, der schon mehrfach gestellten Frage auf den Grund zu gehen, worin die Patterns sich bilden. Allgemein kann man sagen, daß die abendländischen Versuche, Geist und Materie zu erklären, ohne das eine auf das andere zurückzuführen, meist darauf hinauslaufen, daß eine Art neutraler «Stoff» angenommen wird, der beidem zugrunde liegt. Aus der einen Perspektive wirkt dieser Stoff wie Materie, aus der anderen wie Geist. Aus welcher Art von Substanz könnte dieser Stoff wohl bestehen? Bei dieser Frage stoßen die Spekulationen für gewöhnlich an eine unüberwindliche Grenze. Das Ganze ist wiederum ein Beispiel für das, was wir hier «Ding-Denken» nennen. Irgendwo muß doch ein inhärentes Sein zu finden sein, und wenn wir es in «Materie» oder «Geist» nicht entdecken können, muß es wohl in dem «neutralen Stoff» liegen. Dann können wir sagen: «Geist und Materie sind eins», und bald wird daraus: «Geist und Materie sind *Eins*.» Dieses Eine kann man sich dann wieder als ein äußeres Objekt denken, etwa als «Gott» oder «Brahman» oder «das Absolute».

All das kommt von dem zwanghaften Bestreben, alles zu *benennen*, alles Erkennbare in Sprache zu bannen. Unser Sprachsystem bestimmt, welche begrifflichen Unterscheidungen wir treffen können. Wenn etwas durch die Maschen unseres Sprachnetzes zu schlüpfen droht, geben wir ihm schnell einen Namen und machen es dadurch zum «Ding», damit die Vollständigkeit des Systems erhalten bleibt. Dieses Sprachsystem kann eine natürliche Sprache sein, aber auch die Sprache einer bestimmten Naturwissenschaft, die «Sprache des Denkens» oder die der Mathematik, Kunst oder Musik.

Und an diesem Unternehmen arbeiten wir immer noch, obwohl längst unwiderleglich bewiesen wurde, daß es scheitern *muß*. Das geschah in den dreißiger Jahren, zu einer Zeit also, als die Quantentheorie den Glauben an eine der physikalischen Sprache zugrundeliegende Wirklichkeit erschütterte. Kurt Gödel war es, der anhand einer streng logischen Beweisführung deutlich machte, daß ein Symbolsystem, welches komplex genug ist, um auch Aussagen über sich selbst zu machen, nicht zugleich vollständig und logisch schlüssig sein kann.[2] Jede Art von Sprache ist nun ein solches komplexes Symbolsystem. Ein Beispiel für einen deutschen Satz, der sich auf das Symbolsystem der deutschen Sprache bezieht und selbst ein Teil von ihr ist, wäre: «Die deutsche Sprache ist nicht angenehm für das Ohr.»

Gödels Theorem ist universal gültig, weil man in jedem komplexen Symbolsystem Aussagen formulieren kann, die auf sich selbst verweisen wie etwa der Satz: «Dieser Satz endet nach dem siebten Wort.» Es ist hier nicht der Ort, auf Gödels sehr ausführliche Beweisführung einzugehen, und so beschränken wir uns auf das Ergebnis: Ein Sprachsystem ist entweder vollständig und enthält dann widersprüchliche, paradoxe oder absurde Aussagen, oder es ist unvollständig und offen und enthält Aussagen, die innerhalb des Sprachsystems nicht zu beweisen sind. Was also außerhalb des Unterscheidungsprozesses eines bestimmten Sprachsystems liegt, kann nicht durch weitere Unterscheidung in diesem System bestimmt werden. Was jenseits der Sprache liegt, kann nicht durch Sprache bestimmt werden.

Das unaufhörliche Bestreben, alles unserem Sprachsystem einzuverleiben, alles zu benennen, was sich dem Gewahrsein bietet, ist nicht nur ein zwischenmenschliches Phänomen, sondern ständiger Begleitfaktor unserer persönlichen bewußten Erfahrung. Sooft wir ein Bild anschauen, lautet unsere erste Frage: «Was soll das sein?», oder: «Wie heißt es?» Hören wir ein Geräusch, das uns nicht vertraut ist, so fragen wir: «Was ist das?», und sind erst beruhigt, wenn wir ihm einen vertrauten Namen geben können. Wenn irgendeine emotionale Energie in uns aufsteigt, versuchen wir herauszufinden, was wir fühlen, und das geschieht weniger durch einfaches direktes Fühlen als vielmehr durch das Benennen. Unmittelbar zu empfinden, mit all der damit verbundenen Intensität und Ungewißheit, das ist uns zu gefährlich, denn wenn wir es nicht benennen können, droht unser Identitätsgefühl uns zu entgleiten.

Im 18. Kapitel haben wir gesehen, daß die Pattern-Bildungen des Geistes, des biologischen Lebens und der Materie dynamische Patterns sind im Gegensatz zu den festen Entitäten, die das Denken erzeugt. In jedem Augenblick sind wir eigentlich mit Körper und Geist eingetaucht in die Ungeteiltheit, aber wir bearbeiten diese Ungeteiltheit in den vielen und größtenteils unbewußten Ebenen unseres Wahrnehmungsprozesses; und mancher, vielleicht der meisten, dieser Ebenen sind wir uns nicht nur unmittelbar nicht bewußt, sondern werden uns ihrer unter normalen Umständen auch später nicht bewußt.

Manche, vermutlich nur ein kleiner Teil, der Resultate dieses Bearbeitungsprozesses stellen sich uns als Erfahrung dar, und diese Erfahrung besteht aus zwei Komponenten, dem Erfahrenden und dem Erfahrenen. Von diesem Anteil sagen wir, er sei uns «bewußt». Wir erfahren diesen bewußten Anteil als Wahrnehmungen oder Gedanken, und das ist, wie wir gesehen haben, weitgehend das gleiche. Denken und Wahrnehmen ist Unterscheiden, und so leben wir in unseren Unterscheidungen, sind in ihnen verkörpert. Lust und Schmerz, Liebe und Haß, ichbezogene Ängste und Hoffnungen und unser Mitgefühl für andere – sie alle sind Verkörperungen unseres Unterscheidens und geben wiederum Anlaß zu weiteren Unterscheidungen, von denen unser Handeln geleitet ist. Auch hier müssen wir wohl wieder zu dem Schluß kommen, daß die Patterns der Erscheinung, auf welcher Ebene sie auch beobachtet werden, und der Beobachter, dem diese Patterns erscheinen, gemeinsam in einem wechselseitigen Erzeugungsprozeß entstehen und es keiner Substanz bedarf, die diesem Erzeugungsprozeß als «Material» dient.

Aber woher kommen Unterscheidungen überhaupt? Selbst was wir «Gegenwart» nennen, beruht auf Unterscheidungen, die aus der Geschichte des Individuums hervorgehen, ganz davon abgesehen, daß diese «Gegenwart» mit etwa einer halben Sekunde Zeitverzögerung wahrgenommen wird (Kap. 12). Wenn, wie wir sahen, auch der individuelle Körper und der individuelle Geist nichts als Patterns sind, denen nichts noch Substantielleres zugrunde liegt, dann muß das Unterscheiden von fundamentalerer Natur sein als «Körper» und «Geist».

Bei unserer Analyse der Wahrnehmung haben wir zunächst die Begriffe «Körper» und «Geist» als von der «Außenwelt» gesondert beibehalten, doch die Analyse selbst hat schließlich gezeigt, daß diese Konstellation unhaltbar ist. Wir haben diese Zirkularität in der Logik der Wahrnehmung bisher noch ausgespart. Auch die *Dharma*-Analyse der frühen buddhistischen Schulen endete beim «sechsten Bewußtsein», dem individuellen Geist, der die übrigen fünf Bewußtseinsarten, die den Sinnesorganen zugehören, koordiniert. Hier wird es nun offenbar notwendig, über die Vorstellung hinauszugehen, daß der individuelle Geist Ort und Ursprung des Gedächtnisses und der Wahrnehmungsprojektionen ist. Die Logik unserer Überlegungen zwingt uns, die Vorstellung aufzugeben, daß Gedächtnis *ausschließlich* im individuellen Gehirn lokalisiert ist und daß *alle* mentalen Prozesse dort entspringen.

Die Einsichten der Yogāchāra-Schule des Buddhismus geben uns etwas mehr Aufschluß darüber, wie die Unterscheidungen des Denkens und der Wahrnehmung aus einem Grund hervorgehen, der frei ist von begrifflichen Unterscheidungen. Wir haben im 5. Kapitel gesehen, daß die frühen Schulen des Buddhismus, die Schulen der *Dharma*-Analyse, sechs Bewußtseinstypen unterschieden – die mit den fünf Sinnen assoziierten Bewußtseinsarten und das Bewußtsein der geistigen Inhalte, das die fünf Arten von Sinnesbewußtsein koordiniert und zu Komplexen bündelt, die wir «Dinge» nennen. Die Yogāchāra-Schule kam aufgrund einer tieferen Analyse dessen, was im sechsten Bewußtsein der frühen Schulen vor sich geht (und hier sind, wie wir im 5. Kapitel sahen, tatsächlich etliche verschiedene Vorstellungen zusammengefaßt), auf zwei weitere Bewußtseinsebenen.

Es mag hier zunächst ein wenig sonderbar erscheinen, wenn wir die siebente und achte Ebene der Patternbildung als «Bewußtsein» bezeichnen. Doch obwohl uns diese «Ebenen des Bewußtseins» normalerweise eben nicht bewußt sind, ist diese Bezeichnung gerechtfertigt, denn sie werden entdeckt, wenn die ersten sechs in der Analyse durch Abstraktion aus dem Weg geräumt oder in der meditativen Erfahrung durchschaut werden. Sie stellen Hintergrundsebenen der Patternbildung dar, die als Bestandteile des fünften Skandha in jedem Augenblick gegenwärtig sind. Unser Oberflächenbewußtsein nimmt normalerweise nur die aus dem Bewußtseinsstrom herausstechenden Muster auf, die seine Aufmerksamkeit erregen, die «Dinge» also, und achtet nicht auf den beständigen, gleichmäßigen Hintergrund, ohne den die Dinge gar nicht erscheinen könnten. Wie ich im 14. Kapitel dargestellt habe, gibt es Ansätze zu einer theoretischen Durchdringung dieses Bewußtseinsgrundes, der uns normalerweise nur ganz an der Peripherie unserer Bewußtheit erfahrbar ist.

Das Grund-Bewußtsein

Der Sanskritbegriff für das achte Bewußtsein lautet *ālaya-vijñāna*; er wird häufig mit «Speicherbewußtsein» übersetzt, bedeutet jedoch wörtlich «Grund-von-allem-Bewußtsein». Nach Asanga, dem Begründer der Yogāchāra-Schule, stellt dieses achte Bewußtsein die dem sich entwickelnden Bewußtseinsprozeß zugrundeliegende Struktur dar, die Fähigkeit des Bewußtseins, aus früheren Taten und Gewohnheiten ein künftiges Handeln zu entwickeln. Es ist das «Speicherbewußtsein», weil es alles frühere Handeln als «Samen» speichert, die dann in künftigem Handeln erneut aufkeimen. Es wird auch «ausgleichendes» oder «vergeltendes» Bewußtsein genannt, da es alles Handeln irgendwann in ausgleichende Konsequenzen ummünzt. Es gibt also kein Handeln und kein Denken, das nicht zu entsprechenden Folgen führte.[3]

Dies ist der Ursprung des Karma-Gesetzes, daß jede Ursache Wirkungen zeitigt und jedes Handeln entsprechende Folgen hat, die auf keine Art und Weise zu verhindern sind. Insofern hat das Karma-Gesetz auch einen ethischen Aspekt, doch «Vergeltung» bedeutet natürlich nicht, daß da irgendein äußeres Prinzip oder Wesen existiert, das über uns wacht und die angemessenen Belohnungen und Strafen zuteilt; das achte Bewußtsein darf mit anderen Worten auf keinen Fall als eine Art äußere Gottheit aufgefaßt werden. Die «Vergeltung» oder der «Ausgleich» ist einfach ein natürlicher Prozeß, der ganz von selbst abläuft.

Als Speicher aller früheren Eindrücke ist dieses Bewußtsein wie eine riesige Bibliothek oder wie das Speichersystem eines Computers. Es geht über das individuelle Bewußtsein hinaus, wenn es auch immer noch eine Färbung oder «Befleckung» aufweist. Diese Befleckung ist das Potential zum Selbstbewußtsein, die Funktion des siebten Bewußtseins, auf das wir weiter unten zu sprechen kommen. Das achte Bewußtsein enthält die gespeicherten Eindrücke und Erinnerungen aus der biologischen und kulturellen Evolutionsgeschichte. Es ist das, was auch in Traum und Tiefschlaf die Kontinuität aufrechterhält. Diese Kontinuität des achten Bewußtseins geht über die individuelle Lebensspanne hinaus und wird so zur Grundlage des buddhistischen Verständnisses von Reinkarnation.

Für den Buddhisten ist Reinkarnation eine ganz selbstverständliche Folge der Diskontinuität der Wahrnehmung und der Struktur der fünf Skandhas. Das Gefühl der Identität oder «Ichheit» wird, wie wir gesehen haben, von Augenblick zu Augenblick neu erzeugt. Es ist durch den ersten Skandha (*Form*) und eine Seite des zweiten Skandha (*Empfindung*) an den Körper gebunden. Es ist daher weder überraschend noch von besonderer Bedeutung, daß die Kontinuität des Identitätsgefühls fortbesteht, wenn der Körper zugrunde geht und die Skandhas auseinanderfallen. Und da nach buddhistischer Auffassung das Haften an der persönlichen Identität die Ursache des Leidens ist, ist der Gedanke an eine Reinkarnation für den Buddhisten auch nicht besonders verlockend. Das achte Bewußtsein ist jedenfalls die Grundlage des Identitätsgefühls: Hier wird der Keim der persönlichen Identität während der Übergänge zwischen den Wahrnehmungsaugenblicken und bei der Diskontinuität, die der physische Tod darstellt, verwahrt. Überdies kennt die buddhistische Tradition ein Weiterbestehen des Bewußtseins für eine gewisse Zeit nach dem physischen Tod.

Die allmähliche Auflösung der Skandha-Struktur nach dem Tod und die Bilder, die in dieser Zeit auf das Bewußtsein eindringen, bevor ein tiefschlafähnlicher Zustand einsetzt, fanden im tibetischen Buddhismus besondere Beachtung und sind beschrieben in einem Werk mit dem Titel *Bardo Thödol* (wörtlich: «Befreiung durch Hören im Zwischenzustand»).[4] Diese Bilder, die natürlich Projektionen sind, sollen diesem Werk zufolge zunächst sehr friedvoll sein. Das würde erklären, weshalb in Berichten von kurzen todesähnlichen Erfahrungen so häufig von einem Gefühl tiefen Friedens die Rede ist. Später werden die Bilder erschreckend, und das *Totenbuch der Tibeter*, wie der *Bardo Thödol* in Übersetzungen betitelt wird, gibt Anweisung, wie man in diesem Zwischenzustand Achtsamkeit und Gewahrsein aufrechterhalten kann. Die Anweisungen sind im wesentlichen dieselben wie die für das tägliche Leben: sich nicht verleiten lassen, die eigenen Projektionen für wirklich zu halten.

C. G. Jung verglich das Speicherbewußtsein, das seiner Auffassung nach einen tieferen Ursprung als das individuelle Gedächtnis haben muß, mit seinem «kollektiven Unbewußten».[5] Dieses kollektive Unbewußte beschreibt er als eine Bewußtseinsebene des «individuellen Geistes», die, vielleicht aufgrund von genetischer Vererbung, Zugang zum Gedächtnis der Menschheit hat. Für Jung war dies allerdings immer noch eine sehr individuelle Sache, wie schon der Begriff «Individuation» zeigt, womit er die Wiederentdeckung des kollektiven Unbewußten als persönliche bewußte Erinnerung bezeichnet. Wie wir jedoch schon gesehen haben, sind der «individuelle Körper» und der «individuelle Geist» Produkte der Patternbildungs-Aktivität des ungeteilten Grundes. Wir können also jetzt nicht mehr sagen, das Speicherbewußtsein sei etwas Individuelles. Jung scheint jedoch erfaßt zu haben, daß auch das achte Bewußtsein noch nicht ganz frei ist von Vorstellungen wie Individualität und gesondertes, inhärentes Sein.

Der Individualitätsgedanke, das Gefühl persönlicher Identität, entspringt dem siebten Bewußtsein. Dieses Bewußtsein, bekannt als «umwölkter Geist» oder «aneignendes Bewußtsein» oder «die menschliche Konstante», ist die Aktivität des Ego. Es ist in allem Denken gegenwärtig, daher «menschliche Konstante». Es wird «umwölkter Geist» genannt, weil es ständig das achte Bewußtsein aufrührt und gemäß den Patterns, die sich dort bilden, die übrigen sechs Bewußtseinsarten aktiviert. Der «umwölkte Geist» bezieht sein Ichgefühl daraus, daß er sich auf das achte Bewußtsein zurückspiegelt, und die energetische Qualität dieses Ichgefühls ist von der emotionalen Tönung einer der drei Grundemotionen des Ego: Begierde oder Wünschen, Haß oder Ablehnung und Bestürzung oder Verwirrung. Das sind, wie wir gesehen haben, die Grundreaktionen, die schon in den frühesten Stadien des Wahrnehmungsprozesses eintreten.

«Umwölkter Geist» ist nichts anderes als dieses Wogen der Emotionen, und man vergleicht ihn oft mit dem Wind, der über einen See fegt und die Wellen aufpeitscht – er ist sowohl der Wind als auch die aufgepeitschten Wellen. Man spürt ihn an der Peripherie des normalen Wachbewußtseins als den Saum von Wahn, Angst und Überdruß. Der «umwölkte Geist» kommt erst zur Ruhe, wenn es im Speicherbewußtsein keine «Samen» mehr gibt, die zu karmischem oder ichbezogenem Handeln führen.

Das siebte Bewußtsein wird auch «aneignend» genannt, weil es, wie Diana Paul sagt, «das Wirken des Egoismus, das Aneignen für ‹mich› darstellt. Es verquickt alle begrifflichen Vorstellungen mit einer illusionären Ich-Identität, und dann betrachten wir unser Dasein unter dem Gesichtspunkt dessen, was wir erwerben oder uns aneignen, sei es materieller Besitz, andere Menschen oder Ideen und Wertvorstellungen.»[6] Dieses aneignende Bewußtsein speichert die bereits mit «Ichheit» behafteten Ergebnisse des Wahrnehmungsprozesses der sechs Sinne wieder in das Speicherbewußtsein ein, und so setzt der karmische Prozeß sich fort. Das achte Bewußtsein und die sechs Arten von Sinnesbewußtsein sind auch dann noch an der Wahrnehmung beteiligt, wenn die Ich-Vorstellung losgelassen wurde; nicht so das siebte Bewußtsein, denn es *ist* die Ich-Vorstellung mitsamt ihrem manipulativen Selbstbewußtsein.

Die gewöhnliche Wahrnehmung ist ein Projektionsprozeß, der mit der Aktivierung der Energie eines Samens im Gedächtnisspeicher des achten Bewußtseins beginnt. Die Energie wird durch das siebte Bewußtsein hindurch projiziert und nimmt dort ein Ichgefühl an, das von einer der drei Grundemotionen gefärbt ist. Von dort aus geht ihr Weg weiter durch die fünf Sinne, bis durch die Koordination des sechsten der Eindruck einer «Außenwelt der Dinge» entsteht. Die Projektionstätigkeit des achten und siebten Bewußtseins setzt mit dem ersten Skandha (*Form*) ein, in dem alle acht Bewußtseinsarten angelegt sind, und setzt sich bis zum letzten Skandha (*Bewußtsein*) fort, in dem der ganze Prozeß als *eine* zusammenhängende Außenwelt erkannt wird. Schon auf der untersten Ebene, dem Speicherbewußtsein, gibt es erste Begriffe, ein primitives Unterscheiden und Symbolisieren. Die aus meditativer Einsicht gewonnene Auffassung von diesem gesamten Projektionsprozeß könnte die Natur dessen sein, was Gregory und Rock als das «Bilden von Hypothesen» bezeichnen. Im Hinblick auf die Drei Naturen (Kap. 17) ist der gesamte hier beschriebene Prozeß, das achte Bewußtsein eingeschlossen, die *abhängige Natur*.

Gewahrsein ohne zentralen Bezugspunkt

Für die Schulen des Mahāyāna-Buddhismus ist das Gewahrsein jenseits der acht Arten von Bewußtsein gänzlich frei von Ich-Vorstellung und Individualismus. Dieses Gewahrsein hat keinen zentralen Bezugspunkt und wird deshalb «bezuglos» genannt. Das bezuglose Gewahrsein wird in der Yogāchāra-Tradition als *amala-vijñāna* bezeichnet, als reines Bewußtsein oder «die grundlegend gute Struktur des Geistes».[7] «Rein» bedeutet, daß es frei ist von der begrifflichen Unterscheidung von Subjekt und Objekt und all den anderen Begriffsgebilden, die daraus erwachsen. In der tibetischen Vajrayāna-Tradition gibt es hierfür den Ausdruck *kunshi-nyangluk-kyi-gewa*, wörtlich «Grund von allem im natürlichen Zustand des Gutseins» oder einfach «grundlegendes Gutsein».[8] «Gutsein» verweist hier natürlich nicht auf moralistische Unterscheidungen aufgrund von Begriffen, sondern auf eine grundlegende Offenheit, die alle Phänomene zuläßt, ohne ihnen Hindernisse in den Weg zu stellen. Gemeint ist damit auch die Ur-Intelligenz, die in allen Phänomenen gegenwärtig ist. Dies ist die Natur der *absoluten Vollendung*, von der im 16. Kapitel die Rede war.

Die Organisation der acht Arten von Bewußtsein in ihrer Bezie-

Die Fülle in der Leere

hung zum nichtdualen Gewahrsein oder grundlegenden Gutsein ist mit der Projektion eines Films verglichen worden, aber ein dreidimensionales holographisches Bild wäre eine bessere Analogie.[9] Der Fundus aller Filme, die auf eine «Leinwand» (oder in den Raum) projiziert werden können, ist dem achten Bewußtsein zu vergleichen; die «Leinwand» ist Shūnyatā, die Leere. Die Bewegung des Films, die den Anschein der Kontinuität erzeugt, ist wie das siebte Bewußtsein. Die Mechanik des Projektors vertritt die sechs Arten von Bewußtsein, wobei der Synchronisator für Bild und Ton das sechste Bewußtsein darstellt. Das bezuglose Gewahrsein ist in diesem Vergleich das Licht, das durch den ganzen Prozeß hindurchscheint und nicht vom Raum gesondert ist. Zugleich ist das ganze System von Projektor und Film selbst wiederum eine Projektion im «Raum» von Gewahrsein und Leere.

Betonen wir noch einmal, daß diese holographische Filmvorführung nur eine Analogie ist. Wir sollten sie nicht mit der (von den meisten Gehirnforschern ohnehin nicht ernstgenommenen) Behauptung in Verbindung bringen, daß die Wahrnehmungsmechanismen des Gehirns holographischer Natur sind. Diese Anschauung bewegt sich nämlich immer noch auf der sehr oberflächlichen Ebene der Wahrnehmung einer «Außenwelt» durch das Gehirn. David Bohms Anschauung, daß der Grund der Ganzheit – die «implizite Ordnung» – so etwas wie eine dynamische «Holobewegung» sei, kommt der Sache vielleicht schon näher, aber auch das ist nur eine Analogie.[10] Nach buddhistischer Auffassung ist da nichts, was diese Patterns erzeugt, weder ein kosmischer Holographieapparat noch sonst etwas. Und das ist aus buddhistischer Sicht die Nichtdualität von Gewahrsein und Erscheinung. Wie Wolken sich aus nichts am Himmel zu bilden scheinen, so bilden die Erscheinungen sich im Raum, dem bezuglosen Gewahrsein. Dies ist ein Schritt über die Logik der Unterscheidung hinaus, den der unterscheidende Intellekt schwer erfassen kann.

Dieses nichtduale Gewahrsein ist nicht gesondert von den Erscheinungen und zieht sich durch alle acht Arten von Bewußtsein. Es heißt, dieses Gewahrsein sei die Grundlage der Intelligenz, der Wahrnehmung und des Erkennens. Es verleiht der Wahrnehmung eine Gefühlsqualität, die wir normalerweise mit der Idee des Bewußtseins im Gegensatz zum Unbewußten verbinden: das Gefühl, «erleuchtet» und nicht «verdunkelt» zu sein, das Gefühl des unmittelbaren Erkennens im Gegensatz zum Schlußfolgern. Das siebte Bewußtsein reißt dieses Gefühl des Erkennens jedoch an sich und erfindet die Idee des erkennenden Ichs. Aber wie inzwischen wohl hinreichend deutlich geworden ist, ist dieses Ich wirklich nicht mehr als eine Idee. Hüten wir uns auch, das bezuglose Gewahrsein zu substantialisieren, so daß etwa ein äußerer Gott oder ein inneres Selbst daraus wird. Auch dieses Selbst ist im Grunde immer noch das Ich – das bezuglose Gewahrsein aber transzendiert *jeden* zentralen Bezugspunkt, wie auch immer wir ihn nennen mögen.

Das bezuglose Gewahrsein ist nicht gesondert von den Erscheinungen, aber es ist nicht das Produkt irgendeines Prozesses, da es allen Prozessen vorausgeht und alle Prozesse umfaßt. Es ist nicht erzeugt, nicht gemacht, nicht erschaffen. Es hat nirgendwo seinen umgrenzten Ort, weder in Definitionen noch in Unterscheidungen. Es läßt sich nicht kategorisieren oder zu einem begrifflichen Bezugspunkt machen. Daher liegt es außerhalb der Reichweite des Intellekts.

Die ursprüngliche Intelligenz des bezuglosen Gewahrseins ist auch der transzendente Aspekt von Rikpa, der Intuition (Kap. 14). Wenn Herbert Guenther sagt: «Um das Höchste erfassen zu können, muß der Mensch in irgendeiner Weise daran teilhaben», so ist Rikpa das, worin der Mensch das Höchste – den nichtdualen und nichtbegrifflichen Grund von Existenz und Nichtexistenz – erkennt und an ihm teilhat. Guenther schreibt über Rikpa oder «ästhetische Erfahrung»:

Viele von uns verstehen nicht mehr, daß es neben dem intellektuellen Verstehen der Welt noch eine andere Art des Erfassens gibt, die zu ebenso wertvollen und gültigen Wahrheiten führt. Ich meine das ästhetische Erfassen oder die innere Wahrnehmung des Künstlers, des Dichters, des Sehers [und wohl auch des Wissenschaftlers in seinen schöpferischen Momenten], dessen Worte eher ein Kommentar zu einer Vision sind als das müßige Bestreben, ein System universaler Wahrheiten zu konstruieren, das die Denk- und Empfindungsfähigkeit des Menschen übersteigt, oder den Menschen auf irgendein vorgefaßtes «Menschenbild» zu reduzieren, das nichts von dem enthalten darf, was dem Verkünder dieses Menschenbildes selbst unergründlich ist. Das ästhetische Gewahrsein ist gewiß subjektiv in dem Sinne, daß es vom Subjekt empfunden und erfahren werden muß, aber es ist nicht «bloß subjektiv» in dem umgangs-

Die Fülle in der Leere

sprachlichen Sinn, der da meint, es handle sich bloß um vorübergehende Anwandlungen. Das ästhetische Faktum ist nicht nur subjektiv zugänglich als lebhafte und bewegende Erfahrung, sondern bildet auch die Matrix, aus der alles bewußte Leben hervorgeht.

Guenther gebraucht das Wort «ästhetisch» hier in einem etwas anderen Sinn als dem heute üblichen, nämlich für die urteilsfreie unmittelbare sensorische Wahrnehmung. Diese ästhetische Wahrnehmung hat nichts mit angenehmen oder unangenehmen Empfindungen zu tun, sondern ist nur volkommen direkt. Alles kann auf diese Weise ästhetisch wahrgenommen werden, auch schmutzige Windeln. Dieses nichtduale Rikpa-Gewahrsein, bevor es Gegenstände identifiziert, ist nach Guenthers Worten das Gewahrsein von Shūnyatā:

> Was die ästhetische Erfahrung von Rikpa angeht, so können wir sagen: Wovon wir ein ästhetisches Gewahrsein haben, ist, bevor wir ein ästhetisches Gewahrsein von ihm haben, nichts. Aber «nichts» ist, wie die Texte immer wieder versichern, nicht einfach absolutes Nichtsein. Es ist ein dynamisches Nichts, das, wenn wir seiner ästhetisch gewahr sind, bereits eine Form erhalten hat und daher dem lebhaft Gegenwärtigen und seiner Bedeutung innewohnt.[11]

Und schließlich ist Rikpa das der Subjekt-Objekt-Spaltung vorausgehende ursprüngliche Wissen, die Ur-Intelligenz, in der intellektuelle Erkenntnis und Wertgefühl vereinigt sind. Rikpa ist, um noch einmal Guenther zu zitieren, «ein Erkennen, das den schwer greifbaren Geschmack von etwas hat, das wir ‹Wert› nennen könnten; allerdings wird dieses Wort zu Mißverständnissen Anlaß geben, da Werte in unserer naturwissenschaftlich bestimmten Welt als bloß subjektiv angesehen werden.» Und an anderer Stelle: «Der Unterschied zwischen ‹Unwissenheit› (*ma-rikpa*) und ‹wirklicher Erkenntnis› (*rikpa*) besteht darin, daß Erkenntnis und Emotion im ersteren Fall nicht zu Begriffen verschmolzen sind, weil der Mensch es aus Gewohnheit nicht dazu kommen läßt oder sogar Vorkehrungen trifft, damit es nicht geschieht. Im letzteren Fall hat diese Verschmelzung stattgefunden. Erkenntnis, in welchem Sinn auch immer, besitzt einen Gefühlstonus.»[12] Wir fühlen uns hier vielleicht an Michael Polanyis «persönliches Erkennen» (Kap. 13) erinnert, das Subjektivität und Objektivität transzendiert.

Auf der Ebene von Rikpa ist verwirklicht, was wir dort erörterten, die Vereinigung von Intellekt und Intuition.

Diskursive Sprache kann dies nur sehr unvollkommen darstellen, aber dichterische Sprache vermittelt uns manchmal einen Geschmack davon, was bezugloses Gewahrsein ist. Das folgende Prosagedicht von Chögyam Trungpa Rinpoche gibt uns einen lebhaften Eindruck von Wahrnehmung jenseits der Begriffe:

Das namenlose Kind

Da ist ein Berg aus Gold. Unter den Strahlen der Sonne bietet er einen verwirrenden Anblick, so umgeben von roten, grünen, gelben, orangefarbenen, blaßroten und rotbraunen Wolken, die sanft der Wind heranträgt. Tausende von Vögeln mit Silberköpfen und Eisenschnäbeln umkreisen auf Kupferschwingen den Berg. Eine rubinrote Sonne geht im Osten auf, und ein kristallener Mond versinkt im Westen. Weithin ist die Erde mit Perlenstaubschnee bedeckt. Auf dieser Erde tritt – in einem Augenblick – ein leuchtendes Kind ins Sein, das keinen Namen hat.

Der Goldberg steht voll Würde, das Sonnenlicht ist flammend rot.
Vielfarbige Wolken schweben am Himmel wie Traumgebilde.
Dort, wo die Eisenvögel krächzen,
findet das in einem Augenblick geborene Kind keinen Namen.

Da es ohne Vater ist, hat es keine Familie und Herkunft. Da es ohne Mutter ist, hat es nie die Milch geschmeckt. Da es ohne Bruder und Schwester ist, hat es niemanden zum Spiel. Ohne ein Haus, darin es wohnen könnte, kann es auch kein Bettchen finden. Von keinem Kindermädchen umsorgt, hat es nie geweint. Zivilisation gibt es dort nicht, und so ist auch kein Spielzeug zu finden. Da es keine Bezugspunkte hat, weiß es nichts von einem Ich. Nie hat es sprechen hören, und so hat es auch nie Furcht erfahren.
Das Kind wendet sich in alle Richtungen, doch nichts begegnet ihm da. Es setzt sich auf die Erde. Nichts geschieht. Es nimmt eine Handvoll Perlenstaub auf und läßt ihn durch die Finger rieseln. Eine zweite Handvoll nimmt es in den Mund. Dem Knirschen zwi-

schen den Zähnen lauschend, schaut es in die rubinrot versinkende Sonne, in den aufgehenden Kristallmond. Plötzlich erscheint wie durch Zauber ein ganzes Sternenmeer, und das Kind legt sich auf den Rücken, um staunend die Sternenbilder zu betrachten. Das namenlose Kind fällt in einen tiefen Schlaf, doch ohne Träume.

Seine Welt hat weder Anfang noch Ende.
Farben sind ihm weder schön noch häßlich.
Seine Natur ist frei von vorgefaßten Anschauungen über Geburt und Tod.
Der Goldberg steht unwandelbar fest,
das rubinrote Sonnenlicht ist überall,
der kristallene Mond wacht über Millionen von Sternen.
Das Kind lebt ohne Vorstellungen.[13]

Es wird dem Leser aufgrund der bisherigen Erörterung deutlich geworden sein, daß diese tieferen Bewußtseinsebenen unerreichbar sind für eine Kognitionswissenschaft, die sich den geistigen Prozessen unter einer dualistischen Perspektive zu nähern versucht. Es mag wohl sein, daß die Kognitionswissenschaft auf gedanklichem Wege zu ähnlich aussehenden Schlußfolgerungen gelangt, aber ein *direktes Erfassen* solcher Prozesse ist wohl nur aufgrund von eigener unmittelbarer Erforschung des Geistes möglich. Wir wollen nicht ausschließen, daß dies auch mit den Mitteln der analytischen Psychologie geschehen kann, doch nur unter der Bedingung, daß die Individualitäts-Idee tranzendiert wird. Im Buddhismus ist, wie wir gesehen haben, die Achtsamkeits-Gewahrseins-Schulung die Methode, nach welcher der Geist erforscht wird, der Weg zur unmittelbaren Erfahrung des bezuglosen Gewahrseins.

21. Jenseits des Selbstbewußtseins

«Bezugloses Gewahrsein» ist ein anderer Ausdruck für das Gewahrsein in der Jetztheit, von dem im 13. Kapitel die Rede war. Es ist der Intelligenzaspekt des Seins in der Nichtdualität, den man mit Ausdrücken wie «Geist-an-sich» oder «Nicht-Geist» oder «Ur-Geist» bezeichnet. In solchen Begriffen kommt zum Ausdruck, daß das bezuglose Gewahrsein weder als Objekt noch als Subjekt der Erfahrung aufgefaßt werden darf, daß es beiden vorausgeht und zugrunde liegt. Nicht-Geist kann weder entdeckt noch erkundet werden in einem Kontext, der die grundsätzliche Dualität von Subjekt und Objekt voraussetzt.

Wenn das von dualistischer Logik geprägte Denken von «Geist-an-sich» hört, wird es wohl meinen, damit müsse etwas völlig Inhaltloses, völlig Bedeutungsleeres gemeint sein. Wenn wir glauben, daß nur diese Methoden des dualistischen Denkens und begrifflichen Erkennens gültig seien, kann die bloße Erwähnung von «Nur-Geist» oder «Geist-an-sich» schon sehr beunruhigend sein. Doch sobald wir das ego-zentrische Bewußtsein aufgeben, ist uns Geist-an-sich nichts Unbekanntes mehr: Unwissenheit (*ma-rikpa*) verwandelt sich in «Wissenheit» oder Einsicht (*rikpa*). Geist-an-sich kann also nicht begrifflich als Objekt erfaßt werden, ist aber als Ur-Intelligenz, die wie der Raum überall ist, dem menschlichen Gewahrsein zugänglich. Saraha, der große indische Vajrayāna-Buddhist des zehnten Jahrhunderts, sagt dazu:

Das Bewußtsein der Wirklichkeit, das nicht kategorischem Denken entstammt,
ist frei von künstlichen Erzeugnissen und ist nicht aufgespeichertes Karma.

> Das erkläre ich, Saraha, der solches weiß.
> Doch das Herz der Kleinlichen ist voller Gift.
> Der Friede vom Geist-an-sich ist schwer zu verstehen:
> Nicht gefesselt von engen Begriffen und ohne Schmutz,
> ist das Herz in seinem Sein niemals konkret zu erforschen.
> Wo dies geschieht, verwandelt es sich in eine gereizte giftige Schlange.
> Dinge, vom Denken gesetzt, sind nichts in sich selbst.
> Denn ohne Begründung bestehen sie nicht.
> Wenn man das Wirkliche frei in seiner Wirklichkeit kennt,
> dann gibt es kein Sehen noch Hören, auch nichts, was dieses nicht ist.[1]

Der Leser mag sich fragen, weshalb wir nach allem bisher Gesagten überhaupt noch den Begriff «Geist» verwenden, und in der Tat muß man sich bei übersetzten Ausdrücken vor der vorschnellen Annahme hüten, man habe sie unmittelbar verstanden. Das gilt insbesondere im vorliegenden Fall, wo wir von etwas zu sprechen versuchen, das erklärtermaßen jenseits aller Begriffe ist. Auch Guenther mahnt: «Die Frage, ob die Autoren der Originaltexte tatsächlich dasselbe wie wir meinen mit diesen Wörtern, deren Bedeutung uns keineswegs eindeutig klar ist, muß uns stets gegenwärtig bleiben, und nicht nur beim Übersetzen der Texte, sondern vor allem bei systematischen Darstellungen der östlichen Philosophien.»

Wenn wir mit «Geist» auf den Wahrnehmungsstrom und die ihn begleitende Begriffsbildung verweisen, dann könnte «Geist-an-sich» das sein, was zwar in sich selbst nichts ist, aber trotzdem Gestaltungen erfährt, die dem geteilten Bewußtsein als mentale Ereignisse erscheinen, und zu seinem «An-sich-Sein» zurückkehrt, sobald keine gestaltenden Kräfte mehr auf es einwirken. So schreibt auch Guenther: «Der Geist hat die Tendenz, zu seinem ‹Naturzustand› zurückzukehren, sobald er in Ruhe gelassen wird: ‹Geist, in Abwesenheit von Bedingungen, ist ohne Gedächtnis und Assoziation und ist *shūnya*.› Diese Tendenz ist dem vergleichbar, was geschieht, wenn man aufgerührtes Wasser wieder still und klar werden läßt.»[2]

Wenn wir von «Geist-an-sich» oder «bezuglosem Gewahrsein» sprechen, anstatt einfach bei «Leere» zu bleiben, dann kommt darin zum Ausdruck, daß das Angesprochene Eigenschaften aufweist, die

Jenseits des Selbstbewußtseins

der «Wissenheit» des Geistes analog sind. Was also sind die Eigenschaften dessen, was jenseits aller Projektionen liegt? Die Verwirklichung des bezuglosen Gewahrseins, so heißt es, ist gekennzeichnet durch Shūnyatā, Glückseligkeit, Klarheit (Leuchtkraft) und Ungehindertheit. Shūnyatā bedeutet, wie wir ausführlich dargestellt haben, daß dies ein vollkommen offener, grenzenloser Zustand ist, in dem es keine begriffliche Unterscheidung und keine Fixierung der Wahrnehmung auf inhärentes Sein gibt. Daher sagt Saraha: «... dann gibt es kein Sehen noch Hören, auch nichts, was dieses nicht ist.» Wie diese Entdeckung in der Erfahrung aussehen kann, hat Chögyam Trungpa beschrieben:

Die Erfahrung der Bezugspunktlosigkeit kann sich erst nach intensiver Arbeit mit den vielen Bezugspunkten des Lebens einstellen... Doch dann, wenn du mit den gewöhnlichen Umständen deines Lebens richtig in Kontakt gekommen bist, wirst du vielleicht eine schockierende Entdeckung machen. Während du eine Tasse Tee trinkst, taucht plötzlich das Gefühl auf, daß du in einem Vakuum Tee trinkst. Es ist nicht einmal *du*, der da Tee trinkt. Die Leerheit des Raums trinkt den Tee. Während einer ganz normalen Verrichtung, die normalerweise einen Bezugspunkt darstellt, kann sich also unvermittelt die Erfahrung der Bezugslosigkeit einstellen. Wenn du Hose und Hemd anziehst, fühlt es sich so an, als würdest du Raum bekleiden. Beim Schminken hast du das Gefühl, daß du Raum verschönerst, ein reines Nichts.[3]

«Glückseligkeit» besagt, daß die energetische Seite des bezuglosen Gewahrseins die Qualität großer Freude aufweist. Hier ist nicht höchste Lust oder Ekstase gemeint, sondern etwas, das vielleicht der hingebenden, liebevollen Umarmung von Mann und Frau ähnlich ist: Subjekt und Objekt, das männliche und weibliche Prinzip des Gewahrseins, vereinigen sich. Glückseligkeit ist die Gefühlsqualität der nichtdualen Wahrnehmung, die sich ganz allmählich auch im Bereich der gewöhnlichen Erscheinungen immer weiter ausbreitet, je mehr das dualistische Bewußtsein seinen Griff lockert. Für den Buddhisten ist das Glück, das wir alle suchen, nichts, was wir uns im Kampf mit anderen oder durch das Streben nach Lustgewinn erringen könnten. Es fällt uns zu, wenn der Geist losläßt und sich öffnet und wir das innere Wesen der Wahrnehmung realisieren.

Jenseits des Selbstbewußtseins

Wie wir im letzten Kapitel sehen werden, bildet diese fundamentale Umorientierung der Wahrnehmung auch die Grundlage unseres tätigen Mitgefühls für andere. Was hier Glückseligkeit genannt wird, ist eine Energie, die sich wie ein Feuer durch alle begrifflichen Fixierungen hindurchbrennt. Und wer in der meditativen Schulung weit genug vorangeschritten ist, kann diese reine Energie weitergeben und anderen helfen, ihre eigenen Fixierungen zu durchschauen. Man braucht wahrlich nicht zu fürchten, daß «gar nichts übrigbleibt», wenn das Ego mit seinen Verhaftungen überwunden ist.

Mit «Klarheit» oder «Leuchtkraft» soll zum Ausdruck gebracht werden, daß die Erscheinungen für das bezuglose Gewahrsein strahlend und wie mit Energie geladen aus der Offenheit von Shūnyatā hervorleuchten. Trungpa Rinpoche sagt dazu:

> Solche Klarheit ist von großer Pracht und Leuchtkraft. Sie ist voller Freude, und in ihr liegt das Potential zu allem. Sie ist eine wirkliche Erfahrung. Wenn wir dieses Strahlen einmal erfahren haben, diese weitsehende, prangende, farbenprächtige Fülle der Klarheit, dann gibt es keine Probleme mehr. Sie ist unzerstörbar. Aufgrund ihrer Fülle und ihres Reichtums strahlt sie unaufhörlich, und dann ist nichts anderes mehr möglich als bedingungslose Bejahung und Wertschätzung.[4]

Daß Geist-an-sich, das bezuglose Gewahrsein, nicht von der gewöhnlichen Welt der Erscheinungen geschieden ist, besagt aber nicht, daß der Geist *in* der Natur ist – das wäre eine Art Panpsychismus. Geist-an-sich, jenseits aller Begriffe, hat nichts mit «Geist» oder «Natur» im Sinne des Panpsychismus zu tun. Alles Bemühen, Geist und Natur zu vereinigen oder den Geist in der Natur aufzuspüren, geht immer noch von der Annahme einer zugrundeliegenden Dualität von Geist und Natur aus. Geist-an-sich geht aber jeder solchen Spaltung voraus. Damit ist gesagt, daß das nichtduale Gewahrsein und die Phänomene einander wechselseitig und ungehindert durchdringen – Phänomene und Gewahrsein sind nicht-zwei. Damit haben wir das vierte Kennzeichen von Geist-an-sich beschrieben, Ungehemmtheit oder Ungehindertheit: Die Phänomene in ihrer endlosen Vielfalt entspringen dem «freien Spiel» des Geistes-an-sich. Die Möglichkeiten der Patternbildung sind unerschöpflich, weil sie nicht auf irgend etwas Substanzhaftem beruhen.

Daß Geist-an-sich und die Phänomene nicht geschieden sind, kommt auch in dem folgenden Gesang Marpas zum Ausdruck, jenes großen tibetischen Lehrers und Übersetzers des elften Jahrhunderts, der wichtige buddhistische Lehren von Indien nach Tibet brachte. Der ganze Prozeß der Erforschug des Geistes, wie wir ihn in diesem Buch darzustellen versucht haben, erscheint hier in größtmöglicher Verdichtung:

> Erbarmen und Leere sind untrennbar.
> Dieser unaufhörlich strömende Geist
> ist Soheit von ursprünglicher Reinheit.
> Raum sehen wir sich vereinigen mit Raum.
> Wenn die Wurzel zu Hause verweilt [im Glauben an das Ich],
> ist das Geist-Bewußtsein eingekerkert [durch das Denken].
> Darüber meditierend, werden weitere Gedanken
> nicht im Geist zu Flickwerk gefügt [die grundsätzliche Diskontinuität des Denkens wird erkannt].
> Die Welt der Phänomene zu erkennen ist die Natur des Geistes,
> Meditation erfordert kein weiteres Gegengift [kein spirituelles Ringen ist erforderlich].
> Die Natur des Geistes kann nicht gedacht werden.
> Komm zur Ruhe in diesem natürlichen Zustand.[5]

Drei Arten der Verkörperung

Für den Geist-an-sich gibt es keine Trennung von Geist (die «innere Welt» der Gedanken und Emotionen) und Körper. Die untrennbare Ganzheit von Gewahrsein und energetischen Prozessen wird vielmehr als drei Arten der Verkörperung oder «Drei Körper» (Sanskrit: *trikāya*) erfahren: *dharmakāya*, *sambhogakāya* und *nirmānakāya*.[6] Unter dem Gesichtspunkt der Patternbildung in der Leere können wir diese Drei Körper vielleicht als drei Ebenen der zunehmenden Konkretisierung und Verfestigung von Patterns betrachten: von einer Ebene der vollkommenen Offenheit, in der es keine bestimmten Patterns gibt, über eine Ebene der energetischen Kommunikation von Qualitäten bis hin zu einer Ebene, auf der konkrete bedingte Patterns als die Welt der Phänomene erscheinen. Diese drei Ebenen sind je-

Jenseits des Selbstbewußtseins

doch nicht von Shūnyatā getrennt; wir können sie als drei Perspektiven verstehen, unter denen die nichtbegriffliche Fülle von Shūnyatā erscheint. Die Drei Kāyas stehen in Beziehung zu den vier Aspekten des Geistes-an-sich: Dharmakāya ist der Shūnyatā-Aspekt, Sambhogakāya der Aspekt von Glückseligkeit und Leuchtkraft und Nirmānakāya der Aspekt der Ungehindertheit.

Dharmakāya – «Dharma-Körper» oder «Körper der Großen Ordnung» – ist das Gewahrsein von Shūnyatā und entspricht der Ebene des Geistes. Diese Verkörperungsebene des Geistes-an-sich ist vollkommene Offenheit, in der alle *Dharmas*, alle Möglichkeiten der Manifestation, zugelassen werden. Doch kann man über die Manifestationen auf dieser Ebene weder sagen, daß sie existieren, noch, daß sie nicht existieren. Der Geist ruht in seinem natürlichen Zustand und ist jenseits des Denkens.

Die Anschauung, Heisenbergs «Potentia» und Bohms «implizite Ordnung» bedeuteten in etwa das gleiche wie Dharmakāya, läßt sich nicht aufrechterhalten. Die Physiker sprechen von Dingen, die durch Schlußfolgerung erkannt werden und nur so erkannt werden *können*. Schon aufgrund ihrer Definition gehören Potentia und implizite Ordnung nicht zu den Dingen, die unmittelbar erfahren werden können. Gewiß, auch die Physiker haben erkannt, daß die schlußfolgernde Logik des physikalischen Materialismus, wenn man sie nur weit genug treibt, an einen Punkt kommt, wo der Wirklichkeitsbegriff der Physik paradox wird, und dies bringt uns immerhin so weit, daß wir die Probleme eines begrifflichen Erfassens der letzten Wirklichkeit erkennen. Da aber die «Elementarteilchenphysik» sich auf unglaublich naive Anschauungen über die Natur der Wahrnehmung stützt, wird hier die Möglichkeit eines Gewahrseins dessen, was in der Welt menschlicher Erfahrung jenseits der Begriffe ist, gar nicht erst ins Auge gefaßt. Und mit «Dharmakāya» ist *eben diese* Ebene gemeint.

Wenn der Verstand versucht, sich einer weiteren Wirklichkeitsebene jenseits dieser Paradoxe begrifflich anzunähern, gelangt er nur zu immer weiteren Abstraktionen und entfernt sich immer weiter von der direkten Einsicht in seine eigene Natur. Diese weiteren Abstraktionsebenen sind für die Physiker interessant, aber sie haben nichts mit jenem Gewahrsein zu tun, das den Glauben an die begriffliche Erfaßbarkeit der Welt durchschaut hat und überwinden möchte.

Unter den Wissenschaftlern war es vielleicht Niels Bohr, der einem

Verständnis der Nichtbegrifflichkeit von Shūnyatā am nächsten kam. Wie im 2. Kapitel dargestellt wurde, kam Bohr zu der Auffassung, daß wir bei dem Versuch, die Wirklichkeit begrifflich zu erfassen, an einen Punkt gelangen, wo unsere Begriffe uns die Wirklichkeit in zwei unvereinbar erscheinenden Aspekten darstellen. Das Grundbeispiel dieser Widersprüchlichkeit ist der Welle-Teilchen-Dualismus der Quantenmechanik, doch Bohr dehnte das Prinzip auch auf Begriffe wie «Denker», «Gedanke», «Liebe» und «Gerechtigkeit» aus und äußerte den Verdacht, dieses «Prinzip der Komplementarität» sei in allen Bereichen des menschlichen Daseins am Werk. Seine Anschauungen galten anderen Physikern, die weiterhin nach einer vollständigen und kohärenten Welt Ausschau hielten, als ziemlich wirrköpfig. Bohr jedenfalls war sich, wie wir in diesem Buch auch schon dargestellt haben, der Rolle der Sprache bei der Herstellung der Welt sehr deutlich bewußt.

Die zweite Verkörperungsebene des Geistes-an-sich ist der *Sambhogakāya*, der «Körper des Entzückens», der der Ebene der Emotionen entspricht. Dies ist die Ebene der Erregungsenergie für die grenzenlose Vielfalt der Wahrnehmungen. Es ist die Ebene des Gewahrseins ästhetischer Qualitäten wie Blau*heit*, Rot*heit*, Stein*heit*, oder Wasser*heit*. Und es ist die Ebene des Gewahrseins des kommunikativen Charakters dieser Qualitäten: Emotionen werden nicht als einzelne, wohlumschriebene Gegebenheiten erfahren, zu einer begrifflichen und personalisierten Form erstarrt wie etwa «Zorn», «Eifersucht» oder «Begierde». Die Vielfalt der Energien bleibt vielmehr in der Schwebe und wird als Ausdruck des kommunikativen Charakters der Dinge empfunden. Und die Patterns, in denen dieser kommunikative Charakter empfunden wird, bezeichnet man als die «Fünf Weisheiten».

Wenn die Nichtdualität realisiert und als das der Wahrnehmung Zugrundeliegende erkannt ist, stellt das siebte Bewußtsein seine Aktivität ein und die Energien der Wurzel-Emotionen, die das siebte Bewußtsein antreiben, werden in die Energien der «Fünf Weisheiten» umgewandelt. Zorn wird in «Spiegelgleiche Weisheit» verwandelt, die die Phänomene so widerspiegelt, wie sie sind, unverzerrt durch das «Bewußtsein», das heißt durch das Bedürfnis, sie zu Päckchen zu verschnüren und am Faden einer Erzählung über das Ich und seine Welt aufzureihen. Hochmut wird in «Gleichmuts-Weisheit» verwan-

Jenseits des Selbstbewußtseins

delt, die die Phänomene so nimmt, wie sie sind, ohne sie durch die Bestimmung ihres Wertes für das Ich zu entstellen. Leidenschaft wird in «Unterscheidende Weisheit» verwandelt, die feinste Details der Wahrnehmung unterscheidet, ohne sich jedoch um deren Bedeutung für das Ich zu kümmern. Eifersucht wird in «Allvollbringende Weisheit» verwandelt, die in ihrem Wirken vollkommen frei ist von Überlegenheitsgefühlen oder Versagensängsten aufgrund des Glaubens an eine Ich-Identität als Philosoph, Wirtschaftswissenschaftler, Politiker oder spiritueller Mensch. Und Verblendung wird in die «Weisheit des Allumfassenden Raums», das nichtduale Gewahrsein, verwandelt, das alle Phänomene in sich aufnimmt, ohne auch nur ein einziges abzuweisen und ohne Fixierung auf ein letztes inhärentes Sein.

Beim Sambhogakāya erkennen wir schon eine gewisse Ausrichtung auf das tatsächlich Erscheinende. Die dritte Ebene nun, die der Ebene des Körpers entspricht, wird *Nirmānakāya* genannt – «Körper der Emanation» oder «Körper der Verwandlung». Nirmānakāya ist das Erscheinen einer bestimmten Welt zu einer bestimmten Zeit und an einem bestimmten Ort. Er ist der irdische Körper, der aber nicht zu trennen ist vom Umfeld der Sinne. Der individuelle Körper erhält kein besonderes Gewicht als Brennpunkt der Aufmerksamkeit, denn das nichtduale Gewahrsein hat keinen Ort in Raum und Zeit, den Rahmenbedingungen des dualistischen Bewußtseins.

Im Raum des nichtdualen Gewahrseins sind die Sinnesfelder zumindest potentiell ohne Grenze, denn Begrenzung entsteht erst durch die begriffliche, unterscheidende, dualistische Sicht des Ich. Trungpa Rinpoche beschreibt es so: «Ein ungeheures Feld der Wahrnehmung entfaltet sich: Klänge, Anblicke, Gerüche, Empfindungen in unerschöpflicher Fülle. Das Reich der Wahrnehmungen ist grenzenlos, die Wahrnehmung selbst ursprünglich, unbedingt, unausdenklich. Es gibt Klänge, die du nie gehört, Farben und Dinge, die du nie gesehen, Gefühle, die du nie empfunden hast.»[7]

Der Sanskritbegriff für «Sinnesfeld» oder «Sinnesbereich», *āyatana*, bedeutet wörtlich «Tor des Ins-Sein-Tretens»; die tibetische Entsprechung, *kye-che*, bedeutet «geboren und sich ausdehnend». Impliziert ist hier, daß dieses Tor sich nach beiden Seiten öffnet: der Wahrnehmende tritt mit dem Wahrgenommenen ins Sein, und beide sind relativ. Indem also der Wahrnehmende sich öffnet, öffnen sich auch die Sinnesobjekte; es ist ein wechselseitiges Sich-Öffnen, Ins-Sein-Treten und Sich-Ausdehnen.

Wenn die Āyatanas, die Pforten der Wahrnehmung, sich klären, werden Wahrnehmungen nicht nur mit dem Herzen empfunden, sondern auch vom Intellekt erkannt. Das kleinste Detail kann nun etwas ungeheuer Weites und Erheiterndes bekommen. In gewöhnlichen Wahrnehmungen können sich Freude und Wehmut zu einer großen Sehnsucht verbinden, die über alle einzelnen Wahrnehmungen und Empfindungen hinausweist auf die grenzenlose Offenheit des Gewahrseins. Und das ist nicht unbedingt ein «höherer» Seins- oder Bewußtseinszustand, sondern kann ganz natürlich und gewöhnlich sein. «In diesem natürlichen Zustand zur Ruhe zu kommen», wie Marpa sagt, läßt in den einzelnen Wahrnehmungen jene ungeheure Weite aufscheinen und schafft eine direkte Verbindung zu der Kraft und grundlegenden Intelligenz der gewöhnlichen Welt. Chögyam Trungpa Rinpoche beschreibt es mit folgenden Worten:

Der Meditierende erreicht durch unmittelbare Kommunikation mit der Wirklichkeit der phänomenalen Welt eine neue Tiefe der Einsicht. Er sieht nicht nur das Nichtvorhandensein von Komplexheit, das Nichtvorhandensein von Dualität, sondern die *Steinheit* von Gestein und die *Wasserheit* von Wasser... Ein großes Begreifen von Symbolik und ein großes Begreifen von Energie. In welcher Lage auch immer, er braucht keine Resultate mehr herbeizuzwingen. Das Leben um ihn her ist ein Strömen. Dies ist das grundlegende Mandala-Prinzip.[8]

Da es für solches Gewahrsein keinen Bezugspunkt gibt, kein Zentrum, das ihm einen Rückbezug bietet, wird hier das Mandala-Prinzip angeführt, um zu verdeutlichen, wie Wahrnehmungen organisiert werden. Das tibetische Wort für Mandala lautet *kyil-khor*, was soviel wie «Mitte-Saum» oder «Zentrum-Peripherie» bedeutet. Ein Mandala wird häufig als um einen Zentralpunkt aufgefächerter Kreis dargestellt. Ein Mandala ist demnach als eine ganze, ungeteilte Welt zu verstehen, die im Gewahrsein kreist, aber nicht direkt auf ein Zentrum ausgerichtet ist oder aus ihm hervorgeht. Guenther führt einen tibetischen Text an,[9] in dem er Mandala (*kyil-khor*) mit «Konfiguration» übersetzt:

Jenseits des Selbstbewußtseins

Da die selbstanregende Intelligenz [*rikpa*] weder eine Peripherie noch ein Zentrum besitzt, ist sie ein Punkt [*kyil*];
sie ist der zugehörige Kreis [*khor*], denn er ist es, der erfahren wird.
Da die selbstanregende Intelligenz sich schön macht, ist sie ein Kyilkhor (eine Konfiguration);
[ihre Schönheit] beruht nicht auf Konfigurationen, die mit farbigem Steinstaub angelegt werden.

Die Phänomene («der zugehörige Kreis») werden demnach als Ausschmückungen des unteilbaren bezuglosen Gewahrseins und des Raums erfahren. Mit dem «farbigen Steinstaub» könnten die harten, leblosen, künstlich gefärbten Konfigurationen der Objekt-Welt gemeint sein. Das folgende Zitat, ebenfalls aus einem tibetischen Text, macht deutlich, wie diese Ausschmückungen zustande kommen und sich darstellen:

Energie ist das Zentrum, das Gegenwärtigwerden die Peripherie;
Energie und Gegenwärtigwerden sind vollständig in der (und als die) Erfahrung.
Unveränderlichkeit ist das Zentrum, Nichtkünstlichkeit die Peripherie;
Unveränderlichkeit und Nichtkünstlichkeit sind vollständig in der (und als die) Erfahrung.
Nicht-Entstehen ist das Zentrum, Nicht-Vergehen die Peripherie;
die Nicht-Zweiheit von Nicht-Entstehen und Nicht-Vergehen ist Konfiguration.
Unteilbarkeit ist das Zentrum, Vorhandensein-und-Interpretation die Peripherie;
Unteilbarkeit und Vielfältigkeit ist Konfiguration.
Nicht-Zweiheit ist das Zentrum, Nicht-Vorbedacht die Peripherie;
Nicht-Vorbedacht und Nicht-Zweiheit ist die Konfiguration.

Wir könnten diese beiden Zitate auch etwa so paraphrasieren: Die unveränderliche, nicht entstandene und unteilbare Energie von Rikpa erfährt auf nichtduale Weise eine Ausschmückung von echter, spontaner und unaufhörlicher Gegenwärtigkeit. Oder in den oben zitierten Worten Chögyam Trungpas: «... das Gefühl, daß du [die Leerheit des Raumes – *kyil*] Raum [*khor*] verschönerst, ein reines Nichts.»

Die Gesamterfahrung im zentrum- und saumlosen Dharmakāya läßt sich als drei Mandalas darstellen: das äußere, das innere und das geheime Mandala.[10] Das geheime Mandala ist das Mandala der kommunikativen Energien, die das Ego als die Emotionen erfahren hatte, die aber vom Gewahrsein der Nichtdualität in die Fünf Weisheiten des Sambhogakāya verwandelt wurden. Das innere Mandala ist das Mandala des Körpers, seines Erscheinungsbildes und seiner Haltung, aber auch des Atems, des Blutes und der lebendigen Energie, die ihn fühlbar durchströmt. Das äußere Mandala ist die Gesamtheit der Erscheinung einer vom Wahrnehmungsprozeß projizierten Außenwelt.

Das Mandala-Prinzip erfaßt die Lebendigkeit und Energie der Wahrnehmung jenseits aller Begriffe, also ohne Rückgriff auf ein Ich als Zentrum der Wahrnehmung. Hier wird die symbolische Natur der Wahrnehmung durchschaut. Normalerweise leben wir in der Welt der Begriffe, in der Geräusche, Formen und so weiter stets Symbole für etwas anderes sind. Das ist eine ausgedachte und nicht die echte Welt. Auch unter dem Mandala-Prinzip sind Farben, Formen und Geräusche Symbole, aber sie stehen für nichts anderes, symbolisieren nur sich selbst – das Spiel der Energie im Raum.[11]

Theorie und Praxis

Mit dem Mandala-Prinzip ist auf andere Weise zum Ausdruck gebracht, was wir bisher über die abhängige Natur gesagt haben. Und gemeint ist wiederum, daß mit der Verwirklichung des nichtdualen Gewahrseins als der Grundlage von allem weder eine phantastische neue Welt erscheint noch die vertraute plötzlich verschwindet. Wenn die falschen Vorstellungen aufhören, erfährt die gewöhnliche Welt vielmehr eine Verwandlung. Solche Erörterungen sind nicht zur philosophischen oder poetischen Erbauung gedacht; sie deuten auf Weisen der Erfahrung hin, die zwar stets – auch im Alltag – gegenwärtig sind, aber von den Bezugspunkten der gewöhnlichen Erfahrung überdeckt werden. Heiligkeit im buddhistischen Sinne ist das Gewahrsein eben dieser so verwandelten gewöhnlichen Welt. Heiligkeit ist also nichts, was aus «höheren Sphären» stammt und durch autorisierte Mittler in die Welt gelangt; sie ist auch nicht allein auf den Segen großer Lehrer zurückzuführen. Sie erwächst vielmehr aus disziplinierter meditativer Praxis in Verbindung mit einem intellektuellen Erfassen der Leere.

Daher kann Heiligkeit, die nur in der Erfahrung von Jetztheit gegenwärtig ist, nicht anhand dualistischer Methoden, denen ein linearer Zeitbegriff von Vergangenheit, Gegenwart und Zukunft zugrunde liegt, analysiert oder beschrieben werden. Doch im Buddhismus, namentlich in der Vajrayāna-Tradition, gibt es wirksame Methoden der Transmutation psychischer und spiritueller Energien, die schließlich zur Realisierung der Leere und der Fünf Weisheiten führen. Hier hat der Meditierende die Möglichkeit, in tatsächlicher Praxis über das dualistische Denken hinauszugehen. Diese Methoden und Einsichten leisten mehr als die Methoden und Ansichten der Wissenschaft, solange diese dem dualistischen Denken verhaftet bleiben. Sie arbeiten mit den intuitiven Kräften des Geistes, aber auch mit dem Intellekt.

Meditation im Sitzen, Visualisation und die Kraft der Klänge sind die Mittel, mit denen diese Methoden auf der Ebene der Skandhas *Form, Empfindung* und *Wahrnehmung* direkt auf die Behinderungen des Gewahrseins einwirken, die aus der Ich-Vorstellung erwachsen. Ihre Wirksamkeit liegt darin, daß sie unmittelbar bei den im Augenblick verfügbaren Energien ansetzen. Allen speziellen Techniken für die Aufhebung begrifflicher Verblendungen ist gemeinsam, daß sie die Bewußtheit zu diesem gegenwärtigen Augenblick der Jetztheit zurückzuführen versuchen. Deshalb ist die Achtsamkeits-Gewahrseins-Praxis die Grundlage aller dieser Techniken.

Viele, die diesen Weg beschritten haben, sagen uns, daß es unter kundiger Führung möglich ist, die Einsichten, auf die nur hingedeutet werden kann, weil sie sich jeder begrifflichen Beschreibung entziehen, selbst zu erfahren und selbst zu verifizieren. Daß man Erfahrungen, die nicht in Worten zu beschreiben sind, nicht aus Büchern gewinnen kann, versteht sich von selbst; Worte gehen nicht über die Nirmāna-kāya-Ebene hinaus. Auf die Manifestationsebene des Sambhogakāya und des Dharmakāya kann nur im lebendigen Augenblick hingedeutet werden, und dazu bedarf es eines kundigen Lehrers, der diese Erfahrungen selbst schon gemacht hat.

Das Entdecken der verschiedenen Aspekte des Gewahrseins geschieht nicht nach dem Prinzip «Alles oder nichts». Es geschieht auf dem Pfad der Meditation ganz allmählich über Einblicke und Ahnungen von unterschiedlicher Dauer und Tiefe. Schritt für Schritt wandelt sich so die Wahrnehmung und mit ihr unser Handeln. Die buddhistische Meditationspraxis wird manchmal mit dem Besteigen eines Berges – des Ego-Berges – verglichen. Unweigerlich gerät man auf diesem Weg auch ins Stolpern, und dann sind Übung und Unterweisung zur Stelle, geben uns die Möglichkeit, uns immer weiter zu öffnen, und lassen uns sanft den Abhang hinabrollen – der ein bodenloser Abgrund sein kann. Das ist kein Seinszustand, in den man durch dualistisches Ringen – die Methode der Wissenschaft und der Religion im herkömmlichen Sinne – gelangen kann. Im Gegenteil: Wenn wir nicht mehr darum ringen, ein Etwas zu sein, weitet sich die Wahrnehmung über die Grenzen der imaginären dualistischen Welt hinaus. Die Verwirklichung von Geist-an-sich wird zu einer ganz natürlichen, spontanen Sache.

Auf diesem natürlichen Weg der Verwirklichung sind zwei Faktoren von ausschlaggebender Bedeutung als treibende Kräfte: Verehrungsvolle Ergebenheit des Schülers gegenüber dem Lehrer und der Lehre der Egolosigkeit und das tätige Mitgefühl des Lehrers für den Schüler. Natürlich gilt das für jede echte Lernbeziehung. Ob wir Eltern und Kinder oder Lehrer und Schüler betrachten – Unterweisung besteht nicht nur aus verbaler Information, sondern vor allem aus der Vermittlung von gelebter Erfahrung. Besonders in den Künsten, aber durchaus auch in der Wissenschaft ist die «Lehrzeit» nach wie vor das einzige Mittel, das gesamte Wissen zu vermitteln, so daß der Schüler es schließlich dem Lehrer gleichtun oder ihn gar übertreffen kann. In dem persönlichen Bestreben, den menschlichen Geist zu erfassen, ist die Ergebenheit gegenüber einem erfahrenen Lehrer von noch größerer Bedeutung.

Eine solche Beziehung mag uns zunächst als äußere Stütze und Hilfe erscheinen, bis uns schließlich klar wird, daß der Geist-an-sich niemandes persönlicher Besitz ist, sondern unteilbar und universal – und damit erkennen wir, daß der Lehrer im Grunde gar nichts Äußeres ist. Wollte man etwa die Schwertkunst erlernen, so würde es einem ohne weiteres einleuchten, daß es höchst riskant wäre, sich hier allein auf Bücher zu verlassen. Die Natur der Geist/Körper-Einheit, ihrer Wahrnehmungsprozesse und Energien aufdecken zu wollen, birgt jedoch weitaus größere Gefahren – und Möglichkeiten – als der Schwertkampf. Und weil unterwegs manchmal die Bürde des Ego ein wenig leichter wird und wir eine Ahnung von der Freude der Egolo-

Jenseits des Selbstbewußtseins

sigkeit bekommen, wachsen hingebungsvolle Treue gegenüber dem Lehrer und tiefes Mitgefühl für andere uns auf diesem Weg ganz natürlich zu. Wie Hingabe und Erbarmen sich in der Leere spontan bilden, das soll Gegenstand des letzten Kapitels sein.

22. Karuṇā – Basis einer künftigen Gesellschaft?

Als meine Tochter vier Jahre alt war, besuchte sie eine Vorschule, die nach buddhistischen Prinzipien ausgerichtet war. Im Spätsommer dieses Jahres gab es eine regelrechte Fliegenplage, die auch vor der Schule und den Kindern und vor allem den Lebensmitteln in der Küche nicht haltmachte. Nach Rücksprache mit dem buddhistischen Berater der Schule kamen die Verantwortlichen überein, keine Fliegenpapiere aufzuhängen und auch nur im äußersten Notfall Insektizide zu versprühen. Eine Woche lang waren sie emsig beschäftigt, alle Fliegengitter auszubessern und dafür zu sorgen, daß alle Türen und Fenster gut schlossen. Als dann alle Fliegen aus dem Haus gescheucht waren, wurde ein gründlicher Hausputz veranstaltet. Draußen wurden Kräuter ausgelegt, die angeblich Fliegen vertrieben. Doch trotz aller Bemühungen waren sie nach ein paar Tagen wieder im Haus, und zwar in solchen Massen, daß sie nicht nur als höchst lästig, sondern auch als hygienisch untragbar empfunden wurden. Wieder wurde hin und her überlegt, ob man den Kammerjäger rufen sollte. Diesmal kam man zu dem Schluß, daß es wohl sein müsse, und zwar so gründlich (was vor allem auch die Eier betraf), daß man kein zweites Mal zu diesem Mittel greifen müsse. Den Kindern wurde eingehend erklärt, weshalb hier das Prinzip des Erbarmens gegenüber allen Lebewesen, auch den geringsten, scheinbar verletzt werden mußte.

Zwei Jahre danach ging ich mit meiner Tochter auf dem Bürgersteig eine stark befahrene Hauptstraße hinunter. Eine kleine Katze kam auf uns zu, und wir beugten uns hinunter, um sie zu streicheln. Sie strich an uns vorbei und ging auf die Straße. Meine Tochter wollte hinter ihr her, und ich mußte sie mit einem ziemlich lauten Zuruf daran hindern, sich in den Straßenverkehr zu stürzen. Sie sagte: «Aber Daddy, wir sind doch Buddhisten und schützen das Leben, wo wir nur können.»

Ich war ziemlich verblüfft, denn ich hatte eigentlich noch nicht viel über Buddhismus mit ihr gesprochen, jedenfalls nicht unter dem Gesichtspunkt bestimmter Dogmen. Ob sie sich eines Tages mal Buddhistin oder meinetwegen auch Wissenschaftlerin nennen wird, ist wohl wenig entscheidend. Aber wenn es irgendeine Doktrin gibt, mit der sie aufwächst, dann wäre «Wir schützen das Leben, wo wir nur können» sicher nicht die schlechteste.

Leere und Erbarmen

Neben der Verwirklichung von Shūnyatā sind Güte und tätiges Mitgefühl oder Erbarmen (Skrt. *karunā*) die Hauptziele buddhistischer Meditationspraxis. Wenn wir die Shūnyatā-Sicht gewonnen haben, suchen wir nicht mehr nach einer «wirklicheren» Welt hinter den Erscheinungen, sondern finden zu einem nie gekannten Interesse für eben diese Welt der Erscheinungen, zu dem Wunsch, uns um sie zu kümmern. Die Shūnyatā-Sicht ist nicht blind für den Hang aller Wesen, sich in Dualität zu verstricken, auf sich selbst und andere ein inhärentes Sein zu projizieren und sich damit selbst in tiefe Angst zu stürzen. Im Gegenteil, das Greifen nach den Dingen der Dualität und das Haften an ihnen und die daraus resultierende Angst werden in größter Deutlichkeit gesehen.

Aus diesem klaren Sehen erwachsen Milde und Freundlichkeit uns selbst und anderen gegenüber. Eigentlich ist dieses Grund-Wohlwollen das, was übrigbleibt, wenn die aus Besorgnis um unser eigenes Dasein geborene Angst von uns abfällt. Und aus der Freundlichkeit oder Güte, *maitri* in der buddhistischen Tradition, geht spontan ein erbarmendes Mitfühlen mit anderen hervor, das völlig frei von Begriffen ist.[1] Dieses Erbarmen, aus dem Gewahrsein von Shūnyatā geboren, ist eine kommunikative Energie, die alle Barrieren des Haftens an der Dualität durchbricht.

Shūnyatā ist dem «Entstehen in Abhängigkeit» äquivalent, also dem Umstand, daß alle scheinbar gesonderten Dinge in unserer Wahrnehmungswelt in gegenseitiger Abhängigkeit entstehen, bestehen und vergehen. Die «Leerheit» besteht eben darin, daß es dieses gesonderte Sein nicht gibt; und das untrennbar mit dem Shūnyatā-Gewahrsein verbundene tätige Erbarmen ist das einzige Mittel, auch anderen die Leere und die Nichtgeschiedenheit nahezubringen.

Evolution

Betreten wir nun noch einmal das Reich der Naturwissenschaft, um uns zunächst für die relative Ebene ein Bild von den Möglichkeiten der Kommunikation und Kooperation zu verschaffen, die sich durch das tätige Mitgefühl oder Erbarmen eröffnen. Der Leser wird sich vielleicht schon gefragt haben: «Aber ist nicht eines das Allergewisseste, daß nämlich diese Welt von Grund auf eine Welt des Egoismus, der Aggressivität und des Überlebenskampfs ist? Was kann diese Idee des Erbarmens anderes sein, als wieder so ein religiös verbrämter Moralbegriff, mit dem man diese so rohe und rauhe Welt zu übermalen versucht?» Das ist in der Tat die Anschauung, die uns seit Generationen von Kindesbeinen an vermittelt wird. Sie beruht auf einer reichlich vergröberten Auffassung von Darwins Evolutionstheorie und ihres Grundmechanismus, der natürlichen Auslese. Aber trifft sie zu?

Die Evolutionstheorie selbst hat große Erfolge zu verbuchen. Sie hat zeigen können, daß die heutigen Lebensformen sich allmählich oder in plötzlichen Sprüngen aus früheren entwickelt haben und daß man die Erscheinungsformen des Lebendigen erklären kann, ohne einen Schöpfergott anzunehmen. Seit Charles Darwin und Russell Wallace den Evolutionsgedanken um die Mitte des vorigen Jahrhunderts formulierten und ausarbeiteten,[2] hat die Theorie eine wechselvolle Geschichte durchgemacht. Geradezu volkstümlich und zu einem Dogma der normalen Naturwissenschaft ist sie eigentlich erst in den letzten etwa vierzig Jahren geworden. Die Grundgedanken der Evolutionstheorie lassen sich heute kaum noch bezweifeln: Die Formen des organischen Lebens sind in beständigem Wandel begriffen; die unendliche Formenvielfalt des organischen Lebens, der wir heute begegnen, hat sich im Laufe von zwei oder drei Milliarden Jahren aus wenigen einfachen Formen entwickelt. Viele Einzelbeobachtungen bestätigen die evolutionäre Sicht des Lebens, doch darauf können wir im Rahmen des vorliegenden Buches nicht eingehen.

Das Überleben des Stärkeren

Mit dem Evolutionsgedanken verbreitete sich auch das Dogma, daß Konkurrenz- und Überlebenskampf die *einzige* biologische Grundlage des Verhaltens aller Organismen – auch des Menschen – sei. Darwins treuer Verbündeter, Thomas Huxley, der sich sehr direkt zu äußern pflegte, gebrauchte dieses Bild: «Die Tierwelt befindet sich in etwa auf der Ebene eines Gladiatorenspektakels. Die Stärksten, Schnellsten und Listigsten überleben, um auch am nächsten Tag noch zu kämpfen... Pardon wird nicht gegeben.» Und der Sozialphilosoph Herbert Spencer fand, dieses Bild passe auch auf den Menschen. Spencer, dessen Gedanken zu Beginn unseres Jahrhunderts sehr populär und einflußreich waren, verkündete:

> Das Wohlergehen der bestehenden Menschheit und ihre Fortentwicklung zu letzter Vollendung sind beide durch ebendieselbe wohltätige, wenn auch strenge Regel gesichert, welcher das gesamte Tierreich unterworfen ist... Die Armut der Unfähigen, die Nöte, denen die nicht Gewitzten ausgesetzt sind, das Verhungern der Müßigen und all das Beiseitedrängen der Schwachen durch die Starken, das so viele in Elend und Jammer stürzt – all das ist der Ratschluß einer großen vorausschauenden Güte.[3]

Dieses Dogma ist in alle Bereiche unserer Kultur eingedrungen und setzt schon bei der Erziehung unserer Kinder an: aggressiv und anderen immer um eine Nasenlänge voraus sein, denn im Leben gilt das Gesetz des Dschungels, und das ist das Gesetz der Zähne und Klauen. Auch in unseren Wirtschaftstheorien gilt dieses Dogma und vor allem in unseren internationalen Beziehungen: Wir gehen einfach davon aus, daß andere Nationen auch nach dem Gesetz des Dschungels handeln und uns liebend gern von der Bildfläche verschwinden lassen würden, sobald sie eine Chance sehen, damit durchzukommen.

Es kann kaum genug betont werden, wie tief diese Idee der Psyche des modernen Menschen eingeprägt ist. Wir sind zutiefst davon überzeugt, daß wir aggressive Tiere sind. Wir *glauben*, daß es nur eine Möglichkeit gibt, in dieser Welt zu überleben: aggressiv zu *sein*. Und in diesem Glauben sind wir nun schon so weit gegangen, daß wir ihn verdreht und aus der Aggressivität eine Tugend gemacht haben. Die «aggressive Persönlichkeit» hat es zu Ansehen und Wohlwollen gebracht. Selbst der ach so gutmütige Humor unter jungen Amerikanern erweist sich bei näherem Zusehen als sehr häufig aggressiv und abschätzig. Dieser «Straßenhumor» ist vielleicht eine Art Abhärtungsritual zur Vorbereitung auf die rauhe Wirklichkeit dieser Ellenbogenwelt.

Diese Ideologie vom Überleben des «besser Angepaßten», also eben des Stärkeren – ohnehin eine schrecklich vergröbernde Auffassung der Evolutionsmechanismen –, leitet Millionen von «gebildeten» Menschen in die Irre, die nicht nur von ihren Vätern, sondern auch auf der Schule so früh wie möglich die «wissenschaftlich gesicherte» Lehre vom Überleben des Stärkeren durch Aggression und Konkurrenzkampf beigebracht bekommen. Die Idee, daß Fortschritt durch das natürliche Kräftespiel des Egoismus, «Konkurrenzkampf» genannt, zustande kommt, nimmt unter den Motivationsideologien unserer Zeit den ersten Platz ein, da sie auch noch «die Wissenschaft» hinter sich weiß. Diese vorurteilsbeladene und jeder echten Wissenschaftlichkeit hohnlachende Halbwahrheit, hat Generationen von Kindern daran gehindert, etwas anderes, das die Naturbeobachtung uns ebenfalls lehren könnte, auch nur wahrzunehmen: die unglaubliche Harmonie des Miteinanders aller Lebewesen in ihrem natürlichen Lebensraum.

Die Bevorzugung des am besten Angepaßten durch die natürliche Auslese, der «Überlebenskampf», wie man gern sagt, ist nur *ein* Aspekt des Evolutionsmechanismus. Wie wir bereits im 9. Kapitel sahen, haben die Biologen Maturana und Varela aufgezeigt, daß man den Überlebenskampf gegen eine feindselige Umwelt, die zur Auslese der am besten angepaßten Organismen führt, weit besser als ein «natürliches Driften» in enger «Koppelung» *mit* der Umwelt interpretieren kann.[4] In diesem natürlichen Driften stehen den Arten viele Möglichkeiten der inneren Strukturabwandlung zur Verfügung, mit denen sie ihre Selbstorganisation aufrechterhalten können. Deshalb sind die Idee des Bestangepaßten und die überragende Bedeutung, die dem Konkurrenzkampf beigemessen wird, einfach haarsträubende Vergröberungen. Zudem läßt sich kaum noch von der Hand weisen, daß kooperatives Verhalten unter den Arten von ebenso großer Bedeutung ist wie der Konkurrenzkampf, und die Biologen, auch Darwin selbst, haben das eigentlich gewußt, solange es die Evolutionstheorie gibt.

Die Idee des Konkurrenz- und Überlebenskampfs entspringt der Vorstellung, daß alle Organismen gesonderte Wesenheiten sind, deren

Verhalten allein aus dem Selbst- und Arterhaltungstrieb abzuleiten ist. Aber es gibt keine Individuen oder Populationen, die tatsächlich ein Einzeldasein führen: Das ist eine Vorstellung, die nur im Bewußtsein des Beobachters besteht, aber keine Entsprechung in der Wirklichkeit hat. Natürlich beobachten wir an jedem Organismus die Tendenz, seine Selbstorganisation aufrechtzuerhalten, und das erweckt den Anschein von Einheit und Gesondertheit. Aber sie sind durch ihr Leben in eine Umwelt eingebunden und tauschen Energie und Ordnung mit ihr aus. Wenn dieser Austausch von Energie und Information aufhört, ist der betreffende Organismus tot.

Man braucht einen Organismus also nicht als ein gesondertes Ding zu betrachten, das stets und ganz für sich allein den Kampf um sein Überleben führt. Wir können ihn auch als ein offenes System auffassen, das beständig Materie, Energie und Reaktionen mit der Umwelt austauscht, in ein ganzes Netzwerk von Organismen derselben Art und anderer Arten eingebettet ist und darin nicht nur seine eigene Selbstorganisation aufrechterhält, sondern auch die aller Gruppierungen, zu denen er gehört.

Kooperatives Verhalten zwischen den Arten

Die Ökologen (die die Interaktionen zwischen den verschiedenen Arten eines bestimmten Lebensraums untersuchen) und Ethologen (die die Erforschung des tierischen Verhaltens zum Gegenstand haben) beobachten vielfach, daß Pflanzen und Tiere den Konkurrenzkampf meiden, wann immer das möglich ist, und einander eher unterstützen oder gar miteinander kooperieren. Diese Verbundenheit der Organismen kann sehr lose sein, aber auch so fest, daß man sich fragt, ob man es hier mit vielen Einzelorganismen oder *einem* Gesamtorganismus zu tun hat. Und diese Verbundenheit sagt wohl, daß nicht unbedingt der Einzelorganismus die «Einheit» der Selbsterhaltung sein muß. Kooperation im Gleichgewicht mit Konkurrenz, das scheint die Regel zu sein. Wie der bekannte Biologe und Autor Lewis Thomas sagt: «Die Notwendigkeit, Partnerschaften und kooperative Vereinigungen zu bilden, ist die vielleicht älteste, stärkste und grundlegendste Kraft der Natur. Es gibt keine einzeln und frei lebenden Kreaturen, denn jede Lebensform hängt von anderen Formen ab.»[5]

Symbiose ist eine der Kooperationsformen, in denen die Geschiedenheit der Lebewesen zweifelhaft wird. Hier besteht die Zusammenarbeit zwischen Organismen verschiedener Arten, und es gibt zahllose Beispiele dafür, wie sie einander nützen und dienen: Sie bieten einander Lebensraum, helfen sich bei der Nahrungsbeschaffung, sorgen für den Weitertransport der Samen, beschützen und putzen einander.[6] Manche Krabbenarten leben im Enddarm von Seeigeln, während andere zahllosen kleineren Arten als Wirt dienen. Manche Ameisen bauen Pilze als Nahrung an, andere ziehen Blattläuse. Der Honigkukkuck und der Honigdachs, die in Afrika leben, arbeiten beim Aufspüren von Bienennestern zusammen. Viele Arten haben einen Nutzen von den Warnrufen anderer Arten, andere leben in der schützenden Nähe gefährlicher Raubtiere. Das Putzverhalten ist, vor allem in den Meeren, so verbreitet, daß man dem Satz «Die Großen fressen die Kleinen», Ausdruck der «Überlebenskampf»-Mentalität, einen anderen als gleichwertig zur Seite stellen kann: «Die Kleinen putzen die Großen.»

Und diese Aufzählung könnten wir beliebig lang fortsetzen. Überall da, wo sich ein ökologisches System bildet, gibt es eine Vielfalt symbiotischer Interaktion und Kooperation. In manchen Fällen ist die Beziehung zwischen solchen Partnern so eng geworden, daß keiner der beiden ohne den anderen überleben oder auf die gewohnte Weise weiterleben könnte. Manche symbiotischen Organismen können im Verbund Lebensräume erobern, die jedem von ihnen allein verschlossen bleiben würden. Das wohl bekannteste Beispiel für solche Beziehungen sind die Flechten. Flechten, diese ledrigen und grünlichen oder bläulichen flachen Gewächse, von denen manche Arten sogar auf nacktem Fels wachsen können, wurden lange Zeit als einheitliche Einzelorganismen betrachtet, bis man entdeckte, daß eine Flechte eine sehr enge Kooperationseinheit einer Pilzart mit jeweils ein bis zwei Algenarten darstellt. Diese Kombination hat ein ganz anderes Erscheinungsbild und ganz andere Verhaltensmerkmale als die beiden Einzelorganismen allein. Weder Pilz noch Alge könnten allein auf nacktem Fels überleben und die Mineralien des Gesteins für ihre Ernährung erschließen. Jeder für sich haben Pilz und Alge relativ eng begrenzte Lebensräume, aber Flechten findet man in der Wüste und im Regenwald, von Alaska bis in die Tropen.

Kooperatives Verhalten innerhalb einer Art

Innerhalb einer Art scheint Kooperation sogar eher die Regel als die Ausnahme zu sein. Einfache Gesellschaften von Einzelorganismen, die sich kooperativ verhalten, können fast wie ein einziger Gesamtorganismus wirken; Beispiele hierfür sind der Schleimpilz, eine Termitenkolonie oder ein Schwarm von Zugvögeln. Und zahlreiche Tierarten leben, jagen, spielen miteinander und beschützen einander in lokker oder fest gefügten Gruppen. So nimmt etwa bei den afrikanischen Elefanten, wie John T. Bonner berichtet,

> das älteste Weibchen die dominante Stellung ein; bei einem Angriff ist es häufig bereit, mit dem Mut der Verzweiflung erhebliche Risiken auf sich zu nehmen. Die Bedeutung seiner Rolle wird durch die Tatsache hervorgehoben, daß die Gruppe für eine lange Zeit völlig durcheinander gerät, wenn die Leitkuh bei einem solchen Angriff getötet wird. Wird aber andererseits ein anderes Weibchen oder ein Kalb verwundet, so wird die gesamte Gruppe unter Anführung der Leitkuh bestrebt sein, dem betroffenen Tier zu helfen und es aus der Gefahrenzone zu bringen.

Als weiteres Beispiel führt Bonner das Jagdverhalten von Wolfsrudeln an: «Die Strategie, mit der die Wölfe ein großes Beutetier wie das Karibu oder ein Bergschaf umzingeln und in einen Hinterhalt locken, umfaßt viele Teilschritte. Ihre ausgeklügelten Taktiken orientieren sich unter anderem an den Gegebenheiten des Terrains und nutzen als strategisches Mittel die Trennung einzelner Rudelmitglieder, um das fliehende Beutetier in die Fänge ihrer Rudelgenossen zu treiben.» Damit aber der Leser hierin nicht einfach ein Beispiel für die Blutrünstigkeit der «Zähne-und-Klauen-Natur» sieht, sollten wir hinzufügen, daß Wölfe und andere Raubtiere selten gesunde Tiere im besten Alter reißen, sondern fast immer alte, kranke oder verletzte Tiere. Außerdem reißen sie selten mehr, als sie selbst und andere, von ihrem Jagderfolg abhängige Arten wie etwa die Geier, verzehren können. Tatsächlich sieht man Jäger und Gejagte häufig harmonisch und in beinahe symbiotischer Gemeinschaft zusammenleben. Denken wir nur an die staunenswerte Harmonie, die zwischen Indianern und Büffeln oder zwischen Eskimo und Karibu bestanden hat, an die ehrfurchtsvolle Wertschätzung der Menschen für ihr Wild. Das ging zugrunde am Wahnsinn der «Fortschritts»-Mentalität.

Schließlich haben wir noch viele Beispiele dafür, daß Rudel von einzelnen Tieren bewacht und notfalls unter Gefahr des eigenen Lebens gewarnt werden. So berichtet F. F. Darling über den europäischen Rothirsch: «Flieht die Gruppe vor einem Eindringling, so tut sie dies in einer spindelförmigen Anordnung, wobei sich die Anführerin an die Spitze setzt, während das zweitranghöchste Tier das Ende sichert. Müssen sie dabei eine Vertiefung passieren, hält das zweitranghöchste Tier an und fixiert den Eindringling, während die Gruppe verschwindet. Sobald sie wieder hervorkommt, übernimmt die Anführerin die Sicherung, damit sich das zweitranghöchste Tier der Gruppe wieder anschließen kann.»[7]

Irgendeine Form des kooperativen Gruppenverhaltens und der Kommunikation gibt es offenbar bei den meisten Arten. Kooperatives Verhalten mag einen genetischen Hintergrund haben insofern, als es für nah verwandte Tiere von Vorteil ist, sich gegenseitig zu unterstützen und damit ihre Familiengene eine höhere Chance haben, erhalten zu bleiben. Diese genetisch fundierte Tendenz, einander innerhalb der Familie zu helfen und zu beschützen, bedeutet eigentlich, daß nicht mehr das Individuum die Einheit der Lebens- und Arterhaltung ist, sondern die engere Familie. Man spricht hier von *inclusive fitness* («Gesamtangepaßtheit» oder «-tauglichkeit») und *kin-selection* (Verwandtenselektion im Unterschied zur Individualselektion). Das Fürsorgeverhalten der Eltern für ihre Jungen stellt den Prototyp der Verwandtenselektion dar.

Aber nicht alle Tiere besitzen die angeborene Fähigkeit, ihre nächsten Verwandten von anderen Individuen zu unterscheiden. So gibt es etwa Arten, bei denen einige ausgewachsene Tiere sich gemeinsam, wie in einem Kindergarten, um eine Schar von Jungtieren kümmern. Und in vielen Fällen verhalten sich Tiere untereinander so, als *wären* sie verwandt. Das ist vermutlich die biologische Grundlage von Tiergesellschaften und von «kulturellem» Verhalten unter Tieren. Kooperatives Verhalten, das aufgrund von genetischer Evolution entstanden sein mag, entwickelt sich häufig weiter zu Verhaltensmustern, deren Weitergabe von Generation zu Generation dann eher auf erzieherischem als auf genetischem Wege gesichert wird.

Das dritte Prinzip

Jeder Ansatz zu einer allgemeinen Evolutionstheorie täte wohl gut daran, die folgenden Worte von Pierre Grasse, dem früheren Präsidenten der französischen Académie des Sciences, zu beherzigen:

> Angesichts ihrer unentwirrbaren Komplexität, ihrer Schöpfungen und Ausrichtungen, ihrer Historizität und – mitunter – ihrer Widersprüche dürfte die Evolution wohl kaum das sein, was die Theorien uns mit ihrem vereinfachenden, beschnittenen und unzutreffenden Bild von Evolution präsentieren. Sie ist ein so ungeheuer weites Feld, daß man unwillkürlich stehenbleibt und der Gedanke sich aufdrängt: Ihre Fragen und Probleme übersteigen die Möglichkeiten der heutigen Naturwissenschaft bei weitem. Alle Deutungen und Erklärungen, wer sie auch vorbringen mag, können nur partiell und nur vorläufig sein.[8]

Eines aber kann man vielleicht jetzt schon sagen: Jede künftige Evolutionstheorie muß auf jeden Fall zwei Erklärungsprinzipien enthalten, zwischen denen ein Spannungs- und Gleichgewichtszustand besteht und die durch ein drittes Prinzip harmonisiert werden. Das erste Prinzip ist das Streben nach Selbsterhaltung: Ein biologisches System ist bestrebt, seine gesonderte Identität, seine Geschlossenheit, zu wahren. Solche «Individuen» können sich zusammentun und größere Einheiten wie etwa einen Bienenschwarm oder ein Wolfsrudel bilden. Für die größere Einheit ist diese Kopplung als Bestandteil ihrer inneren Struktur zu verstehen, die für die Aufrechterhaltung ihrer Integrität sorgt.

Das zweite Prinzip ist die Tendenz, offene Systeme zu bilden, die sich durch Energie- und Informationsaustausch mit der Umwelt und untereinander zu immer höherer Komplexität entwickeln. Diese Tendenz, evolvierende und interaktionsfähige offene Systeme zu bilden, ist die Grundlage des kooperativen Verhaltens. Unter diesem Gesichtspunkt können wir die Kopplung individueller Organismen als Ausdruck ihrer Offenheit und Nichtgeschiedenheit betrachten. Das dritte Prinzip schließlich erinnert uns an die Hauptaussagen Niels Bohrs und an den früher schon zitierten Satz von Maturana und Varela: «Alles Gesagte ist von jemandem gesagt.» Es steht also für die

Tatsache, daß die beiden genannten Tendenzen vom Standpunkt eines Beobachters abhängig sind und keineswegs absolut gültige Beschreibungen dessen darstellen, was «da draußen» ist.

Biologisch gesehen, so können wir zusammenfassend sagen, gibt es keinen Grund für die Annahme, Gebietsansprüche, Aggression und Geschlossenheit seien schon das ganze Bild; ebenso deutlich wie diese Facetten des Überlebenskampfs zeigt sich bei näherem Hinsehen allenthalben der Hang zu Kooperation und Offenheit. Im menschlichen Bewußtsein zeigt sich das Prinzip der Geschlossenheit als die Neigung zur Bildung und Aufrechterhaltung der Ich-Vorstellung, während das Prinzip der Offenheit sich in der Bereitschaft zu Entgegenkommen und Kommunikation bekundet. Das dritte Prinzip, die Rolle des Beschreibenden zu erkennen, ist der Keim der Verwirklichung von Shūnyatā.

Maitri

Wenn die wesenhafte Offenheit von Shūnyatā realisiert ist, erfahren wir die Tendenz zu Kooperation und Kommunikation als die von aller Begrifflichkeit freie Energie des tätigen Mitgefühls. Doch schon vor dieser vollen Realisation kann die Energie von Maitri, die Energie der Freundlichkeit und Güte, als treibende Kraft für die Transzendierung der ego-orientierten Wahrnehmung wirksam werden. Das fängt an bei der liebevollen Fürsorge von Eltern gegenüber ihren Kindern, setzt sich fort in der natürlichen freundschaftlichen Zuneigung unter den Mitgliedern einer Familie und erstreckt sich von dort aus auch auf andere.

Wir können Maitri aktiv entwickeln, indem wir es uns zur Grundhaltung machen, anderen Vorrang einzuräumen. Besonders hilfreich ist dazu eine Übung, die «Aussenden und Entgegennehmen» genannt wird.[9] Bei dieser Übung visualisiert man, daß man Angst und Leid anderer in sich aufnimmt und dafür Wärme und Freundschaft zu ihnen hin ausstrahlt. Wenn das regelmäßig in Verbindung mit der Achtsamkeits-Gewahrseins-Meditation geübt wird, weicht tatsächlich die harte Schale der Eingeschlossenheit in unser Ich allmählich auf, und an ihre Stelle tritt ein Sich-Weiten und -Öffnen für die Welt. So läßt sich die Wahrnehmung unserer selbst als geschlossen und abgetrennt und die Wahrnehmung der Welt als rauh, feindselig und von Grenzen durchzogen allmählich wandeln: Wir fangen an, unsere wesenhafte Verbundenheit mit anderen zu spüren und die Welt als von Grund auf offen und freundlich zu erfahren.

Meine in diesem Buch vorgelegte Analyse der Wahrnehmungs- und Welterzeugungs-Prozesse stand unter dem Gesichtspunkt, daß es möglich sei, die Welt tatsächlich zu wandeln, und an dieser Stelle nun wird uns vielleicht allmählich deutlich, worin diese praktische Möglichkeit besteht. Der Überzeugungskontext, nach dem wir leben, und die Welt, in der wir leben, entstehen in Abhängigkeit voneinander und wandeln sich in Abhängigkeit voneinander. Wenn wir die Welt als etwas «da draußen» betrachten, bevölkert mit Wesen, die voneinander getrennt existieren und unaufhörlich gegeneinander und gegen die Umwelt kämpfen, dann *ist* die Welt so. Solange wir uns die Welt nach diesem Bild zurechtlegen, kann keine noch so wohlmeinende Politik grundsätzlich etwas ändern. Doch diese Wahrnehmung der Welt hat, wie wir gesehen haben, keine Entsprechung in der Wirklichkeit: Da ist keine festgefügte, undurchdringliche Welt von ewig unwandelbarer Natur; vielmehr ist diese Wahrnehmung Ausdruck einer tief verwurzelten begrifflichen Verhärtung und daher wandelbar. Die Wahrnehmung ist ihrem Wesen nach diskontinuierlich und schöpferisch, und jeder Augenblick bietet uns die Möglichkeit, unser erbittertes Haften am scheinbar Bekannten aufzugeben und etwas Frisches und Neues hereinzulassen.

Für diesen Wandel genügt es natürlich nicht, wenn wir einfach nur unsere Begriffe und «Paradigmen» zu ändern versuchen – obgleich auch das sicherlich geschehen muß. Wirklicher Wandel wird erst möglich, wenn wir die *Drei Naturen* – falsche Vorstellungen, gegenseitige Abhängigkeit von Subjekt und Objekt und Shūnyatā – auf einer tieferen als der rationalen Ebene erfaßt haben. Diese Realisation wird dann zur Grundlage einer natürlichen Ethik, die nichts mehr zu tun hat mit dem «Überlebenskampf» oder mit jener Kompromißformel für den ewigen Widerstreit der Eigeninteressen, die «Gesellschaftsvertrag» lautet. Diese Realisation ist energetischer Art und von Natur aus auf das Wohl anderer gerichtet – Ruhm, Reichtum und Einfluß haben hier keinerlei Bedeutung. Es ist eine Realisation, die nicht intellektuelle, sondern meditative Einsicht zur Voraussetzung hat, und alles, was wir erörtert haben, deutet darauf hin, daß solch ein tiefgreifender Wandel eine reale praktische Möglichkeit ist, für den sogenannten einzelnen wie für die Welt. Eben jetzt, so scheint mir, befinden wir uns am Wendepunkt zu einem neuen Verständnis der menschlichen Natur und des menschlichen Potentials – und der Welt, die wir «machen».

Jenseits aller Überzeugungen

Es wäre töricht, irgendeinen großartigen Plan zur Lösung aller Weltprobleme vorlegen zu wollen. Inzwischen dürfte klar sein, daß *jeder* Ansatz, der nicht auf tiefe persönliche Einsicht in das welt- und icherzeugende Wirken der Wahrnehmung gegründet ist, die Gräben und die Entfremdung nur vertieft. Wir gelangen hier an das Ende unserer Reise, die im ersten Kapitel mit der Suche nach einem neuen Überzeugungskontext begann. Und ist es nicht ein wenig wie sanfter Spott, wenn wir nun am Ende im Buddhismus einem «Überzeugungskontext» begegnen, der besagt, daß wir uns aus aller Abhängigkeit von Überzeugungen, ja selbst vom Glauben an Shūnyatā befreien müssen? Erinnern wir uns an Nāgārjunas Mahnung: «... unheilbar sind die, die an Shūnyatā haften und Shūnyatā selbst wiederum in eine Anschauung verkehren.» Die Anschauung oder der Begriff von Shūnyatā ist nicht Shūnyatā, sondern, einem alten Gleichnis zufolge, nur wie ein Fährboot, das uns über die wild bewegten Wasser der Begrifflichkeit zur unmittelbaren Erfahrung trägt und dann nicht weiter von Nutzen ist.

Der Wandel unseres Glaubenskontexts und unserer Welt, nach dem heute immer mehr Menschen sich sehnen, braucht eine praktische Basis, und mir scheint, daß diese Basis in irgendeiner Form von kontemplativer oder meditativer Praxis bestehen muß, die uns zum Gewahrsein der Nichtdualität und der damit verbundenen Bereitschaft zu tätigem Mitgefühl hinführen kann. Es spielt keine entscheidende Rolle, ob diese Praxis im Buddhismus, in der Wissenschaft, im Christentum oder in irgendeiner anderen Doktrin ihren Ursprung hat, solange sie nur von der Einsicht ausgeht, daß die Wahrnehmung dualistischer Natur ist, dieser Zustand aber überwunden werden kann. Nicht durch eine Theorie, sondern allein durch die Praxis gelangen wir zu direkter persönlicher Einsicht in die Natur der Wahrnehmung. Und eben das ist es wohl, was unserer heutigen Welt am meisten not tut.

Karuṇā – Basis einer künftigen Gesellschaft?

Eine Gesellschaft, die sich auf kontemplative Schulung und die daraus erwachsende Bereitschaft zu Kooperation und tätigem Mitgefühl gründet, ist beileibe keine Utopie. Das soll ja keine vollkommene Gesellschaft sein, in der sich alle verhalten wie einst die Götter. Es ist vielmehr eine Gesellschaft, die *alle* Seiten des Menschseins anerkennt und zuläßt, die Tendenz zur Abgeschlossenheit ebenso wie die zur Öffnung, und sich auf die unbegrenzten Möglichkeiten des Gewahrseins hin orientiert. Vor allem aber ist das eine Gesellschaft, in der sich die Einsicht verbreitet hat, daß es durch spirituelle Schulung wirklich möglich ist, die Grenzen des Normalbewußtseins zu sprengen.

Anhang

I. Mentale Ereignisse (Chetasika), Samskāras oder Formkräfte*

A. *Fünf allgegenwärtige mentale Größen, die in jeden Bewußtseinsaugenblick eingehen*
  1. Gefühlstonus (vedanā), Empfindung (der zweite Skandha)
  2. Begriffsbildung (samjña), Wahrnehmung (der dritte Skandha), Unterscheidung
  3. Gerichtetheit des Geistes (chetanā), Motivation, Intention
  4. Rapport (sparsha), Kontakt
  5. Ichhafte Ansprüche (manaskāra), Aufmerksamkeit

B. *Fünf objektbestimmende mentale Größen, ebenfalls in jedem Bewußtseinsaugenblick gegenwärtig*
  1. Interesse (chanda), Begierde, Trachten
  2. Verstärktes Interesse (adhimoksha), Hang, Wertschätzung
  3. Genaue Betrachtung (smriti), Achtsamkeit, Erinnerung
  4. Intensive Sammlung (samādhi), Meditation
  5. Erkennende Unterscheidung (prajñā), durchdringende Einsicht, Intelligenz

C. *Elf positive mentale Größen (kushala-mahābhūmika)*
  1. Vertrauen (shraddhā), Glaube
  2. Selbstachtung (hrī), Scham
  3. Schicklichkeit (apatrāpya), Scheu, Rücksichtnahme

---

* Nach H. V. Guenther und L. S. Kawamura: *Mind in Buddhist Psychology*, Emeryville, Calif. (Dharma Publishing) 1975.

4. Nicht-Anhaften (alobha), Freiheit von Gier
5. Nicht-Haß (advesha), Freiheit von Aggressivität
6. Nicht-Verblendung (amoha), Freiheit von Verwirrung
7. Eifer (vīrya), Willenskraft, Energie, Begeisterung
8. Wachheit (prashrabdhi), Gelassenheit des Geistes, Geschmeidigkeit
9. Besonnenheit (apramāda), Wachsamkeit, Gewissenhaftigkeit
10. Gleichmut (apeksha)
11. Nicht-Gewalttätigkeit (ahinsha)

D. *Sechs Grund-Emotionen (mūla-klesha) oder Wurzel-Emotionen*
1. Begierde-Anhaften (rāga), Leidenschaft
2. Zorn (pratigha), Aggressivität
3. Hochmut (māna), Stolz, Selbstüberhebung
4. Mangel an innerem Gewahrsein (avidyā), Unwissenheit, Verblendung
5. Unentschlossenheit (vichikitsā), Zweifel, haltloses Schwanken
6. Voreingenommenheit (drishti), auf falsche Anschauungen fixiert

E. *Zwanzig Nebenfaktoren der Instabilität (upaklesha), abgeleitete Kleshas*
1. Entrüstung (krodha), Ärger, Zorn
2. Groll (upanāha), Feindseligkeit, Vergeltungssucht
3. Verschlagenheit-Verstohlenheit (mraksha)
4. Gehässigkeit (pradāsa)
5. Eifersucht (irshya), Neid
6. Habgier (mātsarya), Geiz
7. Falschheit (māya), Vortäuschung
8. Unehrlichkeit (shāthya), Betrug
9. Überheblichkeit (mada), Selbstzufriedenheit
10. Boshaftigkeit (vihimsha), Ungerechtigkeit, Grausamkeit
11. Schamlosigkeit (ahri)
12. Ungehörigkeit (anapatrapya), Unverschämtheit, Rücksichtslosigkeit
13. Schwermut (styāna), Niedergeschlagenheit, Trübsal
14. Überschwang (auddhatya), Ruhelosigkeit, Erregung
15. Mangel an Vertrauen (ashraddhyā), Unglaube

16. Faulheit (kausīdya), Trägheit
17. Achtlosigkeit (pramāda), Nachlässigkeit, mangelnde Gewissenhaftigkeit
18. Vergeßlichkeit (musitasmrititā), Geistesabwesenheit
19. Unaufmerksamkeit (vikshepa), Abgelenktheit
20. Fahrigkeit (asamprajnā), Nicht-Unterscheidung

F. *Vier Variablen (aniyata) oder unbestimmte Faktoren*
1. Schläfrigkeit (middha), Schlaf
2. Kummer (kaukritya), Bedauern
3. Selektivität (vitarka), Reflexion, allgemeine Untersuchung
4. Diskursivität (vichāra), Ergründung, genaue Analyse

Anhang

II. Eine Tabelle emotionaler Begriffe*

tolerant	verdutzt	prahlerisch
akzeptierend	unsicher	erwartungsvoll
umgänglich	verwirrt	wagemutig
heiter	verblüfft	neugierig
fröhlich	ambivalent	leichtsinnig
empfänglich	überrascht	stolz
ruhig	erstaunt	wißbegierig
entgegen-	verwundert	voller Pläne
kommend	ehrfürchtig	unternehmungs-
geduldig	neidisch	lustig
herzlich	angewidert	ekstatisch
ergeben	ohne Mitgefühl	gesellig
zaghaft	unempfänglich	gedemütigt
furchtsam	entrüstet	verloren
schreckhaft	unleidlich	nervös
bang	übelnehmerisch	einsam
schüchtern	empört	teilnahmslos
unterwürfig	ungehalten	fügsam
verschämt	argwöhnisch	schuldbewußt
bestürzt	zänkisch	traurig
entsetzt	ungeduldig	kummervolll
versonnen	griesgrämig	reuevoll
vorsichtig	trotzig	hoffnungslos
angstvoll	aggressiv	deprimiert
hilflos	sarkastisch	gequält
besorgt	rebellisch	desinteressiert
beschämt	ungehorsam	leidend
unschlüssig	gereizt	unglücklich
abgewiesen	anspruchsvoll	trübsinnig
überdrüssig	besitzergreifend	verzweifelt
enttäuscht	gierig	zaudernd
schwankend	staunend	unzufrieden
entmutigt	impulsiv	eigensinnig
stutzig	vorwegnehmend	eifersüchtig

* Nach R. Plutchik; vgl. im vorliegenden Buch S. 111 ff.

intolerant	unfreundlich	aufmerksam
mißtrauisch	feindselig	froh
vergeltungssüchtig	entrüstet	glücklich
verbittert	höhnisch	beherrscht
unfreundlich	lieblos	befriedigt
starrsinnig	hoffnungsvoll	erfreut
eigenbrötlerisch	fröhlich	großzügig
geringschätzig	freudig erregt	entgegenkommend
bösartig	lebhaft	wohlwollend
kritisch	begeistert	zufrieden
unwirsch	interessiert	kooperativ
ärgerlich	entzückt	vertrauensvoll
aufgebracht	amüsiert	tolerant

Quellen

1. Kapitel

1 James Burke: *The Day the Universe Changed*, Boston (Little, Brown) 1985, S. 337.
2 Thomas S. Kuhn: *Die Struktur wissenschaftlicher Revolutionen*, Frankfurt/M. (Suhrkamp, stw 25) 1973.
3 Jerome S. Bruner: *Beyond the Information Given: Studies in the Psychology of Knowing*, hrsg. v. J. Anglin, New York (W. W. Norton) 1973.
4 Jerome S. Bruner: *Actual Minds, Possible Worlds*, Cambridge, Mass. (Harvard University Press) 1986, S. 46.
5 Douglas R. Hofstadter: *Metamagicum*, Stuttgart (Klett-Cotta) 1988, S. 145.
6 Charles Darwin: *Geologische Beobachtungen*, Stuttgart (Schweizerbart) 1877.
7 Michael Polanyi: *Personal Knowledge*, Chicago (University of Chicago Press) 1962, S. 101.
8 Bruner: *Actual Minds, Possible Worlds*, S. 46.

2. Kapitel

1 Nick Herbert: *Quantenrealität*, Basel; Boston (Birkhäuser) 1987. Heinz Pagels: *Comic Code*, Berlin (Ullstein) ²1984. Bernard d'Espagnat: *The Conceptual Foundations of Quantum Mechanics*, Reading, Mass. (W. A. Benjamin) 1976.
2 Paul Davies: *Mehrfachwelten*, Düsseldorf; Köln (Diederichs) 1981, S. 13.
3 Niels Bohr: *Atomphysik und menschliche Erkenntnis*, Braunschweig (Vieweg) 1985. *Essays 1958–1962*, New York (Interscience) 1963.
4 Henry Folse: *The Philosophy of Niels Bohr*, Amsterdam (North Holland) 1985.
5 Aage Peterson: «The Philosophy of Niels Bohr», in *Niels Bohr: A Centenary Volume*, hrsg. v. A. P. French und J. P. Kennedy, Cambridge, Mass. (Harvard University Press) 1985, S. 301 f.
6 Folse, S. 54.
7 Niels Bohr: «Quantum Physics and Philosophy», in *Essays*, S. 7.
8 Zitiert in Gerald Holton: *Thematische Analyse der Wissenschaft*, Frankfurt/M. (Suhrkamp) 1981, S. 168, 172 f.

Quellen

9 Zitiert in Folse, S. 54.
10 Werner Heisenberg: *Physik und Philosophie*, Berlin (Ullstein) 1986, S. 156.
11 Herbert.
12 Eugene P. Wigner: *Symmetries and Reflections*, Cambridge, Mass. (MIT Press) 1970.
13 Bryce deWitt und Neil Graham: *The Many Worlds Interpretation of Quantum Mechanics*, Princeton (Princeton University Press) 1982.
14 David Deutsch in *The Ghost in the Atom*, hrsg. v. P. C. W. Davies und J. R. Brown, Cambridge (Cambridge University Press) 1986, S. 83.
15 David Bohm: *Die implizite Ordnung*, München (Dianus-Trikont) 1985, S. 231.
16 Eine Erörterung der verschiedenen Reaktionen auf Bells Theorem findet sich in Davies und Brown.
17 Zitiert ebenda, S. 23.
18 Ebenda, S. 24.

3. Kapitel

1 Siehe z. B. Herman Bondi: *Relativity and Common Sense*, New York (Dover) 1980. Nigel Calder: *Einsteins Universum*, Stuttgart; München (Dt. Bücherbund) 1988. Albert Einstein und Leopold Infeld: *Die Evolution der Physik*, Reinbek (Rowohlt, rde 12) 1957.
2 Vgl. die Quellenangaben zu Kap. 2.
3 Karl R. Popper: *Logik der Forschung*, Tübingen (Mohr) 1966.
4 Frederick Suppe: *The Structure of Scientific Theories*, Champaign (University of Illinois Press) 1974, S. 4.
5 Richard Morris: *The Nature of Reality*, New York (McGraw-Hill) 1987, S. 4.
6 Bertrand Russell: *Unser Wissen von der Außenwelt*, Leipzig 1926, zitiert in Richard Gregory: *Mind in Science*, Cambridge (Cambridge University Press) 1981, S. 352.
7 Gregory, ebenda.
8 Paul Churchland in «Science vs. Reality: A Debate», in *Dalhousie Review* 64 (3), Halifax (Dalhousie University Press) 1984, S. 417.
9 Edward Harrison: *Masks of the Universe*, New York (Macmillan) 1985, S. 1.
10 Ebenda, S. 2.
11 Ted Kaptchuk: *Das große Buch der chinesischen Medizin*, Bern u. a. (O. W. Barth) 1988, S. 14.
12 Colin A. Ronan und Joseph Needham: *The Shorter Science and Civilization in China*, Cambridge (Cambridge University Press) 1978.
13 Morris Berman: *Wiederverzauberung der Welt*, München (Dianus-Trikont) ^{2}1984, S. 81 f.
14 Harrison, S. 222.

Quellen

4. Kapitel

1 Colin A. Ronan und Joseph Needham: *The Shorter Science and Civilization in China*.
2 Herbert V. Guenther: *Buddhist Phiosophy in Theory and Practice*, New York (Penguin) 1972, S. 20.
3 Nolan Pliny Jacobson: *Buddhism and the Contemporary World*, Carbondale (Southern Illinois University Press) 1983, S. 137, 121 f.
4 Walpola Rahula: *Was der Buddha lehrt*, Bern (Origo) 1982, S. 38 f.
5 Guy Welbon: *Buddhist Nirvana and Its Western Interpreters*, Chicago (University of Chicago Press) 1968.
6 Rahula: *Was der Buddha lehrt*. Richard Robinson: *The Buddhist Religion: A Historical Introduction*, Belmont, Calif. (Wadsworth) ^{3}1982.

5. Kapitel

1 Aus dem Digha Nikaya, in *The Buddhist Translation* hrsg. v. W. Th. de Bary, New York (Vintage) 1972.
2 Eine gute allgemeine Einführung in die *Dharma*-Analyse ist Edward Conze: *Buddhist Thought in India*, Ann Arbor (University of Michigan Press) 1970. Siehe auch Junjiro Takakusu: *The Essentials of Buddhist Philosophy*, Honolulu 1947. Late Rinbochay (Lati Rinpoche) und E. Napper: *Mind in Tibetan Buddhism*, Valois, N. Y. (Gabriel) 1980. Geshe Rabten: *The Mind and Its Functions*, Schweiz (Tharpa Choling) 1978. Herbert Guenther und Leslie Kawamura: *Mind in Buddhist Psychology*, Emeryville, Calif. (Dharma Publishing) 1975.
3 Conze, S. 97.
4 Jack Cornfield: *Living Buddhist Masters*, Boulder (Prajna Press) 1983.
5 Conze, S. 107.
6 Herbert Guenther: *Philosophy and Psychology in the Abhidharma*, Berkeley (Shambhala) 1974, S. 180.
7 Steven Goodman: «Situational Patterning», in *Crystal Mirror III*, Berkeley (Dharma Publishing) 1974.
8 Herbert Guenther: *Buddhist Philosophy in Theory and Practice*, S. 75.
9 Zitiert in Edward Conze (Hrsg.): *Buddhist Texts through the Ages*, New York (Harper Torchbooks) 1964, S. 95.

6. Kapitel

1 Hermann von Helmholtz: *Populäre wissenschaftliche Vorträge*, Bd. 1–3, Braunschweig (Vieweg) 1876.
2 Zitiert in Richard Gregory: *Mind in Science*, Cambridge (Cambridge University Press) 1981, S. 363.

Quellen

3 Hans V. Rappard: *Psychology as Self-Knowledge*, Assen, Niederlande (Van Gorcum) 1979, S. 84.
4 Burrhus F. Skinner: *Wissenschaft und menschliches Verhalten*, München (Kindler) 1973. *Was ist Behaviorismus?*, Reinbek (Rowohlt) 1978.
5 J. M. Wilding: *Perception: From Sense to Objekt*, London (Hutchinson) 1982.
6 Ebenda, S. 70, 79, 100.

7. Kapitel

1 Oliver Sacks: *Der Mann, der seine Frau mit einem Hut verwechselte*, Reinbek (Rowohlt) ²1988, S. 80.
2 Melvin Konner: *The Tangled Wing*, New York (Holt, Rinehart and Winston) 1982.
3 Robert Plutchik: *Emotion: a Psychoevolutionary Synthesis*, New York (Harper and Row) 1980, S. 144.
4 Paul Maclean: «The Paranoid Streak in Man», in *Beyond Reductionism*, London (Hutchinson) 1969.
5 George Mandler: *Mind and Emotion*, Melbourne, Florida (Kreiger) 1982.
6 Nyanaponika Thera: *Abhidharma Studies*, Kandy, Sri Lanka (Buddhist Publication Society) 1965.
7 Soshitsu Sen XV: *Tea Life, Tea Mind*, New York (Weatherhill) 1979, S. 72.
8 Donald Hebb: «On the Nature of Fear», zitiert in Konner, S. 221.
9 Norman Dixon: *Preconscious Processing*, Chichester (John Wiley and Sons) 1981.
10 Ebenda, S. 126f.
11 Kahnemann und Tversky, wiedergegeben in Howard Gardner: *The Mind's New Science*, New York (Basic Books) 1985, S. 371 (dt. *Dem Denken auf der Spur*, Stuttgart [Klett-Cotta] 1989).
12 C. E. Izard, in M. S. Clark und S. T. Fiske (Hrsg.): *Affect and Cognition*, Hillsdale, N. J. (Lawrence Erlbaum Associates) 1982.
13 Magda Arnold: *Emotion and Personality*, New York (Columbia University Press) 1960.
14 Magda Arnold (Hrsg.): *The Nature of Emotion*, London (Penguin) 1968.

8. Kapitel

1 Jean Piaget: *Six Psychological Studies*, hrsg. v. David Elkind, New York (Vintage Books) 1968.
2 Elkind in Piaget, S. XII.
3 Noam Chomsky: *Sprache und Verantwortung*, Frankfurt/M. u. a. (Ullstein TB 35100) 1981.
4 Jerry A. Fodor: *The Language of Thought*, Cambridge, Mass. (Harvard University Press) 1975.

5 Howard Gardner: *Frames of Mind*, New York (Basic Books) 1983.
6 John Haugeland: *Artificial Intelligence: The Very Idea*, Cambridge, Mass. (MIT Press) 1985.
7 Ebenda, S. 113.
8 Ebenda, S. 23.
9 Daniel Dennett in Jonathan Miller (Hrsg.): *States of Mind*, New York (Pantheon Books) 1983, S. 79.
10 Margaret Boden: *Minds and Mechanisms*, Ithaca (Cornell University Press) 1977.
11 Hubert Dreyfus: *Die Grenzen künstlicher Intelligenz: Was Computer nicht können*, Königstein/Ts. (Athenäum) 1985.
12 Haugeland, S. 222.
13 Howard Gardner: *The Mind's New Science*, S. 128, 323.
14 Schilderung der Experimente in Jean-Pierre Changeux: *Neuronal Man*, New York (Pantheon) 1985, S. 131.

9. Kapitel

1 Humberto Maturana und Francisco Varela: *Der Baum der Erkenntnis*, Bern u. a. (Scherz) 1987, S. 49.
2 Francisco Varela: «Living Ways of Sense-Making», in Paisley Livingston (Hrsg.): *Disorder and Order*, Stanford (Anma Libri) 1984, S. 213.
3 Maturana/Varela, S. 32.
4 Ebenda, S. 149.
5 Varela: «Living Ways of Sense-Making», S. 217.
6 Ebenda, S. 219.
7 Ebenda, S. 221.

10. Kapitel

1 Donald Griffin: *Wie Tiere denken*, München (BLV) 1985, S. 146.
2 John Crook: *The Evolution of Human Consciousness*, Oxford (Clarendon Press) 1983.
3 Nicholas Humphrey: *Consciousness Regained*, Oxford (Oxford University Press) 1983, S. 30.
4 Jack Engler in Ken Wilber, Jack Engler, Daniel Brown: *Psychologie der Befreiung*, Bern u. a. (Scherz/O. W. Barth) 1988, S. 35.
5 Zitiert in Wilber, Engler, Brown, S. 18.
6 Ebenda, S. 18 f.
7 John Lyons: *Semantics*, Cambridge (Cambridge University Press) 1977, S. 64.
8 George Lakoff und Mark Johnson: *Metaphors We Live By*, Chicago (University of Chicago Press) 1980.

9 E. Rosch und B. B. Lloyd (Hrsg.): *Cognition and Categorization*, Hillsdale, N. J. (Lawrence Erlbaum Associates) 1978.
10 Ebenda.
11 Crook, S. 254, 276.
12 Karl Popper und John Eccles: *Das Ich und sein Gehirn*, München (Piper)⁶1987, ab S. 377.
13 Oliver Sacks: *Der Mann, der seine Frau mit einem Hut verwechselte*, S. 154.

11. Kapitel

1 Friedrich Heer: *Mittelalter*, München (dtv) 1983.
2 Guy Welbon: *Buddhist Nirvana and Its Western Interpreters*, Chicago (University of Chicago Press) 1968.
3 Heer, ab S. 323.
4 Ebenda, S. 323, 326, 330f.
5 Keith Thomas: *Religion and the Decline of Magic*, London (Penguin) 1971.
6 Carolly Erickson: *The Medieval Vision*, New York (Oxford University Press) 1976, S. 27.
7 Morris Berman: *Wiederverzauberung der Welt*, S. 62f.
8 Alfred North Whitehead: *Wissenschaft und moderne Welt*, Frankfurt/M. (Suhrkamp) 1984.
9 Zitiert in Richard Gregory: *Mind in Science*, S. 465.
10 Zitiert in Howard Gardner: *The Mind's New Science*, S. 52.
11 Zitiert in Gregory, S. 339, 489.
12 Zitiert in Berman, S. 105.
13 David Hume: *Ein Traktat über die menschliche Natur*, Hamburg (Meiner) 1973.
14 Emile Brehier: *The Eighteenth Century*, Chicago (University of Chicago Press) 1967, S. 199–253.
15 Owen Flanagan: *The Science of the Mind*, Cambridge, Mass. (MIT Press) 1984, S. 181.

12. Kapitel

1 Edward Conze: *Buddhist Thought in India*, S. 282.
2 G. J. Whitrow: *The Natural Philosophy of Time*, Oxford (Clarendon Press) 1980.
3 Chögyam Trungpa: *Glimpses of Abhidharma*, Boston (Shambhala) 1987. *Spirituellen Materialismus durchschneiden*, Zürich (Theseus) 1989. Kalu Rinpoche: *The Dharma*, Albany, N. Y. (State University of New York Press) 1986.
4 David Kalupahana: *Causality: The Central Philosophy of Buddhism*, Honolulu (University of Hawaii Press) 1975, S. 145.
5 Dargestellt in Karl Popper und John Eccles: *Das Ich und sein Gehirn*, S. 309–321.

Quellen

6 Norman Dixon: *Preconscious Processing*, S. 89.
7 Zitiert in Francisco Varela et al.: «Perceptual Framing an Cortical Alpha Rhythm», in *Neurophysiologia* 19 (5) 1981.
8 Varela et al.
9 Weiskrantz, dargestellt in J. M. Wilding: *Perception: From Sense to Objekt*, London (Hutchinson) 1982, S. 160.
10 Ebenda, S. 153, 100.
11 Irving Rock: *The Logic of Perception*, Cambridge, Mass. (MIT Press) 1983, S. 71.
12 Wilding, S. 79.
13 Rock, S. 41.
14 Richard Gregory in Jonathan Miller (Hrsg.): *States of Mind*, New York (Pantheon) 1983, S. 42.
15 Dixon, S. 65.
16 Ebenda, S. 132.
17 Zitiert von George Mandler in *Affect and Cognition*, hrsg. v. H. S. Clark und S. T. Fiske, Hillsdale, N. J. (Lawrence Erlbaum Associates) 1982.
18 Wilding, S. 131.

13. Kapitel

1 Chögyam Trungpa: *Meditation in Action*, Berkeley (Shambhala) 1970, S. 52. Deutsch: *Aktive Meditation*, Olten (Walter) ^{7}1988.
2 Geza Szamosi: *The Twin Dimensions: Inventing Time and Space*, New York (McGraw-Hill) 1987.
3 Julius T. Fraser (Hrsg.): *The Study of Time*, Heidelberg (Springer) ^{4}1981.
4 Kenneth Denbigh: *Three Concepts of Time*, Heidelberg (Springer) 1981.
5 Ilya Prigogine: *Vom Sein zum Werden*, München (Piper) 1982.
6 Ilya Prigogine: *The Birth of Time*, Boston (Shambhala), in Vorbereitung.
7 G. J. Whitrow: *The Natural Philosophy of Time*, Oxford (Clarendon Press) 1980, S. 64.
8 William James: *The Principles of Psychology*, New York (Dover) 1950, S. 243.
9 Hans Eysenck und Carl Sargent: *Explaining the Unexplained*, London (Weidenfeld and Nicolson) 1982, S. 183.
10 John B. Priestley: *Man and Time*, London (Aldus Books) 1964.
11 Carl Gustav Jung: *Synchronicity*, Princeton (Bollingen) 1973. Alex Comfort: *Reality and Empathy*, Albany (State University of New York Press) 1984.
12 Louisa E. Rhine: *ESP in Life and Lab*, New York (Macmillan) 1967.
13 Geschildert in Eysenck und Sargent, S. 39.
14 Dame Rebecca West, geschildert in Michael Shallis: *On Time*, New York (Schocken) 1983, S. 133.
15 Shallis, S. 140.
16 Ebenda, S. 198.

Quellen

17 Chögyam Trungpa: *Das Buch vom meditativen Leben*, Bern u. a. (O. W. Barth) 1986, S. 55 f., 114 f.
18 J. Krishnamurti: *Krishnamurti's Notebook*, London (Gollancz) 1976.
19 J. Krishnamurti: *Talks and Dialogues*, New York (Avon) 1968, S. 251.

14. Kapitel

1 Brewster Ghiselin: *The Creative Process*, New York (New American Library) 1937. Arthur I. Miller: *Imagery in Scientific Thought*, Cambridge, Mass. (MIT Press) 1986.
2 Alfred North Whitehead: *Symbolism*, New York (Putnam) 1955, S. 21.
3 Alfred North Whitehead: *Prozeß und Realität*, Frankfurt/M. (Suhrkamp) 1979, S. 163, 232.
4 Michael Polanyi und Harry Prosch: *Meaning*, Chicago (University of Chicago Press) 1975, S. 38.
5 Michael Polanyi: *Personal Knowledge*, Chicago (University of Chicago Press) 1962, S. 300.
6 Gregory Bateson: *Steps to an Ecology of Mind*, New York (Ballantine) 1975, S. 319. Deutsch: *Ökologie des Geistes*, Frankfurt/M. (Suhrkamp) ³1983.
7 Morris Berman: *Wiederverzauberung der Welt*, München (Dianus-Trikont) ²1984, S. 116.
8 Chögyam Trungpa: *Seminary Transcripts*, in Vorbereitung.
9 Michael Polanyi: *Personal Knowledge*, S. 300.
10. Ken Wilber: *Die drei Augen der Erkenntnis*, München (Kösel) 1988, S. 119 f.

15. Kapitel

1 Herbert Guenther: *Philosophy and Psychology in the Abhidharma*, S. 95.
2 Jamgon Kongtrul: *The Treasury of Knowledge*, Montignac, Frankreich (Dhagpo Kagyu Ling) 1985.
3 Ebenda.
4 Ken Wilber (Hrsg.): *Quantum Questions*, Boston (New Science Library) 1984, S. 13, 21.
5 Kenneth Pelletier: *Unser Wissen vom Bewußtsein*, München (Kösel) 1982, S. 168 f.
6 Daniel Brown in Ken Wilber et al.: *Psychologie der Befreiung*.
7 Daniel Brown in *Perceptual and Motor Skills*, Oktober 1984.
8 Nanānanda: *Concept and Reality in Early Buddhist Thought*. Kandy (Buddhist Publication Society) 1971, S. 3.

Quellen

16. Kapitel

1 Thrangu Rinpoche: *The Open Door to Emptiness*, Manila (Tara Publishing) 1983. Khenpo Tsultrim Gyatso Rinpoche: *Progressive Stages of Meditation on Emptiness*, Oxford (Longchen Foundation) 1986. Krishniah V. Ramanan: *Nagarjuna's Philosophy*, Varanasi (Bharati Vidya Prakashan) 1971. Masao Abe: *Zen and Western Thought*, Honolulu (University of Hawaii Press) 1985.
2 Jeffrey Hopkins: *Meditation on Emptiness*, London (Wisdom Publications) 1983, S. 9.
3 Nāgārjuna: *The Mulamadhyamika Karikas*, übers. v. Kenneth Inada, Tokyo (Hokuseido) 1970, *Karika* 13, 8.
4 Hopkins, S. 10.
5 Thrangu Rinpoche, S. 21.
6 Gilbert Ryle: *Der Begriff des Geistes*, Stuttgart (Reclams Universal-Bibliothek 8331–6) 1969.
7 Nālandā Translation Committee (Übers.): *The Sutra of the Heart of Transcendent Knowledge, Garuda* 3, Berkeley (Shambhala) 1973, S. 2.
8 Chögyam Trungpa: *Cutting Through Spiritual Materialism*, Boston (Shambhala) 1987, S. 190. Deutsch: *Spirituellen Materialismus durchschneiden*, Zürich (Theseus) 1989.
9 Nālandā Translation Committee (Übers.): *The Life of Marpa*, Boulder (Prajñā Press) 1982, S. 239.

17. Kapitel

1 Khenpo Tsultrim Gyatso Rinpoche: *Progressive Stages of Meditation on Emptiness*, Oxford (Longchen Foundation) 1986, S. 65.
2 Richard Rorty: *Philosophy and the Mirror of Nature*, Princeton (Princeton University Press) 1979, S. 369. Deutsch: *Der Spiegel der Natur: Eine Kritik der Philosophie*, Frankfurt/M. (Suhrkamp) 1981.
3 Karl Popper: *The Logic of Scientific Discovery*, New York (Harper and Row) 1959. *Objektive Erkenntnis*, Hamburg (Hoffmann und Campe) 1974.
4 Masao Abe: *Zen and Western Thought*, S. 126.
5 Janice D. Willis: *On Knowing Reality*, New York (Columbia University Press) 1979. Herbert Guenther: *Buddhist Philosophy in Theory and Practice*. Khenpo Tsultrim Gyatso Rinpoche, op. cit.
6 Diana Paul: *Philosophy of Mind in Sixth Century China*, Stanford (Stanford University Press) 1984, S. 73.
7 Ebenda, S. 78.
8 Rorty, S. 367.
9 Zitiert in William Barrett: *The Illusion of Technique*, New York (Anchor) 1978.
10 Ludwig Wittgentein: *Tractatus logico-philosophicus*, Frankfurt/M. (Suhrkamp, es 12) 1963, S. 115.

11 Nelson Goodman: *Ways of Worldmaking*, Indianapolis (Hackett) 1978, S. 6.
12 Martin Heidegger: *Unterwegs zur Sprache*, Pfullingen (Neske) 1959, S. 159.
13 Martin Heidegger: *Was heißt Denken?*, Tübingen (Niemeyer) 1971, S. 149, 105, 136.

18. Kapitel

1 Alfred North Whitehead: *Wissenschaft und moderne Welt*, Frankfurt/M. (Suhrkamp) 1984, S. 74.
2 Ilya Prigogine: *Order Out of Chaos*, Boulder (New Science Library) 1984 (dt. *Dialog mit der Natur*, München [Piper] ^{5}1986).
3 Gerald Feinberg und Robert Shapiro: *Life Beyond Earth*, New York (Morrow) 1980, S. 147.
4 James E. Lovelock: *Unsere Erde wird überleben*, München (Heyne TB 7246) 1984.
5 Owen Flanagan: *The Science of the Mind*, S. 45.
6 Zitiert in Nick Herbert: *Quantenrealität*, S. 40.
7 Ken Wilber: *Die drei Augen der Erkenntnis*.
8 Ervin Laszlo: *Introduction to Systems Philosophy*, New York (Harper Torchbooks) 1972. Erich Jantsch: *Die Selbstorganisation des Universums*, München (dtv 4397) ^{4}1988.
9 Laurence Foss und Kenneth Rothenberg: *The Second Medical Revolution*, Boston (Shambhala) 1987.
10 Roger Sperry: *Nobel Prize Conversations*, Dallas (Saybrook) 1985, S. 46f.

19. Kapitel

1 D. M. Armstrong und Norman Malcolm: *Consciousness and Causality*, Oxford (Blackwell) 1984.
2 Karl Popper und John Eccles: *Das Ich und sein Gehirn*, S. 431.
3 Ebenda.
4 Heinz Pagels: *Cosmic Code*.
5 Ebenda, S. 231.
6 Zitiert in Popper und Eccles, S. 312.
7 Zitiert in Owen Flanagan: *The Science of Mind*, S. 46.

20. Kapitel

1 George Spencer-Brown: *Laws of Form*, New York (Bantam) 1973, S. XXIX.
2 Douglas Hofstadter: *Gödel, Escher, Bach*, Stuttgart (Klett-Cotta) ^{3}1985.
3 Diana Paul: *Philosophy of Mind in Sixth Century China*, S. 97.

Quellen

4 Francesca Fremantle und Chögyam Trungpa (Hrsg.): *Das Totenbuch der Tibeter*, Düsseldorf; Köln (Diederichs) ²1979.
5 Carl Gustav Jung: «Psychologischer Kommmentar», in W. Y. Evans-Wentz: *Das tibetische Buch der großen Befreiung*, München (O. W. Barth) 1955.
6 Paul, S. 98.
7 Ebenda, S. 99.
8 Chögyam Trungpa: *Seminary Transcripts*, in Vorbereitung.
9 Ebenda.
10 David Bohm: *Die implizite Ordnung*.
11 Herbert Guenther: *Buddhist Philosophy in Theory and Practice*, S. 96.
12 Herbert Guenther: *Tibetan Buddhism in Western Perspective*, Emeryville, Calif. (Dharma Publishing) 1977, S. 156, 86.
13 Chögyam Trungpa: *First Thought Best Thought*, Boulder (Shambhala) 1983, S. 33.

21. Kapitel

1 Zitiert in Herbert Guenther: *Tantra als Lebensanschauung*, Bern u. a. (O. W. Barth) 1974, S. 131 f.
2 Herbert Guenther: *Tibetan Buddhism in Western Perspective*, S. 37.
3 Chögyam Trungpa: *Das Buch vom meditativen Leben*, S. 177.
4 Chögyam Trungpa: *Journey Without Goal*, Boston (Shambhala) 1985, S. 28.
5 Nālandā Translation Committee (Übers.): *The Life of Marpa*, S. 46.
6 Kalu Rinpoche: *The Dharma*.
7 Trungpa: *Das Buch vom meditativen Leben*, S. 113 f.
8 Chögyam Trungpa: *Cutting Through Spiritual Materialism*, S. 223.
9 Herbert Guenther: *Matrix of Mystery*, Boulder (Shambhala) 1984, S. 43.
10 Trungpa: *Journey Without Goal*, S. 31.
11 Chögyam Trungpa: *The Myth of Freedom*, Boulder (Shambhala) 1976, S. 156. Deutsch: *Das Märchen von der Freiheit*, Freiburg (Aurum) 1978.

22. Kapitel

1 Ozel Tendzin: *Buddha in the Palm of Your Hand*, Boston (Shambhala) 1987, S. 46.
2 Benjamin Farrington: *What Darwin Really Said*, New York (Schocken Books) 1982.
3 Thomas Huxley: «The Struggle for Existence in Human Society», in *The Nineteenth Century* (Februar 1888). Herbert Spencer: *Social Statics*, London (Chapman) 1851.
4 Humberto Maturana und Francisco Varela: *Der Baum der Erkenntnis*.
5 Lewis Thomas, zitiert in Robert Augros und George Stanciu: *Die neue Biologie*, Bern u. a. (Scherz) 1988, S. 157.

Quellen

6 Augros und Stanciu.
7 John Tyler Bonner: *Kultur-Evolution bei Tieren*, Berlin und Hamburg (Parey) 1983, S. 97 ff.
8 Pierre Grasse: *Evolution of Living Organisms*, New York (Academic Press) 1977, S. 243.
9 Kalu Rinpoche: *The Dharma*, S. 46.

Sach- und Personenregister

Abälard, Peter 178 ff.
Abe, Masao 277
Abhängigkeit 84, 86
Abhidharma 79, 113, 118, 175
Abstraktion 292 f., 300, 315 f., 338
Achtsamkeit 73, 245–248, 271, 325
Achtsamkeits-Gewahrseins-Meditation 249, 252 f., 256, 268, 287, 304, 332, 344, 357
Aeternalismus 270
Akkodomation 129
Alarmsignal 211
Alarmsystem 120
Alchemie 182
Angst 67, 69, 71, 78, 114, 116, 120 f., 165, 195 f., 348
Aristoteles 48, 178, 180, 216 f.
Arnold, Magda 125
Asanga 282, 323
Aspect, Alain 41
Assimilation/Assimilationsmuster 129, 208 f.
Atom 30, 299 f.
Aufmerksamkeit 97, 114, 198, 230, 239, 245, 256, 260, 340
Augenblick 215 f., 219, 233 f., 236 f., 253 f.
Auslese, natürliche 146, 349, 351
Außenwelt 16, 52, 81, 86, 131, 141, 144, 176, 188, 195, 255, 298, 306, 322, 328
Autopoiese 145

Bateson, Gregory 239 f., 243
Becker, Alton 15
Begriff 168 f., 307
Begriffsvermehrung 257 ff.
Behaviorismus/Behaviorist 97 ff., 102–105, 127, 220 f., 310
Bell, John 41
Berman, Morris 57, 181, 239
Bernhard von Clair-vaux 178 ff.
Bertalanffy, Ludwig von 301
Beobachter 37 f., 43, 149 f., 155 f., 247, 249
Beobachtung 49 f., 52
Bewußtheit, fokale 237 f.
–, subsidiäre 237 f.
Bewußtsein 29, 37–40, 43, 58, 83, 97, 117, 158, 172 ff., 185, 197 ff., 208, 244, 257 f., 322 f., 335
Bewußtseinsfeld 97
Bewußtseinsspaltung 156
Bewußtseinsstrom 198, 228
Boden, Margaret 138
Bohm, David 40, 43, 329
Bohr, Niels 32, 33 ff., 42 f., 77, 153, 174, 328 f., 356
Bild-Erleben 162
Brown, Daniel 253–256
Bruch → Diskrepanz
Bruner, Jerome 19, 29
Buddha 66–69, 75, 86, 260, 268
Buddhismus/Buddhist 9, 13, 61–78, 84 f., 87 f., 93, 102, 139, 172, 177,

Sach- und Personenregister

236, 245, 252 ff., 262, 264, 275 ff., 282, 287–322, 324 f., 332, 335, 344, 348
Burke, James 16

Christentum 26, 63, 177
Churchland, Paul 53, 56
Computer 39, 134 f., 137 ff., 142
Conze, Edward 79
Crook, John 161, 169

Darwin, Charles 23, 349
Davies, Paul 32
Denbigh, Kenneth 218
Denken(s) 95, 136 f., 183, 205, 298 f.
–, Freiheit vom 229 f.
–, Sprache des 133 f., 206, 320
Dennett, Daniel 137, 158
Descartes, René 100, 129, 135, 137, 183 ff., 186, 217, 308
Determinismus 88
Dewey, John 317
Dharma 67 f., 73 f., 77–91, 113, 193 ff., 257, 262 f., 322 f., 338
Differenzierung 163
Ding → Objekt
Ding an sich 189 ff.
Ding-Denken 293, 304, 320
Diskrepanz (Bruch) 119 ff., 165
Diskontinuität 86 f., 253 f., 324 f.
Distanz/Distanzierung 155 f.
Dixon, Norman 123, 200, 209 f.
DNS 297
Drei Körper 337
Drei Naturen 277–281, 358
Driften, natürliches 151, 161, 351
Dualismus/Dualität 37, 137, 309, 333, 336, 348

Eccles, Sir John 308 f.
Eckehart, Meister 63
Eddington, Sir Arthur 13
EEG 252
Einsicht 245, 249

Einstein, Albert 32, 41, 173
Ego (Selbst) 70–73, 78, 82 f., 93 ff., 102, 104, 129 f., 156, 163, 165, 170, 187, 190 f., 242, 255, 259 f., 345
Egolosigkeit 76, 345 f.
Elektron 30 f., 36, 50 f., 312
Elementarteilchen 31, 36
Emotion/Emotionalität 95 f., 110 f., 114 f., 162, 339
Empfinden/Empfindung 81 f., 125 f., 162, 188, 196
Empfindungsqualität 77
Empirismus, logischer 48 f., 52, 100 f.
Energie 94, 114, 165, 296 f., 339
Engler, Jack 163, 255
Entität 33, 79, 188, 284, 295
Entropie 293 f., 297
Epilepsie 170
Erbarmen 74, 348
Erfahrung 12, 33, 39, 73, 86, 111, 167, 189, 194, 322
Erfahrungs-Augenblick 193 f., 219, 300
Erickson, Carolly 180 f.
Erkenntnis 100, 189, 243
Erlösungsidee 177
Erregung 114, 117, 119 ff., 165, 199
Erregungsenergie 116 ff., 121, 339
Erwartung 119 f.
Everett, Hugh 38, 42 f.
Existenz 269
Existenzangst 67, 69, 166
Eysenck, Hans 222, 224

Falsifikationsidee 49
Fatalismus 88
Flanagan, Owen 298
Fodor, Jerry 132 f., 206
Folse, Henry 34
Form 81, 95, 195, 271
Formkraft 82, 142, 197, 208 f.
Frankl, Victor 289
Freud, Sigmund 165
Fünf Weisheiten 339, 342, 344

379

Sach- und Personenregister

Galilei, Galileo 27, 217
Ganzes/Ganzheit/Ganzheitlichkeit 34, 40 ff., 233 f., 328
Gardner, Howard 133
Gedächtnis 142, 322
Gehirn 142 f.
Geist 37, 39 ff., 61, 81, 176, 183–187, 189, 268, 298 f., 306–309, 313, 320, 322, 332, 334–338
Geist-an-sich 333–338, 345
Geistestrübung → Klesha
Gelugpa-Schule 276
Gesellschaft 28 f., 56, 161
Gewahrsein 73, 222, 229 f., 239, 245–248, 253 f., 256, 259, 271, 325, 327–330, 332 f., 335, 338–342
Gewohnheitsmuster 89
Glauben 178 f., 182, 275
Glaubenssystem 24, 28, 61
Gödel, Kurt 320 f.
Goodman, Nelson 286 f.
Gott 179, 182
Greenleaf, Newcombe 15
Gregory, Richard 53, 207 f., 327
Griffin, Donald 159
Grund-Angst 165 f.
Grund-Emotion 112 f.
Grundstruktur 59
Gruppenkonsens 17
Guenther, Herbert 65, 84 f., 329 f., 334
Guericke, Otto von 147
Gyatso, Khenpo Tsultrim 275

Haugeland, John 135, 139
Harrison, Edward 54 f., 58
Heer, Friedrich 178 f.
Hebb, Donald 119
Heidegger, Martin 284, 288
Heiligkeit 343 f.
Heisenberg, Werner 36, 299
Helmholtz, Hermann von 96 ff., 207
Herz-Sūtra 271
Hierarchie 299 f., 302, 309
Hindu 253 f.

Hobbes, Thomas 134, 136 f.
Hofstadter, Douglas 20
Homunculus 136 f., 139
Hopkins, Jeffrey 263
Hume, David 134, 136 f., 187 f.
Huxley, Thomas 350
Hyman, Ray 224
Hypothese 131

Ich → Ego
Ich-Bild 164 f., 176
Ich-Gefühl 169, 194, 198
Idealismus 188
Idee 184 f.
Identität 111, 115, 170, 186, 246, 321, 324 f., 356
Illusion 269 f.
Indianer 55
Input 105 ff., 203–206
Intellekt 242 ff., 341
Intelligenz (Rikpa) 133, 137, 241 ff., 260, 329, 333
Interaktion 146, 151 ff., 163 f., 167
Introspektion 249
Irreversibilität 217 f.
Intuition 182, 186, 242 ff., 329

Jacobson, Nolan Pliny 65
James, William 220 ff., 268, 284
Jantsch, Erich 301
Japan/Japaner 118 f.
Jeans, Sir James 13
Jenseits 26 f.
Jetztheit 228–231, 344
Johnson, Mark 167
Jung, Carl Gustav 165, 174, 325

Kant, Immanuel 188–191
Kaptchuk, Ted J. 57
Kategorie 168 f.
Kausalität 84 ff., 225 f., 303
Kausalitätsprinzip 188
Kirche 28
Klesha (Geistestrübung) 113

Körper 81, 109, 177, 184 f., 298, 306 f., 322, 340
Kognitionspsychologie 134
Kognitionswissenschaft 10, 169, 213, 262
Koinzidenz 224–227
Komplementarität 33 ff.
Kommunikation 43 f., 77, 155, 162, 166, 313
Konditionierung 99, 101
Konkurrenzkampf 350 ff.
Konnektivismus 142 f.
Kontext 58 f., 64
Kontinuität 119, 163, 195, 324
Koppelung 146, 154, 161, 351, 356
Korrespondenztheorie 48
Kosslyn, Stephen 140 f.
Krishnamurti 229 f.
Kulapahana, David 196

Lacan, Jacques 289
Laing, Ronald D. 289
Lakoff, George 15, 167
Laszlo, Ervin 301
Leben 297
Leerheit/Leere (Shūnyatā) 12, 74, 262–265, 267, 270–279, 306, 328, 330, 335, 338 f., 344, 348, 357, 359
Leiden 66 f., 69, 71 f.
Liaison-Hirn 308 f.
Libet, Benjamin 199
Locke, John 100, 129, 135, 185–188
Lovelock, James 297
Lyons, John 167

Magie 183
Mahāyāna-Schule 275, 327
Mandala 341 ff.
Mandler, George 116 ff., 120 f., 165
Manichäismus 177
Manifestation 40, 253
Manipulation 137
Marpa 337, 341
McCarthy, Thomas 164 f.

Materie 30, 39 ff., 43, 58, 297, 301, 303, 308 ff., 312 ff., 316, 320
Maturana, Humberto 15, 144–147, 149–153, 297
Mechanik 40
Meditation 172 f., 244, 252–259, 344, 348
Metapher 167
Metaphysik 20
Metzler, Jacqueline 140
Mittelalter 27, 177–182
Mittlerer Weg 151 f., 177
Morris, Richard 50
Mountcastle, Vernon 315
Mutation 100
Mystiker 10, 299

Nāgārjuna 264, 268, 270, 275, 278, 359
Nanānanda, Bikkhu 259
Natur 336
Needham, Joseph 63
Neokonfuzianismus 63
Nervensystem (s. a. → System) 147, 149 ff., 153
Neumann, John von 36
Neurose 165
Newton, Sir Isaac 16, 191, 217 f.
Nichtdualität 73 f., 191, 194, 235, 243, 254 f., 267, 269, 339, 343
Nicht-Ich 175
Nihilismus 76, 259, 269 f., 277
Nirvāna 72, 89 f., 275

Objekt (Ding) 107, 163, 169, 189, 202, 247, 255, 265 f., 295, 299, 316, 320
Objektivität 77
Obsession 114
Offenheit 262 f., 270, 299, 337, 356 f.
Ordnung 40, 293–299
–, explizite 40
–, Große 78
–, implizite 40 f., 328

Sach- und Personenregister

Organisation 145
Organisationsprinzip 300 f.

Pattern 303 f., 308, 315, 318–322, 325, 336 f.
Paradigma 18, 358
Paradox 31, 338
Parallelität 308
Paul, Diana 282 ff.
Pawlow, Iwan 98
Phänomen 263 f., 270, 300, 337, 342
Philosophie 261 f.
–, Ewige 63
Piaget, Jean 128 f., 164
Platon 216
Plutchik, Robert 111 ff.
Polanyi, Michael 24, 237 ff., 243
Popper, Sir Karl 49, 277, 309
Positivismus 101
Präkognition 222–227
Prajñā 242, 272
Prigogine, Ilya 219, 295 ff., 301
Projektion 190 f., 234, 247, 266, 276, 289, 325
Prozeßphilosophie 235 f.

Quantenmechanik 33, 41, 218, 329
Quantenrevolution 46
Quantentheorie 30 ff., 37, 40, 218
Quantenwirklichkeit 32 f., 36 f.
Quarks 313 f.

Rationalität 137
Raum 40 f., 255, 292, 313, 342
–, leerer 47, 292
Raum-Zeit-Matrix 255
Realismus, wissenschaftlicher 52
Realität, physikalische 36
Regel 132 f., 136
Reiz 105, 122 f., 203 f., 208, 210
Reinkarnation 324 f.
Religion/Religiosität 10, 20, 102 f., 299

Repräsentation 131, 133, 141, 152 f., 165, 167, 189, 198
Rikpa → Intelligenz
Rock, Irving 203–208, 327
Rorty, Richard 276, 284
Rosch, Eleanor 15, 168 f.
Russell, Sir Bertrand 52, 268
Ryle, Gilbert 268

Sacks, Oliver 109, 171
Samsāra 275
Saraha 333, 335
Sargent, Carl 222, 224
Schmidt, Helmut 223 f.
Seele 27, 177
Selbst → Ego
Selbstbewußtsein 156, 158, 162, 166, 171 f., 186, 197, 213, 222, 228, 247, 266, 324
Selbstreflexion 65
Selbsttäuschung 72 f., 78, 158, 250
Shallis, Michael 226 f.
Shepa 241 ff.
Shepherd, Roger 140
Shūnyatā → Leere
Sieben angemessene Sichtweisen 265 f.
Signal, affektives 211
Sinn 107
–, innerer/propriozeptiver 109
Skandha 80–83, 96, 98, 125 f., 142 f., 185, 193–198, 208 f., 258 f., 324 f.
Skinner, B. F. 98, 100
Speicherbewußtsein 324 f.
Spencer, Herbert 350
Spencer-Brown, George 319
Sperry, Roger 302 f.
Spiritualität 87
Sprache 34, 118 f., 132 f., 154 ff., 166, 171 ff., 220 f., 282 ff., 288 f., 320 f., 331
Stadium 165, 202, 253, 255
Struktur 145, 151, 195, 297, 300, 317
–, grammatische 132
–, kognitive 128–132
–, soziale 161

Sach- und Personenregister

Subjekt-Objekt-Spaltung 289, 330
Suppe, Frederick 49
Symbol 198, 243, 268
Symbolsystem 140 f., 289, 320 f.
System (Nervensystem) 293–299, 301 ff.
–, limbisches 114 f.
–, motorisches 115
–, selbstregulatives 129
–, vegetatives 114, 117, 121
Szamosi, Geza 217

Tantra 254
Taoismus 63
Teilchen 31, 37 f., 42
Theologie 180
Thermodynamik 216, 219
Thomas, Lewis 352
Thomas von Aquin 180
Thrangu Rinpoche 265
Trungpa Rinpoche, Chögyam 228, 230, 271, 331, 340 ff.
Tversky, Avram 15, 124

Überleben 162, 196, 350 f.
Überlegenheit, globale 56
Überzeugung 18–22
Überzeugungskontext 18–25, 58, 61
Umwelt 100, 105, 107
Umweltreiz 99 f.
Umweltzerstörung 56
Unbewußtes, kollektives 325
Universum 17, 29, 54–59, 61, 70, 301
Unterscheidungsmerkmal 79
Unvoreingenommenheit 77
Ur-Intelligenz 194, 254, 327, 330

Vajrayāna-Tradition 327, 333
Varela, Francisco 15, 144–153, 201, 297
Variable, verborgene 41
Verblendung 196
Vergangenheit 215 f.

Vergänglichkeit 69 f.
Verhalten 98 ff.
Verhaltensmuster 111 f.
Verkörperung 337, 339
Vernunft 178 f.
Verstehen 167
Verursachung 84 f.
Vidyā 248
Vitalismus 35

Wabi 118 f.
Wahrnehmung 18 ff., 22, 53, 81 f., 123, 165, 195–198, 230, 236 f., 257, 303 f., 315 ff., 335, 341, 358 f.
–, wörtliche 203, 205
Wahrnehmungsaugenblick 213, 260, 268
Wahrnehmungsfeld 107
Wahrnehmungsprojektion 73
Wahrnehmungsprozeß 193–198, 206 f., 271, 314
Wahrnehmungssystem 52, 117
Wahrscheinlichkeitslogik 49
Wallace, Russell 349
Watson, John B. 98
Wechselwirkung 27, 31, 34, 38, 41 f., 146
West, Rebecca 225
Wheeler, John 43
Wigner, Eugene 37, 39, 42 f.
Wilber, Ken 164 f., 243 f., 251, 299
Wilding, John M. 106 f., 202 ff.
Wirklichkeit 33 f., 38, 40, 42 f., 162
–, absolute/letzte/objektive/unwandelbare 26–29, 38, 40 f., 49 f., 58
Witt, Bryce de 38 f.
Wittgenstein, Ludwig 277, 284 f.
Wurzelgift 82

Yogāchāra-Schule 282, 322 f., 327
Yin-Yang-Symbol 174
Yoga-Tradition 253

Zazen 252 f.

Sach- und Personenregister

Zeit 40 f., 47, 201, 215–228, 247, 255, 292, 317
Zen 252, 276

Zirbeldrüse 184 f., 308
Zufall 38, 45, 100, 225 ff.
Zufallsprodukt 26

Zu dieser Ausgabe

insel taschenbuch 1823
Jeremy Hayward
Die Erforschung der Innenwelt

Der Text folgt der Ausgabe: Jeremy Hayward, *Die Erforschung der Innenwelt. Neue Wege zum wissenschaftlichen Verständnis von Wahrnehmung, Erkennen und Bewußtsein*, Scherz Verlag, Bern – München – Wien 1990. Die amerikanische Originalausgabe erschien 1987 unter dem Titel *Shifting Worlds, Changing Minds*, Shambhala Publications, Inc., Boston 1987. Die deutsche Übersetzung besorgte Jochen Eggert.

Am Fluß des Heraklit
Neue kosmologische Perspektiven
Herausgegeben von
Eberhard Sens
Kartoniert

Der Band versucht den neuen kosmologischen Denkbewegungen in vielen Bereichen nachzugehen: den Paradoxien der Physik oder der Entstehung der Zeit, den Theorien der Selbstorganisation oder der Verbindung von Bewußtsein und Materie. Erst in einer breit angelegten Suche läßt sich ein vertieftes Verständnis der Natur gewinnen.

Friedrich Cramer
Der Zeitbaum
Grundlegung einer allgemeinen Zeittheorie
Gebunden

Daß die Zeit selbst eine Geschichte hat, daß sie entstanden ist und sich entwickelt, ist eine der aufregendsten Entdeckungen der letzten Jahre. Friedrich Cramer stellt hier einen neuen, umfassenden Zeitbegriff vor, der den aktuellen Erkenntnissen in Physik und Biologie, in Philosophie und Kosmologie Rechnung trägt.

Elisabet Sahtouris
Gaia
Vergangenheit und Zukunft der Erde
Gebunden

Die Gaia-Theorie, die die Erde als einen einzigen großen Organismus betrachtet, steht inzwischen im Brennpunkt der ökologischen und politischen Debatten. Elisabet Sahtouris, Schülerin von James Lovelock, hat das Konzept weiterentwickelt und differenziert.

Carol Zaleski
Nah-Todeserlebnisse und Jenseitsvisionen
Gebunden

Nah-Todeserfahrungen, Berichte von Menschen, die nach ihrem klinischen Tod wieder ins Leben zurückkamen, sind inzwischen medizinisch bestätigt worden. Carol Zaleski vergleicht gegenwärtige Berichte von Nah-Todeserlebnissen und historisch-literarische Jenseitsvisionen. Überraschende Übereinstimmungen werden sichtbar: ein neuer Ansatz zur Deutung eines vielschichtigen Themas.

Jacob Needleman
Vom Sinn des Kosmos
Moderne Wissenschaften und alte Wahrheiten
Gebunden

Auch die moderne Wissenschaft bedarf der Rückbesinnung auf alte Weisheitslehren. Needleman plädiert, bei aller nötigen Differenzierung, für eine umfassende Reintegration und damit auch für eine Humanisierung der Wissenschaften.

Michio Kaku / Jennifer Trainer
Jenseits von Einstein
Die Suche nach der Theorie
des Universums
Gebunden

Die Suche nach einer einheitlichen Theorie zur Erklärung des Universums ist die zentrale Aufgabe der Astrophysik und der Quantentheorie. Das Buch gibt eine Zusammenfassung der kosmologischen Grundgedanken der letzten Jahre und Einblick in neueste Erklärungsversuche.

Werner Künzel / Peter Bexte
Allwissen und Absturz
Der Ursprung des Computers
Gebunden

Auch der Computer und seine Theorie haben ihre Geschichte. Sie reicht zurück bis zu kosmologischen, religiösen und sprachphilosophischen Konzepten in Mittelalter und Barock. Die alten Texte und die neuen Maschinen demonstrieren auf ihre besondere Weise die Logik des Universums.

David Lorimer
**Die Ethik der
Nah-Todeserfahrungen**
Mit einem Vorwort von
Raymond A. Moody
Gebunden

Das Plädoyer für ein neues Bewußtsein der Einheit, Verbundenheit und Verantwortlichkeit; der Entwurf einer neuen Ethik, die auf dem empirischen Boden der Nah-Todeserfahrungen entstehen kann.

Fred Alan Wolf
Parallele Universen
Die Suche nach anderen Welten
Gebunden

In glänzendem Weiterdenken der heute gängigen Quantentheorie führt Wolf den Leser in die Annahme paralleler Universen ein, in die Vorstellung, nach der die Zukunft die Vergangenheit zu bestimmen vermag, nach der prophetische Träume und Schizophrenie die Überlappung paralleler Universen anzeigen und Quantencomputer den Aktienmarkt vorhersagen können.

Wolfgang Kaempfer
Zeit des Menschen
Das Doppelspiel der Zeit im Spektrum der menschlichen Erfahrung
Gebunden

Wolfgang Kaempfers Buch enthält eine umfassende Darstellung der ›Zeit des Menschen‹, in Religion und Mythologie, in Politik und Gesellschaft, in Kunst und Philosophie. Zusammen mit Friedrich Cramers ›Zeitbaum‹ liegt damit, in zwei Bänden, eine Art Handbuch zur ›Zeit‹ vor.

Friedrich Cramer
Chaos und Ordnung
Die komplexe Struktur des
Lebendigen.
*Mit zahlreichen Abbildungen
insel taschenbuch 1496*

Natur ist keineswegs nur Ordnung, die Vorstellung des durch und durch geregelten Kosmos ist erschüttert. Alles Lebendige bewegt sich auf dem schmalen Grat zwischen Chaos und Ordnung. Diese Polarität gehört heute zu den wichtigsten Fragen der Wissenschaft. Cramers Buch beschreibt das neue Paradigma in der Anwendung auf zahlreiche Disziplinen.

Richard M. Bucke
Kosmisches Bewußtsein
Zur Evolution des
menschlichen Geistes
insel taschenbuch 1498

R. M. Bucke hat mit diesem Buch auf dem Gebiet der Bewußtseinsforschung und Tiefenpsychologie innovativ gewirkt. Auf nüchtern-sachliche Weise beschreibt Bucke Möglichkeit und Wirklichkeit einer Bewußtseinsveränderung und untersucht zahlreiche historische Fälle.

Fred Alan Wolf
Körper, Geist und neue Physik
Eine Synthese der neuesten
Erkenntnisse von Medizin und
moderner Naturwissenschaft
insel taschenbuch 1497

Die klassische Physik eines Galilei und Newton hat auch die Mechanik des menschlichen Körpers verständlich gemacht. Doch erst die Quantenphysik versetzt uns in die Lage, den letzten Geheimnissen des Lebens ein Stück näher zu kommen. Der amerikanische Physiker F. A. Wolf vermittelt neue Einsichten in den Zusammenhang von Geist und Materie, Seele und Körper.

Der Geist im Atom
Eine Diskussion der Geheimnisse
der Quantenphysik
Herausgegeben von
P. C. Davies und J. R. Brown
insel taschenbuch 1499

Anlaß dieses Buches waren die Experimente von Alain Aspect in Frankreich, die neues Licht auf die Debatte zwischen Niels Bohr und Albert Einstein warfen. Julian Brown und Paul Davies interviewten führende Physiker, die einen besonderen Anteil an der Entwicklung der Quantentheorie haben. Eine klare und knappe Einführung erläutert die Grundlagen der Quantentheorie, ihre Rätsel und Paradoxa sowie ihre unterschiedlichen philosophischen Deutungen.

Anthony Zee
Magische Symmetrie
Die Ästhetik in der
modernen Physik
insel taschenbuch 1501

Die theoretische Physik der Gegenwart richtet ihren Blick in immer stärkerem Maße auf den Entwurf eines einfachen und umfassenden Konstruktionsplans unserer Welt. Bei der Suche nach diesen elementaren Strukturen hat die moderne Physik erkannt: Die Natur gehorcht prinzipiell denselben Gesetzen wie die Ästhetik; besonders Formen der Symmetrie finden sich in den Bausteinen der Natur ebenso wie in der Kunst.

James Lovelock
Das Gaia-Prinzip
Die Biographie unseres Planeten
insel taschenbuch 1542

Inzwischen ist die Gaia-Theorie auch in Deutschland anerkannt. Dazu hat das weltweit Aufsehen erregende Buch von James Lovelock erheblich beigetragen. Denn er ist der Begründer dieses neuen Paradigmas der Geologie und Biologie, der Erdbetrachtung insgesamt. Auf dem Spiel steht heute die Gesundheit der Erde. Das Gaia-Prinzip eröffnet neue Perspektiven und neue Chancen für uns alle.

Ian Stewart
Spielt Gott Roulette?
Uhrwerk oder Chaos
insel taschenbuch 1543

Chaos »ist inzwischen eines der meistdiskutierten Phänomene der gegenwärtigen Mathematik«. Stewart zeigt, daß dieser neuen Mathematik ein großer Teil der Natur entspricht, daß die Welt der Dynamik sich noch immer unseren Berechnungen entzieht. Spielt Gott also Roulette mit unserer Welt – oder spielt er ein tiefsinnigeres Spiel, dessen Regeln wir nur noch nicht verstanden haben?

John Gribbin/Martin Rees
Ein Universum nach Maß
Bedingungen unserer Existenz

insel taschenbuch 1579

Eine aktuelle Einführung in die Grundfragen der Kosmologie, zur Entstehung des Universums ebenso wie zur Theorie der ›Schwarzen Materie‹, zu den physikalischen Gesetzen des Kosmos und zur Entwicklung des Lebens. Fesselnd geschrieben und für jedermann verständlich, macht dieses Buch dem Leser deutlich, was in der Astrophysik zur Erkenntnis geworden ist: »Unser« Universum ist ein Universum nach Maß für die Menschheit, und es ist das einzig denkbare, in dem wir existieren können.

Mircea Eliade
Kosmos und Geschichte
Der Mythos der ewigen Wiederkehr
insel taschenbuch 1580

Bei dem Versuch des Menschen, seine eigene Stellung im Universum zu deuten, lassen sich zwei einander prinzipiell entgegengesetzte Grundhaltungen unterscheiden: die des »historischen (modernen) Menschen«, der sich als Schöpfer der Geschichte erkennt, und die des »Menschen der archaischen Kulturen«, der die Geschichte abwehrt, indem er alles Historische in ein System von Mythen und Archetypen einordnet. Alles Geschehen im Leben des Individuums wie der Gemeinschaft hat auf diese Weise selbst teil an einem Urbild, ja wird selbst ein Teil einer überzeitlichen Gegenwart. Dadurch erhält es seinen Wert: Das »Chaos« wird zum »Kosmos«, »Geschichte« zur »Wirklichkeit« beispielhafter Vorbilder. *Kosmos und Geschichte* gehört zu Mircea Eliades bahnbrechenden Arbeiten, dessen Œuvre in Deutschland vor allem von den Verlagen Suhrkamp und Insel betreut wird.